第二届"物华图书奖"
国家级一流本科专业建设点配套教材
高等院校物流专业"互联网+"创新规划教材

物流运作管理(第3版)

董千里　等编著

内容简介

物流运作管理是企业、第三方物流运营主体或集成物流服务提供商以物流实务为对象,在运作层面进行计划、组织、协调与控制的综合性管理活动。本书内容包括物流运作管理概论、物流运作模式及方案设计、汽车物流运作组织、IT物流运作管理、家电物流运作组织、冷链物流运作组织、卷烟物流运作组织、电商物流集成运作组织、物流金融运作与监控、物流运作时间控制、物流运作质量管理、物流运作成本控制。

本书以典型的产业物流运作特征为出发点,强化了两业联动、产业联动等网链运作先进理念指导的物流集成运作及物流新业态管理要领等内容。

本书可用作物流管理、物流工程、交通运输、工商管理、国际贸易等专业的本科生教学用书及物流工程与管理、交通运输规划与管理等学科的研究生教学用书,也可作为企业管理人员的培训教材或参考书。

图书在版编目(CIP)数据

物流运作管理/董千里等编著. —3版. —北京:北京大学出版社,2023.4
高等院校物流专业"互联网+"创新规划教材
ISBN 978-7-301-33639-7

Ⅰ. ①物… Ⅱ. ①董… Ⅲ. ①物流管理—高等学校—教材 Ⅳ. ①F252.1

中国版本图书馆CIP数据核字(2022)第233065号

书 名	物流运作管理(第3版)
	WULIU YUNZUO GUANLI (DI-SAN BAN)
著作责任者	董千里 等编著
策划编辑	郑 双
责任编辑	杜 鹃
数字编辑	金常伟
标准书号	ISBN 978-7-301-33639-7
出版发行	北京大学出版社
地 址	北京市海淀区成府路205号 100871
网 址	http://www.pup.cn 新浪微博:@北京大学出版社
电子邮箱	编辑部 pup6@pup.cn 总编室 zpup@pup.cn
电 话	邮购部 010-62752015 发行部 010-62750672 编辑部 010-62750667
印 刷 者	北京鑫海金澳胶印有限公司
经 销 者	新华书店
	787毫米×1092毫米 16开本 19.5印张 499千字
	2010年2月第1版 2015年8月第2版
	2023年4月第3版 2024年2月第2次印刷
定 价	58.00元

未经许可,不得以任何方式复制或抄袭本书之部分或全部内容。
版权所有,侵权必究
举报电话:010-62752024 电子邮箱: fd@pup.cn
图书如有印装质量问题,请与出版部联系,电话010-62756370

第3版前言

物流运作管理是物流从业人员应掌握的必要技能,是物流运作与管理人员运用专业知识和技能的重要基础。物流运作管理的目标是以最低的成本实现最大化的企业价值,正如二十大报告中提到的,要"加快发展物联网,建设高效顺畅的流通体系,降低物流成本"。为满足21世纪全国高等院校物流专业创新型应用人才培养的需要,基于物流集成运作及物流新业态一线实践经验及科学研究成果,以国家级一流本科课程高级物流学(线上与线下混合式一流课程)及其网站为支撑,运用学科研究的知识积累,结合物流实践撰写《物流运作管理》教材是十分必要的,力求为物流管理专业教材形成一个完整的理论与实践体系。

物流运作管理是以物流运作实务为对象的组织管理活动,是物流运作活动中履行管理职能的知识、技能和经济规律的概括总结,是企业物流运营主体或集成物流服务提供商在运作层面进行计划、组织、协调与控制的综合性活动。因此,实现专业化物流服务和基于客户企业需求的物流联动运作,如物流集成、两业联动、产业联动等都是物流运作走向高端的集成物流服务与管理的表现形式,微观网链走向"一带一路"宏观网链的必然途径,也是本书结合我国物流实践阐述、传授和研究的核心内容。物流业转型升级和高级化发展理论是指导物流运作管理高质量发展的理论基础。

《物流运作管理》十分关注理论与实践的结合、实践性与前沿性的结合,不仅获得了物流业从业人员的认可,而且取得广大物流专业教师和学生的好评,获得2010年度教育部高等学校物流类专业教学指导委员会等颁发的第二届"物华图书奖"。在保持第1版理论前沿性、案例真实性、运作实操性等优点的前提下,第2版考虑了云计算、大数据等对物流运作的影响,增加了电商物流集成运作组织(第8章)等内容;更新行业数据与法规等,对案例进行重编或更换。第3版接受课程思政等理念,以当前物流行业的物流集成、两业联动、产业联动和"一带一路"倡议热点问题为背景,汲取三项国家社科基金项目"基于集成场理论的制造业与物流业联动发展模式研究"(编号:13BJY080)、"基于集成场全球价值链视角的'一带一路'产能合作研究"(编号:17BJL063)、"基于集成场理论的中国物流业高质量发展机制研究"(编号:20AJY015)的研究成果,从物流运作层面,根据客户需要的集成物流服务,将物流诸多功能环节视作基于定制的物流运作方案,利用设施、设备与技术等相关资源,提供物品及相关信息流动的一体化服务过程和结果;从管理层面,将物流涉及的物品及相关信息流动进行系统设计、运作和管理活动等的过程,形成一个整体;将物流运作管理需要针对客户企业或供应链物流需求设计物流运作方案,并将其运作过程所需要的人员、设施、设备、技术和信息等资源,根据产业产品或产业过程自身的特点,按照产品供应链服务特征设计的运作方案,有效组织资源,协同运作,将分散的"点""线"物流活动集成到"网链"物流服务运作体系中,以提高客户满意度并实现企业与供应链系统的价值增值。

在专业教学过程中,要明确物流运作管理与其他课程的分工,避免不必要的重复和交叉。授课教师应当熟悉物流运作过程,有条件的院校可以带领学生模拟物流运作过程、现场实地考察。授课教师在教学过程中要体现3个结合:将教学内容、案例和理论与实践教学过程紧密结合;将物流运作所涉及的设施、设备和技术与物流作业活动紧密结合;将物流作业活动与相应的管理活动结合，使教学活动充分体现运作过程与设施、设备、技术等理论结合实际运用的特点。

综上所述，本书突出创新型应用人才培养的要求，具有以下特点。

(1) 吸收了国家社科基金项目最新研究成果，高端物流"网链"的集成管理思想贯穿于本书。编撰内容思路清晰、逻辑性强，突出运作实践，大处体现主体之间的协同要点，小处体现物流运作成功要点。

(2) 物流运作管理理论密切联系产业物流运作实际且深入浅出。根据两业联动涉及物流链、供应链的不同性质，将物流运作流程涉及的物流链、物流价值链和产业价值链协同通盘考虑，更深刻地认识供应链，在此基础上建立物流运作协同绩效和满足供应链管理要求，以强化执行力。

(3) 紧密结合物流业与产业联动物流运作内容的需要和要求。将物流与供应链理论牢牢地渗透于运作实践过程。参加撰写工作的教师考察或直接参加过汽车、烟草、家电、煤炭、电商物流等课题研究，具有将企业物流运作与第三方物流服务运作紧密结合的科研教学实践经验。

(4) 物流运作案例经典、贴切、实用。导入案例引出本章的主要内容，在正文插入案例对内容进行相应的补充和说明，使学生能针对企业物流运作和第三方物流运作问题举一反三，突出编撰内容的易读性。

(5) 体例编排的活泼性。在本书设置"案例阅读""知识链接"等模块，使版面生动活泼、内容丰富，增强了新颖性、可读性。每章都附有综合练习，便于学生自测学习内容的掌握程度。

(6) 切实做好各门专业课程内容的分工。明确本课程与其他相关课程的内容分工，避免不同课程之间的内容重复和不必要的交叉。

《物流运作管理(第3版)》由长安大学物流工程与管理学科博士生导师、物流与供应链研究所所长、西安欧亚学院工商管理学院顾问董千里负责全书修订的构思设计、组织撰写和统稿。具体编写分工如下：董千里编写了第1章、第2章、第7章(电子科技大学董展参与编写)、第11章和第12章，武汉科技大学张绪美编写了第3章，长安大学刘德智编写了第4章，安徽工业大学王建华编写了第10章，与淮南师范学院吕金辉共同编写了第5章和第6章，长安大学孙荣庭编写了第8章，西安外事学院党智军编写了第9章，西安烟草公司李荣国提供了烟草物流运作最新资料，长安大学研究生余佳轩、王欢、张朔等参与了第4章的资料搜集等工作。

编者在本书的撰写过程中，总结、提炼了长安大学物流与供应链研究所网站、国家一流课程高级物流学网站的案例，以及进行相关产业物流研究获取并积累的案例，不仅大量吸收了物流运作与管理的前沿理论成果，而且体现了理论结合实际、科研成果进教材的基本要求。在本书修订完成的同时，对参与本书第1版、第2版编写的福建江夏学院陈树公教授等表示感谢。在此，谨向提供有关资料的李荣国等专家、学者表示诚挚的谢意。

编者对物流运作管理涉及的知识和内容的把握及表述仍可能存在疏漏和不足，欢迎广大专家、读者批评指正。

董千里

2023年1月

目 录

第 1 章 物流运作管理概论 1
1.1 物流服务概述 3
1.1.1 物流服务的认识 3
1.1.2 物流服务的分类 4
1.1.3 功能型物流服务、综合型物流服务与集成物流服务 5
1.1.4 物流服务的主体 6
1.2 物流运作流程 8
1.2.1 物流运作流程概述 8
1.2.2 物流运作流程设计 10
1.2.3 物流运作流程规范化 14
1.3 物流运作管理概述 15
1.3.1 物流运作与物流运作管理 15
1.3.2 物流运作系统 16
1.3.3 物流运作管理的要求 17
1.3.4 物流运作管理的功能 18
1.4 物流运作管理的内容和目标 18
1.4.1 物流运作管理的内容 18
1.4.2 物流运作的分类 19
1.4.3 物流运作管理的目标 20
1.5 物流运作管理的基本观点、机制和学习方法 22
1.5.1 物流运作管理的基本观点 22
1.5.2 物流运作管理机制 22
1.5.3 物流运作管理学习方法 24
本章小结 24
综合练习 25

第 2 章 物流运作模式及方案设计 28
2.1 物流运作模式概述 30
2.1.1 物流运作模式发展趋势 30
2.1.2 物流运作模式的分类 30
2.2 基于自营物流的运作模式 32
2.2.1 自营物流运作模式的含义及特征 32
2.2.2 自营物流运作模式的优点和缺点 32
2.3 基于第三方物流的运作模式 34
2.3.1 第三方物流运作模式的含义及特征 34
2.3.2 第三方物流运作模式的优点和缺点 34
2.4 基于"1+3 物流"的运作模式 35
2.4.1 "1+3 物流"运作模式的含义及特征 35
2.4.2 "1+3 物流"运作模式的优点和缺点 36
2.5 基于管理平台的物流运作模式 37
2.5.1 核心企业主导型供应链运作模式 37
2.5.2 第三方物流主导型供应链运作模式 38
2.5.3 集成物流商主导型供应链运作模式 39
2.6 物流运作模式的选择及方案设计 40
2.6.1 选择物流运作模式时考虑的因素 40
2.6.2 基于有效物流成本的自营物流运作方案设计 41
2.6.3 基于客户价值的第三方物流运作方案设计 42
2.6.4 基于供应链的物流运作管理方案设计 43
2.6.5 中欧班列集成运作方案设计 45
本章小结 45
综合练习 45

第 3 章 汽车物流运作组织 48
3.1 汽车物流概述 50
3.1.1 汽车物流的内涵 50

3.1.2 我国汽车产业发展概况 50
3.1.3 汽车物流市场的特点 51
3.2 汽车零部件物流运作组织 52
　　3.2.1 汽车零部件物流的内涵 52
　　3.2.2 汽车零部件物流运作管理 53
3.3 汽车整车物流运作组织 63
　　3.3.1 汽车整车物流 63
　　3.3.2 汽车整车物流运作管理 65
本章小结 70
综合练习 71

第4章 IT物流运作管理 73

4.1 IT物流概述 74
　　4.1.1 IT物流的含义及特点 74
　　4.1.2 IT产品对物流的要求 75
　　4.1.3 IT物流企业的功能 76
　　4.1.4 我国IT物流现状 78
4.2 IT物流运作模式 78
　　4.2.1 IT物流运作模式分类 78
　　4.2.2 典型IT物流运作模式分析 80
4.3 IT制造企业原材料采购物流运作组织 82
　　4.3.1 IT制造企业原材料采购管理的重要性 82
　　4.3.2 IT制造企业原材料供应渠道分析 82
　　4.3.3 IT制造企业原材料采购运作组织 83
　　4.3.4 IT制造企业原材料物流运作组织 86
4.4 IT产品供应链物流运作组织 88
　　4.4.1 IT产品供应链物流运作方案 88
　　4.4.2 IT产品供应商管理库存运作方式 89
4.5 IT产品销售物流运作组织 94
　　4.5.1 IT产品销售物流的特点 94
　　4.5.2 IT产品销售物流的一般配送方式 95

4.5.3 IT产品销售物流的现状及存在的问题 96
4.5.4 IT产品销售物流解决策略 96
本章小结 99
综合练习 99

第5章 家电物流运作组织 103

5.1 家电物流概述 105
　　5.1.1 家电物流的含义及特点 105
　　5.1.2 家电行业对物流的要求 107
　　5.1.3 家电物流市场分析 108
5.2 家电物流运作管理 109
　　5.2.1 家电物流现有模式分析 109
　　5.2.2 家电物流商的选择与控制 112
　　5.2.3 家电物流组织 113
　　5.2.4 家电物流流程组织控制 114
本章小结 118
综合练习 118

第6章 冷链物流运作组织 123

6.1 冷链物流概述 125
　　6.1.1 冷链物流的内涵 125
　　6.1.2 冷链物流的作业对象与分类 126
　　6.1.3 冷链物流市场分析 127
6.2 冷链物流运作组织概述 128
　　6.2.1 冷链物流的现状分析 128
　　6.2.2 冷链物流运作组织模式 130
　　6.2.3 不同类别冷链物流运作组织 130
6.3 冷链物流流程控制 133
　　6.3.1 冷链物流作业流程分析 133
　　6.3.2 典型冷链物流关键流程控制 134
　　6.3.3 冷链物流温度控制 137
6.4 冷链突发事件的类型与防范 139
　　6.4.1 冷链突发事件的类型 139
　　6.4.2 冷链突发事件的防范 140
本章小结 140

综合练习 141

第7章 卷烟物流运作组织 145
7.1 卷烟物流概述 146
7.1.1 卷烟物流的含义及特点 146
7.1.2 烟草行业对卷烟物流的要求 149
7.2 卷烟物流商的选择与控制 151
7.2.1 卷烟物流商的选择 151
7.2.2 卷烟物流商及其物流运作服务监控 153
7.3 卷烟物流运作及其流程监控 154
7.3.1 卷烟物流运作及监控要点 154
7.3.2 卷烟营销运作流程及其监控 155
7.3.3 卷烟仓储运作流程及其监控 157
7.3.4 烟草分拣运作流程及其监控 158
7.3.5 卷烟配送流程及其监控 160
本章小结 163
综合练习 163

第8章 电商物流集成运作组织 166
8.1 电子商务物流概述 167
8.1.1 电子商务的概念和发展 167
8.1.2 电子商务物流 169
8.2 典型的电商物流运作模式 171
8.2.1 电商物流运作模式分类 171
8.2.2 基于第三方物流的电商物流运作 171
8.2.3 基于电商自建的物流运作 ... 175
8.2.4 跨境电商物流运作 179
8.2.5 电商物流集成运作 182
本章小结 185
综合练习 185

第9章 物流金融运作与监控 187
9.1 物流金融概述 188
9.1.1 物流金融的产生 189
9.1.2 物流金融的概念 190
9.1.3 金融对物流业发展的作用 ... 190
9.1.4 物流金融在现代物流中的作用 192
9.1.5 发展物流金融的作用 192
9.2 物流金融的业务模式及运作 ... 194
9.2.1 代客结算模式 194
9.2.2 融通仓模式 197
9.2.3 物流保理业务模式 205
9.3 物流金融的风险类型与控制 ... 211
9.3.1 商业银行面临的风险类型与控制 211
9.3.2 物流企业面临的风险类型与控制 213
9.4 物流金融服务的控制 215
9.4.1 代客结算业务的风险控制 ... 215
9.4.2 融通仓业务的控制 215
9.4.3 物流保理业务的控制 216
本章小结 216
综合练习 217

第10章 物流运作时间控制 221
10.1 时间控制与物流运作 222
10.1.1 时间控制 223
10.1.2 物流运作时间控制与服务对象 225
10.2 提前期管理 227
10.2.1 提前期的概念和构成 227
10.2.2 提前期管理的原则和思路 ... 230
10.2.3 提前期的压缩 231
10.3 时间窗管理 233
10.3.1 时间窗的概念 233
10.3.2 时间窗的设置 234
10.3.3 时间窗的应用 235
本章小结 241
综合练习 242

第11章 物流运作质量管理 246
11.1 物流服务质量管理概述 248
11.1.1 物流服务质量 248
11.1.2 物流服务质量管理 250

11.1.3 物流服务质量管理新7种
      工具简介 253
11.2 物流服务质量管理体系 257
    11.2.1 物流服务质量管理体系
          概述 257
    11.2.2 物流服务质量管理体系的
          建立 259
    11.2.3 物流服务过程的质量控制
          重点 261
11.3 物流质量成本 263
    11.3.1 物流质量成本核算 263
    11.3.2 物流质量成本管理体系的
          建立 268
    11.3.3 物流质量成本管理体系的
          实施 270
11.4 物流运作质量6σ管理 272
    11.4.1 6σ管理综述 272
    11.4.2 6σ管理的导入 274
    11.4.3 6σ管理的实施 276
本章小结 278
综合练习 279

第12章 物流运作成本控制 282
12.1 物流成本概述 283
    12.1.1 物流成本的内涵 283
    12.1.2 影响物流成本的因素 285
    12.1.3 物流成本管理的必要性和
          重要性 287
12.2 物流成本控制 288
    12.2.1 物流成本控制的含义 289
    12.2.2 物流成本控制的内容 290
    12.2.3 物流成本控制的程序 291
    12.2.4 物流成本控制的方法 292
    12.2.5 物流成本管理和控制中应注意
          的问题 296
12.3 物流服务收益管理 297
    12.3.1 收益管理概述 297
    12.3.2 物流服务供应商的收益
          管理 298
本章小结 300
综合练习 300

参考文献 303

第1章 物流运作管理概论

【本章教学要点】

知识要点	掌握程度	相关知识	应用方向
物流服务概述	深度理解	物流服务的内涵、实质和类型	物流运作方案设计,物流服务质量控制
物流运作流程	掌握	物流服务过程、物流链、利润链	合理设计和组织物流流程;自营物流、供方物流、第三方物流和综合平台物流
物流链	理解	物流服务链、物流价值链、流程、集成物流服务	构思和设计物流运作方案,形成一体化物流过程
物流运作管理	重点掌握	物流运作管理的对象、基本要求	物流运作计划、组织、协调与控制

 导入案例

网络货运平台的启示

司机宝是武汉物易云通网络科技有限公司(以下简称"物易云通")创建的网络运输平台。物易云通是一家深耕产业互联网,提供大宗商品供应链与物流综合服务的平台型企业,专注于煤炭、建筑、再生资源等领域。物易云通是全国"无车承运"(网络货运)的试点企业,在行业内经过五年深耕,创建了"供应链技术+物流服务+金融场景"的商业模式,通过整合5G、大数据、云计算、区块链、物联网、人工智能等技术,以司机宝平台方式为物流与供应链各个环节提供通道物流服务。

2019年,司机宝平台已实现月均交易额15亿元以上,可支撑日均10万单的交易,线上整合超过130万名货运司机。全国每月10%的运煤司机都通过司机宝平台接单、承运、支付、结算、开票。司机宝平台促进了应用平台的物流企业信息化,改变了物流资源配置的方式,有利于物流企业降低运营成本、提高经济效益。

司机宝平台为网络货运业务模式中的托运方提供可靠、高效、安全合规的承运服务。司机宝平台利用互联网化的运营手段,形成平台规模化和集约化的运营优势,合理调整和配置运输资源,为业务中的实际承运人提供更好的从业体验,改善实际承运人在自雇方式运营中存在的低效问题,从而提高实际承运人的收入。

司机宝平台以提供物流与供应链全链条的解决方案为目标,从以下三个方面不断优化平台的服务功能。

(1) 推进物流大数据的开发与应用。通过整合司机宝平台上物流资源类数据,根据线路货物流量与特性,配置适量的动力,建立专线运输、对流运输、循环运输,实现闭环运输,为客户提供精准的车辆配载服务;利用物流大数据实现"一对一"的精准营销服务;利用物流大数据开展物流互联网金融服务。

(2) 开展多式联运服务模式。公司业务范围主要以公路干线运输方式为主,未来将有效融合其他运输方式(铁路运输、航空运输、船舶运输等),大力开展公转铁、公转水业务,并向业务的上下游延伸,提供现代化的电子仓储管理云服务,扩大企业自身的业务范围。

(3) 发展场景化、有深度的物流及供应链服务,不断发掘用户需求,提供个性化的供应链优化服务,提高产业链的效率和效益。同时将产业互联网与金融服务深度结合,让链条中的每个企业和业务方每时每刻的状态、每天的流量、每天的业务始终掌握在自己手中,为整个供应链赋能。

由导入案例可见,网络货运平台主要服务于中小微物流企业。只有树立物流与供应链管理理念,采用先进的信息技术和管理模式,才能保持极高的物流与供应链效率,将物流成本控制在合理水平。这就涉及物流运作管理的方案设计、流程的标准化和规范化、运用信息技术及整合资源等方面,通过新一代信息技术和信息系统实现智慧化物流。物流运作管理与物流运作活动是紧密结合在一起的,建立正确的物流服务理念是开展物流运作管理与物流运作活动的基本前提。

1.1 物流服务概述

一般意义上的服务是指具有非实体的系列特征，且可给人们带来某种价值、用途或满足感的一种或一系列活动的结果。物流服务是为满足客户需求所实施的一系列的物流活动结果，在很大程度上取决于物流运作过程，因此需要对物流服务有一个清晰的认识。

1.1.1 物流服务的认识

1. 物流服务的含义

物流服务是为满足客户需求所提供和实施的一系列物流活动的结果，是直接面对客户需求产生的物流活动的结果，以客户认可为其成果。提供客户满意的物流服务是物流运作管理的最终目的和根本任务。可以从以下几个方面加深对物流服务的认识。

(1) 物流是一种非实体产品的服务。物流服务与实体产品的区别在于无形性(非实体性)、同时性、无存货性、差异性和人为性。其要点如下：①无形性是指物流服务是非实体性的，无法触摸感知，但可以看到物流服务的过程和结果；②同时性是指物流服务的生产与消费同时进行，服务结束了，其服务的消费过程一般也就结束了；③无存货性是指物流服务不可大量生产和储存，而只是在客户需要时提供服务或服务的结果；④差异性是指物流服务对于不同客户对象会有很大的差异，即不同客户有不同的需求，物流商可以为客户量身定制所需的物流服务；⑤人为性是指物流从业人员直接参与服务过程，从业人员的职业素质、服务态度和操作技能对服务质量和效果影响很大。

(2) 物流服务是处于纯产品和纯服务之间的一种中间过渡状态的服务形式，是需要用一定的设施、设备和技术支持的服务，即需要用辩证思维方式认识和运作的服务形式。物流运作过程涉及的设施有运输通道、港航(车)站、货场仓库等；涉及的设备有装卸设备、载运工具、仓储设备、分拣设备等；涉及的技术有信息技术、定位技术、分拣技术、配载技术、滚装技术等。这些设施、设备和技术的选用都会直接或间接影响物流服务过程和结果，其中信息技术融合管理理论成为物流高级化发展的核心技术。

(3) 物流服务是伴随着物流专业化、信息化、网络化和集成化的一体化物流服务。在物流向高级化发展的过程中，一个突出的表现是物流服务由分散走向集成，能提供集成物流服务的物流企业称为集成物流商。集成物流商运用计划、运营、整合和监控能力，整合物流功能和物流资源，完成物流运作流程系统设计和全过程监控，实现客户所需要的集成物流服务目标和价值要求。

2. 物流服务的实质

物流服务的实质是提供和创造客户所需的价值。这种价值是物品及信息流动所需的系统价值和价值增值，其具体形式可以表现为位移价值、场所价值、时间价值、效用价值、经济价值、金融价值、形象价值和综合价值等。由于支撑价值实现的是物流运作过程，因此从价值的角度可以将物流运作过程看作价值链。

物流服务可以通过物流运作系统方案的设计、运行和管理等综合性活动实现。在该过程中，物流服务价值增值的幅度随着设计、管理和实务运作变化而变化。尽管如此，物流服务过程的每个因素都可能影响该价值增值过程和客户的满意程度。

物流运作系统的方案设计、功能运作和监控管理等过程可以创造物流服务价值和使价值增值。物流商提供的物流服务需要将客户需求的物流活动按照最终物流服务的要求组织资源实现。

3. 集成物流服务与物流链

集成物流服务是在集成物流商整合物流功能、物流资源的基础上，提供集成(一体化)物流服务的业务模式。对提供物流资源、物流功能的物流商来说，集成物流商是处于物流链高端的物流商。物流服务链是物流商提供的直接面对最终客户的物流活动衔接过程构成的物流链，其本质体现了由客户物流服务需求引导及实现其物流服务功能的设施、设备、技术、人员等要素构成的物流作业价值的传递过程。

"链"体现了利用系统思想组织物流活动过程的形式和结果。物流链是指由相互衔接的物流活动构成的集成化物流运作过程。物流链是物流协同活动一般性的通用表述，根据研讨的侧重点不同，可以反映为物流作业链所形成的服务链和价值链。在物流链形成过程中，物流作业是基础，客户服务是目的，价值追求是本质。物流链是由客户服务需求提供的一系列物流作业构成的，其结构合理性成为物流服务利润来源的基础。物流链实现集成物流服务过程，需要在物流链中充分整合人员、实物依据和过程 3 个要素，反映物流服务运作过程的基本逻辑公式如下

$$物流运作过程=物流服务项目设计+物流资源整合能力+物流作业人员 \qquad (1-1)$$

式(1-1)中，物流服务项目设计包括整合过程；物流资源整合能力包括物流设施、设备、技术等硬件和软件资源等；物流作业人员包括物流管理人员和现场作业人员。

1.1.2 物流服务的分类

盐田港码头

为进一步深刻认识物流服务的实质，做好物流管理工作，可将物流服务进行以下分类。

1. 基于物流设施的物流服务

物流设施是提供物流相关功能和组织物流服务的场所，主要包括物流园区、物流中心、配送中心、各类运输枢纽、场站港、仓库等。

以物流活动依托的运输枢纽节点为依据，可以将物流活动划分为港口物流、机场物流、车站(货场)物流等。这类物流的共同特点是依托交通运输枢纽进行装卸、中转型仓储等物流服务活动。由于枢纽(如码头、货场、重箱堆场和轻箱堆场等)的性质不同，因此物流作业设备、任务和服务项目也有很大的不同。依托货物集散中心、物流信息中心和物流控制中心等的功能，物流园区、物流中心、配送中心是物流商整合物流资源、展开物流服务链运作的集中场所。

2. 基于特定主体对象的物流服务

根据物流所服务的区域客体群对象，物流服务可以划分为园区物流和驻点物流等。园区物流是指物流商为特定的工业园区、经济开发区的企业开展的物流服务；驻点物流是指物流商在有合约的企业驻点，为驻点企业群提供第三方物流服务。这类物流服务的共同特点是服务区域或主体对象稳定，采用第三方物流服务模式，可以实现专业化、信息化、网络化、规模化和集成化的物流服务。

3. 基于特定行业或产品的物流服务

根据物流服务作用的行业或产品的特点,物流服务可以划分为行业物流和产品物流,具体包括粮食物流、钢铁物流、煤炭物流、烟草物流、药品物流和冷链物流等。这种物流服务体现了物流运作具有行业或产品物流的专业化特点,着重指不同的行业或产品的物流服务在设施设备、技术等方面具有各自的专业化特点,而不仅仅是采用通用的设施、设备、技术和流程。

4. 基于特定物流活动范围的物流服务

以经济活动为主体的物流活动主要包括企业物流、区域物流和国际物流。其中,企业物流是围绕企业或企业集团的物流活动。区域物流是以某经济区域或特定地域为主要活动范围的社会物流活动,如城市物流、省区物流和经济区物流等。在物流运作环节,国际物流要比国内物流复杂得多,涉及国际贸易、多式联运、通关、跟单作业等物流作业问题。

5. 基于网络运输平台整合资源的物流服务

掌握货源的集成物流服务商,可以通过网络运输平台建立社会运力的载运工具蓄水池,从而减少资本投入,提升智慧化物流服务水平,降低物流服务成本。

1.1.3 功能型物流服务、综合型物流服务与集成物流服务

1. 功能型物流服务

根据划分的依据不同,物流服务活动有很多种,从功能性角度可以划分为运输型物流服务、仓储型物流服务、配送型物流服务、信息型物流服务和加工型物流服务等,见表1-1。功能型物流服务是围绕主要功能展开物流活动及其延伸服务的。例如,运输型物流服务以运输为核心内容。

表1-1 功能型物流服务的划分

服务类型	主要功能及关联作业	主要类型
运输型物流服务	运输,包括装车、卸货等直接关联作业	普通货物运输
		特种货物运输,如危货运输、大件运输等
仓储型物流服务	仓储,包括库存控制、入库、出库作业	中转仓储
		长期仓储
		短期仓储
配送型物流服务	分拣、配载、送货	专项(如牛奶)配送
		混合配送,如电子商务(在某些环境下简称电商)商品配送
信息型物流服务	货代、车源、货源、客户、货主、车主信息	自用型物流信息服务
		共用型物流信息服务
		公用型物流信息服务
加工型物流服务	流通加工、短暂保管、配送	钢材、玻璃等流通加工
		鸡、鸭等流通加工

功能型物流服务的特点是物流功能集成度较低或相对较低，比较适合业务单一的物流企业。在充分、有效利用自有资源的基础上，提高物流服务的经营效率，同时提供少量的增值型物流服务，是这些企业的核心竞争力。

2. 综合型物流服务

综合型物流服务是指综合型物流商整合客户所需的多种功能物流服务为一体的运作过程，即物流商为客户提供运输、仓储、配送、信息、流通加工等的以一种功能型物流为主，兼顾延伸的多种物流服务衔接的过程。在一些典型的物流活动中，可以看到综合型物流服务内容，见表1-2。综合型物流服务既可以有效地支撑基础物流业务，又可以增加物流的附加收入。

表1-2　综合型物流服务内容

划分依据	划分类型	主要内容及特点
企业供应链物流活动过程	输入物流	进入工厂(或特定场地)的物流活动，如原材料采购供应等
	输出物流	离开工厂(或特定场地)的物流活动，如产成品销售配送等
物流活动的性质	供应物流	为下游客户提供原材料、零部件或其他物品时发生的采购、运输等相关物流活动
	生产物流	主要是原材料、在制品、半成品、产成品等在工厂范围内形成最终产品的物流活动
	销售物流	生产企业、流通企业在出售商品过程中发生的销售、分拣、配送等物流活动
	回收物流	将退货、返修和周转使用的包装容器等从需方返回供方引起的物流活动
	废弃物物流	将废弃物进行收集、装卸、运输、处理等，形成自身完整体系的物流活动

3. 集成物流服务

集成物流服务是集成物流商针对客户最终需求量身定制的多功能、全过程的一体化物流服务。其特点是由集成物流商提供满足客户需要的高度集中的物流服务，类似于"交钥匙"工程服务。为达到整合资源、实施集成运作和指导管理活动的目的，集成物流服务需将多个功能型物流商的能力和资源集结到客户所需的集成物流服务中，需要整合相应的物流设备、技术资源，以及提供专门的物流运作设计方案，该过程的组织形式为物流链。

1.1.4　物流服务的主体

物流服务的主体是物流企业。物流企业有时需要通过整合社会资源实现物流服务，有时也称物流商(物流供应商)。

1. 物流企业

物流企业是依法专门从事物流经营活动，实行独立核算、自负盈亏、独立承担民事责任的经济组织。物流企业应以开展物流业务为主，并具备一定的规模；可以提供一项或多项功能型物流服务；自有或租用一定数量的物流设施设备；具备网络化信息服务系统，并能通过该系统对物流过程进行全程监控和对客户提供所需的物流实时查询等服务。物流企业有多种类型，其中综合服务型物流企业较典型，一般应符合以下要求。

(1) 经营多种功能型物流服务业务，可以为客户提供运输、货运代理、仓储、配送等物流服务，且具备一定的规模。

(2) 根据客户的需求，为客户制订整合物流资源的运作方案，为客户提供契约性的综合物流服务。

(3) 按照业务要求，企业自有或租用必要的运输设备、仓储设施及设备。

(4) 企业具有一定运营范围的货物集散、分拨网络。

(5) 企业配置专门的机构和人员，建立完备的客户服务体系，能及时、有效地为客户提供服务。

(6) 具备网络化信息服务功能，应用信息服务系统可对物流服务全过程进行状态查询和监控。

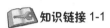 知识链接 1-1

物流企业的认识

目前，我国已形成由多种所有制、不同经营规模和服务模式所构成的物流企业群体。

(1) 原有的国有物流企业(如中远物流、中海物流、中外运物流、中邮物流、中国储运、中铁快运和招商局物流等)加快重组改制和业务转型。

(2) 快速发展的民营物流企业，如顺丰速运、宝供物流、传化物流、长久物流、德邦物流、佳吉快运等。

(3) 世界知名的跨国物流企业，如丹麦马士基，英国英运，荷兰天地，日本日通，美国联邦快递、联合包裹、总统轮船，德国邮政等。

(4) 一批国内生产或商贸企业的物流部门，以原有业务为基础向社会扩展，形成具有专业特色的物流商，如京东物流、海尔物流、安得物流、安吉物流，以及大庆油田、开滦煤矿的物流公司等。

其中(1)、(2)和(3)物流运作的基本模式是第三方物流，例如，苏宁就是利用第三方物流顺丰速运进行物流支持；(4)物流运作的基本模式大多是基于自营加第三方物流。

2. 物流行业

行业一般是指职业的类别，用来形容"人"的产业属性。从产业经济学的角度看，物流行业也称物流产业，是专门从事物流经营活动的企业的集合。物流企业是专门为市场提供物流管理服务的企业。当物流服务市场逐步成熟时，物流管理服务将在市场体系中取得相对独立的产业地位，并逐步细分为不同的物流行业体系，包括食品物流服务业(分为冷藏食品物流服务业、生鲜食品物流服务业、包装食品物流服务业等)，汽车物流服务业(分为零部件供应物流服务业、整车配送物流服务业等)，化工物流服务业(分为液体化工产品物流服务业、气体化工产品物流服务业等)，石油产品物流服务业(分为原油物流服务业、成品油物流服务业等)，钢铁物流服务业，矿产物流服务业，危险品物流服务业，设备物流服务业，药品物流服务业，IT物流服务业，服装物流服务业，粮食物流服务业，花卉物流服务业，废弃资源物流服务业，物流信息服务业，物流装备服务业，物流咨询服务业等。

现有的运输服务业、仓储服务业,以及各相关的物流中介服务业都将归入物流产业的框架,逐步融入以产品物流为中心的物流管理服务体系,并作为特定产业链或价值链的后勤服务资源。

1.2 物流运作流程

1.2.1 物流运作流程概述

1. 物流运作流程的含义

物流运作流程是根据客户的需求设计物流服务运作方案,并形成先后作业活动的衔接过程。从系统的要求看,组织先后衔接物流运作的流程就是物流链,也正是通过这个相互衔接的过程提供和传递最终满足客户需求的服务。面对客户的流程称为物流服务链。

2. 物流运作流程的种类

从表 1-3 可以看出,根据纵向的企业层级与横向的物流业务阶段之间的关系,物流运作流程可分为纵向结构流程与横向结构流程。

表 1-3 物流运作管理在企业中的业务层次

企业层级	战略规划	市场开发	系统设计	实务运作	运营监控	售后服务
(高层)战略层	△△△	△△△	△△	△	△	△
(中层)职能层	△△	△△	△△△	△△	△△△	△△
(基层)运作层	△	△	△	△△△	△△	△△△

注:△△△——重点参与;△△——主要参与;△——一般参与。

1) 纵向结构流程

纵向结构流程反映企业的战略层、职能层和运作层共同参与从战略决策、方案设计到战术执行的全部活动过程。从大的方面来看,纵向结构流程涉及战略规划、市场开发、系统设计、实务运作、运营监控、售后服务等阶段。

2) 横向结构流程

横向结构流程是从资源投入到服务产出的活动过程,是确定战略方案后,体现执行力的实施活动过程,其业务流程内容往往带有常规性活动的特点。横向结构流程具体可以分为以下几个阶段。

(1) 物流作业流程。此流程包括采购作业流程、仓储作业流程、配送作业流程、报关作业流程等。

(2) 物流服务流程。此流程直接体现为客户获得服务结果的流程,往往体现为根据客户需求设计物流运作方案的一系列相关作业流程的整合。

(3) 物流信息流程。此流程涉及物流信息采集、传输、储存、处理等技术和一系列具体活动的基本流程。

(4) 物流管理流程。此流程是指对物流运作过程实施计划、组织、协调和控制的职能,以整合资源配置、提高运作效率的活动过程。

物流运作流程既有内部作业环节衔接，又有外部作业环节衔接。外部作业环节衔接会直接与外部环境因素作用，由于外部环境因素常处于变化中，因此在设计物流运作流程的过程中，应在有效运用物流网络的基础上，充分把握客户、竞争和变化对流程的影响。物流网络是物流过程中相互联系的组织与设施的集合，包括信息网络、经营网络和设施网络。

3. 物流运作流程与商流、资金流、信息流的关系

物流运作流程涉及与商流、资金流和信息流的相互作用、相互影响，其中，资金流是在所有权更迭的交易过程中发生的，可以认为其从属于商流；信息流分别从属于商流和物流，属于物流的部分称为物流信息。可见，流通实际上是由商流和物流组成的，它们分别解决两方面问题：一方面是产成品从生产者所有转变为用户所有，解决所有权的更迭问题；另一方面是对象物从生产地转移到使用地以实现其使用价值，也就是实现物的流转过程。可以说，商流是动机和目的，资金流是条件，信息流是手段，物流是终结和归宿。因此，在物流运作流程中，必须充分认识物流、商流、信息流和资金流之间的关系，既要认清各自的运行规律，又要把它们看作一个统一的整体，全局把握流通过程，将物流流程运作得更有成效。

 案例阅读 1-1

联邦快递的物流运作流程构造

联邦快递是全球较具规模的快递公司，它为全球超过 220 个国家及地区提供快捷、可靠的快递服务。联邦快递设有环球航空及陆运网络，通常只需 1~2 个工作日就能迅速运送时限紧迫的货件，而且确保准时送达。联邦快递通过相互竞争和协调管理的运营模式，提出了一套适合自己的快递运作流程，分为横向结构和纵向结构两部分。

(1) 横向结构是指与企业快递运作从投入到产出整个过程相关的一系列基本流程。主要包括：①快递作业流程，即接单、采购、运输、储存、检验、配送等组成的基本流程；②快递服务流程，主要是指为客户提供快递需求分析、系统设计、管理咨询等组成的基本流程；③快递信息流程，是指从各部门各方面搜集信息、处理信息、汇总信息、传递信息、共享信息、创造信息价值等组成的基本流程；④快递管理流程，即对快递运作过程实施计划、组织、控制、协调以优化资源配置，提高管理效率的活动组成的基本流程。

(2) 纵向结构是指从企业快递运作决策到快递运作执行的过程。主要包括：①快递运作决策流程，即企业从高层到基层员工形成快递运作决策的基本流程，目标是实现企业快递的有效运作；②快递运作执行流程，即企业快递运作的实施流程，包括执行方法、执行监督等体现执行力的关键环节。

4. 物流运作流程的特性

物流运作流程由相互衔接的物流作业构成，具有逻辑性、适应性和价值性等特性。

(1) 逻辑性。物流作业链在按照客户所需服务要求，遵循物流服务目的及其功能的前提下，由一系列衔接专业活动的逻辑过程构成。该特性体现了组织物流运作流程的客观性要求。

(2) 适应性。当环境发生变化时，构建基于满足客户需求的物流运作流程，可对资源、技术等方面进行适当调整。该特性体现了管理物流运作流程的动态性要求。

(3) 价值性。实现整个服务流程不仅应当具有客户所需的物理效应，而且应当具有服务于客户的价值效应，这种价值效应可以从空间、时间、经济的价值增值，以及人们精力和体力的节约中体现，一般体现为物流运作流程价值的综合性。该特性是组织与管理物流运作流程的目的性要求，也是物流价值链体现的利润来源。

1.2.2 物流运作流程设计

1. 物流运作流程设计考虑的因素

物流运作流程设计考虑的主要因素有企业服务宗旨、客户物流需求、物流运作技术、物流资源条件、经营环境因素和物流运作模式，应该根据这些因素科学、合理地满足客户的需求。比较典型的就是构筑制造业与物流业两业联动发展模式，例如，京东物流(电商+物流)、海尔物流(家电+物流)、安得物流(家电+物流)、安吉物流(汽车+物流)等，产业与物流在各自专业化的基础上，使得物流服务链有稳定的服务对象，否则可能会产生业务不稳定或"无物可流"的现象。

(1) 企业服务宗旨：体现物流企业使命和发展愿景，是一个根本性的指导。

(2) 客户物流需求：体现客户对物流的物理方面和价值方面的要求，还包括在物流企业服务形象等方面的要求。

(3) 物流运作技术：依托信息技术和其他物流设施设备所承载的技术创新，其中创新技术的应用及其水平主要体现在基核及联接键方面。

(4) 物流资源条件：可采用的物流资源，如可以考虑充分利用社会车辆、仓库和其他资源完成预期任务。

(5) 经营环境因素：充分考虑运输通道、基地、设备和技术等方面的宏观环境和微观环境的影响。

(6) 物流运作模式：体现在自营物流、联营物流、第三方物流、综合平台物流等模式的设计和选用，对企业战略执行力有重要影响。

物流集成形成的是物流链，制造业与物流业联动要求的是精准对接、相互适应、共享绩效，物流链与供应链对接形成的是供应链集成，这些都是物流运作管理的对象范畴。

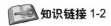

设计物流运作方案需掌握两业联动发展模式

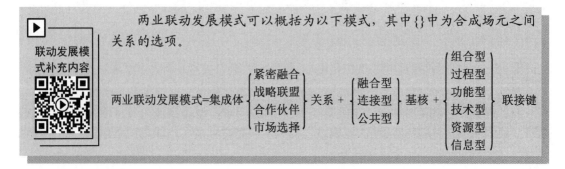

集成体分别是指主导物流链或供应链的龙头企业，表明"两业"联动龙头企业之间的关系深度，如从市场选择到(资产)紧密融合关系依次加深；基核是指物流作业衔接的必要设施体系，基核网络设计表明其网链的利用效率，效率高、成本低；联接键是指沟通供应商、生产商、销售商、用户等的资源、信息、技术、功能等渠道，也是依托信息技术创新的重要领域。

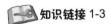 知识链接 1-3

设计物流运作方案需要掌握的知识结构

对物流管理者而言，需要充分掌握战略、战术和流程设计理论，并能用这些知识设计物流运作方案；需要将物流战略的构建理念转化为物流运作流程的设计思路，体现物流运作流程贯彻战略思想的执行力；需要学习高级物流学、供应链管理等相关理论；需要熟悉物流市场经营策略的影响因素和制定方法；需要掌握将企业战略设计转化为物流运作设计的思路、技术和方法；需要了解物流市场营销学方面的知识；需要掌握物流工程学的理论和方法，从工程的角度在物流运作领域实现主体的战略意图，从而在物流运作管理实践中将学习的理论知识有机融合起来，并有效运用。

高级物流学补充内容

2. 物流运作流程设计的要求

(1) 关注供应链主体与流程之间的关系。物流运作流程是供应链的基础流程，涉及前后企业、业务环节的主体和流程，以及主体之间、流程之间的关系。主体层次涉及管理和行为组元，流程层次涉及主体和技术组元。设计物流运作流程要考虑供应链主体与流程相互衔接的过程和关系。

(2) 处理好流程设计中的物流链、价值链和利润链的关系。对于物流商来讲，设计客户所需的物流运作流程的结果实际上是一段物流链。基于服务领先战略，物流链需要按照客户的需求设计全过程的物流服务，并体现在传递客户需求的最终物流服务结果的物流运作流程中。物流商主导的物流链设计要体现创建和传递价值给客户的增值要求，需要删除对增值无益、可有可无的、非必要的物流活动，即除了满足物流流程的物理需求，还需要满足物流流程的价值需求，使物流运作流程体现为传递价值结果的价值链。上述价值增值过程主要是对客户而言的，也是物流商创造价值的基础。总之，物流商需依托于物流运作流程组建基于成本领先战略的利润链，并通过整合设施、设备、技术、人力等资源实现该价值增值过程。

对于企业物流而言，由于要体现客户所需的物流服务是企业价值链的要求，因此主要处理好物流流程设计中的物流链、服务链和价值链之间的关系。必要时，可将企业非核心的物流业务部分或全部外包给集成物流商，通过物流商的物流链与企业的价值链的对接以实现价值增值。

(3) 物流运作流程设计的 SMART 原则。物流运作流程设计主要由流程的主体及技术组元构成，应符合 SMART 原则，即流程目标必须是具体的(Specific)；流程目标必须是可以测量的(Measurable)；流程目标必须是可以达到的(Attainable)；流程目标必须与战略目标具有相关性(Relevant)；流程任务实现必须具有明确的截止期限(Time-based)。满足SMART原则的物流流程设计是提高实现物流战略执行力的作业过程。

物流高级化是从点、线向网、链发展的基本过程。物流运作的"点"是指节点，如基于仓库、货运站、物流中心、物流园区、海港、陆港等的物流业务运作；"线"是指运输通道、连接方式等，如基于专线的运输服务等；"网"是指节点和线路等的集成，即由不同运输方式的节点和线路构成的网络，如业务网络、信息网络和基础设施网络的集成运作；"链"是指不同经营主体之间基于物流形成的传递和价值关系，网-链体现了集成体在节点之间的更密切的价值分享关系。

知识链接1-4

从物流集成场的视角分析物流运作系统

物流集成场的视角主要体现为集成体(如具有资源、功能和过程整合能力的龙头企业)、基核(具有多重资源供给与需求集成引力的物流运作及管理基地)、联接键(构成业务资源、信息、技术、功能、过程等更密切、更稳定的关系)，通过这三方面的物流集成运作过程，形成的节点之间的联系称为场线，体现为物流运作绩效。从这个角度看，便于将复杂的人工大系统通过剖析集成体、基核和联接键等关键因素及关系，得到优化和完善，并能与服务的供应链的主导者集成体、基核与联接键形成两业联动发展模式。

3. 物流运作流程的设计方法

物流运作流程设计不仅要体现物流实物的需要，而且要统筹考虑价值、过程和技术等因素。作为典型的物流流程设计方法之一，VPT集成设计法是运用价值(Value)、过程(Process)和技术(Technology)对物流系统进行规划设计，选用先进的技术(含设施、设备、信息、作业等)，合理地衔接和优化相关过程(含作业过程、组织过程、监控过程和管理过程等)，实现系统要实现的价值体系。

在运用VPT集成设计法设计物流流程时，需将物流运作系统的价值、过程和技术结合起来进行一体化设计，集成相关知识，通过团队执行力(如监控模式的选择和设计)，使得物流运作方案在概念设计、组织设计、过程设计和设备设计等方面形成一个和谐、完整、高效率的整体。

案例阅读1-2

传导型线链式监控管理与互动型全链式监控管理模式设计比较

近年来发生了多起食品安全突发事件，分析其物流运作过程，基本上都是传导型线链式监控管理模式。肯德基"苏丹红"事件的发生原因可追溯到在传导型线链式运作流程中，四级供应商在原材料加工环节(加工流程1) 中加了苏丹红一号(图1.1)。

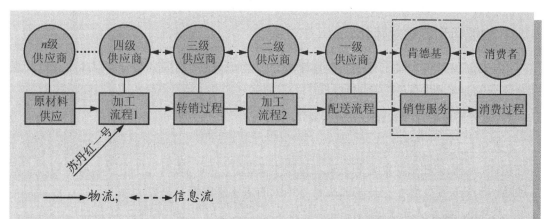

图 1.1 肯德基传导型线链式物流运作流程

由图 1.1 可见，整个物流运作流程对应相应的主体，其运作是否规范十分重要，其输入、输出都是十分敏感和重要的检测部位。在供应链不同运作主体之间的流程及其衔接中，供应链主导企业对物流运作全程风险识别、监控功能是比较薄弱的。传导型线链式监控管理模式大部分体现在相邻成员之间的沟通，除了业务合作，还存在利益博弈关系，可能会影响主体与流程、运作过程与质量的互动关系。

在互动型全链式监控管理模式中，物流商或物流监管者与各个运作主体形成良好的互动关系，并完成物流运作全程的监控，如图 1.2 所示。互动型全链式监控管理模式是基于主导者进行集中监控的模式，其信息沟通方式呈环形结构，主导者与各个相关物流功能成员主体之间互动，同时伴随着物流运作流程之间的联动。在此模式下，构建的主体层之间同样存在利益博弈关系，因此须对主体间的利益进行博弈分析，以建立更合理的管理模式。

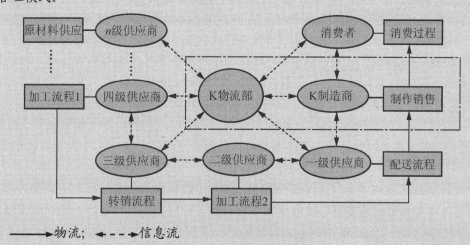

图 1.2 互动型全链式监控管理模式

在图 1.2 中，互动型全链式衔接与监控是以集成物流商或主导企业物流部为核心进行运作及监控的。与传导型线链式监控管理模式相比，互动型全链式监控管理模式深度反映了物流服务的供需行为关系，以及其在主体竞合关系下主体企业对物流运作全程的风险识别、监控能力(包括资金投入和监控力度等)，从而促进物流运作流程的相互衔接。

1.2.3 物流运作流程规范化

由于物流运作流程规范化是实现物流流程科学设计的考虑因素之一，因此物流作业规范和流程设计需要很好地结合起来。

1. 运作实施标准的认识

根据企业从事、服务的行业特征和要求，企业应当进行相应的资质认定或认证活动，并在运作过程中按照资质能力和认证规范要求实施。例如，从事大件物流、危货物流应具备相应的从业资质，从事医药物流应具备相应的认证要求等。

ISO 9000 质量体系是国际性的质量体系，不仅适用于生产行业，而且适用于服务、经营、金融等行业。ISO 9001:2015 标准是针对质量管理体系的认证。良好操作规范(Good Manufacturing Practice，GMP)认证是仅适用于药品生产行业的认证，是集软件、硬件、安全、卫生、环保于一体的强制性认证，并具有区域性。多数 GMP 认证是由各国结合本国国情制定的。产品供应规范(Good Supply Practice，GSP)是关于药品经营管理的一整套管理程序和管理标准，用于控制药品在流通环节所有可能发生的质量事故。企业应根据 GSP 认证的标准规范，制定企业医药物流运作流程和作业标准。

知识链接 1-5

GMP 认证、GSP 认证与物流运作管理

我国医药行业正面临全国性的 GMP 认证和 GSP 认证。GMP 和 GSP 分别对企业的生产领域和流通领域提出了严格的要求，如物流运作层次的采购、生产、质检、库存、销售、运输环节与其他环节的流程和具体功能。从供应链管理的角度来说，GMP 与 GSP 几乎涵盖了一个企业的生产和流通领域的各个方面，从事医药食品生产活动，应进行 GMP 认证；从事医药食品企业物流服务活动，应进行 GSP 认证。供应链物流运作流程上的所有节点的企业都要遵守并执行 GMP、GSP，按照规范进行物流运作管理。

2. 制定物流运作流程操作规范

企业在制定物流运作流程操作规范时，应处理好自身规范与统一标准和规范的关系。在遵照基本认定标准的前提下，企业应根据自身服务性质和能力制定运作流程操作规范。例如，在医药领域，GMP 和 GSP 是框架性标准，各企业应在符合 GMP 与 GMP 所有规范要求的基础上，制定自己在生产或流通领域的详细物流运作流程操作规范。

3. 严格落实物流运作作业、流程规范的实施

企业要长期坚持实施物流运作流程操作规范，并落实到物流运作过程中，保证物流运作流程有制度可依。

1.3 物流运作管理概述

1.3.1 物流运作与物流运作管理

1. 物流运作

物流运作是指为满足客户的需求,由物流商设计物流作业方案,调集资源并组织实施的具体活动过程。其中,客户为物流运作的服务对象,包括各类企业和个体消费者。他们需要的是量身定制的一体化物流服务,即集成物流服务。简而言之,物流运作要提供客户所需的集成物流服务的实务操作业务。

集成物流服务是根据客户的需求,为满足物流运作要求,由集成物流商协同许多部门的物流活动完成的,而不是简单地由一些部门(如运输型企业、仓储型企业等)提供基础性物流活动完成的,其中物流活动包括物流过程中的运输、储存、装卸、搬运、包装、流通加工与信息处理等。物流运作过程中采用集成物流服务的优势是在满足客户需要的同时,降低了客户的经济成本、时间成本、体力成本和精力成本等。

2. 物流运作管理

物流运作管理是在将(物流集成、两业联动、产业联动等)物流系统输入的原材料、人力和能源等资源转化为输出产品和物流服务,以及满足客户需求的过程中进行的各种决策、运作和所制定的各种规则。

物流运作管理是为达到既定目标,对物流全程进行计划、组织、协调和控制,其目标是以最低的成本实现最大化的企业价值。企业选择的物流运作管理方式需要对企业(集团)整体战略形成有效的支持,特别是物流战略系统。

物流运作管理强调对整个物流过程的管理与控制,既包括宏观层面的,又包括微观层面的。物流运作管理是物流运作活动计划、组织、协调、监督和控制的管理工作过程。物流运作管理追求的目标是在客户满意前提下的质量、效率和成本的最佳组合,包含的对象更倾向于具体的大宗物流、汽车物流、家电物流、冷链物流等。

物流运作管理的对象是物流集成、两业联动、产业联动等物流运作过程和物流运作系统,物流运作过程涉及物流活动资源的获取与组织,物流运作系统涉及多种产业物流活动的组织、协同、整合和监控,例如电商与物流的对接,电商活动融入物流运作过程中。所以,物流运作是一个资源投入、转换和服务产出的过程,也是一个物流作业、劳动过程,又是一个物流服务价值增值的过程,其运作效率和效益在很大程度上取决于物流运作管理的绩效。物流运作系统是物流活动和资源变换为客户所需物流服务得以实现的手段,它的构成与变换过程中的物质资源转换过程和管理过程对应,是基于一个物流运作活动的管理系统。物流运作管理者必须考虑面对客户需求,对特定的物流运作活动进行计划、组织、协同和控制。

3. 物流运作与管理的关系

物流运作管理是基于物流运作实务的管理活动,是对物流运作活动履行管理职能的知识、技能与规律的认识和总结,是物流商与其支持和保障的企业在运作层面进行计划、组织、协调和控制的综合性活动。实现基于客户需求的专业化物流服务和企业物流的联动运作与集成管理是本书研究和阐述的核心内容，两者都涉及物流服务及其支持与保障对象的协同运作和集成管理。

从运作层面上看，物流活动涉及诸多功能环节，包括运输、储存、装卸、搬运、包装、配送、流通加工和物流信息处理等，而客户所需的物流服务是一种基于特定的物流运作方案，利用设施、设备和技术等相关资源，提供物品及相关信息流动的一体化服务过程和结果。物流企业提供的物流服务既不是纯产品，又不是纯服务，而是基于一定设施、设备和技术的集成服务活动过程。因此，正确认识物流运作过程是做好物流服务和物流运作管理的基本前提。

从管理层面上看，物流活动涉及对物品及相关信息流动进行系统设计、运作和管理等过程。物流运作管理需要针对客户企业或供应链物流需求设计物流运作方案，并将其运作过程所需的人员、设施、设备、技术和信息等资源，根据产业产品或产业过程的自身特点进行整合，使其协同运作，以求实现企业与供应链系统价值增值。

1.3.2 物流运作系统

1. 物流运作系统的构成

物流运作系统是由物流运作要素构成的，处于业务运作层面，其主要涉及以下几种要素。

(1) 物流基础设施。物流基础设施是保证物流系统运行的基础物质条件，包括物流站、场，物流中心、仓库，物流线路，建筑、公路、铁路、港口等。

(2) 物流运作装备。物流运作装备是保证物流运作系统开动的条件，包括仓库货架、进出库设备、加工设备、运输设备、装卸机械等。

(3) 电子信息技术。电子信息技术包含电子信息技术的信息网络系统、平台，是掌握和传递实时物流信息的手段，包括通信设备及线路、传真设备、计算机及网络设备等。

(4) 资金。物流与物流服务的实现与资金运转互为前提和保障。另外，物流系统建设也是资本投入的一个领域。离开资金，物流运作过程不可能实现。

(5) 组织网络。组织网络是物流运作系统的"软件"，起着连接、调运、运筹、协调、指挥其他要素以实现物流系统运作的目的的作用。

(6) 专业人员。专业人员是所有系统的核心要素、第一要素。提高物流专业人员的素质是建立一个合理化的物流运作系统并有效运转的根本。

2. 物流运作系统的特点

物流运作系统由专业人员、任务、设施、设备、信息系统等要素组成，其运作过程涉及物品品种、数量、线路、服务部门和时间等，是能够满足客户物流服务要求的由硬件和软件技术资源构成的有机整体，具有一般系统的特点。

(1) 整体性。物流运作系统是由硬件要素和软件要素组成的有机整体。

(2) 目的性。物流运作流程可以为客户提供满意的物流服务，并通过一定的关键绩效指标(Key Performance Indicator，KPI)表现出来。

(3) 关联性。需将系统所包含的信息，软件与硬件(仓库、叉车、集装箱等)要素形成良好的匹配关系，在此基础上衡量资源的可利用性及运作情况，以合理优化物流运作流程。

(4) 结构性。物流运作系统本身具有可分性，可分为若干层次结构来进行组织管理。在对物流运作流程及其主体组织结构的构建过程中，应当力求精简、高效。

(5) 环境性。物流运作流程需要根据环境进行组织管理，只有适应环境才能生存与发展。

1.3.3 物流运作管理的要求

物流运作管理的基本要求体现在计划性、衔接性、平行性、协调性、实时性、集成性、价值性和均衡性等方面。

(1) 计划性。在物流活动运作之前，必须有详细的物流实施方案和作业计划，重要的流程与作业需要有操作标准和规范。

(2) 衔接性。物流运作的各作业之间要形成连续的衔接关系。例如，装载、运输、卸载、入库、储存、分拣、出库等作业活动要形成连续的衔接过程，避免无计划的停顿造成时间、资源等的浪费。

(3) 平行性。物流运作涉及的主体要为同一任务同时作业。例如，实物作业活动要与相应的信息作业活动同时进行，不同地点的同一任务需同时进行，从而保证物流过程的衔接性。

(4) 协调性。不同主体、不同活动、不同设备和运作过程等的作业内容、时间、组织要协调，通过物流作业计划、组织、协同和控制的具体操作，使人员、车辆、设备、设施、信息、财务等资源具体组织协调到位。

(5) 实时性。依据实时信息的获取、传输、储存、处理等环节对物流作业过程的实地情况进行调整，以确保物流系统协调运作的变化可以得到准确、实时的信息。

(6) 集成性。不同主体、过程要在信息沟通及设备互通互联的集成前提下，掌握整个物流运作流程，并进行整个物流的实时运作。

(7) 价值性。近年来，物流在企业成本、效益、价值增值等方面发挥的作用越来越明显。

(8) 均衡性。在条件许可的情况下，尽量采用均衡作业，避免不必要的突击性作业。

前五项是物流运作管理的操作基本要求；后三项是物流管理者把握全局的战略总体要求，也是训练有素的物流管理者追求的目标。

企业越来越重视物流运作管理，是因为物流运作管理在企业中包括对采购、运输、存储、装卸搬运、流通加工、包装、信息处理等过程的组织、计划与控制。现代信息技术的快速发展，企业管理理念的进一步提升，以及现代企业生产规模的不断扩大，市场需求的多样化和差异化，产品生产和服务的日趋复杂化等，促使物流运作管理研究进一步发展，内容更加丰富，范围更广泛，体系更加完整。物流运作管理的范围不再局限于对运输、仓储、配送等过程的计划、组织与控制，而是扩大到物流运作战略的制定、物流运作系统设计及物流运作系统运行等多个层次的内容。企业应该把物流运作战略、采购供应、生产制造、产品配送直至售后服务看作一个完整的"价值链"进行集成管理。

1.3.4 物流运作管理的功能

企业物流及运作补充内容

企业物流运作管理可划分为战略层、职能层和运作层三个层次,并通过这三个层次的协调配合实现企业总体物流功能。企业管理层次不同,在物流运作中重点关注的主要任务、要求与内容等也不同。

(1) 战略层。在物流运作中,战略层的主要任务是对企业整个物流系统进行统一的计划、管理和控制,以形成有效的反馈约束和激励机制。战略层的主要内容有物流系统战略规划、系统控制和成绩评定。

(2) 职能层。在物流运作中,职能层的主要任务是控制物品流动过程,主要包括订货处理与客户服务、库存计划与控制、生产计划与控制、用料管理、采购等。

(3) 运作层。在物流运作中,运作层的主要任务是完成物品的时间转移和空间转移,主要包括发货与进货运输、装卸搬运、包装、保管、流通加工等。

物流运作管理就是通过战略层、职能层和运作层三个层次的协调配合,实现企业中的总体物流功能。企业物流运作管理在这三个层次上对战略规划、市场开发、系统设计、实务运作、运营监控和售后服务等方面表现出不同的要求。由于物流运作管理是对企业物流运作实务进行的计划、组织、协调、监督和控制工作,因此更倾向于企业运作层的物流管理活动,其特点是直接传递物流服务。

 知识链接 1-6

物流运作管理贵在执行力

所谓执行力是指贯彻战略意图,完成预定目标的操作能力。它是物流业务竞争力的核心,是把物流战略、规划转化为效益、成果的关键。执行力是一个系统、组织和团队物流运作管理成功的关键。在员工中打造一流的物流运作管理执行力,需要好的物流运作管理模式、管理制度和带头人。

1.4 物流运作管理的内容和目标

1.4.1 物流运作管理的内容

物流运作管理的内容包括如下四个方面:对物流系统要素的管理,对物流功能活动的管理,对物流运作过程的管理,对关键环节、关键绩效指标的管理。

(1) 对物流系统要素的管理。物流系统的构建涉及人、机、物、资金、信息和环境等基本要素。在满足物流运作的要求下,企业要合理选择与配置这些要素,并对物流系统包含的要素进行管理。其管理成效对实现物流某方面的功能、运行物流运作系统有决定性意义。

(2) 对物流功能活动的管理。物流运作活动由运输、仓储、包装、装卸、搬运、配送、流通加工、信息等物流功能子系统构成,这些物流功能子系统的管理活动是物流运作管理的一部分。例如，运输是对人和物的载运与输送，即在不同地域范围，以改变"物"的空间位置为目的的一项管理活动。运输管理的目的是通过合理地选择运输方式降低货物的运输成本，提高运输效率。仓储是对物品进行保存及其数量、质量进行管理控制的活动。仓储在物流活动中起到储存保管货物，调节供需平衡，调节货物运输、配送和流通加工等功能。仓储可使商品在最有效的时间段发挥作用，创造商品的"时间价值"和"空间价值"。做好仓储环节的物流管理工作，对物流系统顺畅、合理地运行至关重要。

(3) 对物流运作过程的管理。对物流运作过程的管理主要包括物流经营管理、物流质量管理和物流工程管理等。物流经营管理是指以物的流动过程(含储存)为主体，面向市场，运用各种综合管理职能和手段，对物的流动过程进行系统的统一管理，以降低物流成本，提高物流的经济效益，也就是用经济方法研究、管理物在流动中的规律。物流的质量既包含物流对象的质量，又包含物流手段、物流方法的质量。物流工程管理研究的对象不是物流的纯技术问题，也不是物流的纯经济问题，而是物流工程的经济效益问题，也可以说是物流技术的可行性和经济合理性问题，实质上就是对物流工程客观经济规律的研究。物流工程管理研究的是正确地认识和处理物流技术与经济节约之间的辩证关系，即寻找物流技术与经济之间的合理关系。

(4) 对关键环节、关键绩效指标的管理。重点抓好物流运作质量控制、时间(效率)控制和成本的 KPI 指标方面的控制，这些是物流运作管理的关键内容。

1.4.2　物流运作的分类

对物流运作进行分类，有利于更清晰地研究物流问题，掌握物流运作的内在规律和联系，从而更清楚地认识物流运作管理活动。由于物流的直接运作对象是物流本身，因此本书根据物流的属性将物流运作分为不同的类别。

1. 根据物流的固有属性分类

物流的基本固有属性只有一个——物流本身的性质，而物流本身的性质又是由物的性质决定的，有什么样的物，就有什么样的流。因此，根据物流的属性不同，把物流运作分为普通货物物流运作和特种货物物流运作(本书统称为产品物流运作)。

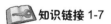知识链接 1-7

货物性质与相关要求

物品是物流运作的主要对象，在运输中称为货物。货物分为普通货物(General Cargo)和特种货物(Special Cargo)。普通货物是指在运输、配送、保管及装卸作业过程中，不必采用特殊方式或手段进行特别防护的货物；特种货物是指在运输、保管及装卸等作业过程中，必须采取特别措施、特殊工艺的货物。特种货物主要包括危险货物、超限货物、鲜活货物和贵重货物。经营危险货物、超限货物物流业务必须有专门的运营资质；经营鲜活货物必须有冷链或相应的保障体系；经营贵重货物必须有安保及防盗措施。物流对象的性质决定了从业者的资质、物流运作规范和管理要求。

2. 根据物流的一般属性分类

(1) 根据物流环节或活动的不同，可以将物流运作分为生产物流运作、供应物流运作、销售物流运作、回收物流运作(含退货物流运作)、废弃物物流运作等。

(2) 根据物流所处行业(产业)的不同，可以将物流运作分为汽车行业物流运作、IT行业物流运作、家电行业物流运作、冷链行业物流运作、烟草行业物流运作等。

(3) 根据物流的实体(企业、单位)属性不同，可以将物流运作分为中小企业物流运作、大企业物流运作、跨国公司物流运作、民营企业物流运作、国有企业物流运作、合资企业物流运作、家用电器企业物流运作、计算机企业物流运作、日用品企业物流运作、食品企业物流运作、煤炭企业物流运作、钢铁企业物流运作等。

(4) 根据物流的管理属性不同，可以将物流运作分为自营物流运作、供方物流运作和第三方物流运作等。

1.4.3 物流运作管理的目标

物流运作管理的目标是获得宏观和微观的经济效益，具体要实现以下5个目标，即5S目标。

(1) 服务(Service)。由于物流运作系统是起"桥梁、纽带"作用的流通系统的一部分，连接生产与再生产、生产与消费，因此具有很强的服务性。物流运作系统采取取货、配送等形式，就是其服务性的体现。物流运作系统要以用户为中心，树立用户第一的观念。近年来出现的"线上线下电子商务"(Online to Offline，O2O)也是其服务性的表现。

(2) 快速、及时(Speed)。及时性是服务性的延伸，既是用户的要求，又是社会发展的要求。随着社会的发展，对物流快速性、及时性的要求更高。在物流领域采用直达运输、国际多式联运、快速反应系统管理和技术，就是该目标的体现。

(3) 低成本(Saving)。在物流领域中，由于商品流通过程成本消耗大且基本上不增加或不提高商品的使用价值，因此需依靠节约流通费用等成本，降低投入来提高相对产出。在物流领域中推行集约化经营方式，提高物流的能力，采取各种节约、省力、降耗措施，以实现降低物流成本的目标。

(4) 规模优化(Scale Optimization)。由于物流运作系统比生产系统的稳定性差，很难形成标准的规模化模式，因此规模效益不明显。通常以物流规模作为物流运作系统的目标，追求"规模效益"。在物流领域中，以分散或集中的方式建立物流运作系统、研究物流集约化的程度，实现规模优化的目标。

(5) 库存控制(Stock Control)。库存控制是及时性的延伸，也是物流运作系统本身的要求，涉及物流运作系统的效益。物流运作系统通过本身的库存，为千百家生产企业和消费者需求提供保障，以创造一个良好的社会外部环境。同时，物流运作系统是国家进行资源配置的一环，系统的建立必须考虑国家乃至国际范围进行资源配置的需要。在物流领域中，正确确定库存方式、库存数量、库存结构、库存分布就是该目标的体现。

要提高物流运作系统化的效果，就要把从生产到消费过程的货物量作为一体化流动的物流量看待，通过缩短物流路线及物流时间，使物流作业合理化、现代化，从而实现物流运作系统的目标。

"线上线下电子商务"简介

"线上线下电子商务"(O2O)是指线下的商务机构与互联网结合，让互联网成为线下交易的平台，该概念最早源于美国。O2O 的概念非常广泛，产业链只要既涉及线上，又涉及线下，就可称为 O2O。国内典型 O2O 实例有苏宁模式与阿里巴巴服务站模式。

2013 年 6 月 8 日，苏宁线上(苏宁易购网站)和线下(苏宁商场)的同价销售，揭开了 O2O 模式的序幕，消费者可以线上比价选购，线下提货。

阿里巴巴服务站以校园小邮局的形式作为切入点，服务站面积为 50~200m^2，采取智能化运作，以提供快件收发、自提等服务，方便高校学生取件和寄件。服务站一般安排在学生宿舍楼附近或学生去学校食堂的必经之路上。快递到货后，系统即时以手机短信的形式通知收件人领件，收件人到校园小邮局报短信密码即可取件，且取件免费。同时，收件人可以在领取处查询自己的快件。此外，阿里巴巴服务站校园小邮局还能提供揽件服务。

×烟草配送中心的物流运作方式

×烟草配送中心实行"两扫一打"的管理模式。在该模式下，香烟到货入库扫描，是以箱为单位进行的。香烟扫描后放在托盘上，放置 3 层，每层 10 箱，然后运用叉车作业将香烟放置到存货区，提高了入库作业的速度，节省了时间。在为客户配货时，采用摘果式拣选，其有两种拣选方式。一种拣选方式是，在一条传送带上分上、下两层货格，电子显示屏显示当前需要取该品种香烟的数量，其工作原理是当前所有货格上的数据显示为一位客户的订货数量，工作人员按照显示数据拣选出正确的数量并放到传送带上，该客户订购的所有香烟拣选完毕后，工作人员按下"确定"按钮，随即货格上的电子显示屏显示下一位客户的订货需求。这样可以减少出错率，提高拣选效率。另一种拣选方式是，在一个货格上，在拣货员取出指定数量的香烟前，按下"确定"按钮取货。当配货线上的香烟为空时，工作人员进行补货。运用可折叠周转箱拣选，为客户进行配送时，如果客户的订货超过一个周转箱(可以放 20 条烟)的承载量，就改用纸箱(可以放 25 条烟)装；如果远小于一个周转箱的承载量，就改用塑料袋装。这样可以在配送途中充分利用集装单元的配套性和配送车辆的可利用空间。根据配送路线的距离，最后装最近客户的货物，方便卸货，提高了卸货效率，单个客户的订购商品包装在一起也降低了出错率。

1.5 物流运作管理的基本观点、机制和学习方法

学习物流运作管理,应当掌握专业化、信息化、网络化、集成化、标准化、规范化的"六化"观点和服务创新机制、供应链协同机制的"两机制"效用。

1.5.1 物流运作管理的基本观点

1. 专业化

发挥各个物流运作主体的功能型物流专业化优势和集成物流商整合、优化资源配置,提供集成物流服务的优势。专业化需要制定物流运作的标准,实施物流规范化运作。

2. 信息化

充分运用信息技术、信息网络,以信息作业取代和简化一些消耗资源的物理过程,实现全过程监控与管理。

3. 网络化

构建和利用通道网络、节点网络、信息网络和组织网络,充分发挥资源、技术、服务等优势。

4. 集成化

物流集成化是建立在现代技术基础(主要是电子信息技术)上的理论和方法体系,要把物流运作过程看作一个环环相扣的物流功能链,需要对不同物流功能环节(如取货、装箱、运输、拆箱、报关等物流作业,以及单证处理等信息流作业)进行优化整合、设计与处理,避免冗余作业、不衔接作业、重复作业和无效作业。

5. 标准化、规范化

符合物流设计标准,按照国际、国家、行业或企业标准进行运作规范化管理。

集成理论应用于物流系统研究,不仅涉及该系统本身的功能,而且涉及外在环境系统。物流跨企业、跨地区、跨部门、跨国界的一体化运作涉及的问题不仅与物流实务运作有关,而且与物流运作管理有关。

1.5.2 物流运作管理机制

1. 服务创新机制

物流的创新理念应当始终贯穿于一体化物流管理。无论是转型的还是新建的物流企业,都应当有高起点、全视角的胆略,在起步时就应注意抓住客户源头,利用信息技术构建经营网络、整合物流资源、实现创新服务。基于集成概念,在服务地域、业务规模、设备投资、技术水平、服务价格等方面形成与外资物流商抗衡的专业化、系统化、网络化的物流竞争能力,并落实到为客户服务的创新中。大型物流企业不仅能以企业资源、能力竞标获得一揽子物流服务项目总承包,还能集成第三方物流自身组织要素、技术要素和运行机制,

使客户充分享受到全面、系统、和谐、统一的集成服务。

物流高级化过程中的相互依赖、相互作用、相互促进关系体现了物流信息集成、物流技术集成、物流系统要素，以及物流过程(包括人、物、技术及管理)高度密集之间的关系和实现方式。

2. 供应链协同机制

在高度复杂和极具挑战性的职位上，物流管理者往往具有技术专家和管理者的双重身份。作为技术专家，物流管理者必须掌握运费计算、仓库的布局、库存分析、线路优化、采购与销售过程和有关法规。作为物流管理者，必须协调好所有物流职能、组织之间的关系。因此，企业需要在岗位责任制的基础上，进一步建立供应链协同机制。

从集成物流服务的要求中，可以看到传统的岗位责任制的缺陷。岗位责任制强调了责权利结合的关系，责任是核心，权力是条件，利益是动力。当人们工作时，要尽快完成手中的工作并移到下一个环节，实现责任的转移。在这种机制下，可能每个环节或者每个人做的都是正确的，但是产生的最终结果是错误的。这种情况多出现于医院、工厂、政府部门等。在提高整个系统价值所需的工作正处于边界状态，或者边界状态不甚明确的情况下，可能由于双方或多方的推诿造成不当后果，因此需要引入供应链管理机制。供应链管理机制在不同组织中是具体的、可操作的，如政府或企业管理部门的"首问责任制"，即当客户咨询时，被问到的第一个人必须解决或者将客户问题引导到能够解决客户问题的人员，以提高整个系统的价值，但这项工作也许并不在个人的岗位责任制范围内。

案例阅读 1-4

F 汽车公司的物流运作管理体现为贯彻企业战略的执行力

F 汽车公司的物流运作管理体现为贯彻企业战略的执行力，经过多方努力，取得了很好的效果。

(1) 将准时生产体制和销售网络结合，将地区经销商和总公司的计算机联网，利用信息系统，销售人员可以实时通知生产线客户的订货情况，使得订货过程电子化，交货时间可减少约 10 天，经销商的库存减少 70%～80%，从而大幅度降低了存货成本。由于建立了灵活的销售体系，将产品分成小批量，以更快的速度销售出去，因此进一步降低了产品在流通领域的费用。

(2) 在国际货物运输方面，对于出口的产品，汽车一直由生产线开到码头，远洋轮实时等待装船，消除了只有凑齐一定数量的汽车才能装船的库存费用。到岸后，由计算机分配，直接交至各经销商。

(3) 实行"以人为本"的实时物流战略，对所有经销商进行教育培训；根据市场反馈的信息，对经销商的促销政策和经营上的问题给予适当的指导，以提高销售效率。在不景气的时期，通过协商，双方共同承担利润减少带来的负面影响，形成一种风险共担、利益共享的关系。

实行物流运作管理使得 F 公司贯彻企业战略的执行力得以充分实现。

1.5.3 物流运作管理学习方法

在教与学的过程中，要明确物流运作管理与其他课程(如高级物流学、供应链管理、物流工程学和物流市场营销学等)的分工，本书重点解决物流运作管理课程需要完成的学习任务，即通过物流运作与管理活动介绍贯彻物流战略、实现预期目标的执行力等运作层面的知识和管理技能，具体体现在以下几个方面。

1. 综合运用其他课程知识设计物流运作流程

高级物流学、供应链管理提供了构建物流运作方案的战略思想、资源整合和组织管理等内容，物流工程学提供了实现物流运作方案的工程技术、程序、方法和途径。

2. 学习处理物流运作管理过程中人、机、物之间关系的技能

应当熟悉物流运作过程，有条件的学生可以到物流园区、企业实地考察物流运作过程。熟悉教材讲解的物流运作过程中各要素之间的基本关系，其中包括机与物、人与机、人与物、人与人之间的关系，以及从数字化、网络化、可视化到智慧化的物流发展历程。

3. 在教与学过程中体现"3个结合"

(1) 将案例、教学过程的案例引申与教学内容紧密结合起来。

(2) 将物流运作涉及的设施、设备、技术与物流作业活动紧密结合起来。

(3) 将物流作业活动与相应的管理活动结合起来，使教学活动充分体现实际运作过程与设施、设备、技术等理论相结合的特点。

4. 加强课外考察和实习等实践活动

通过加强课外考察、实习活动，熟悉企业物流、物流企业等的运作过程；通过总结实习等实践活动，更加理解和体会物流运作管理课程所要解决的问题及所需掌握的要点。

本 章 小 结

从构成供应链物流运作过程的角度分析，物流运作系统分为两个基本层次：主体层和运作层。主体之间基于合作伙伴关系结成运作联盟，存在着基本利益一致的竞合关系；运作层更强调设施、设备、技术、作业过程的标准化、规范化和协调。这两个层次在物流运作管理中存在相互影响的关系。

物流服务是物流运作过程最终满足客户需要的结果，也是物流运作与管理最终实现的结果，这是构建物流运作系统的基础。所以，物流运作实现最终成果的过程也称物流服务过程。

做好物流运作流程设计需要把握物流链是物流运作流程构成的理念，在物流链中直接面向客户的系列运作流程为客户提供价值增值，以实现物流商的利润追逐。

关键术语

物流服务　　　　　　物流链　　　　　　　物流服务链　　　　　　物流运作系统
物流运作方案　　　　物流运作管理　　　　两业联动　　　　　　　集成物流

综合练习

一、多选题

1. 企业物流运作管理的职能层次可以划分为(　　)。
   A．战略层　　　　　　B．职能层　　　　　　C．运作层
   D．管理层　　　　　　E．库存控制
2. 根据物流的固有属性分类，物流运作分为(　　)。
   A．普通货物物流运作　　B．IT 行业物流运作
   C．特种货物物流运作　　D．家电行业物流运作
   E．烟草行业物流运作
3. 物流高级化的核心技术是(　　)，核心内容是(　　)，物流价值增值的重要手段是(　　)。
   A．创新　　　　　　　B．集成　　　　　　　C．信息技术
   D．计算机辅助技术　　E．无线通信
4. 岗位责任制强调了责权利结合的关系，(　　)是核心，(　　)是条件，(　　)是动力。
   A．权利　　　　　　　B．责任　　　　　　　C．利益
   D．道德　　　　　　　E．法制
5. 物流运作管理的目标为(　　)。
   A．Service　　　　　　B．Speed
   C．Saving　　　　　　D．Stock Control
   E．Scale Optimization
6. 物流运作流程的特性包括(　　)。
   A．合理性　　　　　　B．逻辑性　　　　　　C．规范性
   D．适应性　　　　　　E．价值性
7. 物流链、供应链、供应链集成都可以看作(　　)构成的网链。
   A．集成体　　　　　　B．基核　　　　　　　C．联接键
   D．创新性　　　　　　E．规范性

二、判断题

1. 物流运作管理只是对物流运作实务活动(运输、仓储、配送)的管理。　　(　　)
2. 经济活动中只涉及物流、商流这两"流"。　　(　　)

3. 物流管理就是通过战略层、职能层和运作层三个层次的协调配合，实现在企业中的总体物流功能。（　　）

4. 企业建立物流运作管理系统的目标只是实现微观经济效益，而不用考虑宏观经济效益。（　　）

5. 物流运作流程设计应符合 SMART 原则。（　　）

三、简答题

1. 物流运作管理的内涵是什么？
2. 物流运作管理的功能是什么？
3. 物流运作管理的内容和目标分别是什么？
4. 简述研究物流运作管理需掌握的基本观点和学习方法。

四、案例分析题

汽车整车国际物流运作的流程再造启示

JAC 汽车公司成立于 1999 年 9 月，前身是合肥江淮汽车制造厂，始建于 1964 年，汽车年生产能力约为 50 万辆。经过多年发展，JAC 汽车公司已成为目前我国拥有自主品牌系列最全的综合性汽车企业之一。JAC 轻卡产品已连续 8 年在国内同类产品中出口量排第一，在全球范围内享有广泛的品牌知名度和极高的客户满意度。JAC 汽车公司坚持把做实做强做优实体经济作为主攻方向，一手抓传统产业转型升级，一手抓战略性新兴产业发展壮大，通过信息化、现代化推动制造业加速向数字化、网络化、智能化发展。

1. 国际贸易汽车运输方式

国际贸易主要有以下几种运输方式。

(1) 滚装船运输：货损小、装卸效率高，汽车运输是主要的运输方式，但受制于舱位。

(2) 集装箱运输：范围广，频率大，但装箱、拆箱会增加成本。

(3) 杂货船运输：无法装集装箱，但在滚装船未到或没有舱位的时候使用。

(4) 其他运输方式：铁路运输、公路运输。

JAC 汽车公司主要选择以水运方式为主的国际贸易运输方式。

2. 流程再造前的整车物流初步实践

JAC 汽车公司在汽车出口物流实践中采用第三方物流模式，也就是汽车整车物流业务外包给第三方物流商，由第三方物流商完成汽车整车国际物流业务。开始的做法如下：JAC 汽车公司与第三方物流商签订合同，由第三方物流商寻求合作伙伴，形成第三方物流商主导的直线链式运作模式，但 JAC 汽车公司对物流全程的掌控能力偏弱。采用直线链式运作模式易出现以下问题：①盲目性，出现先急功近利或不择手段进入市场，再寻找盈利模式的现象；②"牛鞭效应"明显，需求量逐级扩大，造成资源浪费；③客户服务不到位。物流运作效果并不十分理想。

3. 流程再造后的整车物流运作模式

针对上述情况，JAC 汽车公司在外包给第三方物流商的基础上，改进了汽车物流运作过程的控制方式，突出以下 3 个方面。

(1) 采用第三方物流模式。整车物流全部采用第三方物流运作的模式，但公司设置专门部门——物流部进行协调和监控管理。

(2) 建立星形链式管理模式。构建以 JAC 汽车公司物流部为中心，直接联系第三方物流商及其主要合作伙伴的监控模式，同时物流部与各个物流服务商都有很好的沟通渠道，可以有效避免"牛鞭效应"。

(3) 完善客户服务模式。构建以客户为中心的整车销售及售后服务系统，针对传统销售模式，在客户服务的关键绩效指标方面发生了重要变化：①物流准时率为 95%；②单证准确率为 98%(没有出现货物到港，但客户无法提货的现象)；③海运预付比率≥90%，贸易方式以 CFR 和 CIF 为主；④交货期缩短 1/3。

4. 实践效果

这样做的优势如下：①利用第三方物流整合外部资源，降低经营成本；②易监控与管理，可以有效保障服务质量；③有利于通过质量抓住客户，巩固市场份额。

流程再造的效益如下：①2008 年与第三方物流共同努力，物流费用同比降低了 14%；②2009 年上半年成本同比降低了 10%。

5. 对汽车出口物流的展望

(1) 与第三方物流商建立战略合作关系，进一步整合优势资源，实施"走出去"战略。

(2) 与第三方物流商、政府继续推进和优化中部出口物流通道。

(3) 以面向客户为基础，构建出口物流信息化平台。

(资料来源：根据迟如钊《打造中部企业出口物流供应链》演讲稿和企业现场考察等资料提炼)

仔细阅读本案例，详细分析并回答下列问题。

1. 利用第三方物流从事汽车整车国际物流业务有哪些优势？
2. 为什么生产企业与第三方物流商及其合作伙伴要建立良好的沟通关系？
3. 简述生产企业与第三方物流商建立战略合作伙伴关系，打造良好的整车出口物流平台的方法。

第 2 章 物流运作模式及方案设计

【本章教学要点】

知识要点	掌握程度	相关知识	应用方向
物流运作模式概述	掌握	物流运作模式的分类	物流运作
基于自营物流、第三方物流、"1+3 物流"的运作模式	重点掌握	基于自营物流、第三方物流和"1+3 物流"运作模式的含义、特征及优缺点	物流运作模式的选择
基于管理平台的物流运作模式	重点掌握	典型供应链运作模式；供应链运作模式的含义及特征	
物流运作模式选择	理解	选择物流运作模式时应考虑的因素	
物流运作方案设计	重点掌握	自营物流运作方案设计；第三方物流运作方案设计；基于供应链的物流运作管理方案设计	制订物流运作方案

西安国际陆港发展为中欧班列集结中心

自 2013 年"一带一路"倡议提出以来,西安国际陆港充分发挥西安地理区位的优势,积极发挥国际陆港国家地理中心的境内国际班列始发、境外到达进行国内配送中心的"两个中心"作用,于 2013 年 11 月 28 日开通中欧班列(长安号)。为了改变一段时间以来中欧班列无序竞争状态,一些学者提出了实施国际中转陆港战略及实现国际班列集成运作途径的研究探索。如今,中欧班列(长安号)常态化开行至中亚、欧洲的 15 条干线,覆盖丝路沿线 45 个国家和地区。由于许多城市都孤立地发中欧班列,极大地影响了中欧班列的规模经济效益。根据国际中转陆港战略理论,逐步在西安国际陆港对部分城市的中欧班列进行境内集货、始发,境外到达、配送,实现中欧班列在西安国际陆港的集成运作体系。与境内 15 个重要节点城市合作,由当地政府负责引领并出台政策,当地公司负责组织货源,将货组装并发往西安后,在西安重新编组发往"一带一路"的沿线国家。例如,西安集结中心可以集聚整合优化西安市、渭南市、安康市、汉中市、榆林市、蚌埠市、襄阳市、徐州市、石家庄市、芜湖市、厦门市、唐山市、永济市、贵阳市、常州市、南阳市等货源,按照目的地差异分别形成了不同线路的安西欧、榆西欧、渭西欧、蚌西欧、唐西欧、贵西欧、徐西欧等"+西欧"集结体系的中欧班列。西安国际陆港密集开行了连接周边节点城市的中欧班列,通过干支结合的方式构建"+西欧"集结体系,实现与长三角、珠三角、京津冀、晋陕豫黄河三角洲等地的互联互通。自 2018 年开始,中欧班列(长安号)运行总量增加迅速,见表 2-1。

表 2-1 中欧班列(长安号)运行总量

年份	中欧班列运行班次	中亚班列运行班次	中(亚)欧班列合计	回程班列
2013—2014	—	46	46	—
2015	—	95	95	—
2016	12	139	151	3
2017	57	137	194	—
2018	940	595	1535	490
2019	1222	911	2133	771
2020	2726	994	3742	1311
2021	944	231	1175	—

现在已经将西安国际陆港作为全国五大集结中心进行建设。二十大报告指出,要"推动共建'一带一路'高质量发展。优化区域开放布局,巩固东部沿海地区开放先导地位,提高中西部和东北地区开放水平。加快建设西部陆海新通道"。中欧班列集结中心的建设进一步为中欧班列市场化奠定了基础,体现了物流集成运作、两业联动集成运作等中欧班列集成优化运作管理方式。

通过导入案例，了解物流业的服务业性质，熟悉基于两业联动、产业联动的中欧班列国际物流集成运作网络及信息系统建设和管理平台的中欧班列物流运作模式。通过产业链关键环节对自身成本和价格的控制，以及对供应链参与主体的控制，可以实现高质量、低成本、高效率的供应链物流运作。近年来，在物流高级化发展的大背景下，形成了很多种类的物流运作模式，为物流服务的需方提供了很大的选择空间，也为物流服务供方设计恰当的物流运作方案提供了参考依据。

2.1 物流运作模式概述

2.1.1 物流运作模式发展趋势

在信息技术和管理理论的支持下，物流运作体现了物流高级化的发展要求，具体体现在以下几方面。

(1) 物流服务市场化。经济全球化、市场一体化使得越来越多的工商企业倾向于选择第三方物流企业来提供物流服务，企业将非核心的物流服务交予第三方物流企业进行市场化运作，通过市场配置资源来实现企业所需的物流服务。

(2) 物流运作专业化。根据专业化协作的要求，物流集成是在物流功能专业化的基础上实现的。一些企业投入了专门的人力、物力、财力来进行物流运作和管理活动，并根据自身和市场情况，组建了专门的物流部门或物流分公司，或与社会物流企业合作提供良好的物流服务，因此，物流运作更趋向于专业化。

(3) 物流活动信息化。服务于客户的各项物流活动(如仓储、运输、包装、装卸搬运、流通加工、信息处理等)都利用信息技术，或将其纳入综合信息管理系统，使得物流活动通过信息化提高效率。

(4) 物流过程一体化。有效的物流运作不再只关注每个物流环节的低成本、高效率运作，而是强调从原材料供应到产成品销售整个过程的衔接和有效运作。一体化物流运作过程不仅涉及物品及相关信息流程衔接，而且涉及上下游企业之间供应链主体之间的沟通与协同。

(5) 运作管理集成化。在物流活动信息化的基础上，物流运作管理通过集成化可以监控物流运作全过程。最能体现其信息技术支撑作用的是用网络把各自独立运作的主体联结在一起，实现信息共享、实时传输，对物流运作过程实施有效管理。这就对企业内部各部门与企业之间的信息接口技术和数据库管理技术提出了较高要求，企业应不断提高自身的信息处理能力，使硬件装备达到现代化水平，以使信息技术在物流运作管理中更好地发挥作用。

2.1.2 物流运作模式的分类

现代企业物流运作模式根据不同的标准，可以分为不同的类别，了解这些分类有助于更好地理解物流运作模式的内涵及特征，也有助于企业根据自身情况选择适合自己的物流运作模式。

1. 根据物流运作主体分类

根据物流运作主体的不同，物流运作模式可以分为供方物流、需方物流、第三方物流和集成物流商等运作模式。

(1) 供方物流运作模式：由供方(卖方)提供物流服务的运作模式。在该模式中，供应商为需方(买方)提供商品或货物的物理位移和增值服务。

(2) 需方物流运作模式：由需方(买方)自行完成商品或货物的物流服务的运作模式。在该模式中，提供和使用物流服务的是同一主体，购买者通过自我服务实现商品或货物的物理位移和增值。

(3) 第三方物流运作模式：由独立于买卖双方的第三方物流提供一体化物流服务的运作模式。在该模式中，提供物流服务的主体是专业型物流服务企业。第三方物流利用自己的专业物流服务能力和组织管理技术，为买方或卖方提供货物或商品的物理位移和增值。

(4) 集成物流商运作模式(图 2.1)：物流服务集成商通过提供物流系统设计、资源整合，以及电子商务与信息咨询等方式，将供方、需方和资源商的物流资源整合起来，集成运作，实现客户所需的全方位的集成化物流服务的运作模式。这种模式是实现物流服务质量、效率和成本更有效的集成物流服务及管理活动，是第三方物流运作模式的高级化形态。

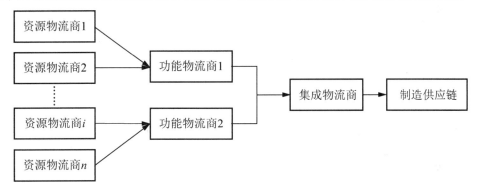

图 2.1　集成物流商运作模式

2. 根据物流服务需求分类

根据物流服务需求的不同，物流运作模式可以分为单功能物流运作模式、多功能物流运作模式和物流集成运作模式。

(1) 单功能物流运作模式：物流企业为客户提供以单一功能(如运输、仓储、配送等)为主的物流服务的运作模式。运输和仓储是物流系统中的主要服务功能，单功能物流运作模式又可以进一步发展为运输主导型物流服务运作模式和仓储主导型物流服务运作模式。

(2) 多功能物流运作模式：物流企业为客户提供运输、仓储、配送等两种或两种以上物流服务内容的物流运作模式。为了实现多功能物流运作模式，不同物流服务功能之间需要很好的物流运作衔接过程，涉及不同物流设施设备和作业方式等之间的配合。

(3) 物流集成运作模式：物流服务集成商将为客户提供所需的全部物流服务优化为一体的物流运作模式。物流集成服务有时也称一体化物流服务，是为客户量身定制的物流服务的运作模式。针对企业物流而言，物流集成运作模式可以分为两种：纵向物流集成和横向物流集成。

① 纵向物流集成的战略思路是，要求企业物流运作管理人员从面向企业内部的管理发展为面向企业供货商及用户的业务关系管理。企业将超越现有的组织机构界限，将提供产

品或运输服务等的供货商和用户纳入管理范围，作为物流运作管理的一项中心内容。纵向集成物流的关键是通过从原材料到供货商和用户的合作关系，形成一种联合力量，以赢得竞争。雄厚的物流技术基础、先进的管理方法和通信技术又使该设想成为现实，并在此基础上继续发展。

② 横向物流集成的战略思路是，通过同行业相关企业之间的物流合作来获得整体上的规模经济，从而提高物流效率和效益。不同的企业可以用相同的物流运作模式服务于不同企业的产品。在运输过程中，一家企业的物流可以装运本企业的商品，也可以装运其他企业的商品。由于不同主体商品的物流过程不仅在空间上是矛盾的，而且在时间上也有差异，因此横向物流集成需要掌握大量的有关物流需求和物流供应能力的信息。有大量的企业参与，并且有大量的商品，这是企业之间横向合作提高物流效益的源泉。

3. 根据物流运作方式分类

根据物流运作方式的典型类型不同，物流运作模式可以分为基于自营物流的运作模式、基于第三方物流的运作模式、基于"1+3物流"的运作模式、基于管理平台的物流运作模式，这些物流运作模式的含义、特征及优缺点分析将在2.2节至2.5节介绍。

2.2 基于自营物流的运作模式

2.2.1 自营物流运作模式的含义及特征

自营物流运作模式是指企业通过整合内外部的物流资源，制订物流战略和运作计划，组织人员、设施、设备和技术等资源，完成供、产、销等环节物流活动的运作模式。例如，制造企业、商业企业完成自身的物流运作过程。

自营物流运作模式的特征如下：企业拥有自己的物流运行和管理机构，可以根据自身情况在高层战略、中层战术和低层物流运作层面制订适合本企业发展的物流设计方案、运作计划和策略。企业凭借自己雄厚的物流实力，可以建立一系列所需的设施、设备，如仓库、配送车辆、物流设备等，具有使用方便、控制力较强等优势。

2.2.2 自营物流运作模式的优点和缺点

1. 自营物流运作模式的优点

(1) 对供应链各个环节有较强的控制能力，易与生产和其他业务环节密切配合，全力服务于本企业的经营管理。由于整个物流体系属于企业整体的一部分，企业可以掌握内部各个环节的详尽资料，并能较快地解决物流活动管理过程中出现的任何问题，获得供应商、销售商及最终客户的第一手信息，因此可以随时调整自己的经营战略。

(2) 企业拥有对物流系统运作过程的有效控制权。如果企业选择物流外包，由于信息具有不对称性，因此企业无法完全掌握物流商完整、真实的资料。企业通过内部行政权力控制原材料的采购和产成品的销售，可不必就相关运输、仓储、配送和售后服务的佣金问题进行谈判，避免多次交易花费及交易结果的不确定性，从而降低交易风险，减少交易费用。

(3) 提高企业品牌价值，保障企业在物流配送环节的优先地位。企业自建物流系统，可以自主控制营销活动，容易形成物流服务一体化，使客户近距离了解企业、熟悉产品，提高企业在客户群体中的亲和力，提升企业形象，能够确保物流设施的排他性，保障企业在物流配送上的优先地位。

(4) 可以合理地规划管理流程，提高物流作业效率，减少流通费用。自营物流运作模式可以使物流与资金流、信息流、商流结合得更加紧密，从而大大提高物流作业乃至全方位的工作效率。

2. 自营物流运作模式的缺点

(1) 增加了企业的投资负担，降低了企业抵御市场风险的能力。自营物流运作模式发挥作用需要企业投入大量的人力、物力，而且只有在建成并形成规模后，才能真正降低投资成本，否则会因规模不当造成损失。

(2) 需要很强的物流信息化平台的开发建设能力。现代物流运作需要物流信息化平台做支撑，如果企业不具备物流信息化平台的开发能力，即使平台建立，也会由于能力有限，功能很难满足其设想的要求。

(3) 需要专业的物流管理人才。企业采用自营物流运作模式不仅需要在物流硬件上进行大量的投入，而且需要引进物流人才来管理企业的各项物流活动，即需要企业进行人力资源的投入。

(4) 物流也许会成为企业的负担。对于生产企业来说，物流部门只是企业的一个支持部门，物流活动也并非企业擅长的。在这种情况下，企业采用自营物流运作模式等于迫使企业从事不擅长的业务活动，企业的管理人员往往需要花费很多时间、精力和资源从事辅助性的工作，容易导致辅助性的工作没有抓起来，关键性工作也无法发挥核心作用的结果。

案例阅读 2-1

苏宁的自营物流运作

苏宁是我国商业企业的领先者，经营商品涵盖传统家电、消费电子、百货、日用品、图书、虚拟产品等，有 1700 多家线下实体门店，线上苏宁易购位居国内 B2C 前三名。苏宁历来注重物流系统的建设，坚持"自建体系，自主管理"的物流配送方针，将物流打造成企业的核心竞争力。

1. 自动化仓库，实现精细化管理

早在 2010 年年初，苏宁就开始规划建设自动化仓储中心，即自动化仓库，以解决网购商品品类繁多、订单规模巨大、配送作业分散等问题，同时兼顾处理仓库周边地区 B2B 相关业务。

自动化仓库采用平面库与立体库相结合的建设方式，引入先进的储存、传输、分拣和信息管理系统，实现物流的信息化、自动化和智能化，是具有国际级水平的大型物流配送中心。自动化仓库改变了传统粗放的作业模式，储存涵盖彩电、空调、冰洗、计算机、通信、数码、百货、图书等品类，实现拣选效率化、准确化。

2. 广域覆盖，集成物流网络

广域覆盖是苏宁物流的核心竞争力，苏宁已建成大/小件配送独立互补、仓储密集覆盖的物流网络，目前已实现全国100个城市半日达、220个城市次日达，为消费者提供高品质的服务体验。

目前，苏宁物流在我国建立了区域配送中心、城市配送中心、转配点三级物流网络体系，依托SAP/ERP、WMS、DPS、TMS、GPS等先进电子信息技术和信息系统，实现了长途运输、短途调拨与零售配送到户一体化运作，建立了收、发、存、运、送的供应链管理信息系统，所有物流信息通过系统在线上与线下之间精准传输，同步将客户购买的商品优质、快速、满意地送到配送区域内任一地点。

2.3 基于第三方物流的运作模式

第三方物流补充内容

2.3.1 第三方物流运作模式的含义及特征

第三方物流运作模式是独立于供需双方为客户提供专项或全面的物流系统设计或系统运营的物流服务模式。第三方物流运作模式的主要特征如下：企业以签订外包协议或合同的形式，将与物流有关的活动外包给第三方物流企业，由专业化的物流企业对所有物流活动全权负责并实施。企业与第三方物流企业之间通常会建立战略合作伙伴关系，以实现双方共赢为目标。第三方物流企业要在提供"低成本—高质量"物流服务的同时，能够对多变的市场做出各种敏捷反应。

2.3.2 第三方物流运作模式的优点和缺点

1. 第三方物流运作模式的优点

生产企业使用第三方物流运作模式有以下优点。

(1) 企业集中精力于核心业务。由于任何企业的资源都是有限的，很难在各种业务上面面俱到，因此企业应把自己的主要资源集中于自己擅长的主业，而把物流等辅助功能外包给物流商。

(2) 减少企业固定资产投资，加速资本周转。企业采用第三方物流，可以不用投入大量的资金购买物流设施设备，从而减少了资金占用，加速了资金周转。

(3) 充分利用第三方物流具有的信息网络和专业的物流设施服务，更加有利于企业的运输、配送等物流活动。

(4) 使企业的运作柔性和对市场反应的敏捷性进一步提高。

2. 第三方物流运作模式的缺点

生产企业使用第三方物流运作模式有以下缺点。

(1) 企业选择物流外包，就不能直接控制和掌握物流职能，不能保证供货的准时性，从而可能降低企业的物流服务水平。

(2) 物流外包可能使企业对关键物流活动失去控制，同时会存在企业责任外移的可能性，导致由物流外包产生的潜在收益无法实现。

(3) 产生企业技术和信息资源风险、外包的可靠性风险等其他风险问题。

案例阅读 2-2

当当网的第三方物流运作模式

当当网以图书零售起家，已发展成领先的在线零售商——我国最大图书零售商、高速增长的百货业务和第三方招商平台。

不同于竞争对手——亚马逊的物流模式，当当网在配送模式上选择了第三方物流运作模式。

在选择第三方物流合作伙伴上，当当网现在的做法是航空、铁路、城际快递、当地快递公司齐上，与20多家运输企业、40多家速递公司进行业务合作。尽管管理和协调的难度增大，但依靠专业快递公司进行配送，解决了最短时间内送货上门的问题。

当当网采用第三方物流运作模式有以下几点好处：①将企业有限的资源集中于巩固和扩展自身核心业务之上；②供应商很难满足小批量、多批次的货物提供，第三方物流可根据情况在货物配送中进行统筹安排，有效地降低成本；③减少企业资金投资和资金短缺的风险；④第三方物流运作模式使企业能够拓展国际业务；⑤供应链管理思想使第三方物流公司与物流供需双方形成战略关系，在双方共赢的基础上，保证企业对变化的客户需求有敏捷的反应；⑥第三方物流运作模式有利于提升社会效益。

然而，采取第三方物流运作模式也存在一定的弊端——对物流公司有过多的依赖。每年春节过后，当当网的客户怨声四起，因为很多快递公司的快递员都回家过年了，客户订单大面积被延迟。当当网准备进一步拓展物流渠道，以改善这种状况。

2.4 基于"1+3物流"的运作模式

2.4.1 "1+3物流"运作模式的含义及特征

所谓"1+3物流"中的"1"是指自营物流模式，"3"是指第三方物流模式。基于"1+3物流"的物流运作模式往往涉及两个主体：有实力的生产企业和该企业建立或控股的物流企业。基于"1+3物流"的运作模式是指有实力的生产企业为集中精力做好制造等主业，建立专门从事物流业务的物流企业或控股使得物流公司做本企业的物流业务及自营物流业务；为了提高物流公司的物流业务效率，该物流公司可能同时为其他生产企业提供第三方物流服务。该生产企业也可同时使用其他第三方物流商的物流服务，激励控股物流公司与其他第三方物流商进行竞争，以选择更好的第三方物流服务。

"1+3物流"运作模式的特征如下：生产企业可以根据自身情况制订全面的物流发展规划，由企业内部完成(自营物流)物流业务中的核心部分，而把非核心部分或者企业自身不擅长的物流环节交由具有物流优势的第三方物流企业完成(第三方物流)。"1+3物流"运作模式使生产企业不必投入大量资金构建物流设施设备，而是利用第三方物流企业的资源，同时可以掌控自营物流的整体运作过程，不必担心此方面的物流竞争力被削弱。

2.4.2 "1+3 物流"运作模式的优点和缺点

选择"1+3 物流"运作模式的企业具有自营物流运作模式和基于第三方物流运作模式的双重特点，其优缺点阐述如下。

1. "1+3 物流"运作模式的优点

(1) 业务控制增强。企业物流系统半外包，一方面可以对企业内部一体化物流系统运作的全过程进行有效的控制；另一方面可以将非核心部分或者较底层的物流活动交由专业的第三方物流企业，使企业集中精力开展核心业务，既不会失去对物流活动的控制，又减轻了企业的负担，提高了物流管理效率，降低了物流成本。

(2) 资源整合充分。目前，大多数企业拥有大量的物流设施设备，还拥有大批的物流管理与作业人员，如果不将这些资源加以整合利用，势必对企业资产造成浪费，带来巨大的沉没成本。半外包物流服务模式可以很好地解决这一问题，且不需要企业为其物流活动增加新的投入，完全可以委托第三方物流企业实施具体运作。

(3) 降低交易成本。物流系统全外包，由于信息的不对称性，企业为维持外包物流服务的稳定性与可靠性，相应的监察、协调、集成等管理成本会增加，企业执行外包合约的交易费用也会上升。物流系统半外包的物流作业可以处在企业整个业务监控体系之下，协调、监控成本大大降低，容易控制不确定性因素，同时可以充分利用第三方物流企业先进的物流理念，提供专业化的物流服务。

(4) 防止公司机密外泄。任何一家企业的运营都有自身的核心商业机密，这也是企业有别于其他竞争企业的核心能力。企业选择部分物流业务外包，就可以不泄露企业机密，对保护企业经营安全有十分重要的意义，这也是企业不愿意物流全外包的根本原因之一。

2. "1+3 物流"运作模式的缺点

"1+3 物流"运作模式的缺点是需要承担所包含的自营及外包物流业务蕴含的风险，具体如下。

(1) 增加了信用成本。在自营物流运作模式中，企业自己管理物流活动，不需要为物流提供商支付交易费用，并且不需要承担信用风险。如果企业把部分物流业务外包，就会产生交易成本，并承担一定的信用风险。

(2) 企业物流系统选择外包，必须对业务流程和管理流程进行再造，涉及资源整合，后果是部分员工受到影响，产生抵触情绪和消极怠工，处理不妥会影响企业正常的生产经营活动。

(3) 企业与物流服务提供商之间签订物流外包合同时，缺乏对未来不确定性因素的认识，导致在认定责任、赔偿和免责等时，出现争执，影响企业供应链的正常工作。

案例阅读 2-3

亚马逊公司的"1+3 物流"配送

亚马逊公司总部位于美国西雅图，创立于 1995 年，是一家典型的面对消费者的零售网站(B2C)。对于 B2C 企业来说，实现对客户进行快捷、有效的配送服务是重中之重。亚马逊公司采取的是自营+第三方物流运作模式的物流配送服务。

1. 自建物流配送中心

在亚马逊配送的商品"运送日期"栏上,显示的是承诺送达的日期,而不是发货日期。因为送达时间才是客户最关心的问题。降低成本,实现订单快速交付,提高配送服务质量成为亚马逊的目标。亚马逊在创立后的第三年开始投资自建物流配送中心。目前,亚马逊在美国的 11 个州建有 19 个配送中心,在英国、法国、德国等欧洲国家,以及中国、日本等亚洲国家都建有配送中心。通过电子数据交换(Electronic Data Interchange,EDI)系统,客户可以随时查询订购状况、追踪自己的包裹。这种直接物流分配模式对于 B2C 网站来说,虽然可能意味着增加成本,但对于全程掌控消费者的体验来说至关重要。

2. 与第三方物流企业合作

除自建物流配送中心外,亚马逊还与许多第三方物流企业开展合作。亚马逊通过"邮政注入"减少送货成本,即使用自己的货车或由独立的承运人将整车订购商品从亚马逊的仓库送到当地邮局的库房,由邮局向客户送货,可以免除邮局对商品的处理程序和步骤,为邮局发送商品提供便利条件,也为自己节省了成本。首先,这种物流运作模式能将物流业务从网站的主体业务中剥离,最大限度地降低了物流给网站所带来的成本压力,并使网站集中优势资源进行市场开发和提高核心竞争力;其次将物流配送业务外包给专业的第三方物流企业,增强了网站在国内众多干线配送上的物流能力;最后具有灵活的扩展性,开拓新的区域只要在该地区选择优质的物流提供商即可完成区域布局,实现远程物流配送服务。在美国,亚马逊的配送业务主要外包给 FedEx、UPS 和 DHL。

2.5 基于管理平台的物流运作模式

基于管理平台的物流运作模式是企业站在战略层的角度,不仅管理企业内部各个环节的具体物流活动,而且注重对企业内物流、商流、资金流和信息流等的规划、设计、运营与控制,以及与上下游企业之间所形成的供应链的一体化集成管理。可以看出,基于管理平台的物流运作模式管理的对象不再是个别企业,而是整个供应链,所以可以将其理解为供应链运作模式。

常见供应链运作模式按参与主体的不同,可分为核心企业主导型供应链运作模式、第三方物流主导型供应链运作模式和集成物流商主导型供应链运作模式。

2.5.1 核心企业主导型供应链运作模式

1. 核心企业主导型供应链的含义

核心企业主导型供应链是指供应链核心企业为降低物流成本、提高物流效率,与原材料供应或产品销售相关的上下游合作企业或企业部门形成的地域分散但管理集中的供应链网络。在该供应链网络中,物流企业只起支持作用,大多由供应链上各节点企业主体凭借自身拥有的物流运作系统或设施,共同完成对供应链的集成管理活动。

2. 核心企业主导型供应链运作模式的主要特征

(1) 信息的开放性。处于同一条供应链上的各相关主体地域分散，通常要通过信息化手段保持紧密联系，为实现"共赢"的目标，各相关主体间的信息共享是关键，它们的合作必须是建立在信息网络共享基础上的供应链合作。因此，在核心企业主导型供应链运作模式下，需要建立基于 Internet 的物流信息平台，使成员企业都能及时掌握整个物流链的运行情况，每个环节的物流信息都能透明地与其他环节进行交流与共享。

(2) 合作的互利性。由于不同企业构成的供应链是一个利益相关的集合体，因此其供应链运作模式要求各成员企业在共享利益、共担风险的前提下，通过合作与协调优化物流资源配置，提高各成员企业的物流资源利用效率，降低交易成本和风险。

(3) 供应链主体的独立性。虽然构成供应链的各相关主体是利益共享、风险共担的整体，但供应链各个主体成员仍然自主经营、自负盈亏，均具有追求自身企业利润最大化的基本需求。在供应链环境下，这种最大化需求必须通过供应链系统目标的一致性实现。

2.5.2 第三方物流主导型供应链运作模式

1. 第三方物流主导型供应链的含义

在由中小型企业组成的、无明显核心企业的供应链中，为降低物流成本、提高物流效率，非核心业务通常外包给第三方物流商，由第三方物流商围绕供应商与制造商、制造商与销售商、工商企业与消费者的供需关系，凭借自己特色服务的核心优势去组织和管理整个供应链。

第三方物流主导型供应链是以支持客户(制造商、销售商或最终消费者)供应链管理为生存前提的，因而称为物流链更为恰当。集成物流过程和物流网络结构是相互依存、相互作用的。由于第三方物流服务不可能脱离客户(工商企业)及其竞争而存在，其生存与发展需要一定的信息流主导功能，以实现物流的规模经济或范围经济，体现专业化的竞争实力；如果无法提供面向客户全过程物流的供应链管理，就很难争取到大中型客户。

2. 第三方物流主导型供应链运作模式的主要特征

(1) 第三方物流商是供应链的主要参与者。在第三方物流主导型供应链运作模式下，第三方物流商不再是供应链的辅助者，而是供应链的主要参与者。第三方物流商要以供应链的视角为客户——工商企业提供一个整体战略思考和战术运作系统框架，使企业能够看清楚自身所处供应链的地位和作用，从而指导企业经营定位、运营方式的战略战术决策，明确问题所在和采取的解决方案。

(2) 良好的成本优势。第三方物流商注重在物流各个环节进行成本考察，如在仓储过程中注重提高仓储利用率指标及降低成本。在运输系统整合方面，第三方物流商承担各独立环节的委托，可以通过混装和减小或消除返程空车率等措施享受范围经济、规模经济和距离经济等带来的成本优势，面向市场高效完成物流任务。因此，第三方物流商可以利用独有的成本优势有效降低供应链中的成本。

(3) 高效的供应链运作能力。第三方物流商为客户创造价值的基本途径是达到比客户高的运作效率，提供较高的服务-成本比。运作效率的提高意味着第三方物流商在供应链物流的基本活动中，凭借足够高效的设施及熟练的操作技能，在仓储、运输、配送等方面能够以较低的成本满足客户的需求。此外，第三方物流商还具有高效的协调和沟通技能，其完善、高效的物流信息系统能在很大程度上提高供应链的管理效率和工作效率，从而降低供应链成本并增加效益。

2.5.3 集成物流商主导型供应链运作模式

1. 集成物流商主导型供应链运作模式的含义

集成物流商主导型供应链运作模式是指在由产品生产或销售相关的上下游合作企业或企业部门所形成的地域分散且管理集中的供应链网络中，集成物流商通过不同资源、技术和管理能力，对客户企业所处的供应链进行优化和决策，提供一整套供应链解决方案，从而有效地提高供应链中的物流效率，降低物流成本的一体化供应链物流运作方式。

2. 集成物流商主导型供应链运作模式的主要特征

(1) 响应的敏捷性。在集成物流商主导型供应链运作模式下，集成物流商需要在某个市场机遇下快速把握多变的客户企业需求，这就要求集成物流商在提供"低成本、高质量"物流服务的同时，能够对供应链中的各种物流需求做出敏捷的响应，使采购、生产和销售能够顺利进行，最终达到对用户需求的有效响应。

(2) 物流过程的同步化。在完成某个项目或任务时，把项目或任务分解为相对独立的工作模块并行作业，在并行运作过程中，需要同步化的物流作业支持。物流过程同步化是集成物流商主导型供应链运作模式最终实现响应敏捷性的必然决策。

(3) 物流方案的整体性。集成物流商进行的供应链中的物流不仅是单阶段相对独立的物流活动(如供应商到生产商的采购物流、生产商到经销商的销售物流、生产成员之间的物流等)，而且是包括供应链上从原材料获取到最终产品分销整个过程的物流活动。这就要求集成物流商运用物流管理系统论的整体最优思想，综合考虑采购物流、生产成员之间的物流和销售物流等整个物流活动，实现整体最优化。因此，集成物流商主导型供应链运作模式需要从供应链的角度制订整体的物流解决方案。

(4) 集成物流商需要第三方物流的参与。集成物流商对客户企业的供应链管理不是脱离第三方物流独立运作的，而是需要第三方物流商的参与。集成物流商的战略决策思想必须依靠第三方物流的实际运作得到验证，其对供应链提出的解决方案和对社会资源的整合效果直接受第三方物流实际操作效果的影响，而第三方物流需要集成物流商在优化供应链流程与方案方面的指导。只有两者相互协作，才能为客户提供完善的供应链解决方案，有效整合社会资源，从而为整条供应链的客户带来利益和价值。

案例阅读 2-4

基于供应链的医药企业物流系统运作模式

医药企业物流与其他工业企业物流相比具有如下特点：①医药企业物流的流通市场分散、地方割据、流通规模小、整体竞争能力弱；②医药企业物流的服务有 24 小时全天候的特点；③医药企业物流服务及时，满足"个性化"需求；④医药企业物流功能将趋向社会化，将供应物流、生产物流、销售物流等有机地结合起来，以较低的营运成本满足客户的货物配送和信息需求，进行社会资源的全面整合。

根据医药企业物流的特点，针对医药企业物资在运作过程中存在的问题，以及医药企业内部、医药企业与供应商之间、医药企业与销售商之间形成的处理机制和协议体系，提出基于供应链的医药企业物流系统运作模式，即一个起统一指挥作用的物流中心，多个操作中心的复合运作模式，具体分为以下几种。

(1) 自主经营的物流模式：在医药企业内部的生产阶段，从提高企业的绩效和便于管理的角度出发，自建物流系统形成内部生产资源调度中心。

(2) 供应商配送模式：在医药企业产品采购阶段，由原材料供应商直接将医药企业采购的商品，在指定的时间范围内送到医药企业各个生产网点甚至仓库的物流活动，将医药企业与供应商之间的关系由竞争转换为协作，逐步朝着供应链整合的方向发展，以降低交易成本，提高利润。

(3) 第三方物流销售模式：在医药企业产品销售阶段，销售业务不是医药企业的核心业务。医药企业根据自身情况，合理运用外包战略，利用第三方物流商对医药企业产品、客户需求及潜在的需求、市场信息等方面有较全面的了解，达到提高物流能力、提高企业绩效的目的。

实施基于供应链的物流系统运作模式，将医药企业的供应物流、生产物流、销售物流等有机地结合起来，运用快捷、高效和低成本的物流系统支持医药企业更好地发展。

2.6 物流运作模式的选择及方案设计

2.6.1 选择物流运作模式时考虑的因素

物流运作模式包括基于自营物流的运作模式、基于第三方物流的运作模式、基于"1+3 物流"的运作模式，以及基于管理平台的物流运作模式等。各种运作模式都有其自身的特点和适用范围，企业在选择物流运作模式时，需要考虑以下因素。

1. 客户对物流服务的需求

企业产品需要及时、快捷地运送到客户手中，说明客户对企业物流的要求很高，而这些要求主要体现在物流服务质量、效率和成本等方面，有时还需要相关的增值服务。

2. 企业自身能力

企业自身能力包括企业的规模和企业可以为物流活动提供的资金、技术、人员，以及为其花费的时间和精力。如果企业自身物流能力薄弱，就要考虑将物流活动交由第三方物流企业完成。

3. 物流成本

如果企业选择自营物流运作模式，那么企业要为自建物流系统投入资金，包括车辆费用、仓库场地、建设费用及人力成本等，这些投入对大企业来说资金占用不是很多，影响不是很大，但对于中小企业来说，这部分固定资产的投入及维护费用将给企业带来沉重的压力。如果企业选择物流业务外包，则企业要花费交易成本在内的物流费用。因此，企业在选择物流运作模式时，需要在自营物流与外包物流的成本之间进行权衡。

4. 自营/外包物流运作模式的风险

无论企业选择的是自营物流运作模式还是外包物流运作模式，都会产生相应的风险。例如，选择自营物流运作模式，会有管理不善、成本过高等风险；选择外包物流运作模式，会有服务质量下降、企业信息泄露等风险。因此，企业在选择物流运作模式时，需要权衡各种风险进行综合考虑。

5. 企业内部管理水平

当企业选择自营物流业务时，可以将物流的管理纳入企业的整体管理规划中，体现整个企业的系统性，也可以增大企业对物流的控制力度。如果企业将物流业务外包，企业内部的部分相关人员可能会产生抵触情绪，不利于企业内部管理。

6. 把握和收集信息

当企业选择自营物流业务时，可以提高企业对信息的把握程度。通过现代化的信息管理体系，企业可以随时随地查询物流状况。同时，通过物流节点可以搜集市场上的信息，以便企业采取相应的行动。

企业在选择物流运作模式时，必须综合考虑以上因素，再决定采用哪种物流运作模式。

2.6.2 基于有效物流成本的自营物流运作方案设计

通过自营物流运作模式，企业可以对物流系统运作的全过程进行有效控制。对于企业内部的采购、制造和销售活动的环节，原材料和产成品的性能、规格，供应商及销售商的经营能力，企业应掌握详尽的资料，以便随时调整经营战略。对于规模较大、产品单一的企业而言，自营物流运作模式可以使物流与资金流、信息流、商流结合得更加紧密，从而大大提高物流作业乃至全方位的工作效率。在通常情况下，当企业选择自营物流运作模式时，有两种可供选择的物流运作方案，第一种方案是在企业内部建立专门的物流部门，第二种方案是成立物流子公司。两种可选择的自营物流运作方案比较见表 2-2。

表 2-2 两种可选择的自营物流运作方案比较

类别	方案一	方案二
内容	在企业内部建立专门的物流部门	成立物流子公司
适用范围	适用于规模较小的企业	适用于规模较大的企业
建立步骤	(1) 整合企业内外部物流资源。 (2) 建立专门的物流部门。 (3) 构建企业内部较完善的仓储、运输、配送系统。 (4) 搭建物流信息系统。 (5) 进行物流绩效考核与评估	(1) 组织筹备机构。 (2) 选择物流子公司的名称和地址。 (3) 成立物流子公司。 (4) 进行物流相关流程的设计。 (5) 对母公司的物流活动进行管理、监督，及信息反馈工作。 (6) 面向社会提供物流服务

(1) 方案一是在企业内部建立专门的物流部门来统一管理企业的物流运作,这是我国工业企业中比较常见的物流运作方案。企业通过资源和功能的整合,自备仓库、自备车队等,拥有一个完备的自我物流服务体系。企业选择这种物流运作方案,必须认真分析企业在生产经营中物流系统的现状,并根据企业长期发展战略规划,应用现代物流理论改造或重建企业物流系统;采用循序渐进或跨越式发展的模式,实现企业物流的现代化;既要强有力地支持企业的生产经营,又不能造成大量的资源浪费。

(2) 方案二是企业成立物流子公司。物流子公司虽然属于企业自营物流的范畴,但是又有别于一般的企业自营物流。物流子公司除了对企业本身和自有业务有足够的了解,熟悉各方面的环境和业务环节,还克服了一般的企业自营物流运作模式存在的缺点,即对物流管理认识不够,管理有限,不能达到专业化和精细化的问题。与第三方物流相比,一方面,物流子公司是专业的物流企业,其精细化管理压缩了企业的物流成本;另一方面,因为物流子公司对本身企业物流的特点认识透彻,物流运作得心应手。

2.6.3 基于客户价值的第三方物流运作方案设计

在基于客户价值的第三方物流(Third-Party Logistics, 3PL)运作方案设计中,企业选择的物流运作方案及第三方物流商主要取决于企业的物流需求和市场中第三方物流商所能提供的物流供给。只有当企业的物流需求和第三方物流商的物流供给相匹配时,企业才能选择合适的第三方物流商完成相应的物流运作管理工作。基于客户价值的第三方物流运作方案见表 2-3。

表 2-3 基于客户价值的第三方物流运作方案

方案类别	企业的物流需求	3PL 的物流供给	3PL 提供的物流服务
方案一	运输、仓储等具体的物流实务操作	提供运输、仓储等基本物流运作服务	单功能物流服务
方案二	(1)运输、仓储等具体的物流实务操作,包括物流信息在内的物流管理工作。 (2)建立长期的合作关系	(1)提供运输、仓储等基本物流运作服务。 (2)帮助企业完成包括物流信息系统建立等物流管理工作	多功能物流服务
方案三	(1)有效地整合企业的物流资源。 (2)为企业提供最优的物流解决方案。 (3)建立战略联盟合作关系	(1)提供长期、高效、专业的物流集成管理服务。 (2)为客户进行物流系统规划设计、整合和改进。 (3)为客户量身定制一体化的物流解决方案	集成物流服务

(1) 方案一表明企业只需要第三方物流商提供运输、仓储等简单的物流运作服务,即单功能物流服务;企业与第三方物流商之间只需建立简单的合同合作关系,并且企业对第三方物流商的选择余地较大;物流运作方案实施的重点应放在企业内部的物流决策方面。

(2) 方案二表明企业需要第三方物流商不仅具有简单的物流操作能力,而且能进行物流管理工作,因此企业与第三方物流商需建立长期的合作关系,所提供的服务也属于多功能物流服务。

(3) 方案三表明企业需要能提供集成物流服务的综合物流集成商为其服务，因此，要求第三方物流商能提供物流系统规划设计、整合和改进，以及一体化的物流解决方案。

可以看出，这三种基于客户价值的第三方物流运作方案随着服务范围的不断扩大，对第三方物流商的要求越来越高，物流服务越来越向高级化发展。

2.6.4 基于供应链的物流运作管理方案设计

基于供应链的物流运作管理方案设计按设计地位的重要性，可从战略设计(战略层面)、战术设计(职能层面)和作业设计(运作层面)三个层面进行，按供应链设计内容又可划分为供应链组织设计和供应链技术设计。下面主要从战略、职能、运作三个层面介绍基于供应链的物流运作管理方案设计步骤，如图 2.2 所示。

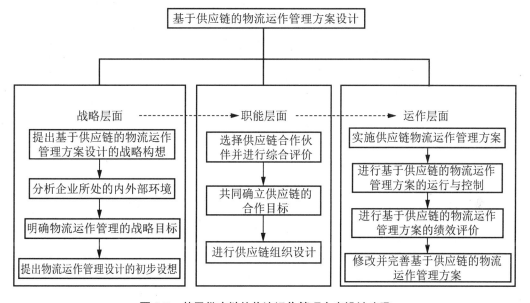

图 2.2 基于供应链的物流运作管理方案设计步骤

基于供应链的物流运作管理方案的战略层面设计包括以下几个步骤。

(1) 提出基于供应链的物流运作管理方案设计的战略构想。

由企业高级管理人员根据企业的总体发展规划和目标，提出基于供应链的物流运作管理方案设计的战略构想。

(2) 分析企业所处的内外部环境。

分析企业所处的内外部环境主要包括分析企业内部现状和企业所处的外部市场竞争环境两部分。分析企业内部现状就是要分析企业当前的管理状况，如果企业已在某供应链中，则重点分析所处的供应链状况，包括供应链的管理、效率和所带来的利润，以及供应链的发展前景和企业在供应链中的地位等。分析企业所处的外部市场竞争环境，就是要分析目前市场(要具有全球市场的战略眼光)急需的产品、需求量，决定开发功能性产品还是开发革新性产品；企业目前所占的市场份额；其他竞争对手采取的竞争策略等。

(3) 明确物流运作管理的战略目标。

要明确企业基于供应链的物流运作的发展方向、企业应采取的具体运作方案、选择的供应链合作伙伴。另外，企业的物流运作管理方案的战略目标要与企业发展的总体战略规划一致，并服从于企业的总体战略规划。

(4) 提出物流运作管理设计的初步设想。

分析和明确企业内外部环境的物流运作管理方案的战略目标后，企业要提出物流运作管理方案设计的初步设想，如方案的具体实施步骤、组织技术设计、企业与其他供应链成员之间的关系等。

职能层面就是企业计划、组织和执行管理，是由企业中层计划、采购、质量、劳资和财务等职能组织实现的。这一层面需要将企业战略层面的长期战略要点进行分解，分段落实到年度、季度等生产计划，将企业年度、季度生产计划分解为月份作业计划，并向运作层面下达、与运作层面对接。为了保障生产过程的系统化过程实现，需要使计划、采购、质量、劳资、财务等职能管理与生产作业全过程对接，通过协同的作业计划、作业组织和作业执行和绩效考核等实现战略与职能、职能与绩效的紧密衔接，以及战略计划逐步落实。

(1) 选择供应链合作伙伴并进行综合评价。在确定基于供应链的物流运作管理方案设计的初步设想之后，为保证方案的顺利实施，企业要选择供应链合作伙伴并进行综合评价，主要包括以下过程：①分析市场需求；②选择目标并确立合作伙伴；③制定合作伙伴评价标准；④成立评价小组；⑤合作伙伴参与；⑥评价合作伙伴。

(2) 共同确立供应链的合作目标。基于供应链的物流运作管理实际上体现了从企业内部改造到企业之间的整合过程，其设计边界往往超越了企业管理自身，因此企业必须与其他供应链成员共同确立供应链的合作目标，以达到供应链效率整体最优和供应链成员之间"双赢"的目的。

(3) 进行供应链组织设计。企业设计供应链组织时，一般应重点抓好以下六个关键环节的设计工作：①生产与市场；②供应与销售；③库存与增值；④选址与资源；⑤运输与配送；⑥信息与控制。

基于供应链的物流运作管理方案的运作层面设计包括以下几个步骤。

(1) 实施基于供应链的物流运作管理方案。在完成物流运作管理方案的以上设计步骤后，企业就要根据物流运作管理方案的战略目标、组织设计等具体实施基于供应链的物流运作管理方案。

(2) 进行基于供应链的物流运作管理方案的运行与控制。企业在进行物流运作管理过程中，需要对物流运作管理方案的运行情况进行实时的监督与控制，以便早日发现问题和解决问题。

(3) 进行基于供应链的物流运作管理方案的绩效评价。物流运作管理方案的绩效评价工作对方案的顺利实施尤为重要，不仅包括对企业内部物流工作的绩效评价，而且包括企业对合作伙伴的绩效评价，以及对其他参与方(如第三方物流企业等)的绩效评价。

(4) 修改并完善基于供应链的物流运作管理方案。物流运作管理方案运行一段时间后，需要对此前的方案进行修改、完善，以有利于企业物流的健康发展。

2.6.5 中欧班列集成运作方案设计

国际物流枢纽在物流主通道上要力争做到物通量对称平衡。中欧班列(西线)出境货源组织在较短时间内达到运输规模经济之前,基于中转枢纽陆港中欧班列集成运作模式与各地中欧班列孤立运作模式相比,基于中转枢纽陆港中欧班列集成运作模式是多地与中转枢纽陆港合作的一种集成优化的战略选择。国家部委已经规划了西安、成都、重庆、郑州、乌鲁木齐五个集结中心建设,这是实现中欧班列集成运作方案重要的前提和明确的发展条件。

本 章 小 结

物流运作模式包括自营物流模式、第三方物流运作模式、"1+3 物流"运作模式和基于管理平台的物流运作模式。

企业物流运作方案设计首先要考虑物流运作模式的选择。当企业物流业务外包给集成物流商、第三方物流企业时,集成物流运作方案设计的主体转移到物流商方面。

企业物流运作模式的选择取决于企业产品的性质和数量、自身物流能力、企业核心能力和企业发展战略等因素,各种模式的优缺点,以及企业人力、技术和管理资源现状能够接受的程度。

企业物流运作方案设计除了要考虑物流运作模式的选择,还要把握物流运作对象、流程、服务的基本特点和要求,考虑可运用的物流资源和信息技术、物流运作流程的监控模式。

基于供应链的物流运作管理方案设计按设计地位的重要性,可从战略设计(战略层面)、战术设计(职能层面)和作业设计(运作层面)三个层面进行。

物流运作模式	自营物流	第三方物流
第三方物流运作模式	"1+3 物流"运作模式	物流商
集成物流商		

综 合 练 习

一、多选题

1. 物流运作模式按物流运作主体分类,可以分为(   )。
   A. 供方物流　　　　　　B. 需方物流　　　　　　C. 第三方物流
   D. 集成物流商物流　　　E. 一体化物流

2. 企业通过自己整合企业内部的物流资源，制订物流战略计划，组织物流人员和相关设施设备，自行完成与企业相关的物流活动的服务方式有(　　)。
  A．第三方物流   B．自营物流   C．1+3 物流
  D．一体化物流   E．供应链管理

3. 基于管理平台的物流运作模式有(　　)。
  A．核心企业主导型供应链运作模式
  B．第三方物流主导型供应链运作模式
  C．集成物流商主导型供应链运作模式
  D．单功能物流运作模式
  E．多功能物流运作模式

二、判断题

1. 现代物流运作不再只关注每个物流环节的低成本、高效率运作，而是强调从原材料供应到产成品销售整个过程的一体化物流管理。(　　)

2. 基于第三方物流运作模式的优点是企业可以对物流系统运作过程进行有效的控制。(　　)

3. 中欧班列集成运作模式与各个地方分别孤立地运作中欧班列方式相比，可以取得更好的综合绩效。(　　)

三、简答题

1. 现代物流运作的特点是什么？
2. 企业有哪些常见的物流运作模式？
3. 根据本章的学习，介绍一种比较熟悉的物流运作模式的含义和特征，并说明其在企业实施过程中具有的优缺点。
4. 简述基于供应链的物流运作管理方案设计的过程。
5. 针对自营物流模式、第三方物流运作模式、"1+3 物流"运作模式和基于管理平台物流运作模式四种物流运作模式，设计各自物流运作管理方案。

四、案例分析题

西安国际陆港的中欧班列物流集成运作模式

  西安国际陆港投资发展集团有限公司(简称陆港集团)是由西安市人民政府批准、西安国际港务区管委会投资设立的国有独资企业，现有员工 1500 余人，资产规模 350 亿元，经营范围为国内外多式联运；货物仓储、装卸、分拨服务；国际货运代理服务(海运、陆运、空运)等。

  自 2010 年成立以来，陆港集团承担西安港事业发展主力军的重任，以"成为国际领先的内陆港港口集团"为发展愿景，主要承担集团港口建设与运营，从事中欧班列运营，整车口岸、粮食口岸、肉类口岸运营，建设跨境电商通关服务平台，为西安港搭建信息化平台，打造智慧陆港；西安综合保税区的厂房、仓库、冷库的开发建设及运营。目前，陆港集团依托西安港和中欧班列(长安号)打造联通世界的物贸体系，已成为打造内陆改革开放高地的"排头兵"和国家"一带一路"倡议的西部担当。

西安国际陆港基地设施设备情况如下。

(1) 口岸设施设备。作为西安综合保税区口岸运营人，西安国际陆港保税物流投资建设有限公司主要运营西安港整车口岸、进境粮食指定监管场所、进境肉类指定监管场所、跨境电商通关服务平台等。

(2) 仓库厂房项目。西安综合保税区 1#标准厂房，面积为 73285.79m^2；西安综合保税区 2#标准厂房项目，面积为 15311.84m^2；西安综合保税区 A3A4 标准仓库项目，面积为 22800.32m^2；西安综合保税区 A5A6 立体仓库项目，面积为 52703.06m^2；西安综合保税区 A7 保税冷库项目，面积为 16833.42m^2。

(3) 自采集装箱。目前陆港集团保有共计 4000 柜 40 尺干货集装箱，总投资约为 1.4 亿元。

截至 2021 年，陆港集团已经有 4 家物流管理子公司：西安国际陆港多式联运有限公司、西安国际陆港博正供应链管理有限公司、西安国际陆港博中贸易有限公司、西安国际陆港供应链管理有限公司，可以形成支持西安国际陆港集结中心等物流集成运作的支持体系。

西安国际陆港多式联运有限公司成立于 2016 年，是中欧班列(长安号)欧洲线路官方唯一运营商、中欧班列运输协调委员会 7 家发起单位之一。中欧班列(长安号)自开行以来，已逐渐成长为全国开行频次最稳定、线路最密集、重载率最高的班列。公司提供专业整车物流全程解决方案、场站服务、集装箱租赁、境内外拖车和全流程地面操作等增值服务。

西安国际陆港博正供应链管理有限公司成立于 2019 年 4 月，以物流信息及硬件技术标准为核心的供应链解决方案提供者为愿景，以拼箱业务作为全新亮点业务，将成为西安港综合平台的强力支撑。

西安国际陆港博中贸易有限公司成立于 2019 年 4 月，凭借中欧班列(长安号)稳定的班列频次、较高的运输速度和最优的全程物流解决方案，将运输时效缩短至 12 天，是海运时效的 1/3，与国内 4S 店价格相比，更具优势。另外，它可满足西北、西南客户的购车需求。西北、西南客户在西安就可以买到心仪的车型，免去了客户前往沿海港口城市购车的成本，为客户提供更加优惠的购车价格。

西安国际陆港供应链管理有限公司主要开展的业务有跨境备货业务(1210 模式)及跨境电商出口业务(9610 模式、9710 模式、9810 模式)。其运营的跨境保税仓库可为跨境电商客户提供货物储存，货物分拣打包、快递配送等服务。

(来自长安大学物流与供应链研究所现场调研等资料)

仔细阅读本案例，详细分析并回答下列问题。

1. 中欧班列物流发展经过了哪些物流运作模式，集成运作有什么特点？

2. 陆港集团物流管理子公司在国际物流运作管理中扮演什么角色，为中欧班列集成运作带来了哪些好处？

第 3 章 汽车物流运作组织

【本章教学要点】

知识要点	掌握程度	相关知识	应用方向
汽车物流概述	掌握	汽车物流的含义及特点	汽车物流运作分析
汽车零部件物流的内涵	重点掌握	汽车零部件物流的含义和构成	汽车零部件物流运作
汽车零部件物流运作管理	重点掌握	模块化管理方法、汽车生产物流运作模式	构成汽车零部件物流不同阶段的物流运作
汽车整车物流	理解	汽车整车物流的含义及特点	汽车整车物流运作
汽车整车物流运作管理	重点掌握	汽车整车物流运作的两种基本模式	汽车整车物流运作管理

案例一：上海通用汽车物流运作策略

上海通用汽车有限公司(以下简称"上海通用汽车")是上海汽车集团股份有限公司与美国通用汽车公司的合资企业，多年来不断创新超越，从1999年年销量2万辆到2021年年销量133万辆，已成为我国领先的乘用车企业。

上海通用汽车的生产线基本做到了零库存。这在很大程度上归功于采用物流外包战略，中远物流是上海通用汽车的重要物流合作伙伴。

汽车制造行业比较特殊，零部件比较多，品种规格比较复杂。如果自己做采购物流，则要花费很多时间。中远物流可以按照上海通用汽车的要求做到生产零部件直送工位，准点供应。

中远物流的门到门运输配送使零部件库存放于途中，其优势在于两个方面：第一，装卸的成本可以大幅度下降，因为从供应商的仓库门到用户的仓库门，只需一次装卸就可以了，比铁路运输便捷得多；第二，除了降低包装成本，还节省了大量的库存持有成本，只要计算好时间，货物就能准时送到。

另外，上海通用汽车在生产线的旁边设立"再配送中心"。一般情况下，货物到位2小时就可以消耗掉，在这2小时内，"再配送中心"起到了缓冲的作用，即安全库存，还能起到集中管理的作用；每隔2小时"自动"补货到位，可以掌握库存流动的过程，且动态的管理也能够达到降低成本、提高效益的效果。

案例二：东风日产乘用车公司物流运作

东风日产乘用车公司(以下简称"东风日产")成立于2003年6月，是东风汽车有限公司旗下主要承担乘用车业务板块的主体，包括乘用车的研发、采购、服务业务。据统计，东风日产2020年全年销量达到113万辆，连续9个月实现销量正增长，连续五年取得年销量破百万的成绩。

汽车物流是所有行业物流中技术性最强、涉及面最广、复杂程度最高的，由于零部件种类繁多、数量庞大、管理难度大，因此采用合理的物流运作模式可以大幅度缩短产品的生产周期、降低物流成本，提高供应链的敏捷性和柔性。

东风日产物流主要将供产销一体化模式与第三方物流模式有机结合起来，即汽车企业内部的物流由东风日产制造商负责，汽车的原材料、零部件、供应物流主要由第三方物流公司负责。东风日产在国内有四大厂区——广东厂区、郑州厂区、襄樊厂区、武汉厂区，分别以这四个厂区为中心覆盖全国的业务服务。东风日产与风神物流建立了长期的战略合作关系，由风神物流作为第三方物流公司，全面负责商品整车从车间下线之后的物流过程。而且风神物流在广州、襄樊、郑州、武汉都有自己的物流中心，与东风日产能够形成很好的对接，为其提供定制型服务。

由导入案例可见，汽车企业物流运作研究对汽车企业的经营有非常重要的作用，制定合理的运作流程和采用合理的运作方式可以有效地降低汽车物流成本，加快汽车生产流通，因此研究汽车物流运作是非常必要的。

3.1 汽车物流概述

汽车产业是制造业中具有特色的代表性产业，近年来汽车产销量不断增长，代表着汽车工业得到了飞速发展，汽车市场的竞争也进入白热化阶段。各汽车企业的激烈竞争使得降低成本的要求越来越迫切，而作为汽车成本中重要组成部分的物流成本越来越受到人们的关注，汽车物流的重要性越来越突显出来。

3.1.1 汽车物流的内涵

《汽车物流术语》(GB/T 31152—2014)中定义汽车物流，是指汽车整车、原材料、零部件、售后服务备件，从供应地向接收地的实体流动过程。根据实际需要，将运输、储存、装卸、搬运、包装、流通加工、配送、信息处理等基本功能实施有机结合。具体业务包括原材料和零部件的调达、入厂厂内物流、零部件和备品仓储、零部件和备品包装、整车仓储和运输等，具有技术复杂、服务专业、资本聚集、知识密集的特点。汽车物流的各个环节衔接紧密，技术含量较高，是国际物流业公认的最复杂、最具专业性的物流领域。

汽车物流按业务流程可以分为四大部分：供应过程中的零部件配送运输物流，生产过程中的储存搬运物流，整车与备件销售、储存及运输物流以及汽车回收处理物流。其中供应物流是指上游供应商向整车厂提供汽车零部件、生产材料、辅料到整车厂的仓库入库流程；生产物流主要发生在企业内部，是指从仓库入口到生产线的加工材料消耗点，再到成品库的入库前的物流；整车与备件销售物流是指从成品库、备件库入口到经销商之间的物流；汽车回收处理物流主要是指报废汽车与可继续使用零部件回收及汽车召回时的物流。

汽车零部件物流具有一般零部件物流的基本特点，为满足生产连续性要求，很多零部件具有准时配送要求，同时汽车整车物流具有大型产品配送的特点，因此掌握汽车物流的特点和运作方式，往往可以达到举一反三的效果。

3.1.2 我国汽车产业发展概况

近年来，我国汽车产业发展迅速，中国汽车工业协会统计数据显示，2020年我国全年汽车产销量分别完成2522.5万辆和2531.1万辆，销量排名前十的企业销量合计2264.4万辆，占汽车总销量的89.5%，全球汽车销量占比提高至32.5%，汽车销量居全球第一。我国汽车产量近十年发展情况如图3.1所示。

截至2021年9月，我国汽车生产制造企业有16295家，汽车制造商市场份额相对集中。2017年4月25日，《汽车产业中长期发展规划》发布，旨在落实建设制造强国的战略部署，推动汽车强国建设。另外，通过多年对新能源汽车整个产业链的培育，各个环节逐渐成熟，丰富多元化的新能源汽车产品不断满足市场需求。2020年，新能源汽车产销量分别是136.6

万辆和 136.7 万辆，同比增长 7.5%和 10.9%。2020 年 10 月，《新能源汽车产业发展规划(2021—2035 年)》发布，提出推动新能源汽车基础核心零部件、关键基础材料等研发能力的提升等措施。

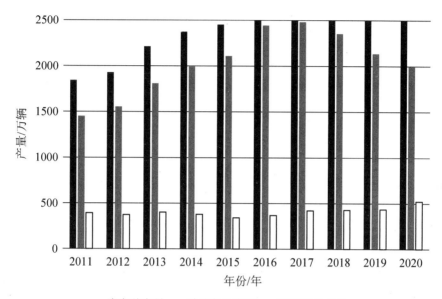

图 3.1　我国汽车产量近十年发展情况(2011—2020)

随着国内汽车行业的不断发展，汽车零部件行业发展迅速。根据中国汽车工业协会对 13750 家规模以上汽车零部件企业统计，2021 年汽车零部件行业全年累计主营业务收入约为 4.1 万亿元，年复合增长率达到 7.47%，其中，12090 家汽车零部件企业全年累计主营收入约为 3.2 万亿元，同比增长 8.29%。

从国内零部件行业看，我国本土零部件生产企业较多，生产规模普遍较小，科研水平及创新能力较差，产品主要集中在中低端市场领域。国内内资汽车零部件厂家的销售收入仅占全行业的 30%，拥有外资背景的汽车零部件厂家的销售收入占整个行业的 70%，控制了绝大部分市场份额。汽车零部件供应商随着汽车制造商的工厂布置呈全国性分布，主要以汽车整车厂为核心，在其周围和附近扩散，截至 2021 年，我国已形成东北、京津冀、中部、西南、珠三角及长三角六大汽车零部件产业集群。

3.1.3　汽车物流市场的特点

我国汽车物流市场中的企业主要由 4 种形式构成：从传统的国有运输企业介入仓储等物流领域转变而来，形成汽车物流企业；从汽车制造企业中分离而来，形成汽车物流企业；在拥有仓库或物流园区的基础上，逐步涉及汽车物流业务的汽车物流企业；中外合资企业的汽车物流企业。其中，民营企业的比重较大，但是受资金的制约，规模和服务水平还不是很高。国有整车物流企业虽然在数量和规模上占有很大比重，但是在第三方物流的介入程度和服务水平上还应大力发展。

3.2 汽车零部件物流运作组织

3.2.1 汽车零部件物流的内涵

1. 汽车零部件物流的含义

汽车零部件物流作为汽车物流中较复杂的一环,是为了适应汽车制造企业的需求,将零部件及相关信息从供应商输送到汽车生产基地,是为使零部件高效率、低成本流动和储存而进行的规划、实施和控制的过程,是集现代运输、储存、分拣排序、包装、产品流通及相关的信息流、资金流于一体的综合性管理体系。

汽车零部件物流管理包括生产计划制订、采购订单下放及跟踪、物料清单维护、供应商的管理、运输管理、进出口、货物的接收、仓储管理、发料及在制品的管理、生产线的物料管理等。汽车零部件物流供就是要实现各个流通环节的有机结合,促进原材料供应商、零部件供应商、汽车制造商的物流配送体系逐步完善,形成社会化、专业化的物流体系。良好的汽车零部件物流体系对汽车企业降低成本、优化资源配置、提升售后服务质量和品牌美誉度、提升企业竞争力有极其重要的作用。

2. 汽车零部件物流的分类

根据物流运作主体的不同,汽车零部件物流主要分为以下 3 类典型模式。

(1) 自营物流。自营物流是指汽车企业运作自身物流业务,属于封闭性很强的企业内部物流。在这种模式下,企业拥有完整的物流设施和人员配备,常隶属于企业的销售部门。

(2) 集成商物流。集成商物流是开放性很强的一种物流,便于处理供应链的末端任务,在尽可能靠近消费者或者买方的地方完成产品的制造,从而降低运输成本,缩短供货时间,便于提供定制化产品,增加企业收益,增强客户满意度。集成商物流包含常见的第三方物流模式,第三方物流一般是有一定规模的物流设施(库房、站台、车辆等)及专业经验、技能的批发、储运或其他物流业务经营的企业,实际上是物流社会化和物流专业化的一种重要形式,在澳大利亚、美国、英国等国家有时称为合同物流或契约物流,在我国是介入两业联动发展模式的主要力量。

(3) "1+3 物流"。"1+3 物流"介于自营物流与集成商物流之间。对许多汽车公司来讲,选择完全封闭的自营物流的变动性太大,又不愿意处理掉现有的物流资产,裁减人员,冒过渡阶段作业中断的风险。为此,有些公司将自身物流职责部分转移,即形成"1+3 物流"模式。

3. 汽车零部件物流的主要构成

汽车零部件物流的主要构成如图 3.2 所示。

(1) 供应物流:零部件供应商向整车厂供应汽车零部件的流程,通常采用第三方物流模式。由于汽车零部件较多,种类繁杂,整车厂出于不同的技术要求和成本限制,很多零部件需要在生产厂外的其他国家或地区采购,因此根据采购方式的不同,汽车零部件供应物流可分为国内供应物流和国际供应物流两种。

汽车物流运作组织 第3章

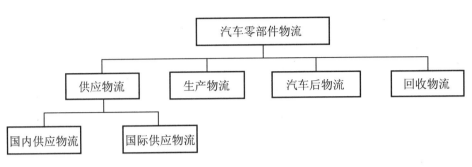

图 3.2 汽车零部件物流的主要构成

(2) 生产物流：也称厂内物流，主要包括产品验收、卸货、搬运入库、在库管理、集配/排序作业、配送上线、线边管理、厂内转运、循环盘点等。通常一条汽车装配线上涉及非常复杂的生产工序，需要的零部件成千上万，要把这么多零部件准确无误地送到目的地，对汽车物流管理是非常大的考验。与此同时，生产线旁的空间有限，如果物流规划不合理，配送不及时，极易发生零部件的堆积和断档等情况，影响生产的正常进行。为保证持续不断地向生产线准时供货，许多企业开始了在精益生产基础上的物流管理。同时为了提高零部件的附加价值，满足客户的更高需求，可以进行简单组装、贴标签、刷标志、分装、检量等加工作业。

(3) 汽车后物流：汽车在正常使用中发生的保养、维修、大修，以及交通事故的维修所需的零部件的物流。选择正确的汽车后物流战略是汽车制造企业生存和发展的重要因素。

(4) 回收物流：汽车报废后可使用的零部件的回收等。

3.2.2 汽车零部件物流运作管理

1. 汽车零部件物流模块化管理方法

由于汽车零部件多达上万种，因此现在国内普遍采用模块化的方法对汽车零部件进行分类，将具有相同或相似特性的汽车零部件划分为同一标准类型并给予标准编号。在供应零部件时，供应方根据零部件模块化标准分类供应，以减少需要管理的零部件种类，便于实施物流管理。

这种模块化管理方法主要是以物流管理中心作为零部件物流系统的物流总供应商，进行物流的组织实施。各整车厂将每天的生产量、零部件需求量及时间等信息通过信息系统提前传递给物流管理中心，由物流管理中心生成各运输指令并分别传递给零部件供应商、运输部门和运输承担方，由运输部门和运输承担方在规定时间内完成运输指令，将各整车厂所需的零部件按模块化标准分类，并按时送达指定装配区域或仓库。汽车零部件物流模块化管理方法如图 3.3 所示。

2. 汽车零部件供应物流运作模式

(1) 汽车零部件供应物流运作模式简介。

随着汽车行业分工的精细化，零部件供应物流的部分业务被委托给第三方物流企业运作与管理，如由第三方物流企业以代理采购方式实现了零部件供应链采购。供应链采购是一种供应链机制下的采购模式，即汽车零部件的采购不再由汽车制造商操作，而是由零部件供应商操作。实施供应链采购,汽车制造商只需向零部件供应商连续、及时地传递自己的需求信息,零部件供应商根据汽车制造企业的需求信息,预测未来的需求量制订自己的生产计划和送货计划,主动以小批量、多批次向汽车制造商补充零部件库存,即供应商管理库存(Vendor Managed Inventory,VMI)模式。供应链采购模式改变了汽车零部件设计、生产、储存、配送、销售、服务的方式,有效缩短了企业内生产线的长度,提高了生产效率。

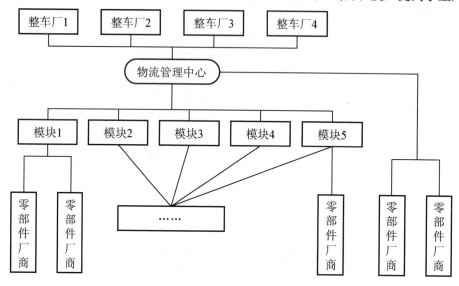

图3.3 汽车零部件物流模块化管理方法

(2) 汽车零部件国际供应物流运作模式。

由汽车零部件物流的构成可知,根据零部件采购方式的不同,汽车零部件供应物流分为国内供应物流和国际供应物流两种。国际供应物流运输距离长,进出口等流程具有一定的复杂性。目前,汽车零部件国际采购主要有全散装件(Complete Knock Down,CKD)和半散装件(Semi Knock Down,SKD)两种。

全散装件是指在进口或引进汽车时,汽车以完全拆散的状态进入,再把汽车的全部零部件组装成整车。我国在引进国外汽车先进技术时,一开始往往采取全散装件方式,买入国外先进车型的所有零部件,在国内汽车厂组装成整车。

半散装件是指从国外进口汽车总成(如发动机、驾驶室、底盘等),再在国内汽车厂装配而成的汽车。半散装件相当于汽车制造商将汽车做成"半成品",进口后简单组装成整车。

相比整车进口方式,采用全散装件方式和半散装件方式不仅可以省去庞大的设计费用,而且可以享受较低的进口关税,即采用全散装件方式和半散装件方式可以合理避税。目前,我国小轿车、越野车、小客车整车进口税率为25%,车身、底盘、中低排量汽油发动机等汽车零部件的进口税率仅为10%。

进行汽车零部件国际采购时,全散装件和半散装件两种方式只是在进口对象的状态上有较大差异,物流过程相似。汽车零部件国际供应物流运作模式如图3.4所示。

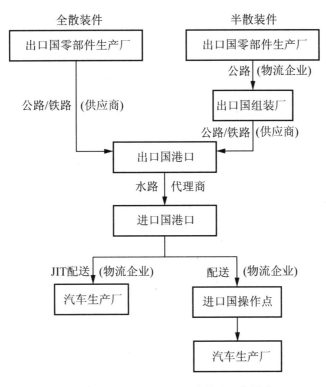

图 3.4　汽车零部件国际供应物流运作模式

(3) 汽车零部件供应商的评价与绩效考核。

通过对汽车零部件供应商进行绩效考核可以了解汽车零部件供应商的表现，以促进汽车零部件供应商问题的改进，并为汽车零部件供应商奖励、汽车零部件供应商的优化，以及最终战略供应伙伴的选取提供依据。其重点是提高企业之间合作的效率，使企业与优秀的汽车零部件供应商合作，淘汰绩效差的汽车零部件供应商。

质量良好的零部件是整车制造企业提升产品质量的前提和基础。但目前，我国许多整车制造企业为保证汽车零部件供应商提供高质量的零部件，不得不耗费大量的人力、物力对品种繁多的零部件进行质量检验。根据现代质量控制的思路，整车制造企业控制零部件质量的方法应是加强对汽车零部件供应商的评估和考核，而不是把主要精力放在对零部件的检验上。

在评价汽车零部件供应商时，基于前面对汽车零部件的分类可以分别评价。汽车零部件供应商评价程序模型如图 3.5 所示。

其中，在建立评价指标体系时可以采取 QSTP 加权标准，即根据供货质量(Quality)(如货损、货差数量等)、供货服务(Service)(如准时性、准确性等)、技术(Technology)考核、价格(Price)(如供应成本等)的加权进行衡量，保证评价考核的相对稳定性，减少主观干扰因素。

建立评价程序模型可以采用层次分析法、模糊综合评判法、人工神经网络算法和灰色关联度分析等。每种方法都有相应的优缺点，也具有不同的使用成本和难度，企业要结合自身及汽车零部件供应商的具体情况选择。

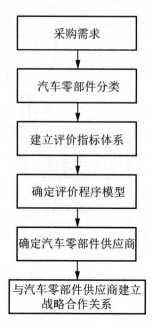

图 3.5 汽车零部件供应商评价程序模型

3. 汽车零部件生产物流运作模式

对汽车零部件进行模块化标准分类和建立零部件模块标准系列后，汽车行业可以根据零部件的种类与数量、运输距离和运输的效率选择取货方式，如循环取货(送货)、直接法和联运法。

(1) 循环取货(图 3.6)，又称定常路线法，是指同一运输工具按照既定的路线和时间依次到不同的供应商处收取零部件，同时卸下上一次卸空的容器，最终将所有货物送到汽车生产厂的仓库或生产线的运输方式。汽车生产厂有十几条甚至上百条循环取货路线，投入运营的车辆按照每日整车生产计划持续运输零部件，企业可根据具体情况调整运作时间。该运输方式适用于小批量、多批次的中短距离运输。

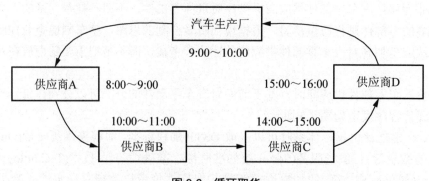

图 3.6 循环取货

(2) 直接法(图 3.7)，即各供应商根据汽车零部件制造厂发出的配货需求信息，分别直接向汽车生产厂运送零配件。这种模式比较简洁，要求保持各供应商与汽车生产厂之间信息及时、准确、通畅，对供应物流管理水平的要求较低。

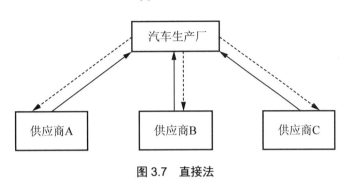

图 3.7 直接法

(3) 联运法(图 3.8)，即对各供应商设置联运中心，通过联运中心分别向各供应商收取零部件，并安排车辆集中配送零部件。联运方法对供应物流的要求较高，通常由汽车零部件物流商选择和控制汽车零部件物流的组织与控制方式。

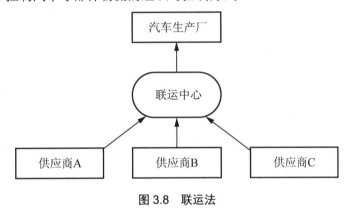

图 3.8 联运法

4. 汽车后零部件物流运作模式

由汽车零部件物流的主要构成可以知道，汽车后零部件物流是伴随着汽车维修所需的零部件产生的物流。因此，根据汽车维修机构的不同类型，汽车后零部件物流运作模式可分为以下几类。

1) 汽配城模式

汽配城主要经营汽车零部件的批发业务，相对来说，配件品种齐全，能更好地满足客户的需求。但由于内部经营主体多、层次不同，因此零部件包括原厂件、配套件、副厂件、仿冒件、伪劣件等。其中原厂件并不是主机厂生产的，而是由主机厂指定的配套厂生产的装车件；配套件是指由生产原厂配件的厂商生产但不标记主机厂商标的配件，与原厂件相比质量难分高下，价格比原厂件低约 30%；副厂件是由非配套厂生产，使用独立商标的配件，受综合因素的制约，与原厂件相比，很难评价它们的质量；仿冒件是完全模仿原厂配件的包装、商标仿制的配件，属于假冒不伪劣产品；伪劣件就是假件，既假冒又伪劣。由于零部件经营很难统一管理，同时在位置便捷性上受到限制，因此汽车后零部件物流模式为零部件生产商(包括由主机厂指定的配套厂或非配套厂)，将零部件集中到汽配城后，通过批发商转到零售商(包括一些维修站)，再到客户手中。汽配城模式运作过程如图 3.9 所示。

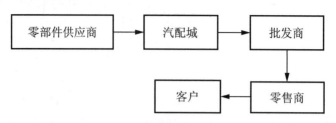

图 3.9　汽配城模式运作过程

2) 连锁大卖场模式

连锁大卖场模式类似于大型超市的经营模式，它拥有覆盖全部车型系列的零配件，甚至还进行整车销售、装饰维修，以及二手车交易和汽车租赁等汽车相关的市场经营。与汽配城模式相比，连锁大卖场模式质量更有保证，价格更加明确。同时可以在连锁店集中采购零部件，实现了零部件采购规模化、标准化，有效地降低了物流的采购成本，保证了零部件的"合理价格"。由于连锁大卖场模式经营品种繁多，因此投资大，而且占地面积大，受到地理位置的限制，不能很好地实现物流的便捷性。目前这种模式还不够成熟，主要运作模式是由经过采购评价的指定零部件供应商供应零部件到汽车零部件连锁大卖场，然后销售到相应的批发商或客户手中。连锁大卖场模式运作过程如图3.10所示。

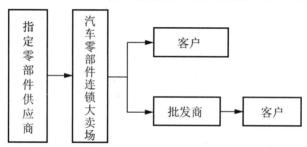

图 3.10　连锁大卖场模式运作过程

3) 连锁汽车快修模式

连锁汽车快修模式是新兴的汽车维修模式，一般经营规模不大，主要集中经营汽车饰品和保养、快修等业务。由于是连锁经营，统一管理，在配件质量、价格、环境等方面都能很好地控制，因此零部件物流的主要运作模式为指定供应商统一供货到连锁汽车快修，然后直接运送到客户手中。连锁汽车快修模式运作过程如图3.11所示。

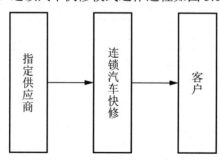

图 3.11　连锁汽车快修模式运作过程

4) 汽车维修站模式

维修站主要是在服务公务和商业用车为主的历史背景下发展起来的，其理念、形象、技能等都存在很多不足。其零部件物流的主要运作模式为通过零部件零售商或批发商供货给汽车维修站，然后直接运送到客户手中。汽车维修站模式运作过程如图 3.12 所示。

5) 4S 服务站模式

4S 服务站(4S 店)是一种汽车服务方式，集整车销售(Sale)、零配件(Spare Part)、售后服务(Service)、调查反馈(Survey)四项功能于一体。与其他模式中的维修类型不同，4S 店是在整车厂的控制下成长起来的，以整车品牌售后服务为目的。因此，4S 店的零配件物流以原装配件(从整车厂采购并提供给终端用户的配件)为主。整车厂为了加强对配件市场的直接控制，将原装配件以专卖的形式纳入 4S 店，同时对 4S 店的原装配件承担相应的质量风险和索赔风险。用户对 4S 店的原装配件的信任程度是其他模式无法比的。因此其主要运作模式为由整车厂将零部件直接送到 4S 店，然后直接运送到客户手中。4S 服务站模式运作过程如图 3.13 所示。

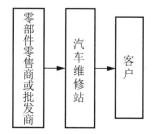

图 3.12　汽车维修站模式运作过程

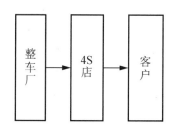

图 3.13　4S 服务站模式运作过程

另外，4S 店还存在零部件外采外销的情况，整车厂赋予 4S 店一定的外采空间，由于缺乏相关的规定和约束，因此定点生产制造商开始越过整车厂商，将配件(包括整车厂商拥有自主产权的配件和定点生产制造商拥有自主产权的配件)直接供应给 4S 店。由于受到整车厂的控制，当整车厂商将不合理的配件销售指标分摊给 4S 店时，部分 4S 店为了缓解自身的压力，将整车厂的原装配件外销给社会维修商。所以其运作模式存在由定点生产制造商将零部件供应给 4S 店后直接运送到客户手中，或者由整车厂将原装配件供应给 4S 店后经社会维修商到客户手中两种情况。4S 服务站零部件外采模式运作过程和 4S 服务站零部件外销模式运作过程分别如图 3.14 和图 3.15 所示。

图 3.14　4S 服务站零部件外采模式运作过程　　图 3.15　4S 服务站零部件外销模式运作过程

4S 店的收入渠道较多，如通过新车销售、二手车销售、银行贷款返回利润、保险返利、汽车内饰、汽车维修、批发和零售零部件、销售汽车额外质量保证的佣金等方式获利。当前我国4S店汽车零部件供应主要存在如下问题。

(1) 流通领域费用过高。建立4S店是造成汽车流通领域费用过高的原因之一。目前，专卖店的高利润是通过对产品资源的控制实现的，但4S店的豪华装饰耗费了大量的资金投入，与汽车专卖店服务体系减少流通环节、降低流通费用的初衷截然相反。高额的流通领域费用必然会分摊到零部件的成本中。

(2) 汽车零配件价格过高。汽车专卖体系对其产品的控制在一定程度上保证了产品的高利润。在零配件供应方面，专卖店比其他商家的价格高出几倍，这是由汽车专卖店的垄断行为导致的。垄断行为还导致零部件经常缺货，供应质量得不到保证。随着竞争的激烈，单一品牌车型利润空间降低，专卖店的生存势必受到挑战。

(3) 汽车维修费用过高。低效的零部件供应和高额的零部件成本，使得当前专卖店维修费用过高、车辆交付延迟问题突出。

针对当前我国4S店经销商的上述问题，一方面，4S店应适量削减建设投资，尽量做到装饰简洁、功能全面完善，以降低经营成本和经营风险；另一方面，4S店应抓住发展机遇，看准零部件供应这一大利润来源，改变当前与汽车企业之间的简单从属关系，通过改进当前零部件的供应模式，集约信息搜集功能，优化售后跟踪服务，与汽车企业形成战略合作关系，共同完善汽车零部件的供应体系。汽车4S店零部件供应改进模式如图3.16所示。

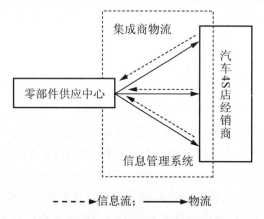

图3.16　汽车4S店零部件供应改进模式

如图3.16所示，利用集成商物流的专业性优势完成零部件从供应中心到汽车4S店的配送工作。针对我国汽车零部件工业结构特征中的生产厂家分散、落后的缺点，可以利用集成商物流供应中心集中采购零部件，避免出现既倾向于就地采购或从汽车制造集团公司内部采购，又对同一车型的同一种零部件进行多家采购的做法，实现零部件采购的规模经济效应，降低零部件的采购成本和供应物流成本。同时，利用在供应中心建立的信息管理系统，及时了解汽车4S店经销商的零部件需求情况及零部件供应中心现有的存货情况，帮助4S店经销商实现按需供应，削减零部件库存，同时避免因零部件缺货导致车辆延迟交付，提高客户对服务的满意程度。良好的汽车4S店服务及低成本的营运成本可使4S店改变与汽车制造商之间的从属关系，并逐步建立战略合作关系。

案例阅读 3-1

安吉汽车物流公司的零部件供应

从汽车行业的发展来看,加强行业分工是发展趋势,汽车零部件生产功能和物流配送功能都将从制造企业中剥离出来,把物流管理的部分功能委托给集成商物流公司,集成商物流模式将成为未来的主导型物流模式。

安吉汽车物流公司是集成商供应物流模式的一个代表。安吉汽车物流公司作为集成商汽车物流服务公司,主要为大众中国、蔚来汽车、华晨宝马、上汽通用五菱等汽车厂商提供物流服务。下面以沃尔沃上海 CC 仓汽车零部件供应运作(图 3.17)为例进行介绍。

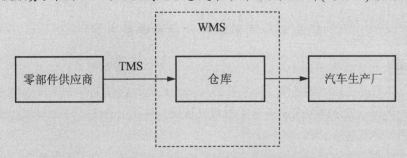

图 3.17　沃尔沃上海 CC 仓汽车零部件供应运作

在图 3.17 中,整个供应运作的主体是零部件供应商、仓库、汽车生产厂,其中物流业务流程包括干线运输、入库、储存、出仓、入厂、验收等环节。

在零部件的运输过程中,采用运输管理系统(Transportation Management System, TMS)进行控制,集成商物流公司根据企业的集货指令优化整合运输路线,然后通过 GPS 和 TMS 的协同工作,全面保证零部件在运输途中的可视化,便于零部件在运输途中的监控和制造车间精确编制作业计划表。这些零部件供应商主要集中在上海市,以及江苏省、浙江省、安徽省的 27 个城市,依托安吉快运全国网络的服务能力,实现周期稳定、准时准点的循环配送。

零部件入库采用仓库管理系统(Warehouse Management System,WMS)进行管理,通过引入条码识别技术,实时采集信息全面反映零部件在物流中心的各种状态,通过信息系统保证库位的最大利用、零部件的先进先出、KPI 的自动数据采集等,这些功能提高了物流效率和精度,克服了手工识别滞后的缺点。在仓库管理环节,对产品进行理货、补货、盘点、呆滞物料预警、安全库存预警等作业。

零部件投入生产采用看板拉动系统,该系统与上海大众的生产系统做实时接口,根据上海大众下个阶段的实际生产车型配置,以最少的提前量对零部件配送实现实时拉动,大大减小了生产线旁零部件库存及缓冲区面积,实现了精益化生产的模式。

在这个案例中,可以发现安吉汽车物流公司在零部件供应链方面具备如下三方面优势。

(1) 全网服务能力。安吉汽车物流公司具有全国范围的物流网络,其服务网络覆盖大部分一至四线城市,在起步阶段就具备了大量的业务基础和较好的全国网络服务能力。

物流运作管理(第3版)

　　(2) 资源协同能力。安吉汽车物流公司定位 150kg～3t 的中大票零担快运，与安吉零部件物流体系的单票千克区间(300kg～450kg)非常吻合，可最大化发挥网络及资源的协同效应。

　　(3) 信息化能力。通过应用动、静态路径规划，以及安吉汽车物流公司城配 CTMS、T-box 系统，安吉汽车物流公司针对服务项目制定优化线路，依据实时货量，灵活安排配送车型，实现周期稳定、准时准点的循环配送。

　　(部分信息来源：物流沙龙-微信公众，作者小周伯通)

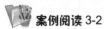

案例阅读 3-2

华晨宝马汽车零部件物流解决方案

　　随着汽车市场的竞争越来越激烈，汽车制造企业面临越来越大的成本压力。优化汽车供应链、提高供应链运作效率、挖掘第三利润源成为包括宝马等知名跨国整车制造企业的共同选择。为了保证物流服务质量与产能匹配，华晨宝马汽车公司将零部件供应物流外包给中外运发展公司。

　　中外运发展公司在硬件设施配套、流程方式设计和管理措施完善等方面进行了设计与实施，满足了华晨宝马汽车公司零部件入厂的物流服务需求。

　　1. 完善物流设施，保障硬件设备符合要求

　　建设面积为 17000m² 的高标准全新高架彩钢立体库房，可以满足客户的不同储存需求；设置封闭式作业通道，满足 24h 全天候无污染物流作业；仓储采用绿色清洁环保的"地源热泵"调温方式，随时保持可控温度工作范围；工作平面为高强度、耐磨、无尘地面；库区配备烟感式喷淋消防系统和全程无死角视频监控系统，使物流服务得到全方位保障。

　　运输设施包括平衡重式高位叉车，极大地提高了库内的运作效率，有效地控制了库内的操作时间；配送服务使用 7.5m、9.5m 及 12.5m 的翼展式厢式货车，可以涵盖各类汽车零部件的配送要求，从物理条件上满足了产前物流的各种需要。

　　2. 集成多种物流服务模式，使物流资源的使用效率最高

　　中国外运发展公司在汽车入厂物流运作方面，集成了集装箱储存与散件储存的一体化服务，配套了集装箱的拆散中心(DC)与筐式中心(BC)的业务模式。将到厂的集装箱在仓库拆箱后储存，并分流至 BC 及总装线旁，BC 按照量份拣货后，配送至总装线的生产线区域，使物流资源的总体使用效率最高，有效降低了物流运营成本。

　　结合严谨的物流方案设计及严格的实施过程，中国外运发展公司为华晨宝马汽车公司每年提供近 5 万辆整车的零配件入厂物流服务，无论是营业额还是利税都达到了华晨宝马项目设计的要求。项目建设初期的土地购置、基本建设及设备购入的巨大资本投入，拉动了区内基建、建材等一批企业的经济增长。

3.3 汽车整车物流运作组织

3.3.1 汽车整车物流

1. 汽车整车物流概述

汽车整车物流是指汽车整车从供应方到经销商的业务流程,包括仓储、保管、运输、装卸、信息处理及其他流通增值服务等,是汽车产业物流和供应链的重要组成部分。根据物流作用的对象,汽车整车物流主要包括新车整车物流和二手车整车物流,因此供应方主要为汽车生产企业和二手车经销企业。从事整车物流由整车厂自营物流商发展为整车运输部门或公司,到第三方物流业,体现了汽车整车物流的专业化、规模化、系统化的特点。当前铁路运输呈增长趋势,接下来是水运、公路运输,由于公转铁呈下降趋势,第三方物流集成商将是汽车整车物流的主导者。

2. 我国汽车整车物流现状分析

(1) 汽车整车物流行业标准建设基本成体系。汽车物流作为各产业中涉及面最广、技术难度最大、专业性最强、全球化程度高、市场容量最大的专业物流之一,标准化建设尤其重要。目前,无论是公路运输、铁路运输、水路运输还是多式联运,都没有统一标准,运输规范不统一、仓储服务规范不统一、生产商与多个运营商之间的信息交换不统一等,都在一定程度上增加了企业的成本,无法有效使用资源。汽车发达国家的物流无论是跨国的、跨省的还是跨市的,都可以"一单到底",这主要归功于行业标准化的建立。全国物流标准化技术委员会成立后,开始进行汽车物流标准化建设,目前已经通过了《商用车运输服务规范》(WB/T 1032—2006)、《乘用车运输服务通用规范》(WB/T 1069—2017)、《乘用车水路运输服务规范》(WB/T 1067—2017)、《乘用车物流质损判定及处理规范》(WB/T 1068—2017)、《乘用车仓储服务规范》(WB/T 1034—2018)和《汽车物流统计指标体系》(WB/T 1070—2018)等。另外,还有《汽车物流术语》(GB/T 31152—2014)、《汽车整车物流质损风险监控要求》(GB/T 31151—2014)、《汽车物流服务评价指标》(GB/T 31149—2014)、《汽车零部件物流 塑料周转箱尺寸系列及技术要求》(GB/T 31150—2014)、《汽车整车物流多式联运设施设备配置要求》(GB/T 39448—2020)、《物流设施设备的选用参数要求》(GB/T 39660—2020)和《汽车整车出口物流标识规范》(GB/T 34393—2017)等汽车物流国家标准,以逐步完善和适应我国国情,并形成与国际接轨的汽车物流标准体系。

(2) 汽车整车物流运输方式发展不平衡。汽车整车物流是以低成本为原则提供优质服务,其中运输是整个物流中构成成本最大的项目。目前,我国汽车整车物流采用公路、铁路、水运及多式联运的运输方式,其中公路运输占整个运输市场的近80%。由于运输方式发展不平衡造成汽车整车物流运输单一化,而公路运输运力分散,回程空驶率高,因此整个汽车物流运输市场资源浪费严重,产生高额的物流成本。这些大多是基于历史和现实的原因,并且考虑到公路运输机动灵活、门到门等优势,铁路、水路等运力资源未能合理开发和利用,企业更愿意选择公路运输。我国汽车工业相对集中在长春、北京、天津、上海、武汉、重庆、广州等地区，汽车产品在全国的辐射范围和人民消费的多样性，决定了汽车整车物流具有分散和纵横交织的特点。随着能源价格的持续上涨，物流装备的经济型选择是大势所趋，铁路在远距离运输方面的优势已经突显。2020年，我国全年共计完成汽车整车铁路发运617万辆，占乘用车市场运量的30%以上。在欧美国家和地区，中长距离的商品汽车运输，铁路占60%~80%的份额。我国丰富的水路资源逐渐得到汽车物流行业的青睐，但整个市场的融合尚处于起步和磨合阶段，目前主导的公路运输模式更多地引入水路、铁路资源，走多式联运的道路将是我国未来汽车整车物流的必然选择。

(3) 血缘关系在一定程度上制约了业务发展。我国整车物流提供商大多与其所服务的整车企业存在某种血缘关系，造成自身能力建设和提高的动力不足，表现出来的特征是物流服务商普遍服务水平较低，同时限制了其服务内容横向和纵向发展。目前整车物流服务商的服务内容以运输、仓储为主，个性化的增值服务、供应链整合服务较少，承担的外包业务大多在操作层面，战略规划层面较少。面对近年来市场规模的超速扩张，物流服务商忙于保证运量，疏于质的提高。

(4) 集中度低，竞争激烈。鉴于服务内容的单一化，行业准入门槛较低，尤其是运输业务，承运商割据一方。汽车集团之间的激烈竞争成为旗下附属整车物流商之间合作的障碍，物流商只能各司其职，阻碍服务提供商通过大循环、扩大服务规模等方式进一步提高效率。目前整体汽车物流市场集中度很低，我国前五名汽车物流企业的市场占有率仍不足10%，全国性的大型服务提供商缺位。同时，竞争的无序造成行业利润率的下滑。

(5) 随着新车交易量及汽车保有量的增大，二手车交易量得到了快速增长，但由于我国二手车交易起步晚，市场秩序较为混乱，恶性竞争较多，同时在交易中存在地方政府部门干预过多、市场信息不对称、市场门槛低等因素，因此市场上的二手车数量不到新车数量的1/3。

2021年，全国累计交易二手车1758.51万辆，同比增长22.62%。国务院常务会议指出，要进一步释放汽车消费潜力，活跃二手车市场，促进汽车更新消费。对小型非营运二手车，2022年8月1日起全面取消迁入限制，10月1日起转移登记实行单独签注、核发临时号牌。同时随着二手车交易量的增加，国家也逐步出台相应的法规政策，如《二手车鉴定评估技术规范》(GB/T 30323—2013)；2016年3月25日，国务院办公厅印发《关于促进二手车便利交易的若干意见》，以及2022年9月6日，商务部同公安部发布《关于完善二手车市场主体备案和车辆交易登记管理的通知》等，进一步规范市场，促进市场的良好发展，以此使得整车物流市场流向流量不断均衡，降低物流运作成本。

(6) 现代信息技术的应用还处在初始阶段。汽车生产作为制造业中精度要求较高、发展较快的行业，一些大型汽车生产企业内部基本实现了信息化管理，但是作为汽车行业的服务提供者，汽车物流企业现代信息技术的应用还处在初始阶段，作为在现代物流中具有广阔应用空间的GPS、RFID、EDI等信息技术较少应用在汽车物流企业中，互联网商业应用的潜力还远未得到开发。由于信息技术应用不充分，汽车物流信息统计分散、凌乱、不系统，因此出现了差错率高、信息传递慢和管理效率低等情况。为了适应汽车行业的不断发展，更好地服务汽车行业，汽车物流业需要建立完善的物流信息平台，充分利用信息网络技术来发展汽车物流，为客户提供快速、准确、高效的服务。

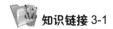
知识链接 3-1

《机动车强制报废标准规定》

2013年1月14日,商务部网站发布了《机动车强制报废标准规定》,明确根据机动车使用和安全技术、排放检验状况,国家对达到报废标准的机动车实施强制报废。

各类机动车的使用年限分别如下:(一)小、微型出租客运汽车使用8年,中型出租客运汽车使用10年,大型出租客运汽车使用12年;(二)租赁载客汽车使用15年;(三)小型教练载客汽车使用10年,中型教练载客汽车使用12年,大型教练载客汽车使用15年;(四)公交客运汽车使用13年;(五)其他小、微型营运载客汽车使用10年,大、中型营运载客汽车使用15年;(六)专用校车使用15年;(七)大、中型非营运载客汽车(大型轿车除外)使用20年;(八)三轮汽车、装用单缸发动机的低速货车使用9年,装用多缸发动机的低速货车以及微型载货汽车使用12年,危险品运输载货汽车使用10年,其他载货汽车(包括半挂牵引车和全挂牵引车)使用15年;(九)有载货功能的专项作业车使用15年,无载货功能的专项作业车使用30年;(十)全挂车、危险品运输半挂车使用10年,集装箱半挂车使用20年,其他半挂车使用15年;(十一)正三轮摩托车使用12年,其他摩托车使用13年。

对小、微型出租客运汽车(纯电动汽车除外)和摩托车,省、自治区、直辖市人民政府有关部门可结合本地实际情况,制定严于上述使用年限的规定,但小、微型出租客运汽车不得低于6年,正三轮摩托车不得低于10年,其他摩托车不得低于11年。小、微型非营运载客汽车、大型非营运轿车、轮式专用机械车无使用年限限制。

机动车使用年限起始日期按照注册登记日期计算,但自出厂之日起超过2年未办理注册登记手续的,按照出厂日期计算。

3.3.2 汽车整车物流运作管理

1. 汽车整车物流运作模式发展历程

随着我国经济的快速发展,汽车市场规模不断扩大,汽车工业在不同阶段得到了跨越式发展,相应的汽车整车物流运作模式经历了以下发展历程。

(1) 自驾自运模式。自驾自运模式主要是指汽车的物流运作是由购买汽车的单位或个人派司机到生产企业提车的一种模式。这种模式是1949年后到20世纪90年代初汽车整车物流的主要模式,由于当时汽车市场长时间停留在卖方市场,因此计划分配是当时汽车供应的主要模式,而购车者多为相关企事业单位和20世纪80年代后出现的一批专业从事轿车营运的个体商户。在这种模式下,个体商户进行物流运作,相应的汽车物流成本高、运作效率低,不利于整个汽车物流的发展。

(2) "零公里"交付模式。"零公里"交付模式是指由供应方将汽车运送到整车销售商实现交付时,所运送的汽车里程表仍呈现"零公里"的汽车物流运作模式。这种模式以1990

年天津安达公司在全国首发的第一辆运送汽车的专业车为标志，直到 1995 年"零公里"商品汽车逐渐成为汽车消费市场的基本要求，以适应汽车物流市场的发展，在一定程度上降低了整车的物流成本，提高了物流效率，改进了汽车物流服务。

(3) 集成物流商运作模式。在"零公里"交付模式下，我国绝大多数汽车整车物流提供商都是汽车制造商的下属企业，无法与其他汽车企业进行整车物流方面的合作，往往在一定程度上制约了整车物流管理效率的提升。"零公里"交付模式也造成了集成商整车物流企业的有效市场需求不足，影响了设施利用效率的进一步提高和物流成本的进一步降低，于是出现了集成物流商运作模式。

集成物流商运作模式的发展方向是汽车物流运作由独立于汽车生产商和经销商之外的第三方集成物流商完成。集成物流商具有整合物流资源的更专业的物流设计能力，能够提供定制化的服务，并形成相应的规模效益，从而降低物流成本，可以使汽车生产商和经销商在自己核心业务上投入更多的精力，更好地提高自身的竞争力和两业联动的协同能力。由于我国整车物流企业发展迟缓，其相应的服务比较单一，因此需要集成物流商提升其全方位的汽车整车物流运作方案和个性化服务来争得更大的市场。

2. 汽车整车物流运作模式分析

由于汽车整车物流是伴随着汽车整车销售发生的，因此在分析汽车整车物流运作时，应从整车销售的角度入手。下面主要以目前普遍存在的整车物流运作模式为例进行介绍。

1) 整车物流自营物流运作模式

因为我国传统的汽车物流为自营组织模式，所以在汽车销售物流运作上，大多采用以逐级分销为主的运作模式，如一般的整车销售为三级体系：第一级为汽车公司销售总部，第二级为省直销公司，第三级为汽车公司的直销店及外部经销商。其中第一级、第二级为批发，第三级为零售。在这种模式下，汽车公司还配有下属物流公司，其运营模式主要为各分销公司报出成品车的需求计划，由省直销公司统一汇总并开出票据，由汽车企业所属物流公司的成品车管理部和发运部拟订挑车计划，通过到定置现场挑选车型、颜色、状态、数量，产生成品车的发运计划。根据发运计划发运，之后成品车及车辆交接单同时交到经销商进行验收，并将信息反馈到汽车公司销售总部，用于财务结算等。整车物流自营运作模式如图 3.18 所示。

2) 整车物流新型第三方物流计划运作模式

随着汽车企业的生产能力不断提高，以及整个汽车市场产销量的快速发展，传统自营运作模式存在诸多弊端，增加了企业的运营成本和物流成本，降低了整车销售的物流速度，一种新型的更能满足需求的整车物流模式应运而生。构建新型的销售物流运作模式要做到以下几点。

(1) 合理规划区域配送中心。区域配送中心一般由制造商建立，也可考虑由有实力的第三方物流公司建立。核心企业需要对目标市场进行重新定位和分析，整合销售资源。将功能定位相似、地域相近的区域配送中心重新组合，形成数量合适、实力较强的区域配送中心，扩大市场辐射范围，达到销售规模化。

大部分库存集中在区域配送中心，并可以实施相应的物流延迟策略，收到客户订单后配送产品。区域配送中心的产品配送由订单驱动，且可以根据客户的具体要求进行零配件的简单装配或更换。

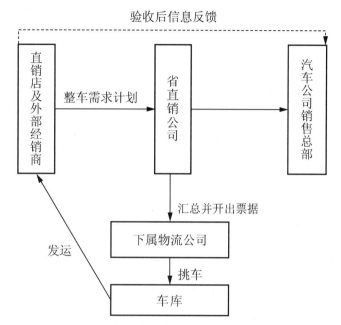

图 3.18 整车物流自营运作模式

(2) 合理设计中间分销商的层次和数量。在对自身产品市场预期不高的情况下,只把分销渠道中的一级分销商视为核心分销商;在产品销售状况良好的情况下,可在核心分销商之下设立二级分销商,但注意要严格控制二级分销商的数量。此时,部分库存集中在核心分销商,等待进一步的订单配送。

(3) 建立物流信息系统。由于各终端销售商没有成品库存,为实现销售额最大化,必然会在第一时间将客户需求信息反馈给区域配送中心,以快速满足客户的需求,提高客户的满意度。因此,制造商需要与各终端销售商合作,建立一个基于互联网的物流信息系统,提高物流体系中各节点之间的协调性,以保障订单的传递速度及信息的可靠性,为定制物流的高效运作奠定基础。

(4) 以品牌专卖完善销售物流运作体系。品牌专卖模式的典型示例是4S店,它是随着销售方式的扁平化产生的,可以降低分销渠道的构建成本,有效地拓展目标市场,更好地服务于最终客户。整车物流新型运作模式如图 3.19 所示。

3. 汽车整车物流运作流程

基于前面对汽车整车物流运作模式的研究,综合两种模式,整车物流运作流程如图 3.20 所示。

在图 3.20 中,汽车在整车厂对车辆进行质量检验合格后出厂,由车厂的物流企业或第三方物流企业采用两业联动的方式,通过公路或铁路规模化的运输送到相应的区域配送中心,区域配送中心对车辆相关数据如车型、数量、随车附件(包括附件、合格证和车钥匙等)及外观进行检查,并检查在运输过程中的损伤情况,核对无误后入库,在系统的库位指派下存储在指定货位。区域配送中心接收到发货指令后出库。整车出库运作流程如图 3.21 所示,然后由相应的物流中心运送到相应的汽车分销商或直销店,最后由经销商送到客户手中。

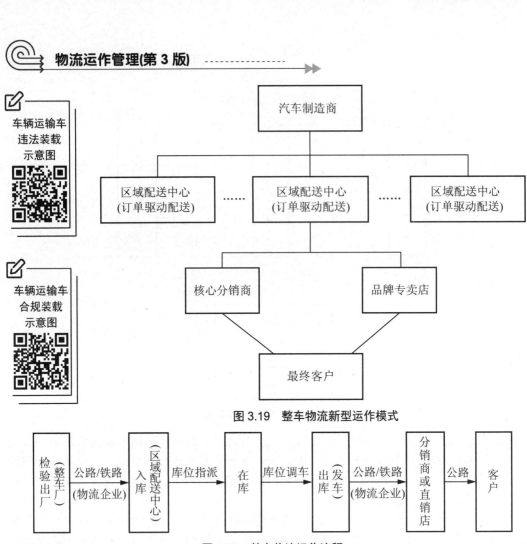

图 3.19 整车物流新型运作模式

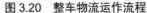

图 3.20 整车物流运作流程

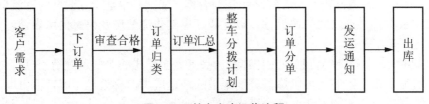

图 3.21 整车出库运作流程

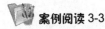

案例阅读 3-3

J 汽车生产商改进流程提高整车国际物流全程控制力度

J 汽车生产商整车出口的国际物流运作过程,如图 3.22 所示。

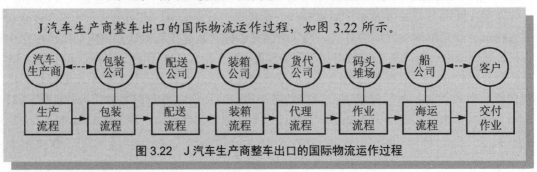

图 3.22 J 汽车生产商整车出口的国际物流运作过程

根据流程再造和物流集成管理等物流高级化发展理论，J 汽车生产商重新设计并投入运作的整车国际物流运作流程如图 3.23 所示，此物流运作流程大大提高了汽车生产商对物流全程的控制能力，同时提高了客户的满意度。

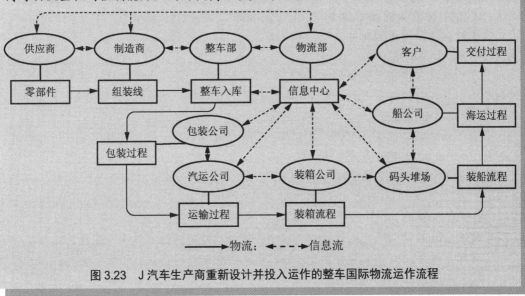

图 3.23　J 汽车生产商重新设计并投入运作的整车国际物流运作流程

CY 汽车物流公司物流运作模式

CY 汽车物流公司开展汽车整车运输业务，即"零公里"交付模式。由于该公司使用的是整车运输专用车辆，其装载其他货物有一定的难度，因此，车辆回程利用率受到限制。

CY 汽车物流公司的高层与全国部分汽车生产商签署了战略合作协议，如与(南昌)江铃汽车厂、(北京)福田汽车厂等汽车生产商签订了长期合作协议，而且车身喷涂了客户车辆的销售广告，如千里江陵一日还。

CY 汽车物流公司专用车辆到达相关生产商整车厂时，优先配载所需运输的汽车。在此基础上，CY 汽车物流公司在全国形成了汽车整车运输网络，将南昌生产的江铃汽车运输到东北地区，回程在福田汽车厂装载销往南昌地区的福田汽车，提高了车辆回程利用率，大大降低了汽车整车物流成本。

长安民生物流为福特提供整合物流方案

长安民生物流股份有限公司(以下简称"长安民生物流")是由长安汽车集团和民生实业集团共同出资组建的专业第三方汽车物流服务商及综合物流服务商。该公司为长安汽车、长安福特马自达、长安铃木、沃尔沃、北方奔驰等客户提供国内外零部件集并运输、散杂货运输、大型设备运输、供应商仓储管理、生产配送、模块化分装、商品车仓储管理及发运、售后件仓储及发运、物流方案设计、物流信息系统开发设计、包装规划设计制作等全方位的物流服务。

长安民生物流的主营业务如下。

(1) 整车物流服务。

立足汽车物流市场，整合公路、铁路、水路等运输方式，借助仓储—运输—结算全过程数据化管理以及运营大数据分析，向客户提供专业化、定制化、多样化的整车服务。

(2) 零部件物流服务。

零部件物流服务提供包装设计及制作、零部件循环取货、园区仓储配送、厂内物流操作及上线、标准作业程序流通加工等一体化物流规划咨询和运包一体化服务。长安民生物流拥有15000个库位的自动化立体库，其全国最大的智能化无人仓为客户重要的资产保驾护航。

(3) 供应链物流服务。

依托丰富的物流网络及运输资源，以全程可控、可视的信息技术为基础，高效整合公路、铁路、水路、航空等运输方式，为客户提供仓储集并分拨、干线多式联运、运包一体、采销一体的综合物流服务。

(4) 国际物流服务。

依托长江黄金水道、国家"一带一路"重点项目、陆海贸易新通道和中欧班列国际铁路联运大通道，为世界各地客户提供汽车零部件、商品车、设备和其他进出口货物的海运、航空、内河、铁路、公路、仓储及国际贸易等服务。

(5) 流通加工-分装制造/包装。

流通加工-分装制造也是长安民生物流核心业务之一，专注于轮胎总成装配及相关增值业务，为客户提供"采购+仓储+装配+配送"的一体化服务。

(6) 物流生态圈服务。

积极开拓以"人财物"为核心的物流金融、贸易物流一体化等服务，线下打造智慧物流园区，坚持开放的合作态度，与合作伙伴共建生态圈。

(资料来源：长安民生物流官网)

本 章 小 结

汽车物流运作可以按照汽车零部件物流和整车物流两种类型进行组织，其中，零部件物流要比整车物流组织工作复杂，重点体现在对配送的品种、数量，配送时间和送达区位的要求。

在汽车厂商物流过程组织中，供应物流、生产物流和销售物流运作各有特色。在汽车零部件物流运作组织中，可以充分利用第三方物流运作模式，其优点为准时物流服务要求。汽车零部件准时供应物流到生产线的大多要求是以分钟作为计时单位的，比其他行业的准时要求精确。

在汽车零部件国际物流中，CKD 和 SKD 模式有单元化运作组织的要求。可以根据零部件的种类与数量、物流作业方式等设计集装单元，按照零部件集装单元、运输距离、运输效率，有序、循环取货等。

在整车物流运作组织中，物流运作系统设计具有重要地位，两业联动发展模式具有高质量发展前景，恰当的设计不仅可以有效地加强对物流运作过程的组织与监控，而且可以提高效率、降低成本，大大提高服务质量与客户满意度。

本章结合整车销售的流程总结了目前存在的两种整车物流运作模式，即自营物流运作模式和新型第三方物流模式，以第三方物流作为集成商的两业联动发展模式，可以发挥专用载运设备，系统载运流程可视物流过程，实现安全、高效的汽车物流高质量发展模式。根据汽车维修机构的不同类型，汽车后零部件物流运作模式主要突出售后服务要求。

关键术语

| 汽车物流 | 全散装件 | 半散装件 | 零部件物流 |
| 准时配送 | 整车物流运作 | "零公里"交付 | |

综 合 练 习

一、多选题

1. 下列属于汽车物流业务流程的有（　　）。
    A．零部件物流　　　B．汽车采购物流　　　C．汽车生产物流
    D．整车物流　　　　E．汽车回收物流
2. 下列属于汽车零部件供应商进行考核所采用的 QSTP 加权标准指标的有（　　）。
    A．供货质量(Quality)　B．供货服务(Service)　C．技术考核(Technology)
    D．价格(Price)　　　　E．数量(Quantity)
3. 汽车零部件生产物流运作是根据（　　）供应的。
    A．生产线的布置设计　B．零部件的种类和数量　C．运输距离
    D．运输效率　　　　　E．零部件质量
4. 4S 服务站俗称 4S 店，是一种汽车服务方式，主要提供（　　）服务。
    A．整车销售(Sale)　　B．零配件(Spare Part)　　C．售后服务(Service)
    D．调查反馈(Survey)　E．清洁(Setketsu)

二、简答题

1. 本章分析汽车后零部件物流时涉及哪些模式？
2. 从汽车维修的角度，结合专业知识思考，汽车后市场中除了维修，还有哪些相应的服务？其相应的物流运作是如何进行的？

三、案例分析题

通用汽车零部件物流

1. 案例背景

通用汽车服务零部件运作(General Motor's Service Parts Operation，SPO)公司是通用汽车下属的一家子公司，专门负责为通用汽车的经销商或维修站提供售后零部件的配送服务。每天 SPO 公司负责运作 435000 条配送路线，将零部件送至几千家经销商手中。有 400 多家运输商为其提供运输服务，运输方式涵盖水运、陆运、空运 3 种方式。

SPO 公司对入厂物流、售后物流进行分开招标，Schneider Logistics 称其可以提供所有的物流服务，鉴于 Schneider Logistics 是一家有名的直达运输物流商，SPO 公司将入厂物流、售后物流业务总包给了 Schneider Logistics。

2. 实施方案

Schneider Logistics 的物流服务实施步骤是分阶段进行的，首先是运输的实际操作，其次是货运管理，最后是支付系统管理及客户应诉。

针对美国本土的 SPO 公司业务，Schneider Logistics 需要先将零部件从 3000 多个零部件供应商处运送至 4 个全国性零部件处理中心，其中 3 个在密歇根，另外 1 个在西弗吉尼亚。经过简单的拆装、处理、包装后，再将零部件从这 4 个全国性零部件处理中心配送至全国的 18 个地区配送中心，最后从这 18 个地区配送中心配送至全国各地的近 8000 家最终经销商和维修网点。

绝大多数的零部件都得先运送至 18 个地区配送中心。当地区配送中心的零部件发出去后，马上会在处理中心产生相应的补货信息，同时这些信息也会在零部件供应商处显示。

3. 效果评析

Schneider Logistics 的物流服务使 SPO 公司获得很大的益处。

(1) 在业务运作的前两年中，每年 SPO 公司支出的运输费用减少了 10%，配送频率也从 2 次/周提高到 1 次/天。配送频率的提高直接导致配送里程数每年净增加了 1400 万英里(1 英里 ≈ 1609 米)，由于 Schneider Logistics 应用先进的管理技术，因此 SPO 公司并没有产生额外的运费支出。

(2) 使得为 SPO 公司服务的运输商数目从 1200 家减少到 600 家。其中，1/3 的运输商运送了 85%的配送业务。Schneider Logistics 的最终计划是将 85%的配送业务集中在 50 家核心运输商中。

Schneider Logistics 于 1994 年获得 SPO 公司的入厂物流、售后物流业务，1997 年 Schneider Logistics 又将其业务在加拿大进行推广。两个企业持续合作的原因可归结为两点：全球化贸易发展和 Internet 应用技术的发展。

仔细阅读本案例，详细分析并回答下列问题。

1. 简述 SPO 公司对通用汽车服务零部件运作公司实施零部件物流的主要运作模式，并用图示说明。

2. 应如何设计物流运作流程以使企业获得最大的效益？简述你的设计方案。

第 4 章 IT 物流运作管理

【本章教学要点】

知识要点	掌握程度	相关知识	应用方向
IT 物流的含义及特点	重点掌握	IT 行业或产品物流的含义、特点，IT 产品对物流的要求	IT 物流基本知识
IT 物流企业的功能	理解	第三方 IT 行业或产品物流企业的功能和我国 IT 行业或产品物流现状	
IT 物流运作模式	重点掌握	五类物流运作模式、IT 行业或产品物流运作流程	IT 物流运作模式的选择
IT 制造企业原材料采购管理	掌握	IT 制造企业原材料采购管理的重要性、渠道和内容	IT 制造企业原材料的采购管理
IT 库存管理	掌握	IT 库存管理的两种主要方法：供应商管理库存(VMI)和联合库存管理(JIM)	VMI 和 JIM 的应用
IT 产品销售物流	掌握	IT 产品销售物流的特点，销售的一般配送方式及解决策略	IT 产品销售物流配送方式的选择

戴尔公司的物流运作管理

戴尔公司以生产、设计、销售计算机闻名，同时涉足高端计算机市场领域，生产与销售服务器、数据存储设备、网络设备等。戴尔公司的成功很大一部分原因在于"戴尔模式"这一特殊的物流运作管理模式。"戴尔模式"的特点如下。

(1) 在供应物流方面，戴尔公司的供应物流采用第三方物流模式，其关键是供应商管理库存和信息共享。这是戴尔公司增加利润的一个重要来源，也是规避因IT行业零部件和产成品更新加快而导致的贬值风险的一种重要手段。

(2) 在生产物流方面，戴尔公司的客户订单确立后，系统在传递物料采购信息的同时迅速将顾客订单安排到具体生产线上。零部件通过第三方物流企业卸到戴尔公司客户服务中心，完成生产运作和生产物流的过程。

(3) 在销售物流方面，戴尔公司的销售物流采用外包形式。在全球承担戴尔公司销售物流的有联邦快递、伯灵顿和敦豪等。产品直接从戴尔公司的客户服务中心运送到客户手中，省掉了中转环节，缩短了产品送达的时间，降低了物流成本。

(4) 在电子化物流方面，戴尔公司进行物流电子商务化，即包含订单处理、预生产、配件准备、配置、测试、装箱、配送装备、发运等完备的流程体系的成熟的电子化物流。

(资料来源：根据"戴尔公司的经营模式和物流管理"等相关资料改编)

由导入案例可见，由于IT行业与产品物流具有独特性，因此对物流的要求与其他行业不同，对于IT制造企业来说，物流管理的主要难点是采购、库存和销售，也就是IT供应链管理。因此，本章除了介绍IT物流的基本概念和IT物流运作模式，还对IT制造企业原材料采购、产品库存及销售物流三个方面进行分析。

4.1　IT 物流概述

4.1.1　IT 物流的含义及特点

本章的IT物流是指IT行业物流，即专为IT零部件、半成品、产成品等提供的物流服务。IT相关产品主要包括计算机元器件、部件、组件、集成化产品、计算机外设、通信产品及网络产品(如路由器、交换机)等硬件，还包括软件的各种有形介质(如光盘等)。在没有特指的情况下，IT物流主要针对IT原材料及其产品的物流运作进行设计、组织和监控。从物流角度分析，硬件制造企业内外部物流并重；软件开发和信息服务企业则以采购、销售等外部物流活动为主，内部物流活动为辅。由于IT产品具有体积小、种类繁多、生命周期短、时效性强、渠道复杂、加工精密、附加价值高等特点，因此IT物流具有以下特点。

(1) 数量小，价值高。每个客户对产品的需求不大，公司每次储存和配送的数量一般不超过100单位。但是这些产品主要为计算机、投影仪、数码产品、光触传媒等科技含量高、技术密集型产品,它们的价值较高,每单位产品的价格最高可达数十万元。

(2) 品种多,配送要求高。由于 IT 产品生产商众多,每类产品都有很多的品牌,不同品牌的产品各有优缺点,因此每个品牌的产品均有一定的消费群体,不同客户对同一产品的消费需求是有差别的,这就要求企业有能力同时配送不同品牌的同质产品或异质产品。这些产品普遍价值较高,在配送过程中对产品安全性的要求非常高,一旦出现产品损坏、丢失等情况,就会给企业带来巨大的损失。

(3) 更新快,配送量波动大,时间要求较严格。IT 产品更新速度较快,价格在销售期内随时间不断下降,同时产品使用周期越来越短,每年都有新产品不断替代旧产品。若物流承运商失误或能力不足,在途中转停留时间过长,则送达时产品可能大幅降价,会给 IT 产品制造公司及经销商带来巨大的损失。IT 制造企业面对的既有个人消费者又有集团客户,而政府、学校、企业等集团客户的产品需求主要集中在每年 2～6 月及 9～12 月,其余月份的产品需求量极小。配送过程一般有时间限制,如限定某个时段到货。

(4) 服务内容广泛。IT 制造企业实行按需采购和多品种、小批量进货,且所购多为零部件及初级产品,货物购进后需要拆零、组装。有时客户有特殊需求,需要对产品进行简单加工或者安装客户指定的软件系统。

IT 制造企业的物流系统要具备拆零、分拣、包装、组装和简单加工等功能。此外,IT 制造企业的业务特点还要求其物流系统具备高效处理退货/换货、维护/维修的能力。一方面,IT 产品货损率较高(尤其是软件、系统方面),造成换货频率和数量比较大;另一方面,IT 产品更新换代的频率较高,产品升级或旧产品淘汰速度快,因此,如果企业的物流系统处理能力低下,则必将严重妨碍企业物流运作。

4.1.2 IT 产品对物流的要求

IT 制造企业物流管理的目标是快速反应、最小变异、最低库存、整合运输、保证产品质量以及生命周期支持等。因此,IT 产品对物流的要求比较严格。

(1) 对信息化程度要求高。为了适应 IT 制造企业生产与销售的需要,以及向下级市场延伸的需要,其物流必须具有较高的信息化程度,保证企业物流活动准时、顺畅,以及具有较大跨度和深度的覆盖率。

(2) 主要以航空运输模式为主。由于 IT 产品的需求多样,因此其物流活动基本上采用小批量、多批次的运作方式,并较多地借助航空运输模式,而较少采用适合大批量货物运输的水运和陆运模式。

(3) 安全作业要求高,库存控制难度大。IT 产品价值高且容易破损,对库存、运输提出了更高的要求;一旦出现滞销或由其他原因造成库存积压,就可能给企业造成沉重的财务压力。同时,一些高价值的货品需要相应的安全措施,开设专门的安全区域。对于二极管、芯片等体积较小的原材料,需要采用特殊的抽取式容器储存。

(4) 对服务要求高。IT 产品(如计算机、服务器等)一般具有很高的专业性,除了传统物流需求,还需要安装、维护等专业的技术性工作。因此,IT 制造企业对与售中、售后服务过程匹配的物流服务(如逆向物流、备件物流等)有更高的要求。

(5) 要求快速反应。IT 产品技术更新快、产品生命周期短的特点使得供应链管理的思想在 IT 行业尤为重要。IT 制造企业的物流管理必须能对市场快速反应,能支持产品生命周期发展，并形成对供应链资源的有效整合。快速反应是 IT 制造企业物流运作中的核心部分。在市场竞争日趋激烈的今天，谁能够以最短的响应时间最大限度地满足客户需求，谁就会赢得客户。

(6) 要求合作伙伴关系协调。由于大部分企业都将 IT 产品的生产基地设在发展中国家，而 IT 产品的消费市场大部分集中在发达国家，因此 IT 企业往往异地甚至全球制造，销售运输距离长。越是全球性流通产品，销售网络越复杂，一旦某个环节协调不当，就会出现致命延误。谨慎地选择合作伙伴尤其重要，形成长期合作关系更有利于销售物流畅通无阻。

4.1.3　IT 物流企业的功能

在 IT 原材料的流通过程中，物流企业承担主要原材料初加工、仓储和运输任务，是供应渠道中的关键环节。

(1) 技术支持服务。面向多个购买者，物流企业需提供以下四个方面的技术支持服务。

① 材料咨询服务：为客户提供各种材料特性、品质波动情况、价格波动情况报告。

② 客户选材服务：为客户提供不同国家、不同厂家的产品选择方案及财务测算，协助客户通过相关标准、规范的认证。

③ 提供使用方案：根据客户选择的材质提供不同的加工方案。

④ 质量风险控制方案：为客户提供无风险退货；根据具体材质的波动，为客户选材。

这些服务都是由供应渠道的集中度决定的，封闭式供应渠道在这方面的服务范围很窄，根据不同客户的需求提供匹配的服务是集中型供应渠道的优势之一。

(2) 统一采购。统一采购主要体现在集中型供应渠道，物流企业所获得的订单是来自不同客户的分散订单。在一个周期内，物流企业可以将零散的、少量的订单分类、聚集成大订单，再将订单下达给相应的生产企业，即实行统一采购，使 IT 制造企业获得更低的采购价格，从而降低采购成本。

(3) 流通加工。流通加工是专业服务型物流企业区别于通用服务型物流企业的特点之一。专业服务型物流企业与通用服务型物流企业的不同之处在于服务产品的专业性，专业服务型物流企业的服务对象可能局限于 IT、医药、食品等某个专业领域的客户群体，且只为对应客户提供有限的服务，如只为 IT 领域客户群体提供需要的金属材料、塑胶等。与通用服务型物流企业相比，专业服务型物流企业需要服务提供商具有相关行业的专业知识和现代物流的专业技能。服务过程中提供的专业经验和技能是客户选择服务提供商的重要依据，而这也会导致客户对物流服务提供商形成较强的依赖。

由于物流企业购买的产品是仅经过粗加工的材料(如面积较大的卷钢镀锌薄板等)，而 IT 制造企业需要的可能只是某种规格和型号的材料，因此需要物流企业对材料进行裁剪分割，以满足不同客户的需要，同时将各批量的货物进行包装，以防在运输过程中受损。这种对金属制品的加工过程，要求工作人员具有相关的专业知识，并采用优化算法对材料进行合理分割，提高产品的利用率，这种增值服务也是物流企业盈利的重要因素。

(4) 仓储与配送服务。物流企业根据订单要求,在仓库或作业场所将原材料加工、包装好以后,分别配送到客户手中。有的物流企业为降低工作的复杂度,将更多的精力投入核心业务中,选择将运输外包给其他物流运输公司,以创造更大的利润。

首先,以上服务说明对 IT 原材料供应商而言,可通过统一采购,减少自身和购买者的订单及交易成本;同时,大批量生产与多次小批量的生产相比,其降低了生产启动成本。其次,物流企业的集成式采购与再加工,提高了原材料的附加值,有助于拓展市场,带来较稳定的客户群。

对于 IT 制造企业而言,一是利用物流企业采取的 VMI 模式降低库存成本;二是将需求不确定性带来的风险转移到物流企业,由于物流企业采取订单集成、统一采购方式,其面临的需求不确定性远小于 IT 制造企业,因此对整个供应链来说,也降低了风险成本;三是通过将加工和运输业务外包,减小非核心业务的工作量,致力于 IT 产业核心技术的发展。

案例阅读 4-1

通过第三方物流企业间接采购——澳洋顺昌

> 澳洋顺昌是金属物流配送行业的领导者,客户遍布长三角和珠三角地区,为超过 1000 家企业提供金属材料的仓储、分拣、套裁、包装、配送等完整的供应链服务。
>
> 通过多年的精心耕耘,澳洋顺昌金属配送业务已稳居行业领先地位。为了扩大配送能力和拓展业务覆盖区域,实现规模化发展,澳洋顺昌通过新建、兼并重组等方式,在张家港、上海、东莞设立配送基地。截至目前,澳洋顺昌金属物流配送业务已经全面覆盖长三角和珠三角地区。澳洋顺昌的物流运作流程如图 4.1 所示。
>
>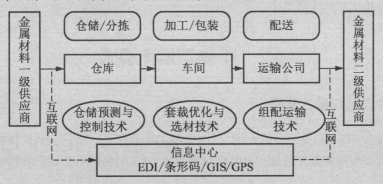
>
> 图 4.1 澳洋顺昌的物流运作流程
>
> 澳洋顺昌产品的配送业务范围包括:①计算机制造业,微型计算机(含笔记本电脑、平板电脑),液晶显示器,复印机,打印机,路由器,不间断电源,交换机等;②电子消费品制造业,机顶盒、扫描仪、液晶电视、等离子电视机、刻录机等 IT 产品;③家用电器,电冰箱、空调等;④电气制造业,电机、变压器等;⑤钣金制造业,轨道交通、电气柜、办公家具、电梯、货架等。
>
> (资料来源:根据"澳洋顺昌,做一个'正能量'的企业"整理改编)

4.1.4 我国 IT 物流现状

在世界 IT 产业的全球一体化进程中，我国 IT 产业作为世界产业链中的一环，正从技术含量低的制造环节向技术含量高的设计与研发环节转移，由低附加值的市场向高附加值的市场转移。与 IT 产业相比，IT 物流与医药、烟草等行业物流相比仍有差距，特别是销售物流环节。究其原因，主要是 IT 制造企业属于典型的知识与技术密集型产业，一直以来，人们只关注其业务运作的技术创新、信息流控制、资金流管理等内容，而对 IT 物流并没有给予较大的关注。

随着 IT 产业的逐渐成熟，竞争越来越激烈，IT 产品的利润越来越少，IT 制造企业不得不关注成本的压缩，因此物流便成为众多 IT 制造企业追求的第三利润源。通过物流运作管理，降低采购和销售成本、提高服务质量和客户满意度逐步成为 IT 制造企业关注的关键点。

近几年，IT 物流行业企业面临现金流趋紧、供应链中断、市场供求普遍下滑等压力，多数 IT 物流业企业的营业收入明显下降。国内和国际交通控制、原材料采购受阻等对全球范围内的供应链影响巨大，供应链中断是中大型 IT 物流行业企业运营的主要压力。对中小型 IT 物流行业企业来说，员工工资、贷款偿还、租金支出是企业运营的主要成本压力。

近年的国际政治环境也对 IT 物流产生了一定影响。在中美贸易战中，美国对太阳能电池和太阳能板等电子部件征收临时性关税，使电子设备制造业受到了强烈冲击。美国对我国征收关税政策会使整个产业供应链上的所有利益相关者受到损害，最终阻碍 IT 物流的发展。另外，美国芯片断供破坏了相关 IT 制造企业对半导体供应链的信任，企业纷纷增加备货，应对不确定性。此举违背了"零库存"理念，增加了储存成本等。

4.2 IT 物流运作模式

4.2.1 IT 物流运作模式分类

IT 制造企业物流是创造和传递产品使用价值的重要环节，涵盖了从原材料采购、产品销售到废弃物回收的物流全过程。根据提供物流服务的主体不同，一般 IT 物流运作模式分为以下四类。

(1) 自营物流模式(图 4.2)。自营物流模式是指 IT 制造企业自建原材料和产品仓库、配送中心并自行运营的物流运作模式。当前国内 IT 制造企业多采用该模式。

图 4.2 自营物流模式

(2) 第三方物流模式(图 4.3)。第三方物流模式是指 IT 制造企业将物流业务部分或全部委托给专业的第三方物流公司的运作模式。当第三方物流公司同时为零部件供应商、IT 制造企业和 IT 销售企业中的两家或两家以上企业服务时，该模式演化为共同配送模式。

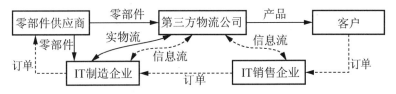

图 4.3　第三方物流模式

(3) 供应商直配模式(图 4.4)。供应商直配模式是指由 IT 制造企业作为供应商直接配送商品的物流运作模式。IT 销售企业接到客户订单后，向 IT 制造企业发出订单，IT 制造企业直接将产品在指定的时间范围内送到指定地点交给指定的接收方，如学校和机关等。

图 4.4　供应商直配模式

(4) 共同配送模式(图 4.5)。共同配送模式是指多家 IT 生产商为实现整体的物流合理化，共同出资建立或共用一个配送中心，并由出资企业共同经营管理，为所有出资企业提供统一配送服务的模式。如果资源足够，则可以为非出资企业提供有偿的配送服务。

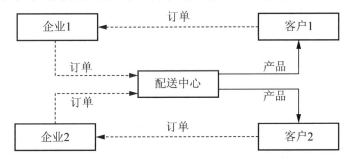

图 4.5　共同配送模式

目前 IT 行业采用的物流运作模式主要是自营物流模式与第三方物流模式，小部分 IT 企业采用供应商直配模式。这主要是由我国 IT 制造企业激烈的竞争和国内物流市场尚处于起步阶段造成的。不能简单地说哪种模式是落后的，哪种模式是先进的；也不能说哪种模式成本低，哪种模式成本高，企业应该根据自身的情况，研究各个模式的运作流程，选择适合企业自身发展的物流运作模式。

(5) 网络货运配送模式(图 4.6)。网络货运配送模式是指 IT 制造企业将运输工作转接给网络货运平台的模式。网络货运平台整合了海量的分散车源和货源，结合多式联运、甩挂运输模式，使得货运行业集约化、规模化发展成为可能。大数据货运平台必不可少，一方面，它整合了车源和货源，节约了等货配货时间，降低了货车的空驶率；另一方面，方便货车司机优化路线，货主可以实时追踪货物的物流信息，从而减少货损，规避货运风险。

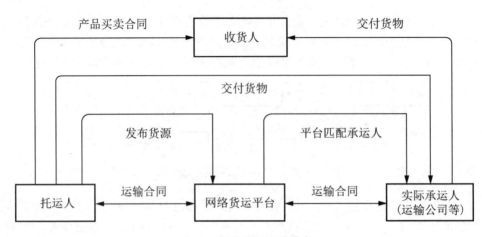

图 4.6 网络货运配送模式

4.2.2 典型 IT 物流运作模式分析

下面以自营物流模式和第三方物流模式为例，探讨 IT 制造企业的物流运作流程。

1. 自营物流模式

自营物流模式的运作流程(图 4.7)如下：销售部接到客户订单后转交采购部，采购部凭订单需求向供应商采购产品，由供应商将产品运送到企业的仓库，再由仓库进行简单加工，用企业自有车辆将产品送到客户手中。如果产品在保修期间出现质量问题，则客户可向客服部反馈。

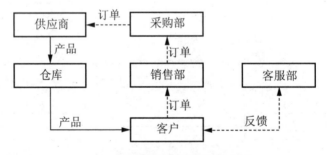

图 4.7 自营物流模式的运作流程

1) 自营物流模式的优点

(1) 对于 IT 产品的采购、加工和销售环节，产品性能、规格及供应商的经营能力，企业自身能掌握最详尽的资料。

(2) 企业通过内部行政权力控制产品的采购和销售，不必为运输、仓储、配送和售后服务的佣金问题进行谈判，避免了多次交易费用及交易结果的不确定性，减少了交易风险。

(3) IT 产品不同于其他商品，配送后需要进行安装、调试等工作，企业自行配送可以同时完成后续作业，避免与物流公司的业务交叉。

2) 自营物流模式的缺点

(1) 企业必须投入大量的资金用于仓储设备、运输设备，以及相关的人力建设，这必然会减少企业对系统开发等核心业务的投入，削弱企业的市场竞争力。

(2) 对绝大多数 IT 制造企业而言，物流部门只是企业的一个后勤部门，采用自营物流模式，可能会给管理控制带来不便。

(3) 对规模不大的 IT 制造企业而言，一方面其产品数量有限，采用自营物流模式不能形成规模效应，导致物流成本过高；另一方面，由于规模有限，物流配送的专业化程度非常低，不能满足企业的需要。

(4) 有时无法进行准确的效益评估。

2. 第三方物流模式

第三方物流模式的运作流程(图 4.8)如下。零售商首先将产品订单交给销售部，再由销售部将产品订单转交至生产部，并将产品订单信息告知第三方物流公司；生产部根据产品订单生成原材料订单发送至采购部；采购部将原材料订单信息移交至供应商，并将原材料订单信息告知第三方物流公司。供应商根据订单将所需 IT 原材料交给第三方物流公司，公司根据收到的订单信息将 IT 原材料发送至材料库。材料库经过一系列制造过程将 IT 原材料转化为 IT 产品并送至成品库，由成品库移交 IT 产品至第三方物流公司。最终，IT 产品由第三方物流公司发往零售商，经零售商分销至客户，零售商反馈相应信息至 IT 企业客服部。

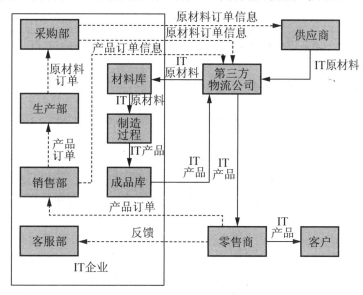

图 4.8 第三方物流模式的运作流程

1) 第三方物流模式的优点

(1) 整合优势。一般来说，IT 制造企业的核心业务不是物流业务，并且物流业务不是其专长，而新兴的第三方物流企业从事多项物流项目的运作，可以整合各项物流资源，使得物流运作成本相对较低，物流作业更加高效。

(2) 专业优势。如果 IT 制造企业将物流业务外包给第三方物流公司，则得到更加专业的物流服务，同时可以集中精力开展核心业务。

(3) 业务优势。IT 制造企业采用第三方物流模式可以获得自身不能提供的物流服务，以及降低物流设施和信息网络滞后对企业的影响。

(4) 成本优势。采用第三方物流模式可降低 IT 制造企业的运作成本，并可减少固定资产投资。现代物流领域的设施、设备与信息系统的投入相当大，企业物流业务外包可以减少对此类项目的建设和投资，变固定成本为可变成本，并且可以将由物流需求的不确定性和复杂性带来的财务风险转嫁给第三方物流公司。尤其是业务量呈现季节性变化的公司，物流业务外包对公司资产投入的影响更为明显。

2）第三方物流模式的缺点

采用第三方物流模式能给企业带来多方面的利益，但并不意味着物流业务外包就是IT制造企业的最佳选择。事实上，IT制造企业采用第三方物流模式可能存在以下负面效应。

(1) IT制造企业对物流的控制能力降低。第三方物流介入使得企业自身对物流的控制能力下降，若双方协调出现问题，可能会出现物流失控的风险，从而使企业的客服水平降低。另外，由于存在第三方物流服务商，企业内部容易出现相互推诿的局面，影响生产效率。

(2) 客户关系管理方面的风险。例如，企业与客户的关系被削弱，则客户信息可能面临泄漏的风险。

(3) 连带经营风险。第三方物流基于一种长期合作的关系，且稳定的合作关系是建立在较长磨合期上的，如果第三方物流服务商自身经营不善，则可能影响IT制造企业的经营，解除合作关系也会产生较高的成本。

4.3 IT制造企业原材料采购物流运作组织

4.3.1 IT制造企业原材料采购管理的重要性

IT制造企业的原材料采购是指IT制造企业为了维持正常的生产、运营和服务而向外界购买原材料、元器件、零配件或相关服务的过程。

IT制造企业的原材料采购能够及时满足生产加工或组装的需要，是生产活动正常进行的必要前提。原材料的质量和性能直接影响成品的质量和性能；原材料的价格和交货时间直接影响成品的成本和交货时间。目前，IT制造行业的竞争主要集中在敏捷性，即企业最快响应市场需求的能力。

原材料的采购成本通常是IT制造企业的大部分成本，良好的原材料管理可以缩短生产周期，提高生产效率，减少库存，增强对市场的应变能力，从而降低成本、提高经济效益。

4.3.2 IT制造企业原材料供应渠道分析

IT制造企业原材料供应渠道主要包括直销渠道和间接渠道两种。

1. IT制造企业与原材料生产企业的直销渠道

直销渠道是指原材料生产企业不通过中间商环节，直接将产品销售给IT制造企业，主要用于价值高、技术性强、需要企业上门推销和提供较多售后服务的产品。但是直销渠道会给制造企业带来较大风险，因为IT制造企业产品的不确定性需求使得制造企业无法及时下单、及时获得所需的原材料。当最终产品的需求发生波动时，制造企业的需求预测与实际偏离，导致订单过多或者不足，从而带来不必要的成本和更长的供货提前期。

2. 通过第三方物流企业的间接渠道

IT制造企业与专业化的第三方物流企业建立长期、稳定的经销关系，原材料生产出来后,由第三方物流企业买断后再销售是当前IT原材料流通的重要形式,这也是大部分中小型生产企业采用的流通渠道,主要分为以下两种模式。

(1) 封闭式供应渠道(图 4.9)。在封闭式供应渠道中,IT制造企业仅采购来自某个或某种类型的原材料生产商的原材料,中间物流企业根据客户要求只服务于某个IT制造企业。这种渠道一旦建立,就具有排他性,即对生产商来说是渠道的专有性,对物流企业和IT制造企业来说是货源的专有性。渠道的封闭性体现在供应链中上下游之间关系的固定,以及信息的安全性、货源的专有性。

图 4.9 封闭式供应渠道

(2) 集中型供应渠道(图 4.10)。在集中型供应渠道中,第三方物流企业先根据历史订单的数据预测近几个月的需求量,再选择原材料生产商购买各种原材料。IT制造企业根据实际市场需求量在第三方物流企业下订单,并获得满足。在该供应渠道中,第三方物流企业可以向不同的原材料生产商订购原材料,经过加工后,配送给不同需求的IT制造企业。IT制造企业可以指定某个原材料生产商,但是不限制第三方物流企业的上游合作伙伴和采购渠道。

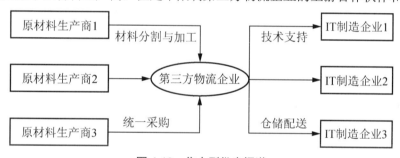

图 4.10 集中型供应渠道

4.3.3 IT制造企业原材料采购运作组织

1. 运用 MRP 工具实现准时采购

准时采购是IT制造企业按照物料需求计划(Material Requirements Planning,MRP)的基本原理(图 4.11),从销售产品到原材料采购,从自制零部件的加工到外包零部件的供应,形成一套完整的方法体系,实现按需准时生产。

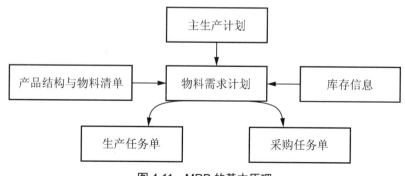

图 4.11 MRP 的基本原理

MRP 以反向原则，根据按需定产的思维组织准时生产：从最终产品生产计划(独立需求)计算相关物料(原材料、零部件等)的需求量和需求时间(相关需求)；根据需求时间和生产/订货周期确定开始生产/订货的时间。

(1) 主生产计划：确定每个具体的最终产品在每个具体时间段内生产数量的计划——独立需求。

(2) 产品结构与物料清单：列出构成成品或装配件的所有部件、组件、零部件等的组成、装配关系和数量——计算物料需求的数量和时间。

(3) 库存信息：保存企业所有产品、零部件、在制品、原材料等库存状态的数据。现有库存量是指实际存放物料的可用库存数量；计划收到量是指未来某阶段将要入库或将完成的数量；已分配量是指尚保存在仓库中但已分配的数量；提前期是指执行某项任务从开始到完成所消耗的时间；生产/订购批量是指某阶段订购或生产的物料数量；安全库存是指预防需求或供应波动应保持的最低库存量。

2. 对采购物料实行 ABC 分类管理

ABC 分类管理的核心思想是在决定一个事物的众多因素中分清主次，识别出少数对事物起决定作用的关键因素和多数对事物影响较少的次要因素。对于任何给定的组类，组类中的少数项目占总值的大部分，该理论应用到 IT 制造企业的采购，就是 ABC 分类法。

(1) ABC 分类。

A 类物料是其总价值占最终产品物料价值 70%～80%的相对少数物料，通常为物料总数的 10%～20%；B 类物料是其总价值占最终产品物料价值 15%～20%的物料，通常为物料总数的 20%～40%；C 类物料是其总价值占最终产品物料价值 5%～10%的物料，这种物料最多，通常为物料总数的 50%～70%。

(2) ABC 分类法的原则。

① 成本—效益原则：无论采用哪种方法，只有付出的成本能够得到完全补偿才可以施行。

② "最小最优"原则：在追求 ABC 分类管理的成本最小的同时，追求效果最优。

③ 适当原则：在施行 ABC 分类进行比率划分时，要注意企业自身的情况，将企业的存货划分 A 类、B 类、C 类并没有一定的基准。

(3) A 类、B 类、C 类物料的管理方法。

对于 A 类物料，应尽可能地加以控制，包括最完备、最准确的记录，物料管理的最高层监督的经常评审，从供应商按总订单的频繁交货到对生产线紧密跟踪压缩提前期等。在生产活动中，给 A 类物料最高优先级，以压缩提前期与库存。

对于 B 类物料，应正常管控，包括良好的记录与常规的关注。在生产活动中，B 类物料只要求正常处理，只有在关键时刻才给高优先级。

对于 C 类物料，应尽可能使用最简便的控制。在生产活动中，给 C 类物料最低优先级。

(4) A 类、B 类、C 类物料的订货方式。

对于 A 类物料，采用需求预测和定期订货控制法。每月月底对下月需求作出准确预测，同时对库存量进行定期检查与盘点，在每次订货前对库存量与预测量进行对比分析，以免多订多存。如果需求较为稳定，则可以根据库存量与目标库存量的差额定期订货。

对于 B 类物料，可根据具体情况采用不同的订货方式。销售量较大的物料可以采用定期订货控制法；需求量不太稳定的物料，当库存达到最低库存量时，按量订货。可采用备少量安全库存和结合需求激发订单的订货法。

对于 C 类物料，采用定量订货控制法集中采购，并适当增大储备定额、保险储备量和每次订货批量，相应减少订货次数。在实际工作中，可采用"双堆法"或"红线法"管理库存。

(5) ABC 分类法的作用。

ABC 分类法的作用如下：①优化库存结构，可以对各种产品物料进行经济、合理的分类，较准确地确定订货批量和储备周期，改进不分主次、盲目决定储备量的做法，促进库存结构优化；②压缩库存总量，减少库存资金，加快物料流通和资金周转速度；③减小管理工作量，可以提高管理人员的工作效率。

3. 对采购实行信息化管理——企业资源计划和电子商务

高效的采购管理离不开信息技术系统提供的可靠支持。实现信息化是现代 IT 制造企业采购管理的重点之一。领先的 IT 制造企业对采购的信息化管理主要体现在两方面：企业资源计划(Enterprise Resource Planning，ERP)和电子商务。

ERP 是美国著名管理咨询公司 Gartner Group Inc.于 1990 年提出来的，最初被定义为应用软件，迅速被全世界商业企业接受，现已发展为现代企业管理理论之一。ERP 是实施企业流程再造的重要工具之一，是一个属于大型制造业所使用的公司资源管理系统。世界 500 强企业中，80%的企业以 ERP 软件作为决策工具管理日常工作流程。

电子商务是指两方或多方通过计算机和某种形式的计算机网络进行商务活动的过程。在 IT 制造行业中，制造商与物料供应商、物流商之间有大量的业务数据需要传递，而它们各自采用的信息系统可能并不相同，此时需要一个准确、快捷的信息传递工具传递信息。电子数据交换(Electronic Data Interchange，EDI)技术是用来传递和交换各业务合作企业之间的业务数据的，是 IT 制造企业原材料管理的必备工具。EDI 是由国际标准化组织推出的国际标准，是指一种为处理商业或行政事务，按照一个公认的标准，形成结构化的事务处理或消息报文格式，从计算机到计算机的电子传输方法，也是计算机可识别的商业语言。

案例阅读 4-2

惠科集团应用 ERP 突破发展限制

惠科集团(深圳)有限公司是一家集电子、家用电器、计算机相关设备和各类检验检测仪器研发、生产、销售于一体的高新技术企业。根据市场需求，惠科集团已形成多层次、多品牌的产品体系，是国内甚至全球该行业最具规模的制造企业之一。

随着近几年的高速发展，惠科集团的旧系统不但无法满足企业的管理需求，而且制约了惠科集团未来的发展。

经过规划研究，惠科集团开始实施 Oracle ERP 项目。Oracle ERP 是将企业所有资源进行整合集成管理，是将企业的物流、资金流、信息流进行全面一体化管理的管理信息系统。惠科集团由关键用户和咨询顾问共同组成项目实施团队，把团队分成财务、制造、分销、数据等多个小组，并与各业务部门积极沟通，对公司内的各职责岗位重新规划，对各业务流程进行优化。该项目应用了 Oracle 中小企业 ERP 解决方案，将财务、制造、分销等分成 12 个标准模块，涵盖了企业的主要业务流程。其应用效果主要体现在以下几个方面。

(1) 系统的物料清单管理和电子通信网络更方便系统维护和修改，使生产物料清单管理和生产环节紧密结合。

(2) 通过系统设定的工作流程和客户化的功能及业务流程自动化，实现了物流从供应商到客户，资金流从应收到应付，信息流从采购订单到制造工单再到销售订单的无缝集成；通过审批制度固化了内部控制流程。

(3) 有效地统一了会计科目体系和收入成本费用核算方法；统一了固定资产标准和编码体系；统一了预算管理的责任中心和预算控制的基本流程；统一了现金支付的业务流程；统一了人员基本信息标准；规范了系统内共享信息的表述方式。

(4) 各类报表和图表及时、真实地反映各种 KPI 指标，如库存周转率、采购到货率、生产计划完成率等，使管理透明化。

惠科集团(深圳)有限公司的 Oracle ERP 项目总监罗明松说："Oracle ERP 项目成功实施，使我们的管理信息化水平达到了一个新阶段。我们将以此为契机，进一步优化管理流程，完善 ERP 系统功能，全面推进公司信息化建设。"

(资料来源：根据"惠科集团应用 ERP 方案"整理改编)

4.3.4　IT 制造企业原材料物流运作组织

IT 制造企业需要采购各种零部件并进行加工组装。企业的市场竞争优势之一是成本结构，而此成本结构要得益于 IT 产品的一体化的物流运作组织。

(1) 原材料采购——电子 VMI 与准时生产相结合的管理技术。在此流程运作过程中，IT 制造企业为了保证原材料的供应速度，其整个流程都是通过互联网或其他电子设备来进行的，主要采取电子 VMI 与准时生产相结合的管理技术。

IT 制造企业在原材料采购上采用上述管理技术，不仅可以灵敏地响应市场需求变化，有利于实现零部件的趋零库存，同时还能使企业将库存负担、零部件的进货与配送负担转移给供应商，从而降低库存风险及零部件的储存成本。在此过程中，供应商能否提供优质高效的服务，保证原材料的及时供货等对 IT 制造企业显得尤为重要。因此，企业应重视原材料供应商的选择和管理工作，需要明确供应商绩效管理的目的和原则，掌握供应商的评价、选择步骤。

(2) 原材料库存运作管理。当 IT 制造企业原材料采取趋零库存管理时，原材料停留的时间很短，就要求供应商能对生产需求作出快速响应，同时要保障供应产品质量的可靠度；并且要求企业必须保证最低的生产机器故障率和设备更换时间，对每道工序都要进行质量检查，只有这样才能保证生产的流畅。

(3) 原材料分配运作管理。IT 制造企业大多采用按订单生产及准时生产方式，其装配车间不设置任何仓储空间，因此零部件是直接送到装配线上的，并通过"看板管理"技术在供应链的各个环节上进行分配。图 4.12 所示为用看板控制从原材料到成品发运的全过程。

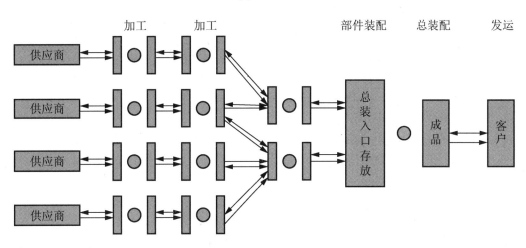

图 4.12 用看板控制从原材料到成品发运的全过程

案例阅读 4-3

美的公司的 VMI 运作流程

美的公司的前身是创办于 1968 年的一家乡镇企业，1980 年正式进入家电业，1981 年开始使用美的品牌。美的公司是以家电业为主，涉足房产、物流等领域的大型综合性现代化企业集团，是我国较具规模的白色家电生产基地和出口基地。美的公司的效益一直保持着健康、稳定、快速的增长，2010 年成为年销售额突破 1000 亿元的国际化消费类电器制造企业集团，跻身全球白色家电制造商前五名，成为我国较有价值的家电品牌。

由资料来看，美的公司的存货周转速度不断提高，自 2008 年以来，存货管理效果显著，说明其运营资金在存货上的占比减小，流动性增强，存货转换为现金、应收账款等的速度加快，企业销售效率和存货使用效率提高。

白色家电营销战打响以来，一边是钢材等上游原材料价格的上涨，另一边是渠道库存压力的逐年递增，再加上价格大战、产能过剩、利润滑坡、过度竞争的压力，除了进行产品和市场创新，挤压成本成为众多同类企业的存活之道。

近年来，在降低市场费用、裁员、压低采购价格等方面，美的公司始终以节约成本与提高效率为原则，在供应链这条空调企业的生死线上更是绞尽脑汁，实行"业务链前移"策略，力求用 VMI 和"管理经销商库存"形成整合竞争优势。美的公司的 VMI 具体运作流程主要在控制供应链前端体现。

长期以来，美的公司在减少库存成本方面成绩不错，但依然有 5~7 天的零部件库存和几十万台的成品库存，与其他产业的优秀标杆相比稍逊一筹。在此压力下，美的公司从 2002 年开始尝试使用 VMI。

美的公司作为供应链里的"链主"(核心企业)，居于产业链上游且有较稳定的供应商 300 多家。其中 60%的供货商是在美的公司总部——顺德周围，还有部分供货商在三天以内车程的城市，只有 15%的供货商距离较远。在现有供应链上，美的公司实现 VMI 的难度并不大。

对于剩下15%的远程供应商，美的公司在顺德总部建立了很多仓库，并把仓库分成很多片区。外地供货商可以在仓库里租赁一个片区储备零部件。美的公司需要用这些零部件时，通知供应商，进行资金划拨、取货等工作。此时零部件的产权由供应商转移到美的公司手上，而在此之前，所有库存成本都由供应商承担。也就是说，在零部件交易之前，美的公司一直把库存转嫁给供应商。

美的公司做到基本覆盖全国数千家经销商，要花费一年半到两年的时间，费用相当大。但这种方案能提高供应链的配套能力和协同能力。库存周转率提高一次，直接为美的公司节省超过2000万元。

VMI实施后，美的公司的库存管理成效显著，零部件库存周转率上升到每年70~80次，零部件库存周转也由原来的平均5~7天大幅降低为3天，而且这3天的库存由供货商管理并承担相应成本。库存周转率提高后，一系列相关的财务"风向标"随之"由阴转晴"：资金占比降低、资金利用效率提高、资金风险下降、库存成本直线下降。

正如二十大报告所强调的，要"完善中国特色现代企业制度，弘扬企业家精神，加快建设世界一流企业"。这为我国企业改革发展指明了方向和目标。完善中国特色现代企业制度是加快建设世界一流企业的重要制度基础。美的公司采用VMI库存管理方法，降低了物流成本，为建设成为世界一流企业提供了重要助力。

(资料来源：文/供应链管理俱乐部、e-works 整理改编)

4.4 IT 产品供应链物流运作组织

4.4.1 IT 产品供应链物流运作方案

结合IT产品的自身特点和其他因素考虑，IT产品的物流运作方案应体现集成化、信息化、高效化、及时化的思想，结合上下游企业，形成供应链物流运作过程。

(1) 建立一体化的供应链物流运作体系。把采购、生产、分销及物流整合成一个统一的系统，无论是战略层、职能层还是运作层都要有一个统一的策略，进行统一协调。IT产品的供应链涉及众多供应商和客户渠道，生产的IT产品种类繁多，只有建立一体化的供应链物流运作体系，才能有效实施供应链管理。IT制造企业供应链物流运作流程如图4.13所示。

(2) 有效的物流管理信息系统。为了适应IT产品的物流管理需要，IT产品的物流管理信息系统应该具有采购管理、仓储管理、生产管理、配送管理、客户管理和财务管理六大功能模块。

(3) 高效的IT产品配送系统。IT产品时效性强，市场价格变动快，IT制造企业需要建立高效的产品配送体系与之配套，考虑到IT产品的分销网络涉及范围广，企业应具有完善的销售网络，其中配送中心的设计和运输管理工作显得尤为重要。此外，企业可以集中精力于产品组装生产上，而把产品的配送工作交由第三方物流企业完成。

(4) 完善的逆向物流服务体系。IT产品逆向物流在降低成本、快速满足市场需求等方面已经与正向物流一样重要，成为决定企业核心竞争力的一个重要因素，有人甚至把逆向物流的反应速度定义为决定IT制造企业成功的"生死时速"。

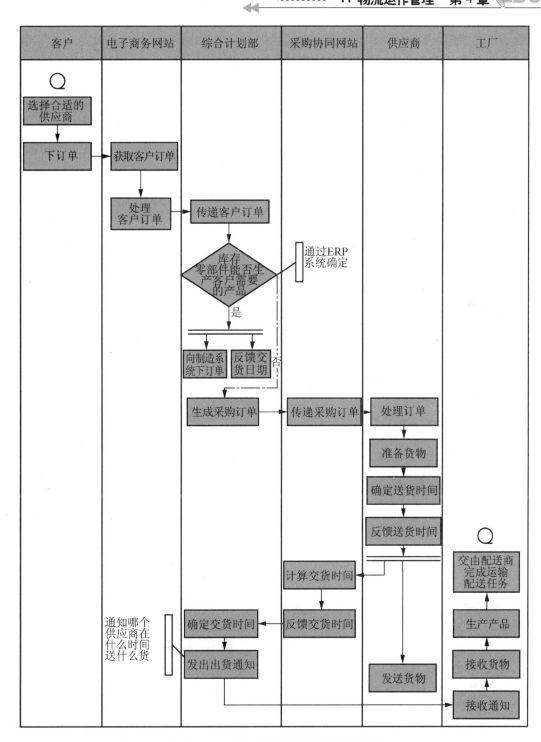

图 4.13　IT 制造企业供应链物流运作流程

4.4.2　IT 产品供应商管理库存运作方式

在 IT 制造领域，由于高科技电子行业具有产品单位价值高、资金占有量大、供货形势波动大、技术更新快等特点，因此会对制造环节的供应链管理提出一些特殊要求。例如，高价值的零部件需要安全的保管,且快速、及时、准确地送到生产线。也就是说,这部分供应链管理的主要目的是支持快速、准确的供货过程。

同时,对于IT制造企业来说,生产原材料的数量和种类的复杂性直接导致制造企业的供应商通常为数十家,给管理带来很大的难度。一方面,原材料供应商要按照制造商的需求信息,及时、准确地将生产所需的原材料运到生产线;另一方面,原材料供应商需要结合制造商的订单信息、库存信息决定补货时间。由于传统的库存管理无法满足IT行业对库存管理的更高要求,因此,在供应链管理的大背景下,产生了一些新的库存管理方法。其中,VMI模式是IT行业应用较广泛的一种。

1. VMI模式

(1) VMI模式的定义、基本思想及模式。

VMI模式是一种供应链环境下的库存运作模式。与传统的零售商管理库存(Retailer Managed Inventory,RMI)模式不同。VMI模式是一种以供应链各个环节企业都能达到最低成本为目的,在一个共同的协议下由供应商管理库存,且不断监督协议执行情况和修正协议内容,使库存管理持续改进的合作性策略。VMI模式的管理理念源于产品的市场全过程管理,即只要产品没有被最终消费者购买并得到满意的消费,该产品就不能称为已经销售,且可能构成供应商的一种潜在风险。供应商同样有监控该产品流通状况的责任,无论该产品产权归属如何。

VMI模式(图4.14)是一种战略贸易伙伴之间的合作性策略,是一种库存决策代理模式,由供应商管理库存,代理分销商或批发商行使库存决策的权力,并通过对该框架协议进行经常性的监督和修正,使库存管理得到持续的改进。

(2) VMI模式的运作方式。

① 建立客户关系管理(Customer Relationship Management,CRM)系统,有效地管理销售库存,使供应商能够获得客户的有关信息。通过建立客户的信息库,供应商能够掌握需求变化的有关情况,把由分销商进行的需求预测与分析功能集成到供应商的系统中。

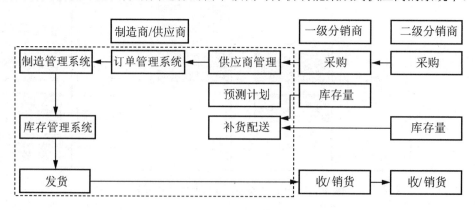

图4.14 VMI模式

② 建立销售网络管理系统。供应商必须建立完善的销售网络管理系统,保证自己的产品需求信息和物流畅通,才能很好地管理库存。为此必须做到:保证自己产品条码的可读

性和唯一性；解决产品分类、编码的标准化问题；解决产品储存运输过程中的识别问题。

③ 建立供应商与分销商合作框架协议。供应商和分销商通过协商，确定处理订单的业务流程、控制库存的有关参数(如再订货点与最低库存水平等)、库存信息的传递方式(如 EDI 或 Internet)等。

④ 组织结构的变革。VMI 策略改变了供应商的组织模式，过去一般由客户经理处理与客户有关的事情，引入 VMI 策略后，在订货部门产生了一个新的职能部门负责对客户库存的控制和补给。

(3) VMI 模式的限定条件。

VMI 模式对制造商来说，没有了前端库存对资金的占用，减少了由市场变化带来的物料贬值的损失，可将管理产品和库存的风险转移给上游供应商。但是对于实力较强的供应商来说，他们可以通过 VMI 模式灵活地为多家制造商供货，因为 VMI 模式有一个突出的特点——在货物交到制造商手上前，物权仍属于供应商。

VMI 模式能在一定程度上降低供应链库存成本、缩短系统提前期、提高客户服务水平、扩大信息共享量，进而提高供应链整体的柔性。但是，VMI 模式是一种供应链集成化动作的决策代理模式，必须由一个强势的企业控制，使得各方经过协商实现真正的系统集成。对于规模较小、货物价值较低的供应商来说，由于其本身利润比较低，因此完全可以采取传统的采购模式，或尽可能把生产线设在制造商附近。

就目前 IT 制造企业的市场形势来看，制造商的品牌集中度较高，市场占有量的扩大必然带动一系列供应商的发展，很多供应商已经认识到通过与制造商绑定，作出一些让步，可以换取更大、更长远的利益。在实际应用中，VMI 模式的建立较容易，只要有一家有实力的供应商牵头，VMI 模式就可以实施起来。

随着库存管理向分销商的转移，分销商认识到，传统分销领域已被更多的供应商直销取代，为寻找新的收入来源，大型分销商采用收费服务的方式提供 VMI 服务。该领域恰恰是第三方物流提供商一直所关注的，某些第三方物流提供商也开始涉足 VMI 模式。当 VMI 模式成为企业供应链管理的发展趋势时，哪家第三方物流企业能更快、更好地顺应该趋势并提升自身的能力和价值，它就能在同行业的竞争中胜出。

2. JIM

VMI 模式的缺点是供应链系统整合与协作水平有限，存在传统库存控制策略出现"扭转责任"和增加供应商潜在风险的局限性。联合库存管理(Joint Inventory Management，JIM)思想基于 VMI 模式并对其进行了深化。在机制上，JIM 更加重视供需双方对库存和权力的分工与责任分担，围绕供应商的库存管理策略，尽力防止和避免权责失衡和"牛鞭效应"。因此，JIM 在解决传统库存管理中引起的需求放大现象和克服供应商管理库存局限性的方面上作用显著。

(1) JIM 的定义、基本思想及模式。

JIM 是供应商和客户共同参与并制订库存计划以实现利益和风险共享的供应链中的库存管理策略，旨在通过解决供应链系统中各公司库存模式独立运作所引起的需求放大现象来提高供应链的效率。

JIM 不是库存决策的一种代理模式，而是供应链中相邻节点企业共同参与和决策的库存管理，通过各节点企业之间的分摊责任替换 VMI 模式中供应商的全责，实现风险共担、利润共享，提高供应链的同步化程度和运作效率。这种联合管理和决策基于供应链节点之间的信息共享和密切协作，JIM 侧重于供应管理的无缝集成以及战略联盟关系的有效建立和维护。

JIM 有两种模式。一是核心企业的中央库存管理模式，主要是将各个供应商的零部件及配套辅助产品直接收入核心企业的原材料库，将各个供应商的分散库存管理转接给核心企业的中央库存管理，将供应链中的库存控制问题转变成一个常见的库存控制问题。这种库存管理模式要求根据核心企业的订单组织生产，并实施小批量、多批次的直接补货配送到核心企业仓库，其重点是确定核心企业的合理库存量。这种库存管理模式减少了供应链中的库存点和物流环节，同时将库存集中在"主要活动"的库存上，大大降低了供应链的成本，提高了供应链的效率，实现高效进行供应链库存的盘点、控制和管理。二是无库存管理模式，是指核心企业和供应商均不建立库存，核心企业实行无库存生产方式。供应商与核心企业实现同步生产、同步供货，根据核心企业的生产计划小批量、多批次并直接连续地填充核心企业的生产线。由于无库存管理模式消除了库存，因此大大降低了成本，提高了供应链效率。但是，这种库存管理模式对各相邻节点企业的运营标准化、相互协作的程度，以及相邻节点企业之间的物理空间距离提出了较高的要求。

(2) JIM 的运作方式。

为了实施 JIM 策略，供应链各方应以互助精神为出发点，建立供应链协调管理的机制和合作沟通的渠道，同时明确各自的目标和责任，为 JIM 设立有效机制。没有一个协调的管理机制，就不可能进行有效的 JIM。建立供应链协调管理机制，要从以下几个方面着手。

① 建立供需协调的管理机制。制造商要担负起责任，提供必要的资源与担保来确保经销商信守承诺，协调经销商的工作(有时可能是相互竞争的经销商)，基于互利互惠的原则，建立共同的合作目标和利益分配、激励机制，给各个经销商之间创造风险共担和资源共享的机会。

② 建立信息共享与沟通的系统。利用 EDI 和销售终端系统、射频识别技术、扫描技术及网络的优势，在供需之间建立一个畅通无阻的信息系统，使各经销商协调一致，能够快速响应用户的需求。

③ 经销商之间要相互信任。有的经销商会怀疑加入这种系统是否值得，尤其是当其库存比他人多时；若参与的经销商需要其他经销商提供良好的顾客服务，此时制造商要大力支持，多做引导，使经销商之间建立信任，使不同的经销商尽显其能，实现 JIM 的目标。JIM 模式如图 4.15 所示。

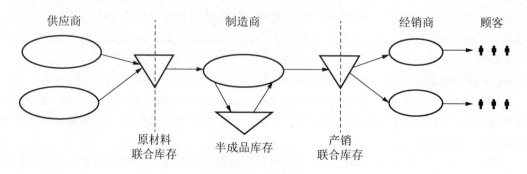

图 4.15　JIM 模式

(3) 应用 JIM 的注意事项。

JIM 旨在通过解决供应链系统中独立库存模式导致的需求放大现象，有效提高供应链的供应水平和运作效率及供应链同步化程度。实行 JIM，建立适应新形势的物资供应运行机制是库存管理未来几年的发展方向。企业应用 JIM 时需要注意以下问题。

① 要清楚地认识到 JIM 并非适合所有的生产企业，企业要根据自己的实际生产经营状况进行选择。

② 要意识到推行 JIM 过程中企业会面临许多状况。例如，当材料供应商在制造商工厂附近建立库存时，其物流成本比直接向制造商发货高得多，当供货量达不到一定规模时，供应商可能拒绝这种方式。

③ 要了解 JIM 是一种管理思想，是对企业工作流程的调整。企业实施 JIM 前，应对企业职工进行相应的培训，转变职工的管理观念和工作方法，提高职工的素质，为企业顺利实施 JIM 打下坚实的基础。

④ 要重视分销商的角色转变。在实施 JIM 后，库存由供应商管理，分销商不再拥有库存，传统分销商不复存在。分销商作为服务合作网络中的一员，起到协助供应商管理产品库存的作用。由于分销商不再掌管仓库，因此可以节省投入库存中的精力和风险，可以进行市场开发营销，使供应链整体运作更加完整和顺畅。将传统分销商转变为服务提供商是对 JIM 成功运行的有效保障。

⑤ 要注意 JIM 正常运行的基础也包含零售商每日的销售数据和库存数据的准确性。

案例阅读 4-4

四川 JZ 电器集团公司的联合库存管理

四川 JZ 电器集团有限责任公司(以下简称"集团公司"，含下属公司)是军民融合发展的大型高科技企业集团。集团公司是国家从事二次雷达系统及设备、空管系统及设备科研、生产的大型骨干企业；是从事数字电视设备、有线电视宽带综合业务信息网络系统、车载指挥通信系统、电线电缆光缆、LED(半导体照明产品)、物联网(射频识别、安全溯源、安防监控等产品)、电子政务和电子商务软件及手机等个人消费终端等的开发、制造、经营和服务的高科技企业。

集团公司通过以下 3 个策略进行联合库存管理。

1. 建立联合采购平台和联合库存协调管理机制

一方面，在考虑双方利益和物料各方面符合要求的情况下，创立长久的合作伙伴关系；另一方面，集团公司在实现共享资源、共享信息的基础上构建联合采购平台，有利于采购工作的开展和成本的减少。

2. 完善现有 ERP 系统

集团公司一方面优化 ERP 系统中的 MRP 模块；另一方面做好与 ERP 系统配套的软件系统。此外，集团公司还充分应用条码技术、电子数据交换技术、射频识别技术等现代信息技术，并充分利用互联网的强大优势。

3. 建立利益的分配激励机制和风险分担机制

联合库存管理要有实施的基础，因为利益与风险是成正比的。集团公司与各节点企业建立激励机制以防止产生私利思想。此外,集团公司也要做好风险分摊机制,为了避免之后工作中的纠纷,与供应商在平等的基础上就各层面的分摊比例进行合理规划。

由此,集团公司获得了以下优势:一是联合库存管理的战略联盟优势。集团公司与供应链各节点企业在充分信任的基础上建立战略联盟的伙伴关系,不仅使企业之间增强联系,而且使集团公司提高整体竞争力,增加企业利润。二是联合库存管理有成本优势。联合库存管理在集团公司的实施,能实现供应链上各节点企业在库存管理层面的集成化,使供应链各企业实现准时采购。三是联合库存管理有物流优势。联合库存管理不拘泥于传统,以集团公司为核心,将供应链上各节点企业连成一个整体,共同商榷库存方案,利益同分,风险同担,有效缓解了集团公司过高的库存,从而减小了存货占总资产的比重。

(资料来源:根据网站资料改编)

4.5 IT产品销售物流运作组织

从采购、储存、加工、配送到售后服务,IT制造企业的各个业务环节都要有高效的物流系统做保障,建立高效的企业物流系统是IT制造企业提高竞争力的关键。

4.5.1 IT产品销售物流的特点

IT产品销售物流是指IT产品从IT制造企业生产结束进入流通领域,最终到达消费者手中的实体流通过程,主要包括产品时间和空间的转移,以及价值的增值过程。IT产品销售物流是一个非常复杂的网络体系,通常由运输、仓储、包装、装卸搬运、流通加工、配送和物流信息等要素构成。根据IT产品自身的特点和IT行业目前的环境分析,IT产品销售物流有以下几个特点。

(1) IT制造企业往往是异地制造,甚至是全球制造,销售运输距离长。一般来说,大部分国外企业将生产基地放在发展中国家,销售区域呈现散状分布,而IT产品的消费市场还是在发达国家,因此难免存在跨国跨地区的长距离销售,销售半径非常大。例如,美国市场上戴尔等品牌的计算机就是全球制造,通过销售物流运回本土销售。

(2) IT产品更新过快,属于易逝品。IT产品更新速度较快,价格在销售期内不断下降,同时产品的寿命周期越来越短,每年都有新产品不断替换旧产品,市场竞争非常激烈。例如,某品牌手机采用代理销售,经销商有一批手机已经在计算机系统中执行出库,出库时在保价期内,由于物流承运商的失误或能力不足,途中停留时间过长,到达经销商的店铺时该批手机已经大幅降价,因此给手机生产公司及经销商带来巨大的损失。

(3) IT产品销售的不确定因素较多。IT产品销售物流更容易受到外界因素的制约和影响,计划赶不上变化,不确定性极强。由于IT产品销售往往采用全球化策略,因此企业不得不面对长距离销售物流的难题,如复杂的物流网络、过长的运输提前期、在途品安全、内部装卸、海关、不可预测的进出口延误等。

4.5.2 IT产品销售物流的一般配送方式

IT产品销售物流主要有三种配送方式：按库存发货、按订单发货和面向客户配送。

1. 按库存发货

按库存发货(Delivery to Stock，DTS)的配送方式如图4.16所示。为了避免缺货，企业必须有自己的库存，放在接近客户的销售商和零售商之间的配送中心。客户需求的信息流并不是决定企业配送的关键，企业按照以往经验或数据制订配送计划，并按DTS的方式将产品从库存中调出，通过企业固有的销售渠道或市场所存在的销售渠道将产品送到客户手中，这种情况下的配送中心既可以是企业掌控的，也可以是第三方销售管理的。

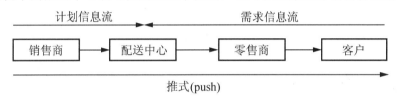

图4.16　按库存发货的配送方式

对于IT产品来说，由于其更新速度比较快，企业保留库存无疑给自己增加了风险。例如，某品牌手机，5月的销售数据是一万部，但如果6月也进货一万部，就很可能导致库存积压。

按库存发货可以细分为按本地库存发货(Delivery To Local Stock，DTLS)和其他库存发货(Delivery To Other Stock，DTOS)。DTLS是最容易的，也是速度最快的，仓库有货，直接发送；DTOS是指本地仓库没有货物，通过查看销售系统的数据，发现重新进货时间太长，为了避免缺货，从其他地方补货。

2. 按订单发货

按订单发货(Delivery to Order，DTO)的配送方式如图4.17所示，销售商不刻意保留库存，而是客户下订单后在销售商处进行汇总，再按订单需求进行准时采购。需求信息流已经占上风，企业已经采用拉式生产模式，客户需求成为企业配送计划的关键。这种发货方式下的销售物流系统不会有多余存货，但客户很难在第一时间拿到自己所需的产品，往往需要在供货提前期等待，而供货提前期是IT产品价值耗损的关键因素之一。

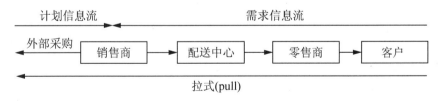

图4.17　按订单发货的配送方式

3. 面向客户配送

面向客户(Delivery to Customer，DTC)的配送方式如图4.18所示，它可以很好地解决上面两种配送方式的不足。它一般设立区域配送中心，允许保留一定的零部件库存，零售商汇总客户的需求，将形成的需求信息流输入销售系统，系统根据需求状况，由销售商向上游供应商采购零部件，配送中心储存和组装零部件，这样上游供应商仍然是以计划信息流为主，在配送中心进行信息流汇总。在这种配送方式下，销售企业可以在销售环节为客户打造个性化订单。但这种配送方式具有很高的局限性，只适用于可以通过通用零部件进行组装的产品类，如计算机等。戴尔计算机就是通过客户网络下订单，在最接近客户的配送中心进行组装，可以在很短的时间内将产品送到客户手中。但这种配送方式要求配送中心有较高层次的技术力量。

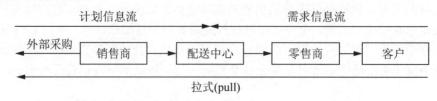

图 4.18　面向客户的配送方式

对于大部分 IT 产品的销售物流来说，因实际情况不同，可能多种配送方式共存。企业可以保留少量库存，大量产品按订单配送，少量个性化产品实时组装。

4.5.3　IT 产品销售物流的现状及存在的问题

过去，IT 销售企业往往在技术创新上投入大量的资本，以期更快地占领当时的市场，然而往往力不从心。如果销售物流控制不当，即使产品很新，成本也会过高，就无法高效地完成任务。在实践过程中，常常碰到以下问题，使得销售物流不能很好地满足销售需要：①产品输送由于不确定性往往不能按计划完成，使终端销售面临很大的挑战；②销售伙伴之间缺乏互动和灵活性，整体销售物流无法动态控制；③长距离销售带来重重困难，加上在途品过多，运输时间过长，产生产品价值损耗，因此在销售物流中设立时间窗进行时间控制是首要问题；④管理人员缺乏现代物流意识，企业缺乏专业物流人才，销售物流组织能力不强，资源利用率低，科技含量低等；⑤信息化水平低，信息技术应用较少，应用范围有限，信息化运作的效率水平低，给销售管理带来极大的困难；⑥企业为客户提供的物流服务项目单一且业务环节依赖人工，在服务过程中受到人为因素的影响，服务水平有限且容易出现失误，直接影响企业销售物流水平的提高。

近年来，IT 销售企业已经在销售物流上做了许多努力，如构建销售物流网络平台、更清晰地认识成员关系、更好地协作、建立战略联盟、采用更灵活的物流方式降低物流成本等。其中，销售物流网络平台的建立提升了行业信息化水平，为销售管理提供了便利；成员关系的管理与战略联盟的建立加强了销售伙伴之间的灵活性，使 IT 销售企业可以更好地动态控制整体销售物流；更灵活的物流方式为长距离销售减少了部分产品价值损耗，有助于提高企业的销售物流水平。

4.5.4　IT 产品销售物流解决策略

1. 优化内部结构，明确发展战略

(1) 优化企业销售物流管理组织结构。

企业销售物流管理组织是指以物流管理中枢部门为核心，与其他部门一起履行物流管理理各项职能的组织体系。物流和销售密不可分，物流服务于销售，并提升销售服务。

(2) 建立明确的企业销售物流战略。

有效的销售物流系统可以使企业储蓄内部核心力量，以便在竞争中保有充沛的"体力"和灵活的"头脑"。但是使销售物流系统成为企业优势的关键不是运作战术本身，而是建立明确的企业销售物流战略。

2. 制定合理的销售物流流程

对企业现有管理组织和作业流程进行全面调查，绘制组织结构图和业务流程图，从提高信息处理速度、信息流动速度和信息利用率的角度对现行组织结构图和业务流程图进行分析和处理，具体做法包括：①清除对产品"增值"无效的环节，如多余生产能力、重复操作、无效作业、过量库存等；②简化烦琐的加工程序和办事程序，简化作业流程，组织合并或过程合并，建立"团队组织"；③利用计算机实现数据收集、处理、传递自动化。

3. 科学管理仓储及配送

在仓储方面，实施库存管理。企业需要在管理、技术、生产过程等方面不断探索和创新，建立一套适合企业实际的经营管理技术体系。企业在实施库存管理时，应该注意采购、生产、物流配送等环节的问题。现代企业把库存管理应用于供应链的各个环节，以提高企业的核心竞争力。

在配送方面，选择合适的销售路径。一般来说，企业应该选择空间距离较小的路径，但空间距离不是唯一的衡量标准，还要考虑到某空间距离所要经过的地域是否涉及政治、天气、经济技术等因素，这些因素可能会耽误更长时间。例如，IT 产品的全球长距离运输有时不可避免地需要海关介入，此时不得不考虑海关效率。因此，"时距"(时间距离)是选择销售路径时考虑的关键因素。由于 IT 产品体积不大、价值高、要求速度快，因此更多时候可以选择空运方式运输，但需要同时考虑空运的成本。根据产品的运输时距，在考虑运输成本的情况下，可以采用海运、陆运、多式联运等运输方式。

4. 处理合作伙伴关系

合作伙伴不仅是指供需方，而且包括销售网络中的各个环节，如需要完成任务的运输工具，进行衔接处理的机场部门、港口部门等。IT 产品是全球性流通的产品，其销售网络较复杂，一旦某个环节没有协调好，就会出现致命延误。因此，IT 企业谨慎地选择合作伙伴尤其重要，形成长期合作关系有利于销售物流的推进和发展。

5. 共享物流信息

DTO 的重要前提是"信息取代库存"，企业不再根据库存制定销售策略，而是根据不稳定的客户需求作出反应。为了实现这个目标，企业需要强化信息管理，特别是重点突出信息共享，建立统一的货运站综合信息管理平台，借助互联网与用户衔接，实现资源共享、信息共用、沟通无阻。成员间信息的共享尤为重要，可以采取激励措施来提高成员的主动性，从而敏捷、快速地完成自身任务。

6. 运用合适的策略

销售商在向上游供应商采购时可以采取循环取货策略，在配送中心分货时采取高效的越库转运策略，即取消配送中心的储存功能，货物到达配送中心后不进行储存，直接按确定的需求数量分配到各个需求点，让整个过程实现无缝操作；也可以采取 VMI，供应商时刻监视市场动态，为下游的多家零售商补充库存，从而减少"牛鞭效应"。除此之外，还可以与其他销售网络整车拼箱。

海尔集团物流配送管理系统

海尔集团创立于1984年，是全球领先的美好生活和数字化转型解决方案服务商。海尔集团在全球设立了10大研发中心、71个研究院、35个工业园、138个制造中心和23万个销售网络，连续4年作为全球唯一物联网生态品牌蝉联"BrandZ最具价值全球品牌100强"，连续14年稳居"欧睿国际全球大型家电零售量"第一名。

海尔集团对物流的依赖性很强，从产品开发、生产流程控制到产品售后服务，无不需要现代物流系统的支撑。为适应国际市场竞争的需要，海尔集团认识到要将消费者、分销商、工贸公司、产品本部和分供方联结成一个整体。原有物流管理系统存在的问题，制约了企业的国际化运作和准时生产，所以急需构建一个现代化的物流配送管理系统。

海尔集团原有的物流体系存在如下问题：①物流管理职能分散，集成化程度低；②缺乏规范的订单执行体系，很难控制进程；③原材料库存数量大，周转速度慢；④生产过程物流管理紊乱，缺乏量控，物耗严重；⑤送料工工作区间难控制，效率低；⑥物流系统响应速度慢，信息化程度低；⑦缺乏专业人才，人员素质差。

为了解决上述问题，海尔集团构筑了现代化的配送管理系统，分为内向物流和外向物流两部分。

1. 内向物流

内向物流引入准时生产模式，建立与供应商一体化的信息平台，共建准时采购和准时配送体系，提高订单响应及供应链中物流的速度。其中，海尔物流准时配送管理系统是为了提高原材料配送效率，通过建立两个现代智能化的立体仓库和自动化物流中心，以及利用ERP物流信息管理手段控制库存，实现准时配送的系统。从物流容器的单元化、标准化、通用化到物料搬运机械化，再到车间物料配送的"看板"管理系统、定置管理系统、物耗监测和补充系统的全面改革，实现了"以时间消灭空间"的物流管理目标。

目前，准时配送管理系统全面推广，用信息替代库存，使用电子标签、条码扫描等先进的无纸化办公方法，实现物料出入库系统自动记账，达到按单采购、按单拉料、按单拣配、按单核算投入产出、按单计酬的目标，形成了一套完善的看单配送体系。

通过运用先进的准时采购及配送管理系统、丰富的实践运作经验、强大的信息系统，海尔准时采购配送中心将打造出新时代的采购配送流程。

2. 外向物流

海尔物流使用物流执行系统(SAP LES)进行全球物流运作资源管理：资源统一管理和调配，降低物流成本。在订单管理方面，要求订单信息同步共享，提高订单响应速度；运输管理体现在配送、运输系统监控，在途库存监控等方面；在仓库管理方面，要求库存信息可以共享，并能进行实时查询和库存报警。

海尔物流配送管理系统的实施使海尔集团仓库面积减小88%、滞留物资降低92%、库存资金减少70%，大大提高了资金流转速度和零部件采购订单的响应速度。

（资料来源：MBA智库、海尔的物流配送系统与"五定送料"管理模式等整理改编）

本 章 小 结

IT产品具有体积小、种类繁多、生命周期短、附加价值高等特点,对物流在信息化、安全性、运输方式、服务、合作伙伴等方面的要求比较严格。目前有些物流商服务单一,缺乏市场整合能力,很难满足客户的"一站式"物流服务需求,要求物流商必须从IT的物流运作模式方面不断改善物流服务的能力。

IT物流运作模式分为自营物流、第三方物流、供应商直配、共同配送和网络货运配送五种模式,其中自营物流模式和第三方物流模式是两种常见物流运作模式。IT制造企业应该根据自身实际需要,选择适合自己发展的模式。

IT制造企业原材料采购主要采取两种渠道:一种是直销渠道,原材料生产企业直接将产品销售给IT产品制造商,这种形式主要用于价值高、技术性强、需要企业上门推销和提供较多售后服务的产品;另一种是通过第三方物流企业的间接渠道。通过对采购物料实行ABC分类管理,借助MRP和电子商务平台可以实现对原材料的按需准时生产。

IT产品的库存管理主要采用两种方法:VMI和JIM。VMI的实质是供应商等上游企业基于下游客户的生产经营、库存信息,对下游客户的库存进行管理与控制。JIM是基于VMI对供应商管理库存进行深化。这两种方法都可以降低营运成本、库存量与库存成本,提供更好的客户服务和更有效的配送等。

IT产品销售物流主要采用三种配送方式:DTS、DTO和DTC。对于大部分IT产品的销售物流来说,可能多种配送方式共存。企业可以保留少量库存,大量产品按订单配送,少量个性化产品实时组装。

 关键术语

IT物流	物流运作模式	采购管理	供应商管理库存
物料需求计划	ABC分类法	按库存发货	按订单发货
面向客户配送			

综 合 练 习

一、多选题

1. IT物流的特点有( )。

   A. 数量小,价值高

   B. 品种多,配送要求高

   C. 配送量波动大,时间要求较严格

D. 服务内容广泛
E. 多是干线运输
2. 下列(　　)属于IT制造企业采用第三方物流模式具有的优势。
   A. 归核优势　　　　　B. 客户关系管理　　　　C. 业务优势
   D. 成本优势　　　　　E. 控制产品的采购和销售
3. IT物流运作模式有(　　)。
   A. 自营物流　　　　　B. 第三方物流　　　　　C. 供应商直配
   D. 共同配送　　　　　E. VMI
4. IT产品销售物流的一般配送方式包括(　　)。
   A. DTS　　　　　　　B. DTO　　　　　　　　C. VMI
   D. DTC　　　　　　　E. ABC

二、判断题

1. IT物流主要针对IT原材料及其产品的物流运作进行设计、组织和监控。（　）
2. 自营物流模式与第三方物流模式相比，企业的运营成本增加，但客户关系管理水平提高。（　）
3. 封闭式供应渠道具有排他性，即对生产商来说是渠道的专有性，对物流企业和IT制造企业来说是货源的专有性。（　）
4. 只要建立CRM系统、销售网络管理系统和供应商与分销商合作框架协议，VMI就能得到有效实施。（　）

三、简答题

1. 简述IT制造企业对物流的基本要求。
2. 简述VMI实施的限定条件。
3. 比较DTS、DTO和DTC的异同点。

四、案例分析题

华为IT产品销售物流运作

1. 顺丰与EMS

(1) 1993年顺丰诞生于广东顺德，是国内领先的快递物流综合服务商、全球第四大快递公司。顺丰利用科技赋能产品创新，形成行业解决方案，为客户提供涵盖多行业、多场景、智能化、一体化的智慧供应链解决方案。

作为国内快递行业中首家拥有自有全货机的公司，截至2021年年底，顺丰拥有86架全货机、26个枢纽级快递中转场、40个枢纽级快运中转场、37个快递航空、铁路站点、261个快递片区中转场、78个快运片区中转场。

顺丰的物流产品包含时效快递、经济快递、同城配送、仓储服务、国际快递等多种快递服务，以零担为核心的重货快运等快运服务，以及为生鲜、食品和医药领域的客户提供冷链运输服务。此外，顺丰还提供保价、代收货款等增值服务。

顺丰还是一家具有网络规模优势的智能物流运营商。经过多年潜心经营和前瞻性的战略布局，顺丰已形成拥有"天网+地网+信息网"三网合一、可覆盖国内外的快递物流综合服务网络，其直营网络是国内同行中网络控制力强、稳定性高的综合性物流网络体系。

(2) 邮政特快专递服务(Express Mail Service，EMS)是由万国邮联管理的国际邮件快递服务。

中国邮政速递物流股份有限公司(简称中国邮政速递物流)是2010年6月经国务院批准，由中国邮政集团联合各省邮政公司共同发起设立的国有股份制公司。EMS分为航空和陆运两种，邮递方式多样，方便、快捷。

截至2021年年底，我国EMS拥有各类营业网点42.9万处，邮路总长度(单程)达1192.7万公里。邮政普遍服务均等化基本实现，建制村全部实现直接通邮。

EMS拥有首屈一指的航空和陆路运输网络。依托中国邮政航空公司，建立了以南京为集散中心的全夜航航空集散网，现有专用速递揽收、投递车辆20000余辆。覆盖最广的网络体系为EMS快递实现国内300多个城市间次晨达、次日递提供了有力的支撑。

EMS具有高效、发达的邮件处理中心，截至2021年年底，全国共有200多个处理中心，其中北京、武汉和广州处理中心分别达到4.4万平方米、6.5万平方米和3.7万平方米。同时，各处理中心配备了先进的自动分拣设备。

EMS还具备领先的信息处理能力：建立了以国内300多个城市为核心的信息处理平台，与万国邮政联盟(UPU)查询系统链接，可实现EMS的全球跟踪查询；建立了以网站、短信、电话三位一体的实时信息查询系统。

2. 华为销售物流的运作流程

(1) 华为商城的自营商品与顺丰和EMS合作，由这两家企业完成华为自营商品的全国配送业务。根据下单商品，系统自动分配，从东莞、北京、成都、上海、长春、西安或武汉发货。

在实践操作中，顺丰针对IT产品的特性为华为自营商品的物流运作提供了不同的物流产品。目前，华为商城已经推出VMALL即日达、VMALL次晨达、VMALL次日达、VMALL隔日达等物流产品，对近百个城市进行了物流提速。广东、河北、北京、天津等支持VMALL即日达或VMALL次晨达，其他近百个城市支持VMALL次日达，全国95%以上的乡镇支持VMALL隔日达。优质的物流服务极大地提升了客户购物的愉悦感，同时提升了品牌的形象。

华为在顺丰没有覆盖的地区，与EMS合作作为有效补充，很好地支撑了其IT产品实施的电子商务模式。

(2) 某客户在华为商城订购了一部手机，手机在上海的作业流程如下：订单处理→生产前期→工厂阶段(零件配套→组装→测试→装箱)→递送准备→运送。在该流程中，订单处理至工厂阶段由华为商城完成，从递送准备到运送阶段一般交由顺丰或EMS完成。以安徽马鞍山为例，通过在途查询功能，发现手机的配送流程如下：上海→南京→芜湖→马鞍山。通过分析地图可知，从南京到芜湖必然经过马鞍山，但从物流的具体运作中发现，重复走了马鞍山与芜湖之间的路程。如果单独从运输角度考虑，这是典型的不合理运输现象，但从集成物流和区域物流优化角度看，此配送线路是合理的。

(资料来源：本案例由长安大学物流与供应链研究所提供，企业介绍参考顺丰与EMS网站)

仔细阅读本案例，详细分析并回答下列问题。

1. 结合华为商城的实际情况，说明选择第三方物流的运作模式的原因。
2. 从华为商城对物流服务商的选择来看，为什么选择顺丰和 EMS 快递合作？
3. 从华为商城的运作流程来看，IT 产品对物流运作有哪些特别的要求？哪些地方突显 IT 产品物流的运作特点？请结合实际案例和相关资料进行分析。
4. 华为商城产品销售物流的主要配送方式是什么？它是如何进行有效组织的？
5. 在华为商城产品的销售物流具体运作过程中，出现案例中提到的不合理运输现象的原因是什么？不合理运输现象的解决策略和具体措施有哪些？通过对本章的学习，可以从哪些角度解释出现该现象是合理的？
6. 通过网络搜集资料，可以发现华宇物流把马鞍山列入南京配送区域并直接配送，分析华宇物流与顺丰的做法，谈谈对 IT 产品销售物流区域划分的看法。

第5章　家电物流运作组织

【本章教学要点】

知识要点	掌握程度	相关知识	应用方向
家电物流	掌握	含义与特点	家电行业物流
家电物流的要求	理解	具体要求与市场分析	家电物流市场、客户需求分析
家电物流现有模式	理解	主要模式	家电物流模式分析与选择
家电物流商的选择与控制	重点掌握	选择原则、方法与控制内容	家电物流商管理
家电物流的组织与控制	重点掌握	组织过程、控制要点	家电物流组织与管理

导入案例

海尔、美的等家电企业物流整合之路

1999年,海尔集团对原来分散在28个产品事业部的采购、仓储、配送的职能进行整合,成立物流推进本部,形成专业的海尔物流公司,并成立了36个区域配送中心,逐步发展为"1+3物流"运作组织模式。2010年,青岛新日日顺斥资7.63亿元收购海尔集团旗下青岛海尔物流的100%股权,青岛海尔物流不再是海尔集团的全资子公司,但继续为海尔集团提供物流服务。

2000年1月,依托美的电器物流资源成立的安得物流公司,最初由美的控股70%,完成美的物流业务的50%,后来安得物流公司向真正意义上的第三方物流企业发展,按照第三方物流运作模式运作。

2001年7月,中远、小天鹅、科龙等共同出资成立广州安泰达物流公司,通过中远物流控股并支持物流方案设计和资源专业运作,高效服务于科龙、小天鹅、惠而浦、夏普、伊莱克斯、海信、万和等家电企业。

2004年,TCL以原物流部门为基础成立子公司——速必达物流,作为TCL集团的公共物流平台,为集团各成员企业提供专业的物流服务。经过多年的发展,速必达物流已从最初简单的仓储运输功能向提供综合物流解决方案的第四方物流转变,从大批量分拨运输向零散宅配模式发展。2013年,速必达物流营业收入达到4.8亿元,其中外部业务突破1亿元。

2005年2月,整合了内部物流管理职能的长虹新物流公司宣告成立,确定了新的物流组织框架。2007年1月,四川长虹集团与重庆民生集团合资成立四川长虹民生物流公司,通过引进民生的物流专业管理与服务提升长虹物流的供应链物流运作组织能力。

2006年5月,海信电器与中远物流正式签订10年的物流总包合同。

目前,我国主要家电电商物流模式有三种,分别是自营物流、第三方物流及共同配送。

我国是家电生产大国,数据显示,2016年,我国家用电冰箱累计生产9238.3万台,同比增长4.6%;房间空气调节器累计生产16049.3万台,同比增长4.5%;家用洗衣机累计生产7620.9万台,同比增长4.9%。其中累计出口交货值4027亿元;家用电器行业主营业务收入14605.6亿元,累计同比增长3.8%;利润总额1196.9亿元,累计同比增长20.4%。

2018年,我国家电网购规模占到整体家电市场的35.5%,网购成为家电市场主流消费方式。在品类方面,小家电市场表现突出,同比增长了39.5%,零售额首次跨过千亿元大关。在渠道方面,京东独占六成市场份额,剩余四成市场份额主要由天猫和苏宁易购瓜分。受移动终端市场增幅放缓的影响,我国家电网购规模增速首次低于20%,但结构优化、产品升级、品质提升趋势明显,线上3000元以上高端产品的销售额占比已经达到48.1%。在线上家电消费市场,产品和服务"有没有"不再是问题,"好不好"成为关键,家电网购已经成为我国消费升级的重要驱动力。

可见,家电企业自营物流在走专业化道路,第三方物流也在加强自身的专业化建设,说明专业化物流是家电企业最有希望降低成本的领域,物流业务外包成为家电物流的发展趋势。

从上述导入案例中可以看出,不同的家电企业选择了适合自身的物流运作方式整合、优化物流。这些企业具体采用了哪些家电物流运作模式?如何有效地选择物流商以适合企业自身的发展?家电物流运作组织与管理的要点是什么?通过对本章内容的学习,这些问题将得到有效解决。

5.1 家电物流概述

家电物流是家电业产品物流的代表,往往需要多级配送才能完成到达最终客户的全部配送过程,因此恰当地选择家电物流方式对部分产品物流有重要作用。

5.1.1 家电物流的含义及特点

1. 家电物流的含义

家电物流是对以家电产品为主要对象的物品及相关信息进行系统规划、运作和管理的过程,重点是家电产成品的正向物流,也包括返修、回收等反向物流。有时也将家电企业物流包括在内,即从原材料采购到产成品发运、售后服务等的一系列物流活动过程。将上述过程合在一起称为家电供应链物流。家电物流运作流程如下:零部件外协采购→自备件生产组织→运输进厂→零部件厂内仓储与供应→装配生产工序间物料、半成品短暂储存与工序间移动→成品下线与包装→成品入库、保管与出库→成品配送→家电售后与废旧家电回收等。家电物流运作流程如图5.1所示。

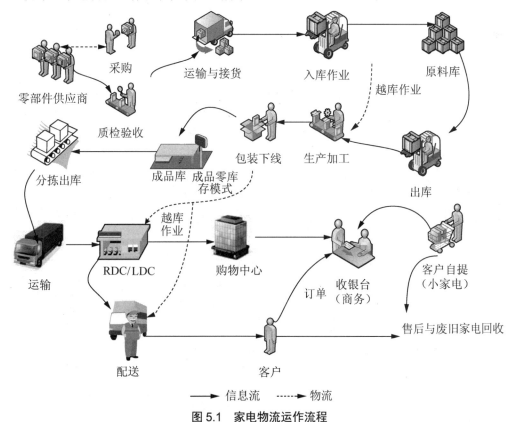

图 5.1 家电物流运作流程

在家电物流运作管理中，一般可把图 5.1 所示的内容分为五个阶段进行组织。

第一阶段：零部件采购→零部件仓储，不包括仓储管理及以后的活动。

第二阶段：零部件供应，主要包括零部件仓储管理、厂内运输及零部件配送等。

第三阶段：家电产成品下线→入库仓储→配送至区域配送中心(Regional Distribution Center，RDC)的过程。

第四阶段：销售环节的配送，主要是从 RDC 配送至客户手中的全过程。

第五阶段：家电的售后与废旧家电的回收过程。

在以上五个阶段中，由物流运作对象——家电、物流设施设备、作业与管理人员、上下游企业、客户以及相关信息等若干要素构成的具有特定功能的有机整体是一个不断受外界环境干扰，具有输入→转化→输出功能的物流系统。狭义家电物流流程如图 5.2 所示。

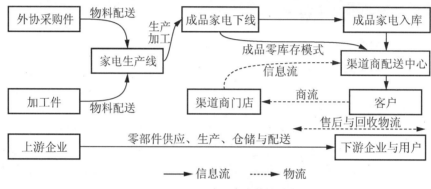

图 5.2　狭义家电物流流程

地区家电联合库存配送管理模式

地区家电联合库存配送管理模式是由大型家电企业地区分销中心延伸出的联合库存配送管理模式，如图 5.3 所示，各销售商只需要少量的商品库存，大量的库存由地区分销中心(物流中心或配送中心)储备。具体做法如下：不同企业的家电商品统一在地区分销中心储存，销售商只展示样品，地区分销中心根据库存系统显示的各销售商的客户销售订单及配送需要，运用联合库存配送管理模式，通过闭环配送方式或紧急直送方式，实现低成本的准时配送和安装等家电配送上门物流服务。

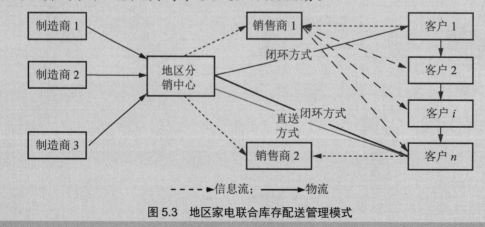

图 5.3　地区家电联合库存配送管理模式

2. 家电物流的特点

根据家电产品的特点，其物流运作组织过程具有如下特点。

(1) 家电物流运作对象的单品价值一般较高，多数有精密的电子器件，运输过程颠簸与野蛮装卸都可能造成电器故障与损坏。家电物流运作过程中的运输与装卸搬运环节要求较高，在仓储环节一般不能直接堆码，需采用高位货架等。

(2) 家电物流组织具有季节波动性。例如，空调的销售旺季(4~7月)，每天出入库量很大，配送及时率与准时率要求比较高。家电产品在五一、国庆、春节等节日前后销量通常会猛增，物流需求量比平常增加很多，合理配置所需车辆、仓库资源，合理安排作业人员等都是家电物流运作组织需要考虑的重要问题。

(3) 家电物流对网络布局要求高。区域配送中心、中央配送中心、地方配送中心或地方接驳中心是家电物流网络常用的节点类型。家电物流在选址时要对销售网络数据、交通运输条件、地理环境、客户分布等因素进行深入研究，通过定性与定量分析后得出合理的物流网络布局。

(4) 家电物流运作与订单管理密切相关。家电生产计划多受订单影响，而"牛鞭效应"会导致家电库存量增加，由于型号等需求、库存调节功能在家电领域有所降低，实行零库存模式的家电生产企业的库存调节功能较薄弱，要求生产企业具有高度柔性化的生产加工组织，同时对家电物流运作组织的柔性提出了更高的要求。例如，对于空调产品销售而言，虽波动性很大，但仍有规律可循。经销商为确保在旺季不缺货，往往向上游企业增大订单的数量，订单变动程度比零售数量的波动大得多，而生产企业为了满足订单需求，自然将增大对零部件供应商的采购量，最终导致库存量增加。渠道商控制能力的增强、无条件退货条款的签订在客观上增大了渠道商的订货量，最终在整个供应链上，多余产品基本积压在生产商或渠道商库存里，导致出现所谓的"零库存"，其实就是转移库存的情况。

5.1.2 家电行业对物流的要求

随着行业竞争日趋激烈，整个家电行业利润率降低，家电企业对成本的控制更加严格，哪家企业能够把同类型成品成本控制到行业最低，哪家企业就能在竞争中胜出，并获得比同行业更多的收益。除去品牌因素，目前已经很难有区别于其他企业且能够保持持续竞争优势的创新技术，而竞争加剧和人才流动更是让产品同质化日趋严重。因此，众多家电企业开始提高过去未给予足够重视且占比较多的企业物流系统的效益。

家电企业在五个家电物流运作过程中的要求有所不同，主要集中于运作速度、服务质量、集成管理、系统优化与成本节约方面。其中，在运作速度上的要求，主要集中在零部件的采购时间、到货及时率和准点率、配送及时率等交货期管理；在服务质量方面的要求有客户投诉率、订单满足率等内容；在成本节约方面的要求是目前众多家电企业强化物流管理的主要目的，其要求一般比较高，对运输、仓储、配送、包装等活动成本控制较严格，直接导致很多物流企业效益不佳与经营管理投入不足。

在物流运作管理中，追求的物流运作目标之间经常存在二律背反现象。在现实操作中，要考虑不同的情况，如在家电销售的淡、旺季时，对物流运作组织与管理有以下要求。

(1) 在家电销售旺季，对到货及时率与准点率要求较高，成本不是决策因素，会出现为了压缩配送时间，弃水路或铁路而走公路、弃公路或铁路而走航空的做法。中国宝武钢铁集团有限公司曾为满足美的电器的家电用钢材需要，不走水路而改走公路，保障了美的电器的家电生产用钢材的供应。

(2) 在家电销售淡季，通过加强各地仓库的库存量管理，严格控制库存，整合与优化库存产品结构。在销售末端通过运输与配送环节的优化调度与配载，降低物流总成本。

5.1.3 家电物流市场分析

家电物流市场分析一般包括家电市场分析、家电物流需求分析、家电物流供给分析、家电物流供需联动分析等。对我国家电物流市场的需求、供给、供需联动等要点进行以下简要分析。

(1) 随着竞争加剧与利润率下降，物流费用的降低成为家电企业追求的主要利润源之一，这部分成本自然转嫁到物流商身上。与汽车零部件物流相比，家电对物流运作时效性的要求相对宽松，导致普通家电物流业务盈利空间有限。目前，家电运输市场有很多功能单一的物流企业就是因为家电企业过于追求运输低成本导致的。有的物流企业在得到家电物流业务后，通过招标等方式把运输环节以更低的价格外包出去，导致家电物流市场服务质量不高。

(2) 由于很多家电企业自身或多或少拥有一定的物流资源，因此家电物流外包程度低。物流外包意味着物流的整合与内部资源的调整，没有企业高层的推动，就无法实现真正的集成物流管理，物流外包会由于内部改革阻力过大而无法实现设定的目标。尽管国内有中远物流、招商物流、宝供物流、安得物流、海尔物流等物流企业，但在家电物流领域真正做大的集成物流商只有中远物流，多数家电物流企业主要依托原有家电制造企业发展而来，外部扩张能力有限，也制约了家电物流市场整体供给的能力。

(3) 家电企业一般不愿意与其他家电企业共用一家物流企业，因为担心一些关键物流业务数据被竞争对手掌握，这直接导致一些大型物流企业拓展家电物流业务市场时面临极大的挑战。

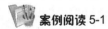
案例阅读 5-1

中远物流对家电物流业务的发展思路

中远物流自 2002 年 1 月 8 日由中国远洋运输集团和中远太平洋公司合资注册成立以来，依托"外脑"进行调研分析，确定了以家电物流、汽车物流、会展物流与大型项目物流为主体的市场定位。

中远物流针对家电产品种类多、价值高、批量大、季节性强等特点，依托公司的过程集成技术，以信息集成实现过程协调，消除物流环节中各种冗余、非增值和瓶颈过程，降低人为和资源因素造成的各种影响。通过实施技术、管理、培训(Technology Management Training，TMT)计划和完善客户满意度管理体系(TCSS)系统模型，中远物流用专业、全面的物流服务赢得了海信、海尔、科龙、小天鹅、TCL、澳柯玛、惠尔浦等家电企业的库存管理与配送业务，2020 年发展成我国主要的家电物流商。

5.2 家电物流运作管理

随着家电制造企业与商贸流通企业及同行业之间竞争的加剧，普通家电的利润率逐渐降低，家电物流逐步成为家电生产与家电连锁销售企业的"第三利润源"，家电物流运作管理成为实现"第三利润源"的关键。

5.2.1 家电物流现有模式分析

1. 家电物流自营模式

家电物流自营模式是指企业本身拥有物流资源并进行具体的物流运作管理，其主要表现形式有以下几种。

(1) 根据企业设置物流部门管理的形式和原则，自营模式又可分为分散管理与整合管理。其中，仓储、运输、车队、配送等分别由不同部门管理就是分散管理；整合管理是指整合企业中几乎所有的物流资源，成立统一的物流管理部门。目前，企业中常设置物流部、物流与配送中心、区域配售中心等。

(2) 独资经营物流分(子)公司的形式。这种形式是初期以原集团公司业务为主要业务，实行独立核算，后期随着物流公司的发展和业务的扩展，经营其他企业物流业务的形式。常见的有集团公司下属的汽运公司、铁运公司、仓储公司、物流中心、配送中心等，比较知名的有海尔物流、北京小红帽物流等。当然这类公司除了产权上的隶属关系，物流业务运作与外包物流几乎没有差异。

(3) 供应链核心企业主导的运作形式。一些在产业链中居主导地位的企业，通过自身拥有的资源主导供应链上企业的物流运作，具体包括物流服务质量要求、物流提供商选择标准等。

(4) 物流动态联盟形式，常见的有虚拟经营等形式。它在供应链物流动态联盟运作的基础上，广泛采用网上采购、网上支付、准时生产、零库存、VMI等业务组织形式。

2. 家电物流外包模式

家电物流外包模式是指企业自身仅部分拥有或不拥有物流资源，保留对物流商进行选择、协作、考核等的管理部门，实行集成物流运作管理，并把具体的物流业务交由外部物流企业的模式。其主要有以下几种表现形式。

(1) 将运输、仓储、配送等环节物流业务的外包，又称一般外包，多见于企业为节约成本或此类资源不足时，一般通过招标或合作的方式，把运输、仓储等单一环节外包给一家或多家第三方物流企业。

(2) 将绝大部分运输、仓储等物流业务外包给一家或多家第三方物流企业的形式，又称深度外包。随着核心竞争力和物流业务外包理念的推广，新兴科技、民营等家电企业从一开始就寻求集成物流商完成该企业的所有物流业务，如小天鹅、TCL物流。

(3) 与相关企业合资经营物流公司的形式，即合资经营模式。该模式通过与供应商、物流商等相关企业共同投资，组建物流公司，如安泰达物流、长虹民生物流等。

家电物流外包模式是家电企业采用比较多的物流运作模式,如新飞电器与新运物流、南方物流、中储物流等多家物流企业,海信与中远物流等。

长虹物流的变革

2004—2009年,长虹的物流变革,经历了分散自营→整合自营→独资经营→合资经营等模式,突显了长虹等一些家电企业在物流模式变革道路上的探索。长虹物流模式转化主要有以下优化细节。

1. 主要背景

2005年以前,从长虹内部管理者到外部的罗兰贝格等咨询公司,对长虹物流的评价主要集中于以下几点。

(1) 散而多,即物流体系中的原材料采购、产品运输等职能分散,多头管理,成品配送由销售部门负责,原材料物流由采购部门负责,其最大问题是没有人对物流总成本负责,无法协调供应链中各物流环节。在资源方面,绵阳有40多个原材料库房、50多个成品库房、200多个销售库房、近千辆货车,企业未对物流资源进行统一规划,从而造成大量资源的浪费。

(2) 忙而乱,由于产品配送环节缺乏统一的安排和调度,除了生产物流,其他企业物流内部流程不规范,协作能力差,经常出现差错,造成作业人员工作不平衡、忙乱,因此运输和仓储管理一直处于被动的多环节运作,管理效率低。

(3) 高而费,长虹每年的物流费用支出为达8亿~10亿元,企业在各地租用存积商品的库房为40万~50万平方米,仅在绵阳堆放原材料和产品的库房就有20万平方米。各地仓库大多没有充分利用,库房的利用率不足30%,导致企业物流成本过高,造成极大的资源浪费。

在物流运作管理上,由于工作复杂,流程不合理,因此运作时间过长。例如,曾经有一批电视机从绵阳总部发货,从开票到起运平均需要2.5天,而同行业一般水平为1.5天,这种效率低的结果对激烈的市场竞争而言是致命的。

2. 主要过程

长虹高层通过对物流系统的认真分析,首先选择了较可行的内部整合模式,即通过整合公司内部物流资源,使功能型物流向一体化物流转变,采用清退库房、提升物流管理职能、集中批量运输、就近运输、招标运输、信息化改造等方式,取得了比较明显的成效,具体包括以下几个过程。

(1) 2004年9月,长虹与中远物流等第三方物流商开展战略合作,形成了物流外包模式。

(2) 2004年12月,成立长虹物流整改项目小组,由长虹董事长任组长。

(3) 2005年2月,长虹物流公司成立,确定新的物流组织框架,形成物流专业化集成运作模式。

(4) 2005年3月,短途运输、车辆维修公开招标。

(5) 2005年4月,长途公路运输公开招标。

(6) 2005年6月,重新确定并签订铁路运输协议。

(7) 2005年7~11月,完成全国销售物流RDC改造。

(8) 2006年,推行订单预测系统,在绵阳地区开始实施越库管理模式。

(9) 2007年1月,与重庆民生实业(集团)有限公司合资成立四川长虹民生物流有限责任公司(以下简称"长虹民生物流"),注册资本为1亿元,长虹持股70%,民生实业持股30%。

(10) 2008年,长虹民生物流由主营长虹家电物流项目,发展了一批其他家电品牌的物流企业客户,形成1+3物流模式。

(11) 2009年,长虹民生物流加速向西南最大、西部一流第三方物流企业的目标挺进,形成了独立的第三方物流模式。

(12) 2012年,长虹民生物流获得"中国物流百强企业"称号。

(13) 2015,四川长虹民生物流有限责任公司更名为四川长虹民生物流股份有限公司(以下简称"长虹物流")。

(14) 2020,长虹物流被中国物流与采购联合会授予"全国物流行业抗疫先进企业"称号。

3. 具体措施

在上述过程中,长虹物流优化主要包括以下做法。

(1) 把绵阳、中山、南通、吉林4个基地的库房和203个分公司的库房整合为4个中央配送中心和66个区域配送中心。各地通过整合,不断优化库房布置结构,如根据实地调研,调节中山库房,取消深圳较贵的库房租赁。类似地,在上海和北京等地均进行同样的调整。

(2) 原材料仓储向零库存模式转变。长虹每年80多亿元近3万种的物料由1100多家供应商提供,在成立长虹物流公司的1年多时间,已与900多家供应商达成在长虹周边设库、就近仓储的协议,通过零库存模式,长虹原材料库存压缩了61%。

(3) 长虹通过信息改造,实现各地实时显示数据信息,可以清晰地掌握一段时期某种产品的出货与销售情况。通过网上招标的方式,在全球范围内选择合适的供应商,降低采购成本。

(4) 优化物流作业流程,严格控制各个环节的物流运作时间,通过精确的物流运作时间管理车辆,车辆的使用效率比以前提高近50%。如从高新区长虹家电城向高水长虹库房运送电视机,从原有的4趟/天变成优化后的6趟/天。

(5) 长虹原材料采购模式由传统的采购模式向寄存式采购模式转变,把长虹原材料仓储由过去的22亿元压缩至8亿元,并向3亿元目标迈进,随着库存物品的减少,长虹已经将外租仓库全部清退。

(6) 在条件成熟的地区实施越库配送管理,初期主要在绵阳地区实施,具体做法是家电产品下线后不经过成品仓库,而直接配送至经销商仓库或用户手中。

4. 优化效果

经过一系列的物流优化,在运输与仓储费用上取得以下明显效果。

(1) 生产环节的短倒运输费用下降15%;车辆维修通过招标,费用综合下降40%。

(2) 长途公路运输公开招标,运输价格下降20%;铁路运输价格在已下降15%的基础上又下降10%。

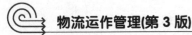

(3) 在成立长虹物流公司 1 年多的时间，仅绵阳外租库房就减退 15 万平方米，租金减少 30%。

(4) 2005 年长虹总体物流费用下降 1/3，累计降低成本 7050 多万元，2006 年长虹物流成本同比下降 5134 万元。

5. 案例评析

从上述长虹物流优化过程来看，长虹物流改造过程先从企业内部做起，依托自有资源进行整合与优化，当发现物流优化能够获得明显的效益时，积极寻求外部第三方物流企业，通过合资的方式，实现了物流模式由 1 到 3 的转变，强化了本企业物流系统的运作管理能力。

(资料来源：根据长安大学物流与供应链研究所网资料整理)

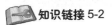 知识链接 5-2

短倒的含义与应用

短倒是指短途倒运，是物流运作中的常用术语，在不同的场所有不同的含义。例如，对于铁路而言，发货环节的短倒是指把货物从仓库运到车皮，收货环节的短倒是指把货物从车皮运到仓库；对于海运而言，发货环节的短倒是指把货物从仓库运到船上，收货环节的短倒是指把货物从船上运到仓库；对于空运而言，发货环节的短倒是指把货物从仓库运到飞机，收货环节的短倒是指把货物从飞机运到仓库。短倒有时是不可避免的，但合理的设计、组织物流运作过程可以减少短倒环节和不必要的短倒作业，如实施越库配送。

5.2.2 家电物流商的选择与控制

一般通过招标的方式选择家电物流商，在具体的运作过程中，家电生产与流通企业通过对家电物流商的控制，达到物流集成管理的目的。

1. 家电物流商的选择原则

选择家电物流商应考虑以下原则。

(1) 物流成本最低优先原则。该原则一般是一些正在追求降低物流成本的家电企业的首选，如美的电器的招标广告，明确指出以运输报价为主要评标依据。

(2) 物流系统持续优化原则。该原则一般是自身已经由传统物流向集成物流方向发展，并希望通过外部物流商的加盟，推动物流的持续改进的家电企业的优化原则。

(3) 物流运行全程控制原则。该原则一般是追求内部物流与外部物流全程可控，通过先进的信息化手段，为家电物流运作提供重要保障的家电企业的控制原则。

(4) 供应链高效协同原则。该原则一般是追求供应链协同的家电企业的首选，即通过家电物流商的选择，实现企业供应链管理的高度协同化。

(5) 一体化物流运作与集成管理原则。该原则要求家电物流商在家电企业提出生产物流运作要求时提供一体化的物流服务，并给出针对性的企业物流分析与解决方案。

2. 家电物流商的选择方法

家电物流商有多种选择方法，主要包括定性分析法、定量分析法、综合分析法、专家评分法、成本分析法、层次分析法等，其中后三种较常用。

3. 家电物流商的控制

因为对家电物流商的控制强调对物流运作全过程的控制，所以家电物流运作一般要求物流具有与自身业务相适应的物流信息系统。家电生产与流通企业通过物流信息的实时共享与在线监控，实现对物流商的有效管理与控制，并对其相关服务进行考核与评价。

目前有特色的家电物流商较多，如中远物流、海尔物流、招商物流、长虹民生物流、中外运、宝供物流、安得物流等，它们通过运输、仓储、配送等一体化的物流运作流程，采用先进的物流信息系统，为家电生产与流通企业提供全面的物流服务。

家电企业通过信息系统，对物流商进行实时监控。安得物流与宝供物流拥有极具企业自身特色的物流信息系统，海尔物流运作控制使用的物流执行系统等，都为家电物流运作全过程控制提供了有效的技术支撑。家电企业对物流商运作各个环节的控制过程如图 5.4 所示。

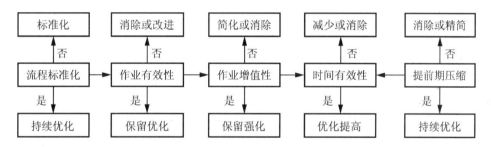

图 5.4　家电企业对物流商运作各个环节的控制过程

5.2.3 家电物流组织

从产业链角度来看，在家电零部件生产、采购、家电生产加工、成品销售等过程中涉及的主要主体有零部件生产企业、家电制造企业、物流企业、家电批发与零售企业、电子商务企业、最终用户等。组合或剥离上述相关企业主体，可形成多种家电物流运作组织形式。

家电物流组织与其他行业的物流组织有很多类似之处，但也有自身的特点。家电物流组织的生产流程如下：零部件采购与供应物流组织→零部件仓储与生产线配送组织→家电生产物流组织→成品家电仓储与配送组织→区域配送中心作业组织→终端配送组织，在这些环节中，家电企业的生产物流一般采用自营物流，而上游零部件运输与配送至厂内、下游成品运输与终端配送由物流商负责。家电物流组织与管理如图 5.5 所示。

在具体的运作过程中，与生产紧密相关的生产物流采用企业自营物流保证了企业对核心资源的控制，与外部紧密相连的上下游运输与配送通过招标物流商的模式进行，并通过信息流控制实物流，实现家电物流内外结合的物流组织模式。

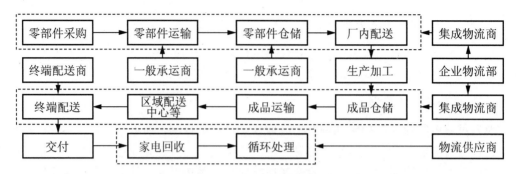

图 5.5　家电物流组织与管理

在具体的运作管理中,家电企业采用信息手段进行物流集成管理。企业通过实施物流信息化(如 WMS、GPS)等技术,将 DRP 与 ERP 系统对接,深入分析终端销售与库存数据,结合销售计划与生产能力,形成企业生产计划,确定采购计划,最终生成精确的发货需求。企业通过此方式,实现对物流运作全过程的实时监控与管理。

5.2.4　家电物流流程组织控制

自营物流与外包物流流程控制有不同的侧重点,对于自营物流而言,物流的相关部门与资源自身控制的主要难点是部门之间的协调与效率问题,运作管理重点是部门功能集成与流程规范。对于外包物流而言,由于主要物流运作管理部门与资源属于第三方物流企业,因此其运作过程的控制重点是流程合理化与全程动态监控、不断优化供应商结构、选择最合适的物流商。

(1) 自营物流运作流程组织与控制要点如图 5.6 所示。其中,采购、物料仓储与供应、成品仓储、运输与配送等环节的协作是物流运作管理的要点。随着物流运作组织方法的逐步推广与普及,集成物流、多种采购模式、准时生产理念、零库存管理、交叉理货等在家电物流领域应用较普遍,成为提高物流运作效率的关键方法。

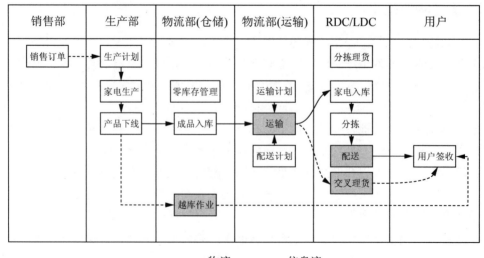

图 5.6　自营物流运作流程组织与控制要点

(2) 由于外包的程度不同，外包物流运作流程组织与控制的要点也有所区别。在外包物流运作流程组织与控制过程中，物流商选择阶段的招标管理、评价体系构建与实施、物流商的最终选择等是控制要点；而在外包物流运作过程中，对物流相关业务、家电的储存保管情况、运输与配送和在途监控等是控制要点。对于渠道商物流运作组织，也与其运作模式选择有关。

在不同运作模式下，家电物流运作流程组织与控制的侧重点如下。

(1) 对于自营物流模式，由于所有资源家电企业都流通可控，因此控制的重点是节约时间与成本，提高服务质量。采用节约成本目标管理法，实现物流管理的有效管控。

(2) 对于外包物流模式，由于很多物流资源不由家电企业本身控制，因此初期的供应商选择、指导与培训、运作过程的全程监控、后期的考核与评价成为运作组织管理的主要内容。

(3) 对于基于供应链协作层面的物流模式，由于此时供应链管理和信息化程度已经上到一个台阶，因此信息流监督和控制实物物流成为家电物流运作控制的要点。

(4) 无论是自营物流模式还是外包物流模式，控制追求的主要目标都是有效提高签单回收率、及时完成率、服务满意度、到货准点率、订单满足率，降低投诉率、作业不良率、货损货差率等。

案例阅读 5-3

飞利浦家电物流信息整合问题

飞利浦家电如何与物流公司整合成为其一段时期的难题。当时尽管飞利浦的 ERP 系统很先进，但各物流商的管理标准和水平不同。为了让第三方物流公司顺利完成业务，飞利浦不得不使用传真和电子邮件与这些公司进行沟通。这种沟通方式不仅效率很低，而且物流业务操作信息不及时、不准确，仓储信息无法实现实时监控。有时统计一个库存数据需要很多天。

华夏媒体对飞利浦及其物流商之间的业务进行了梳理，由于各方面需求十分明确，且飞利浦的业务运作十分规范，因此华夏媒体用了不到一个月的时间就完成了物流信息交换平台——NETX 的设计，它能够满足飞利浦或其他企业与物流商之间进行数据交换的需求。同时，平台采用了当时电子高科技领域运用最广的一种供应链业务和信息标准。

案例阅读 5-4

苏宁、国美电器物流运作过程

苏宁电器将物流服务确定为其连锁发展的核心战略。因为在家电产品日趋同质化的今天，通过服务与价格优势更能获得客户的认可。苏宁电器通过构建物流系统，及时掌握市场实际售出信息，以物流信息化降低成本的自营物流模式为销售利润增长做强大支撑,并由此获得长远的收益与核心竞争力。苏宁电器主要通过自建物流基地实现配送中心自营,适用于自营物流运作组织;对于运输环节,苏宁电器先使用一般的外包物流,再通过采用招标方式实现深度的外包物流。

国美电器主要把物流业务外包给物流商,通过他们完善的具有物品接收、验货、储存、分拣、出货、配送等功能的配送中心、运作车辆、专业人员等进行高效、低成本的物流运作。国美电器在具体的物流运作管理中,采用集中采购、弹性库容、越库配送等方法,降低了采购、库存、运输等方面的物流成本。

国美电器物流主要采用外包物流模式,适用于外包物流模式的组织与控制。外包物流模式的运作流程组织与控制要点如图 5.7 所示。

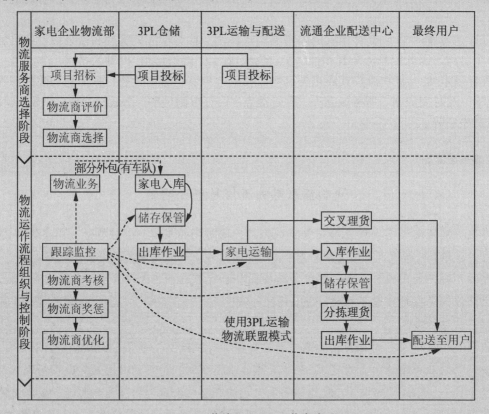

图 5.7 外包物流模式的运作流程组织与控制要点

(资料来源:根据长安大学物流与供应链研究所网资料整理)

案例阅读 5-5

海尔物流与安泰达物流运作过程比较

海尔物流通过以自营物流为核心的集成物流管理,可实现零部件采购、供应物流、生产物流、下游运输与配送的高度集成。如在 2020 年某天，某公司通过海尔电子商务平台下了一个数台空调的订单。海尔物流的 ERP 系统会同步显示该订单，空调事业部相关部门同步运行，仓储部门掌握材料情况，采购部门及时向供应商发布网上订单，物料配送部门 4 小时内送料到工位，海尔 3~5 天内完成生产并配送给用户。在该过程中，海尔物流部门与生产部门集成联动，同步进行，为产品的生产与交付节约了时间。

在物流运作过程中，会出现物流成本、速度、管理、收益等问题。例如，由于物流所需的设施设备基本由自己投资，在外部客户有限的情况下，在同等规模下的物流运营网络里，单位运营成本均摊比较大，容易造成产品成本的增加。海尔曾投巨资建设青岛立体仓库，而在全国范围内多采用租赁仓库方式，故海尔对库房内部设施设备的控制比较有限。

在运输环节，海尔将工厂仓库→配送中心这个环节的干线运输交由自营车辆或长期签约的车队运作，而很少考虑低成本的个体零散车辆。这种方式虽然便于管理，但牺牲了某时期内的成本优势。在全国家电企业以降低运输环节成本为主要目标的物流运作思路下，海尔对运输成本的控制并不理想。

在对外服务过程中，由于海尔物流运作强项在家电物流领域，其他家电企业出于防备心态，很少愿意把家电物流业务外包给海尔物流，就连同样地处青岛的海信也把物流业务外包给中远物流，而不是选择同城的海尔物流。对于非家电物流业务(如冷链物流等)，由于其原有车辆无法满足冷链等一些专项物流的要求，如果承接就必须在原有基础上进行重新投资开发与规划建设，因此运营成本居高不下，近几年海尔物流在这些方面的发展较缓慢。

安泰达物流采用合资方式是专业化物流企业运作的典范，其通过管理手段与信息技术集成各参股家电企业的物流资源，通过有效的物流运作组织与管理，实现所服务企业物流流程的优化、服务水平的提高与物流成本的降低。

海尔物流与安泰达物流在物流流程控制方面，主要有以下几种方法可以借鉴与思考。

(1) 在资源方面，海尔物流通过整合原有资源，形成以物流推进本部为主的物流集成管理中心；安泰达物流以多家参股企业的物流资源为依托，通过专业化运作，实现物流的集成管理。

(2) 在信息管理方面，海尔物流通过 SAP 的 ERP 物流执行系统，在强化对外部集成的物流资源的管理基础上，通过与 ERP 的高度集成化，实现了采购、供应、生产、仓储与配送的同步化与联动机制；安泰达物流通过中远物流的 5156 信息系统，完成数据实时传输与各资源管理信息的共享，通过与客户、物流商、网点等多点协同工作，实现物流运作全过程的流程控制与管理。从重心角度看，海尔物流重视企业内部物流，强调采购→物料供应→生产物流→销售物流等环节的一体化管理，特别是物料供应与生产物流是其优势；安泰达物流侧重于社会物流，通过物流的外部集成和管理实现物流流程的优化与控制。

(3) 在设施设备方面，由于家电物流与销售的关联性较强，因此两家物流公司均采用自有和租赁仓储设施为主的资源整合模式，海尔物流兴建的大型自动化立体仓库是典型的自营物流表现，安泰达物流设施的社会共用性也体现了物流商的特点。

(4) 在模式创新方面，海尔物流在我国家电制造企业中较早引入现代物流理念，并在实施过程中以供应链管理为核心进行改造；安泰达物流通过初期物流外包→后期向下整合→推广VMI管理模式等，实现了物流运作管理实践的创新。

本案例中，海尔物流与安泰达物流通过不同的物流运作方式，实现了物流模式的创新与对运作流程的有效控制。在流程控制方面主要有以下几点启发。

(1) 为实现高效的物流流程控制，企业应具备一个与自身相适应的物流集成管理模式，才可能推动后期的物流运作过程组织等具体工作。

(2) 物流流程的全过程控制离不开信息系统，而物流信息系统成功实施的关键就是功能与需求的高度一致与集成，以实现物流流程控制的无缝化与高效化。

(3) 家电物流组织与流程控制有多种模式，一定存在适合本企业的创新模式，只有不断创新，才能实现物流运作管理的持续改进。

本 章 小 结

家电物流的含义与特点是分析家电物流系统的基础，对家电物流市场的需求与供给分析是双方合作的基础内容。

通过对现有家电物流自营与外包两种模式的分析可以看出，无论家电企业采用哪种物流模式，物流外包都是主要发展趋势，家电物流商应依据成本优先，流程优化、控制，协同、集成管理等原则选择适合自身的模式。

在家电物流运作管理中，要关注采购、供应、仓储、运输、配送等主要运作流程控制要点，通过物流运作管理，实现对家电物流集成管理的组织与家电物流典型的自营物流和外包物流模式下的流程控制。

关键术语

家电物流　　　　　家电物流运作　　　　　家电物流商　　　　　家电物流组织
家电物流流程控制

综 合 练 习

一、多选题

1. 下列属于家电物流运作流程研究范畴的有(　　)。
   A．原材料供应　　　　　　B．家电生产物流
   C．家电销售物流　　　　　D．家电回收物流
   E．生产工艺改进

2. 家电物流市场分析的主要内容有(　　)。
   A．家电市场分析　　　　　B．家电物流需求分析

C. 家电物流供给分析　　D. 供需联动分析
E. 流程分析
3. 下列属于家电物流运作控制追求目标的有(　　)。
A. 到货准点率　　B. 货损货差率
C. 服务满意度　　D. 客户投诉率
E. 订单满足率

二、判断题

1. 家电物流是指家电销售物流。　　　　　　　　　　　　　　　　　　　　(　　)
2. 海尔物流是家电运作的相关主体之一。　　　　　　　　　　　　　　　　(　　)
3. 家电物流运作模式主要有自营与外包两种。　　　　　　　　　　　　　　(　　)
4. 家电物流商主要通过以往的合作关系进行选择。　　　　　　　　　　　　(　　)
5. 家电物流运作控制的主要目的是满足家电企业成本降低的要求。　　　　　(　　)

三、实训题

1. 调研一家本地物流企业的家电物流业务，了解其与主要家电企业客户的集成管理模式。
2. 使用 Visio 等作图软件，绘制调研企业的物流运作流程图，并指出关键作业流程与控制要点。
3. 对具体的流程制作针对性的说明文档，在课堂上与同学交流，讨论该企业物流运作管理的重点、目前存在的问题、优化作业流程的方法，并提出优化思路与优化内容。

四、案例分析题

苏宁电器承运商的选择和管理

苏宁电器已先后在南京、北京、杭州、成都、厦门等地建设或规划了物流基地，逐步形成苏宁电器强大的物流网络体系。物流配送承运商的选择和管理是整个物流网络中区域配送体系的核心，其表现也关系到整个区域销售的业绩。苏宁电器针对物流的不同环节对本企业的重要程度与社会物流资源的可获得性，实行区别对待的方式。在条件成熟的地区，物流与配送中心主要由苏宁电器自营；在干线运输与终端配送环节，主要以区域承包的方式进行外包。例如，2009 年 6 月，苏宁电器通过转变配送模式，把济南配送中心的终端配送业务分区域外包给不同的物流商，实现了配送模式、管理思想等方面的创新，优化了去前电联、销单收货、排程装货、签单回收、信息销单、回货入库等流程，提升了突发事件的管理水平。

1. 苏宁电器物流商选择与控制的具体内容
1) 苏宁电器物流商的选择标准
(1) 对于全国一级市场，苏宁电器会以招标的方式向社会寻找配送合作伙伴，在大城市选择一个大型物流商与苏宁电器达成合作关系。
(2) 对于二、三级市场，苏宁电器采用既与物流公司合作又与个体工商户合作的策略，随着物流集成化管理，已很少采用零散运力外包方式，正逐步过渡到运力全部招标的方式。

2) 苏宁电器选择物流商的基本原则

(1) 质量原则：确认物流配送承运商是否有一套稳定、有效的质量保证体系。

(2) 成本原则：确认物流配送承运商是否具有安全完善的配送商品所需的特定设备和能力。

(3) 交付原则：确定物流配送承运商是否拥有足够的配送能力、充足的人力资源，以及扩大配送服务的潜力。

(4) 服务原则：确认承运商是否有售前、售后服务纪录。

以上原则的重要性顺序为质量→成本→交付与服务。由于物流成本管理的重要性，苏宁电器非常重视对涉及的配送业务进行成本分析，并通过双方的价格谈判实现成本节约。

3) 苏宁电器对物流商考核的原则

建立和使用一个全面的物流配送承运商综合评价指标体系，可以对物流配送承运商作出全面、具体、客观的评价。考核要综合考虑物流配送承运商的业绩、设备管理、人力资源开发、质量控制、成本控制、信息单据流转、用户满意度、交货协议等可能影响供应链合作关系的方面。考核的总原则是全面、具体、客观，具体应考核以下原则。

(1) 系统全面性原则：全面、系统评价体系的建立和使用。

(2) 简明科学性原则：物流配送承运商评价和选择步骤，选择过程透明化、制度化和科学化。

(3) 稳定可比性原则：评价指标体系应该稳定运作、标准统一、减少主观因素。

(4) 灵活可操作性原则：不同行业、企业、商品需求、不同环境下的物流配送承运商评价应该是不同的，需要保持一定的灵活操作性。

(5) 门当户对原则：物流配送承运商的规模、层次应与物流需求企业相当。

(6) 半数比例原则：配送能力不超过物流配送承运商能力的 50%。

(7) 物流配送供应源数量控制原则：同类配送服务的承运商有 2~3 家，有主、次承运商之分。

(8) 供应链战略原则：与重要物流配送承运商发展供应链战略合作关系。

(9) 学习更新原则：评价的指标、标杆对比的对象以及评价的工具与技术都需要进行不断的更新。

2. 配送业务招标举例

苏宁电器的一次配送业务招标内容如下。

1) 项目简介

苏宁电器在杭州市有 10 家连锁店面，结合杭州市场 2008 年度的连锁发展规划，零售配送量急剧上升。面向社会公开招标的项目是 2008 年度杭州地区零售配送业务。

2) 具体标段

苏宁电器把本次招标标段划分为 6 个，并对同一物流商投标进行了限制，具体包括以下内容。

(1) 第一标段：拱墅区［莫干山路以东、德胜路(含)以北、石桥路(含)以西］，余杭区(勾庄、良渚、瓶窑、仁和、径山、黄湖、鸬鸟、百丈)，湖州安吉，德清(杭宁高速以西)区域。

(2) 第二标段：杭州西湖区［莫干山路(含)以西、天目山路(含)以北、西溪路(含)以北、留祥路(含)以南］，余杭区(余杭镇、闲林镇、仓前镇、中泰、五常)，临安区。

(3) 第三标段：杭州市区[环城北路(含)以北、艮山路(含)以北、莫干山路(不含)以东、德胜路(不含)以南、石桥路(不含)以东、九堡老杭海路(含)以西]，余杭区(乔司、临平、崇贤、塘栖)，桐乡市，海宁市。

(4) 第四标段：杭州上城区(清江路和江城路以南、江路沿线)，滨江区，萧山以南(所前、义桥、临浦、浦阳、戴村、进化、楼塔)，转塘，袁浦，周浦，龙坞，富阳，桐庐，建德，新安江。

(5) 第五标段：下沙、萧山地区。

(6) 第六标段：杭州城区西溪路、环城北路以南(不含)、环城东路和江城路以西(含)、复兴路和之江路以北(不含)、梅岭路以东(含)。

注意：各运输单位及物流企业可对以上任何区域投标(同一公司最多可选择两个标段投标)。

3) 对物流商的基本要求

(1) 竞标单位必须能够提供正规的运输发票。

(2) 竞标单位必须自行配置送货工人及作业工具。

(3) 能按我司要求一次性交纳一定数额的服务保证金。

(4) 合作期间，在我司下达配送任务指令至中标单位后，中标单位必须严格按照作业标准装/卸货，保证按招标方要求按时、按质、按量完成配送任务(参照苏宁电器配送人员服务规范)。

(5) 竞标单位需提供优质、安全、快捷的运输服务，具有较强的赔付能力及良好行业信誉，具备一定的综合实力，确保投入该项目运作的公司自备车辆必须在5辆以上，其服务质量在平时单项考核、月度运费中体现(参照苏宁电器外租车零售配送协议、苏宁电器配送服务管理条例)。

4) 竞标议标注意事项

(1) 我司本着公平、公正的原则对待所有参与方。在议标时，依据竞标文件中的零售配送报价单、服务质量、服务保证金交纳金额及交纳方式、车型、资信及履约能力和其他优惠条件等，选择合作方。

(2) 我司不向参与方解释落标原因，不退还竞标文件。

(3) 根据本次活动评比情况，招标结果可能是一次定标，也不排除再次竞标的可能性。

(4) 竞标单位的竞标文件为合同的组成部分，参与竞标的单位不得单方面改变承诺(双方协商改变除外)，否则我司有权视其为恶意竞争，将作为废标处理。

(5) 递交标书地址：苏宁电器杭州配送中心(杭州市下沙经济开发区15号大街10号)。

(资料来源：根据中招网、长安大学物流与供应链研究所网等资料整理)

仔细阅读本案例，详细分析并回答下列问题。

1. 在苏宁电器承运商选择的基本原则中，如何把握质量原则与交付原则？

2. 苏宁电器认为质量原则、成本原则、交付原则与服务原则的排序依据是什么？如何体现该顺序？谈谈对这4项原则重要性的认识。

3. 谈谈对苏宁电器承运商区域承包的理解，如何创新管理模式。

4. 从苏宁电器招标实例中，总结苏宁电器对物流商的主要要求。

5. 如果你是某物流企业的项目经理，如何在本次招标中胜出？仔细思考并写出投标书的大纲，对主要内容展开论述。(提示：具体资料可从网上搜索杭州区域内的物流商网站，并以某企业的资料为基础撰写投标书，相关价格可从网络中获得。)

6. 结合学生撰写的投标书，组织一次课堂评标会，教师明确评议程序，从学生中选择评标组成员，分别扮演财务、市场、物流、战略、质管等部门的管理者角色，对各投标书进行评议，择优选择合适的物流商。

第6章 冷链物流运作组织

【本章教学要点】

知识要点	掌握程度	相关知识	应用方向
冷链物流	重点掌握	冷链物流的含义、特点	冷链物流运作分析
冷链物流分类	掌握	冷链物流的作业对象与分类	冷链物流分类
冷链物流运作模式	掌握	果蔬类等运作模式	冷链物流模式与管理
冷链物流运作组织	掌握	冷链物流运作组织结构	冷链物流运作组织
典型冷链物流流程控制	重点掌握	冷冻冷藏食品、生鲜果蔬等冷链作业控制	冷链物流具体作业控制
冷链物流温度控制	理解	冷链物流温度控制要点	冷链关键流程中的温度控制系统

导入案例

蒙牛、伊利与君乐宝乳业的冷链物流运作

自从 2008 年的"三聚氰胺"事件导致我国奶业商业信誉遭受重创以来,以蒙牛、伊利和君乐宝等为代表的我国乳制品企业时刻不敢放松对冷链物流的运作管理。

1. 蒙牛冷链物流的运作管理

蒙牛在权衡了车辆投资折旧、人员配置等物流运作成本之后,选择了把冰激凌等产品的运输业务全部外包给物流公司运营。荣庆、双汇、安得、大棚等物流公司是蒙牛的主要冷链物流承运商。蒙牛形成了运输外包、仓储自营的蒙牛冷链物流运作模式。其所需冷库一般紧接生产线进行统一规划建设,马鞍山等地的冷库已逐步发展成冷链物流中心。其冷链物流运作管理的关键控制有以下几点。

(1) 由于超市对低温产品的要求是出厂 3 天内必须上架,否则作退回处理,因此蒙牛与大型超市联合,通过配送直供超市,做到 2~3 天到达终端。对于一般的小店、零售店、批发店等终端,蒙牛通过投放冰柜等方式,与商家形成闭合的冷链物流运作流程,确保了产品的质量与高效运作。

(2) 蒙牛针对冷链产品配送周期的特点,通过订单集中与就近生产的方式,至今仍在一些地区采用蒙牛初创期的定点生产的生产模式,以缩短运输半径的方式压缩配送时间,为产品的保鲜赢得时间。

(3) 蒙牛立体冷库通过自动控温系统进行控制,实现-25℃~-22℃的温度标准。当温度上升到-21℃时,冷风机自动制冷,达到-25℃时,冷风机停止工作。

(4) 靠近立体冷库的是-13℃~-10℃的缓冲一区,随后是 0℃的缓冲二区。冰激凌从冷藏车直接进入缓冲二区。当有货品进入时,冷库的自动感应门开启,待货品装运完毕,自动感应门关闭,以减少冰激凌在室外的暴露时间。

(5) 冰激凌的包装箱一般都是纸箱,遇水蒸气容易挤压变形,缓冲区从根本上解决了这个问题。外来空气的水分被隔离在缓冲区内,用于储存的冷库不会结霜,省去了除霜工作。

(6) 立体冷库全部作业由计算机控制,特制在低温下工作的堆垛机使上货、下货自动化。

2. 伊利冷链物流运作管理

伊利特别重视物流管理,通过多年发展,目前已形成"运输环节一般外包物流,仓储环节一般自营物流"的伊利物流模式。其冷链物流关键运作管理的控制有以下几点。

(1) 伊利冷饮事业部的配送业务全部由第三方物流公司运作,部门对第三方物流公司统一招标。

(2) 伊利液态奶事业部,一方面将液态奶从工厂直接送达客户;另一方面在全国重点城市布局分仓,通过分仓配送满足中小客户的需求。

(3) 选择冷藏冷冻集装箱、冷藏车、冷冻车等运输工具。

3. 君乐宝乳业冷链物流运作管理

君乐宝被全国消费者熟知是2014年横空出世的婴幼儿奶粉,但君乐宝最初并不是以婴幼儿奶粉为主业,而是一直专注于奶制品市场,从最初的酸奶到常温奶再到奶粉、鲜奶,几乎涵盖奶制品的全品类。2020年,君乐宝通过INF0.09秒瞬时杀菌技术,使鲜奶在保留更多营养物质的同时,保质期由3天提升到19天,面向全国全渠道发售,销售额破千万元。其冷链物流正是支撑起这一切的关键,主要包括以下运作流程。

(1) 君乐宝采用全机械化挤奶,牛奶挤出来即冷却并运至工厂进入加工程序,生产出来的成品直接进入冷库,24小时无间断冷藏储存。

(2) 君乐宝为所有冷藏运输车配备随车GPS,可实时监控在途车辆的行车轨迹、车厢温度等,杜绝运输过程中的脱冷隐患。

(3) 建立经销商冷库实时监控系统,实时监测经销商冷库的温度变化、产品摆放、库存等情况。

(4) 首创低温乳制品24小时不间断发运模式,到货时间提升6~8小时,提升了产品的新鲜度。

(资料来源:根据蒙牛、伊利、君乐宝等企业网站相关资料整理)

企业如何选择合适的冷链物流运作组织模式,如何针对不同模式进行有效的冷链物流运作管理,如何制订高效的冷链物流解决方案,如何进行冷链物流全程温度控制,典型的冷链物流运作方式是怎样的,如何保证冷链食品的质量安全。通过本章的深入学习,读者可以得到答案。

6.1 冷链物流概述

从家庭使用的家用冰箱到超市使用的冷冻柜或保鲜柜,从上游厂商的冷冻冷藏运输车辆到物品存放的冷库,都属于为全程冷链提供运作保障的相关设施设备。冷链物流作为冷冻冷藏食品、生鲜品、特殊类物品等保证品质的关键手段,越来越受到重视。

6.1.1 冷链物流的内涵

1. 冷链物流的含义

冷链是指某些食品原材料、经过加工的食品或半成品、特殊的生物制品和药品经过收购、加工、灭菌、灭活后,在产品加工、储藏、运输、分销和零售、使用过程中,其各个环节始终处于产品所必需的特定低温环境下,从而减少损耗,防止污染和变质,以保证产品食品安全、生物安全、药品安全的特殊供应链系统。《物流术语》(GB/T 18354—2021)中对冷链的解释如下:根据物品特性,从生产到消费的过程中使物品始终处于保持其品质所需温度环境的物流技术与组织系统。保鲜可通过低温实现,也可通过恒常温实现,还可通过其他物理与化学方法实现,特别是在部分初级农(副)产品物流作业上,由于其物流作业均与冷链物流作业类似,因此在冷链物流实际运作过程中,不通过低温形式保鲜或延长保质期的做法也在冷链物流运作研究的范畴。

从保障作业对象质量和延长保质期的角度，冷链物流主要是指需冷藏冷冻的物品或保鲜品(一般是低温或恒温)，在生产加工、储藏保管、运输与配送，直至最终用户消费的各个环节中，始终处于规定的温度和保鲜技术保障下，以期更长时间地保持物品的关键属性和质量安全，并减少损耗的专项物流。冷链物流一般需要低温装置，要对运送过程、温度变动、作业时间、运输形态、物流成本等进行精确掌控。《冷链物流信息管理要求》(GB/T 36088—2018)对冷链物流的定义如下：以冷冻工艺为基础、制冷技术为手段，使冷链物品从生产、流通、销售到消费者的各个环节中始终处于规定的低温环境下以保证冷链物品质量，减少冷链物品损耗的物流活动。

食品冷链是以保证易腐食品品质为目的，以保持低温环境为核心要求的供应链系统，比一般常温物流系统的要求高，建设投资也要大很多，是一个庞大的系统工程。因为易腐食品的时效性要求冷链各个环节具有更高的组织协调性，所以食品冷链运作始终是与能耗成本关联的，有效控制运作成本与食品冷链的发展密切相关。

2. 冷链物流运作的特点

(1) 温度控制：根据《冷链物流分类与基本要求》(GB/T 28577—2021)，冷链物流温度带可分为两大类：C(冷藏 Cold)、F(冷冻 Frozen)；再细分为 6 小类：G1(10℃<C1≤25℃)、C2(0℃<C2≤10℃)、F1(-18℃<F1≤0℃)、F2(-30℃<F2≤-18℃)、F3(-55℃<F3≤-30℃)、F4(F4≤-55℃)。

(2) 运作成本：冷链物流投资大，运营维护成本高。冷库建设和冷藏冷冻车的购置需要的投资比较大，是一般库房和普通车辆的 3～5 倍。冷链包括的制冷技术、保温技术、产品质量变化和温度控制及监测等需要专门配置相关设备。

(3) 时效性：冷链物流对时效性要求高。由于冷链的目的是保鲜、延长产品的保质期等，因此时间管理尤其重要。时效性是冷链物流运作成功的关键要素之一。冷链运作中的时间管理详见第 10 章内容，此处不再赘述。

(4) 作业环境要求高：冷链物流仓储与运输环节作业更具体。大部分物品要求保持鲜活性或低温状态，仓储管理与库存控制要求更加精确，对物品保质期更加敏感，可采用关键因素分析等方法。

(5) 质量要求：对食品类质量安全要求高，一般要进行溯源管理。品质保证是冷链运作的基本要求之一，冷链物流本身强调的就是食品安全和品质保证。冷链物流完全可以通过加强运作组织与管理，提高物流过程监控能力，最大限度地保障食品安全。

(6) 设备：冷链物流装卸设备要求特殊，专用化程度高，如对鲜花、鲜活水产品、鲜奶等的采收(捕获等)、分拣、装卸、运输都有特殊要求，物流设备的选择要充分考虑冷链物流作业对象的特殊性，如在冷库内不能选用内燃机叉车，而要选用电动叉车。

6.1.2 冷链物流的作业对象与分类

1. 冷链物流的作业对象

冷链物流的作业对象主要是常温下无法正常保存的物品，或者追求更长保质期的物品，主要包括：①农产品，如蔬菜、水果、肉、禽、蛋、水产品、花卉等；②加工食品和速冻食品，如禽、肉、水产等包装熟食，冰激凌和奶制品，快餐原材料等；③特殊商品和药品、化工危险品等。

2. 冷链物流的分类

冷链物流分类的依据不同，分类的结果会略有差异。根据作业对象产品的温度要求，冷链物流分为冷藏与冷冻两大类。由《冷链物流分类与基本要求》(GB/T 28577—2021)，根据冷链物流物品类别，可以将冷链物流细分为以下 4 类。

食品类冷链物流：主要为果蔬类、肉类、水产类、禽蛋类、乳类、粮食类及其加工制品等易腐食品提供温度控制技术，以保证食品安全和品质的物流服务活动。

花卉、植物类冷链物流：主要为花卉、植物及其鲜切产品提供温度控制和气调储藏技术，以保证物品质量安全的物流服务活动。

医药、医疗类冷链物流：主要为药品、医疗器械、生物样本等提供温度控制技术，以保证物品质量安全的物流服务活动。

其他冷链物流：主要为化学品、精密仪器、电子产品、艺术品等提供温度控制技术，以保证物品质量和安全的物流服务活动。

6.1.3 冷链物流市场分析

冷链物流作为附加值比较高的物流服务，是物流企业只有具有相应设施设备，才能追求的重要市场，目前已经成为一些物流企业盈利的主要业务。

由于冷链物流本身的特点，一般与需求者的生产与供应密切相关，如上海光明、双汇、雨润等企业主要采用冷链物流自营模式；自身资源不足的物流业务可以通过外部招标的方式，如蒙牛、伊利等企业主要采用冷链物流外包模式，并与优秀的物流商签订长期合同，以提高其供应链运作与管控能力。

部分种类冷链物流市场分析与运作组织的一般要求见表 6-1。

表 6-1 部分种类冷链物流市场分析与运作组织的一般要求

冷链物流	市场分析与运作组织
果蔬类、禽蛋类、肉类冷链物流	①参与者众多，空间大分布广；②采收和仓储环节复杂，市场不确定性大，要求更加复杂；③保持生鲜度有一定难度，受季节影响大；④各个环节需有良好的组织协调性；⑤市场力量不均衡、农户或个体储运者在物流冷链中的利益很难得到保障
水产类冷链物流	①保持产品鲜活性；②部分有包装良好、防止霉变的特殊要求；③必须满足客户对水产品多品种、小批量订货和处理的要求；④必须满足缓解水产品需求量不平衡的要求
花卉冷链物流	①配送速度快；②消费需求新异与特色化；③追求物流作业完好率和及时性；④新技术应用广泛；⑤运输成本较高
乳类冷链物流	①流向整合的组织形式；②线与节点具有有效的协调性；③对信息技术要求高；④冷链作业与产品质量要求高；⑤对产地管理要求高；⑥需要庞大、快速的配送体系，全程保持在较低温度；⑦冷链较短，流通半径小；⑧物流提供商多样化
速冻食品冷链物流	①作业要求比较高；②包装要求高；③强化全程温度控制；④需要高效的物流配送网络
药品冷链物流	①具有独立、完整的冷链物流体系，整合规划与协调；②需要高效的物流配送网络；③有强有力的行业规范和专业人才；④全程温度控制；⑤管理建设投资大，系统庞大

案例阅读 6-1

冷链成"热土"

2012年,顺丰启动生鲜电商平台"顺丰优选"的建设。2013年5月,顺丰优选的冷链配送首次走出北京,实现对天津六城区的生鲜48小时配送。2013年9月,顺丰优选开始向华东、华南地区配送生鲜产品,覆盖上海、杭州、苏州、广州、深圳等地。

与此同时,其他电商平台也纷纷推出冷链计划:1号店在北京正式推出生鲜品类,运营频道命名为"1号生鲜";京东的"自营"生鲜频道在2013年9月上线;2013年7月,天猫开始试水生鲜配送;同年7月底,苏宁易购以"阳澄湖大闸蟹"开启了涉足生鲜网购的大幕……电商正在把生鲜电商作为战略热点,同时给我国的冷链物流带来巨大的发展机会。

2008—2017年,全球知名的美冷、普菲斯、太古等外资冷链公司纷纷进入我国市场,中外运等企业布局冷链,双汇、光明等上游食品企业成立独立物流公司,京东、易果、天猫等企业试水生鲜电商。多方企业开始探索新的发展机遇,涉足冷链市场,带动国内冷链仓配网络建设逐步完善。

2018年至今,全民冷链需求爆发,基础设施体系日益完善,新技术对产业驱动强劲,行业迎来快速发展时期。

6.2 冷链物流运作组织概述

6.2.1 冷链物流的现状分析

我国冷链行业在政策的支持下正在大跨步前进,2019年中国农产品冷链物流需求分析报告显示,水果、蔬菜、肉类和水产品的农产品冷链物流规模达到21370.4万吨,国内人均年水果消费不足60千克,与发达国家人均年消费100千克相比,国内水果消费还有较大增长空间,水果冷链需求有待进一步挖掘;国内消费者对蔬菜的需求逐渐从昔日的数量型向如今的质量型转变,更健康、更营养的需求日益显现,从而提高了冷链物流的要求;我国已经成为水产品市场最大的消费国家,冷藏、冷冻是水产品的主要流通形式,对冷链物流的发展提出了新挑战;受猪瘟疫情和政策的导向影响,国内猪肉供应转向进口,从以"运猪"为主调整为以"运肉"为主,冷鲜肉将成为肉类消费主流,肉类冷链物流运输市场发展空间巨大。因此,冷链物流服务体系建设十分必要。

随着市场、企业的高速扩展,制约行业发展的主要问题如下。

1. 冷链物流理念推广薄弱

由于冷链行业还处于发展初期,消费者在超市、菜市场购买食品时,只关注产品品牌、颜色等表面现象,却没有考虑在最终环节之前的供应链是否出现断链。再好的产品,如果在运输、储藏等环节中的任何一个环节出现断链,那么该产品就不会新鲜了。产生这种现象的原因是冷链知识没有在社会上广泛普及,公众没有真正认识到食品安全的重要性。因此,推广冷链技术和理念至关重要。

2. 冷链设施投资仍显不足

冷链物流是健全"从农田到餐桌、从枝头到舌尖"的生鲜农产品质量安全体系,提高医药产品物流全过程品质管控能力,支撑实施食品安全战略和建设健康中国的重要保障。近年来,随着我们生活质量不断提高,需要冷链服务的产品需求增长迅猛,无论在企业之间还是终端客户需求都体现较明显,相应的冷链基础设施和冷藏设备需求快速增长,出现了一些比较有代表的冷链企业,如双汇冷链、盒马鲜生等。据统计,我国在2020年冷链物流市场规模已超过3800亿元,冷库库容已近1.8亿立方米,冷藏车保有量约28.7万辆。据中国物流与采购联合会冷链物流专业委员会统计表明:2021年公路冷链物流需求接近2.5亿吨,公路冷链运输主要货物运输量占总冷链运输量的89.73%,公路冷链运输已成为冷链物流的绝对主力。

冷链设施的完善是一个过程,这一问题会随着经济发展和社会进步而逐步解决。目前,我国冷链运输发展迅猛,虽然以物流信息化、智能化为主导的各类冷藏设施、设备,为冷链全程可控提供了比以往更加可靠的保障,但从发展基础看,冷链物流的专业化、规模化、网络化发展程度不高,信息化、自动化、智能化技术应用不够广泛,冷链设施投资与快速增长的需求仍不匹配。在《"十四五"冷链物流发展规划》中明确提出:到2025年,初步形成衔接产地销地、覆盖城市乡村、联通国内国际的冷链物流网络,基本建成符合我国国情和产业结构特点、适应经济社会发展需要的冷链物流体系,调节农产品跨季节供需、支撑冷链产品跨区域流通的能力和效率显著提高,对国民经济和社会发展的支撑保障作用显著增强。

3. 冷链第三方物流发展滞后

目前,我国第三方冷链物流发展的基本情况是以食品生产企业为母体的第三方物流企业和独立第三方物流公司共存并进。专业第三方冷链物流约占20%,以中小企业为主,缺乏行业竞争力。此外,大多数易腐食品物流是由生产商、加工商和零售商自己操作,极大地妨碍了冷链市场的成本效益,也阻碍了第三方冷链物流企业的发展。

4. 冷链系统标准化有待完善

据不完全统计,分布在不同行业和部门的冷链物流标准已达近200项,但是冷链物流标准化体系建设是由部门、地区条块分割管理的,极大地制约了冷链物流各相关行业标准化之间的统一性和协调性。目前,我国冷链管理部门除了国家统一的标准管理机构,还有交通、铁路、民航、卫生、信息等部门,而冷链物流行业涉及的各产业技术组织、科研机构分散在各政府部门、各行业中,相互之间很难交流和配合,不能形成统一的规划。

标准落实不到位也是制约行业发展的问题之一,现有标准实施起来也可能遇到阻碍,而没有落实到位。如果没有强制性标准,那么很难保证产品质量,让消费者放心。

5. 信息化水平低下

冷链物流不同于普通物流,其硬件水平和货物运作要求较普通货物具有较强的刚性要求,对于信息化的配置和运营人员的管理水平、应急处理能力都有较高的要求。我国整体物流信息化水平较低,而冷链运输行业的信息化现状更是不容乐观。运营人员大多数是从普通物流转过来的,不仅不熟悉产品特性,而且冷链物流运营要求的掌握程度也低。因此,冷链物流应急预案能力亟待提高。

从以上分析可以看出,我国冷链市场与发达国家相比仍存在差距,但这也说明我国冷链物流有巨大的潜力等待开发。事实上，随着人们生活水平的日益提高，对冷冻冷藏食品的需求越来越大，冷链物流市场商机逐渐显露。各地政府和企业开始有意识地把冷链物流作为市场"蓝海"培育和开拓。近年来，我国食品安全方面的法规越来越严，越来越多的生产商选择第三方冷链物流企业来外包自身的冷藏物流业务。

从冷库建设规模来看，自 2015 年国家层面提出实施城乡冷链物流基础设施补短板的要求后，我国冷链基础设施建设加速推进。中国物流与采购联合会冷链物流专业委员会发布的数据显示，2021 年全国冷库容量约为 7498 万吨，同比增长 12.5%。

6.2.2 冷链物流运作组织模式

冷链物流运作组织模式一般因类别不同而不同。果蔬类供应链与冷链物流组织结构如图 6.1 所示。通过生产加工商的加工环节、批发商与零售商的流通环节，农户种植养殖的多种产品通过冷链物流的运作送达消费者手中。

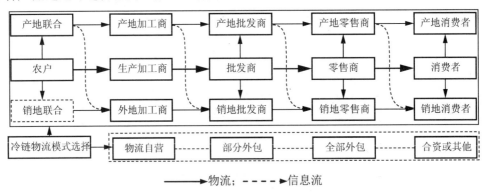

图 6.1 果蔬类供应链与冷链物流组织结构

分析图 6.1，可以得出，果蔬类一般由农户→批发商→零售商→消费者构成供应链，禽蛋类一般由农户(或养殖场)→生产加工商→批发商→零售商→消费者构成供应链。在禽蛋类供应链中，除农户(或养殖场)以外的任一主体都可以通过压缩供应链的方式向上游企业直接采购，同时各个环节都可能自发联合或多层级的组织体系增强自身实力。例如，农户可通过产地与销地联合，常见的有合作社、供销社、农户代表等，以提高自身的议价能力。

图 6.1 下部的冷链物流运作模式部分就是上述供应链中的运作组织主体对物流服务的不同选择，从而形成物流自营、外包(部分或全部)、合资等冷链物流运作模式。从中不难看出，冷链涉及的主体较多。在经济的独立性与个体追求利益的驱动下，在整个冷链组织模式中，每个主体物流运作模式多会呈现自营、外包等并存的情况。

6.2.3 不同类别冷链物流运作组织

1. 果蔬类冷链物流运作组织

果蔬类冷链物流运作组织如图 6.2 所示。果蔬类产品通过产地储藏(或销地储藏)后，通过流通加工和运输环节进入销地配送中心(或批发市场)，通过批发商配送或分销商自提的方式进入超市门面、个体商贩零售终端，消费者通过到超市、菜市场等方式购置回家。在该流程中，运输与仓储是整个冷链物流运作的关键，通过商流与物流环节完成从田间到餐桌的过程。

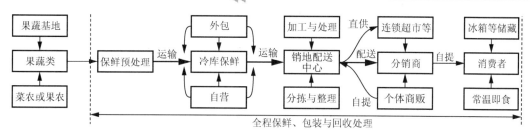

图6.2 果蔬类冷链物流运作组织

果蔬物流运作流程示例

> 山东寿光的蔬菜销往北京菜市场的一般流程如下：寿光菜农→批发收购商→集中装车→运输→北京批发市场→小型菜贩→各区域菜市场→消费者。在该物流运作过程中，山东寿光的蔬菜经过一系列商流与物流运作送到菜市场，通过运输、仓储自营或外包的模式完成整个物流过程的运作组织。
>
> 重庆S公司与广东某地的果农长期合作(一般以若干年多少亩的水果种植面积为签约标的)，及时地把广东产的砂糖橘销往重庆各超市，该物流运作过程的主要环节包括：广东果农→重庆水果批发商采购→该公司位于重庆的果品配送中心→各超市→消费者，通过运输、仓储自营或外包的模式完成整个物流过程的运作组织。

2. 花卉类冷链物流运作组织

一般花卉生产基地通过简单加工和运输包装、保鲜与快速运输，把花卉运输至交易地；通过交易市场的商流，把花卉卖给专业用户、花店等销售终端。此物流运作过程包括保鲜运输、仓储、流通加工、配送等。其物流业务可以是自营的，也可以外包给3PL。花卉冷链物流运作组织如图6.3所示。

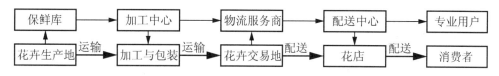

图6.3 花卉冷链物流运作组织

3. 禽蛋、冷藏冷冻食品、鲜活水产品类冷链物流运作组织

物流中心(配送中心)的设置不同，形成了多种运作模式。禽蛋、冷藏冷冻食品、鲜活水产品类冷链物流运作组织，如图6.4所示，这是一种比较理想的模式。根据调研，目前大多数屠宰厂和冷藏冷冻食品、水产品加工企业都有自己的冷藏冷冻库，以平衡供应、生产与销售各个环节。

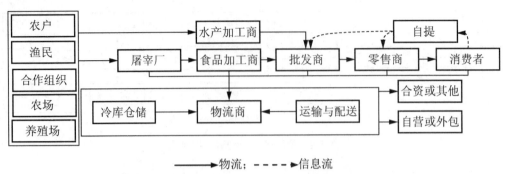

图6.4　禽蛋、冷藏冷冻食品、鲜活水产品类冷链物流运作组织

在图 6.4 中，冷链物流全部或部分业务可以是个体农户等自营或外包，或是屠宰厂自营或外包，或是食品或水产加工商自营或外包，或是批发商或零售商等自营或外包。当然可以同时存在多种状态，形成一个物流运作多样化的情形。图 6.4 所示是一种物流集成形式，物流商通过一体化物流运作组织，充分利用物流资源，提高作业效率。

知识链接 6-1

速冻食品、冷冻食品和冰温食品

(1) 速冻食品：在-40℃～-35℃的环境中，在 30min 内快速通过-5℃～-1℃的最大冰结晶生成带，在 40min 内将食品中 95%以上的水分冻成冰，即食品中心温度为-18℃以下。这样食物组织中的水分、汁液不会流失，而且在这种低温下，微生物基本不会繁殖，食品安全有了保证。

(2) 速冻食品与冷冻食品的关系：速冻强调的是速冻过程，形成后就是冷冻食品了。

(3) 冰温食品：放置在冰温带(0℃以下，冰点以上的温度区域)进行加工、储藏和流通的食品，按冷冻食品冷链物流处理。

4. 乳类冷链物流运作组织

乳品是乳类制品的简称，也称奶制品、奶类食品或奶食品，是指以乳类为基本原材料加工而成的食品。除了各种直接使用奶制成的饮料，乳品还包括通过发酵获得的食品(奶酪和奶油)，以及对奶进行干燥或者提炼后获得的高浓度制品(如奶粉和炼乳等)。雪糕、冰激凌等也包括在内。乳类冷链物流是指以新鲜奶和酸奶等为代表的低温奶产品等，在奶源基地采购、生产加工、包装、储藏、运输与配送、销售直到消费的各个环节都处于较适宜的低温环境中运行的一种冷链物流，以保证奶制品的品质，防止奶制品变质和污染。

乳类冷链物流运作组织如图 6.5 所示。在乳类冷链物流运作过程中，物流业务可以外包，也可以自营，与企业自身的战略要求一致即可。比如光明乳业采用自营冷链物流，而蒙牛乳业采用除了冷库多数作为生产厂功能之一进行自建，还把运输等环节全部外包给第三方物流的方式。在供应链管理上，上游加工企业与奶源基地更加紧密，通过自建牧场等方式，加强对奶源的控制，采用合作经营等方式监管分散农户小规模生产。下游物流企业通过运输与配送的全程监控，有效提高乳类冷链物流的温度与时间管理水平。

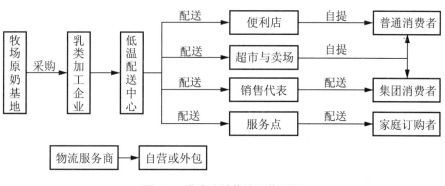

图 6.5 乳类冷链物流运作组织

5. 药品冷链物流运作组织

药品冷链物流运作组织如图 6.6 所示,其以疫苗和生物制药为代表的易变质医药产品在冷链各个环节都处于低温状态,以保证易变质的药品的品质为目的。从药品的特殊性要求上看,此种冷链建设需政府、医院与企业合作,共同推动。

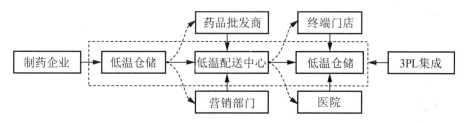

图 6.6 药品冷链物流运作组织

在图 6.6 中,药品冷链物流通过自营或外包的模式运作,理想模式是通过第三方物流商整合冷链上下游企业的冷链资源与运作组织,形成一体化的冷链物流运作模式。

目前,国内各地特别是农村拉闸限电的情况时有发生,断电在没有自备供电保障的单位就意味着冷链断裂,对生物制药企业和冷链物流企业极为不利,自备发电设备已成为冷链物流特别是冷藏与冷冻仓储企业的必备条件。

6.3 冷链物流流程控制

6.3.1 冷链物流作业流程分析

冷链物流在具体运作时,不仅有仓储与运输等比较大的功能环节,而且有很多精细作业需要协调与控制,如冷链物流运作控制三要素(人员、过程监控与技术设备)需要高度协同。图 6.7 所示为果蔬类冷链物流作业流程与控制要点。在该物流作业流程中,如果把果蔬类换成其他物品,调整相关仓库功能,就形成了花卉、禽蛋、水产类、乳类等的冷链物流作业流程,部分作业方式与过程也应根据类别作出相应的调整。

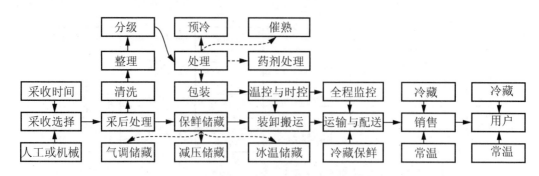

图 6.7 果蔬类冷链物流作业流程与控制要点

例如,根据图 6.7 并结合其他种类冷链物流的特点,即可形成禽蛋类、肉类冷链物流作业流程与控制要点,如图 6.8 所示,其中从活禽进入屠宰厂开始,冷链物流控制开始强化,直至到消费者手中。

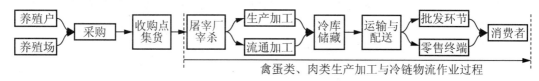

图 6.8 禽蛋类、肉类冷链物流作业流程与控制要点

6.3.2 典型冷链物流关键流程控制

冷藏食品、冷冻食品冷链物流关键流程主要包括运输、装卸搬运、储存与包装。各作业组织与控制要点如下[《冷藏、冷冻食品物流包装、标志、运输和储存》(GB/T 24616—2019)中的规定]。

1. 物流包装

(1) 应根据冷藏食品、冷冻食品的类型、形状、特性及周围环境的影响合理选择包装方案,确保冷藏食品、冷冻食品在物流过程中的质量和卫生安全。

(2) 物流包装材料应符合《农产品物流包装材料通用技术要求》(GB/T 34344—2017)的规定。

(3) 物流包装尺寸应与周转箱、托盘(优先推荐 1200mm×1000mm 尺寸)、货架、叉车及冷藏车、冷藏集装箱、冷藏船(舰)、冷藏列车等设施设备相匹配。

(4) 包装不耐压的冷藏食品、冷冻食品时,应在物流包装内加支撑物或衬垫。包装易失水的冷藏食品、冷冻食品时,应在物流包装内加具有吸附能力的衬垫。支撑物和衬垫应符合相关食品安全卫生要求。

2. 物流包装标志

(1) 物流包装储运标志应符合《包装储运图示标志》(GB/T 191—2008)的规定,包装上至少应注明冷藏食品、冷冻食品储运的温度条件。

(2) 物流包装收发货标志应符合《运输包装收发货标志》(GB 6388—1986)的规定。

3. 运输

(1) 运输设备。

① 运输冷藏食品、冷冻食品应使用具备温控能力的专用设备，专用设备应防冻、隔热保温性能良好。

② 应在运输设备醒目位置标示安全注意事项。

③ 运输设备厢体应清洁、无毒、无害、无异味、无污染，内壁应平整光滑。

④ 运输设备厢体内应配置具有异常报警功能的温度自动记录设备，对运输过程中厢体内的温度进行实时监测和记录。

⑤ 运输设备厢门处宜加装隔温装置。

⑥ 制冷系统、测温设备应定期检查、保养及校验，发现异常应立即停止使用并及时进行维修。

(2) 作业要求。

① 装载。装载前应对运输设备厢体内壁进行清洁、视情况消毒，并对运输设备进行查验，确认制冷系统、除霜系统状态良好，温度监测设备工作正常。运输设备厢体应在装载前预冷，厢体内温度达到冷藏食品、冷冻食品的装载要求时方可装载。装载作业区应有温度控制措施。冷藏食品、冷冻食品的温度在装载前应检测及记录，如温度不合格应及时通知管理人员和货主，协商处理措施。装载时应按照不同的目的地，依据"先卸先装""重下轻上""大不压小"的原则进行装载，不应倒置；不应与有毒、有害、有异味、有腐蚀性、易污染的食品混装，不应与非食品货物混装，不同温度要求的冷藏食品、冷冻食品不应混装。在使用多温区运输设备拼装时，具有强烈气味、容易吸收异味或需单独存放的敏感冷藏食品、冷冻食品不应在同一温区混装。冷藏食品、冷冻食品在运输设备厢体内的码放应紧密、稳固，必要时可使用支架、栅栏等装置进行固定；冷藏食品、冷冻食品与运输设备厢体四壁应留有适当空间，码放高度不应超过制冷机组出风口下沿。低温敏感的冷藏食品、冷冻食品应远离出风口。装载作业因故中断时，运输设备厢门应立即关闭并启动制冷系统。② 在途温控。运输过程中不应擅自打开运输设备厢门及冷藏食品、冷冻食品的包装。运输设备厢体内的温度应始终保持在冷藏食品、冷冻食品要求范围内。温度自动记录设备的记录间隔应≤5min，超过允许的波动范围应报警。③ 卸货。卸货区宜配备封闭式月台，并配有运输车辆对接的密封装置。冷藏食品、冷冻食品的温度在卸货前应检测及记录，如果检测到的温度不合格，应及时通知管理人员和货主，协商处理措施。卸货时应轻搬、轻放，不应野蛮作业及任意摔掷，不应直接接触地面。卸货期间，冷藏食品、冷冻食品中心温度波动幅度不应超过其规定温度的±3℃。卸货作业因故中断时，运输设备厢门应立即关闭并开启制冷系统。完成作业后，应及时对运输设备厢体进行清洗、通风、视情况消毒，并在晒干后关闭厢门。④ 交货。应保留运输过程中厢体内温度及冷藏食品、冷冻食品的检测温度、检测时间、装卸货时间记录，相关记录应保存两年以上。冷藏食品、冷冻食品在交接时的温度测量应符合《食品冷链物流追溯管理要求》(GB/T 28843—2012)中 5.4.5 的规定。交货作业应按照下列流程进行：及时通知收货方到货时间；核对收货方信息，主动向其提供物流全程温度记录；双方按照合同规定的时间、地点、数量、质量要求进行交货，并做

好可追溯温度历史记录；双方按照合同或提货单规定核对交货数量、温度等，无误后确认；交接有异议时，双方应在保证冷藏食品、冷冻食品质量安全的条件下，按照合同规定及时处理。

4. 存储

(1) 冷库设施。①冷库设计应符合《冷库设计标准》(GB 50072—2021)的规定。②冷库管理应符合《冷库管理规范》(GB/T 30134—2013)的规定。③冷库内应配置具有异常报警功能的温湿度监测装置。温湿度监测装置应位于不易受冷凝、异常气流、辐射、振动和可能冲击的地方，并定期校验。

(2) 作业要求。①入库。入库前，冷库和作业工具、作业环境应满足食品安全卫生要求。入库检验时，除查验冷藏食品、冷冻食品的外观、数量外，还应查验冷藏食品、冷冻食品的中心温度，如不符合要求应拒收。②在库维护。应按照冷藏食品、冷冻食品的种类、规格、进货日期等分库或分库位码放，具有强烈挥发性气味和异味、温湿度要求差异大、需经特殊处理、容易交叉污染的冷藏食品、冷冻食品不应混放。冷藏食品、冷冻食品堆码应符合 GB/T 30134—2013 中 6.8 的规定，冷藏食品、冷冻食品不应直接接触地面。堆码地点不宜置于库门附近或人员出入频繁的区域。冷藏食品、冷冻食品入库后应及时进入库位，并进行存量记录，内容包括但不限于：入库时间、入库温度、储存期间温度变化、库内的温湿度、批号、数量、生产日期、保质期、货位标签和平面货位图，记录应保留至相关冷藏食品、冷冻食品保质期后的半年。库内温度和相对湿度应满足冷藏食品、冷冻食品的储存要求并保持稳定，温度波动幅度不应超过 2℃，在食品进出库时，库内温度波动幅度不应超过±3℃。储存期间，应定期检测库内的温度和相对湿度，库内温湿度监测装置的记录间隔应≤30min，超过允许的波动范围应报警。应根据不同冷藏食品、冷冻食品的需要，适当对冷库进行通风换气。应定期对冷藏食品、冷冻食品进行盘点、核对明细、查验质量，发现异常食品应单独存放并做好标示，并立即通知管理人员和货主。③出库。冷藏食品、冷冻食品应按照先进先出原则出库。出库作业应在冷藏食品、冷冻食品要求的温度环境下进行。出库作业应按照下列流程进行：检查冷藏食品、冷冻食品的温度与合同规定是否一致；核对各项凭证，包括可追溯的温度历史记录凭证；备妥冷藏食品、冷冻食品准备出库；交付冷藏食品、冷冻食品，核对交货数量、温度等，并确认；出库后，及时更新台账，并保存相关信息备查。

金锣肉制品不间断冷链保鲜

我国肉制品企业——金锣集团始终关注冷链物流保鲜控制，为了确保冷鲜肉品质的优良性和食用安全性，把生产、运输、销售、运营过程中经过严格检疫的冷鲜肉始终保存在-2℃~4℃的环境下，全程冷链理念贯穿于全产业链，推行"冷链生产、冷链运输、冷链销售、冷链经营"的金锣模式。同时，为了保证运输过程中的食品质量控制，为更好地实现温度控制，金锣集团引进先进的 GPS，全程关注车辆中食品的温度，以实时关注动态，保证食品在抵达目的地的过程中不会变质。金锣集团结合了先进的运输设备和技术手段,有效保证了运输过程中的低温控制,确保肉制品的新鲜与安全。
(资料来源:根据金锣集团网站相关资料整理)

6.3.3 冷链物流温度控制

1. 冷链物流温度分布

冷链物流按储存温度的要求不同,分为超低温层、冷冻温层、冰温层、冷藏温层、恒常温层,具体见表 6-2。在表 6-2 中,恒常温层因其对温度控制的特殊要求,也作为冷链物流温控的一种类型单独列出。

表6-2 冷链物流的 5 个温层

温层	温度要求	主要商品
超低温层	-50℃以下	医疗设备
冷冻温层	-18℃以下	冷冻禽蛋,肉,冰激凌,速冻食品(水饺、汤圆、馒头、包子等)
冰温层	-2℃~2℃	果蔬
冷藏温层	0℃~10℃	鲜奶、酸奶、鲜奶油等
恒常温层	10℃~25℃	巧克力、红酒、糖果等

2. 冷冻食品冷链物流运作流程温度控制

冷冻食品冷链物流运作流程温度控制如图 6.9 所示。其中,应注意货物短期最高温是指冷链食品本身的温度;厢体短期最高温是指冷链物流运作设备,如车辆、相关冷冻设备等的温度。从完整的冷链物流运作流程来看,装卸作业存在于多个环节中,图中仅列出两处,其他环节如果存在装卸搬运环节,则要求一致。在冷链物流运作过程中,一般选择射频识别技术、全球定位系统等作为运作过程全程温度监控装置,具体应用可参见案例阅读 6-4。

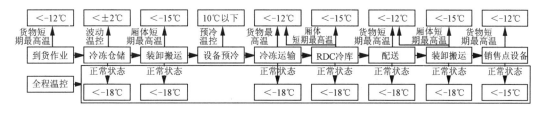

图 6.9 冷冻食品冷链物流运作流程温度控制

图 6.10 所示是某企业生猪屠宰冷链加工与物流过程中的关系和温度控制,包括快速制冷间、冷却间、速冻间、冷藏车等所有与冷链相关的设施设备,并通过温控设备与信息系统相连,实现全程温度控制。图 6.10 中的低温排酸是指猪肉的冷却排酸,即猪胴体经过动检人员检疫合格后,立即进入-20℃的快速制冷间 90min 左右,使猪肉的温度快速冷却,再转移到 0~4℃的冷环境中,经过 16~18h 的冷却(不能低于 16h),使猪后腿的中心温度低于 7℃。

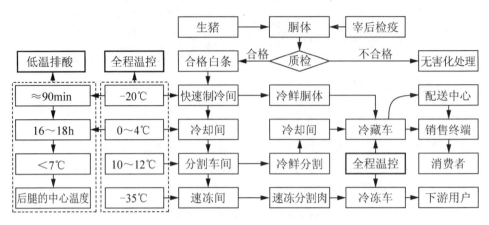

图 6.10 某企业生猪屠宰冷链加工与物流过程中的关系和温度控制

案例阅读 6-4

安华物流系统有限公司冷链物流系统实践

安华物流系统有限公司是可循环包装方案及智能物流系统服务的专业提供商，在我国有多年的成功经验。2015 年 10 月，它携手天天果园，在我国首次利用单元化物流技术，将 2700 吨冰糖橙从昆明农产品基地全程冷链配送至北京、上海、广州、成都四个城市，降低了天天果园 50%以上的物流成本，并通过信息系统对周转设备进行管控，显著提升了周转设备的管理透明化，提高了天天果园在冷链物流方面的竞争力，该项目整体运作由以下几部分组成。

(1) 农产品基地橙子生产加工部分。此次项目所用的生产设备是从新西兰的一家公司采购的。冰糖橙先经过自动清洗设备、自动烘干设备进行初步加工处理，再通过自动光谱监测系统，自动检测橙子的甜度、糖度，筛选出甜度为 11~16 的橙子，满足消费者的要求。

(2) 单元化冷链物流配送部分。经过精细筛选后，橙子的物流配送服务由安华物流系统有限公司完成。安华物流系统有限公司不仅向天天果园提供周转设备循环利用，而且向其提供信息化服务。

(3) 射频识别的资产管理系统。每个托盘上都会安装安华物流系统有限公司提供的射频识别标签，每个栈板都会获得一个唯一产品编号，在进行出库发货操作时，系统用射频识别手持扫描终端扫描托盘上的射频识别标签，在信息系统录入托盘上面周转筐所放层数，实现托盘信息和周转筐信息的绑定。同时，在信息系统中录入此次发货相关信息，当栈板到达目的仓库后，在信息系统中录入出库编号，通过射频识别手持扫描终端核对入库信息，检验无误后完成入库操作。

(4) 温度全程监测系统。在发出的每车产品中，都会放置一个由安华物流系统有限公司开发的 Smartcool 温度监测终端，实时记录产品运输过程中的温度信息。配送车辆到达目的仓库后，将温度记录终端插入计算机，通过 Smartcool 系统显示在途温度信息，把控运输途中的温度符合要求。

(5) GPS 全程监控物流运作系统。GPS 由安华物流系统有限公司的中国物流信息系统合作方 G7 提供，通过可拆卸的 GPS 装置完成对合作车辆的管控，便捷且高效。

3. 生鲜果蔬冷链物流作业控制

生鲜果蔬采摘后，其组织中仍进行着活跃的新陈代谢，其呼吸实质是有机物缓慢地氧化。保证生鲜果蔬的高质量运输与储藏不仅要控制乙烯的量，而且要控制 CO_2、水汽和呼吸发出的热量等。生鲜果蔬冷链物流关键流程控制要点见表 6-3。鲜葡萄冷链物流作业控制要点见表 6-4。

表 6-3 生鲜果蔬冷链物流关键流程控制要点

果蔬	果蔬保鲜作业控制要点
采摘处理、储藏运输保鲜作业	正确设置冷库新鲜空气换气窗开度比率，远离乙烯源(如柴油机排气管等)，正确设置温度、湿度等
	果蔬应在理想的时间和成熟度状态下采摘
	采摘后应细心拣选、整理和清洗，降温储藏
	正确使用包装材料对果实迅速包装，使其处于低温状态，并在正常的温度、湿度、气体成分环境下运输
	销售终端应尽量保持在低温环境下销售，如在常温下，应采用洒水、阴凉处保鲜等措施，如果出现萎缩枯死等情况，应及时进行有效处理

表 6-4 鲜葡萄冷链物流作业控制要点

作业	冷链物流作业流程与控制要点
运销	冷链运销包括产地预冷、冷藏运输、销地冷藏周转、商场冷藏和货架低温保鲜等环节
	种植大户、经销商、运输商、商场超市必须密切配合
	果品预冷时间一般 12～14h，途中安全运输温度为 1℃～10℃，短距离运输温度为 5℃～15℃
冷储保鲜	要领：温度、湿度、气体、防腐
	库房打扫干净，提前打开降温为-2℃～0℃
	库房消毒，用 $5g/m^3$ 的 CT 高效消毒剂，小型库房也可用 SO_2、甲醛水消毒，但腐蚀性较强
	保鲜袋选用 PVC 或 PE 调气透湿袋
	选用 CT 复合型保鲜剂，要求 5kg 箱放 7 包 CT2、1 包 CT1(分层放)和 1 张调湿保鲜膜
	预冷 12～24h 至-2℃～0℃，长期储藏温度为-1℃～0℃(±0.5℃)
	库房堆码以"品"字形为佳，间隔一定距离
	经常检查温度变化，做好通风换气工作

6.4 冷链突发事件的类型与防范

6.4.1 冷链突发事件的类型

冷链突发事件可以分为以下几种。

(1) 冷链物流作业发生的突发事件。由失误、失控造成冷链物品重大经济损失，如公路冷链与航空冷链间发生断裂，造成价值几百万元的药品失效、报废。

(2) 冷链平台故障引发的突发事件。由冷链基核设备故障、管道锈蚀、冷媒剂散发、爆炸造成的生命财产重大损失等。由于大型禽类屠宰场都是全冷链生产，屠宰车间、分割车间都是封闭、低温运行，因此需要液氨进行制冷，一般规模较大的屠宰加工厂都有几吨或者更多的液氨。液氨具有腐蚀性，且容易挥发，化学事故发生率较高。

(3) 系统组织管理失效的突发事件。由采购、检验、入库等环节造成原材料错误、食品中毒、药品失效引发的生命健康重大损失等。如冷链断裂造成疫苗失效，造成生命安全问题等。

6.4.2 冷链突发事件的防范

(1) 在公共型基核中，冷链平台集成体和冷链物流集成体往往不是同一个集成体。冷链基核运营管理的平台集成体涉及整个冷链基地建设运营和管理，参与冷链业务的物流集成体在战略层面要达成供应链整体价值意识和价值增值认识，具有冷链专业能力和安全作业意识。

(2) 平台集成体要监督、监控具体冷链作业过程，防止发生意外和突发事件。现场作业业务人员往往来自不同集成体，与平台集成体不是同一个组织系统，但需要有统一的业务操作标准，不仅需要实时进行沟通，而且需要具备基本的业务素质，在运作过程中可能存在素质不足的业务风险。

(3) 发展大型专业冷链物流企业，提高员工冷链知识和专业技能。冷链物流现场作业人员与突发事件直接相关，需要通过加强组织间的联系，提高员工的专业素质，在现场设置提示、警示标识，防止现场作业失误。

本 章 小 结

对冷链物流的相关内涵进行界定分析，对具有一般意义的冷链物流内涵进行分析，有助于不同产品冷链物流的具体运作。

冷链物流运作的一般组织及多类别冷链物流运作组织是冷链物流运作的关键。例如，果蔬、花卉、禽蛋、速冻食品、水产品、乳类等的冷链物流运作组织模式是冷链物流高效运作的关键。

冷链物流应针对具体的物流对象和不同的物品按照有关标准和规范确定温度控制范围。

冷链物流流程控制是冷链物流运作的关键点，通过有效控制流程，实现冷链运作流程的优化。

从某种意义上说，冷链物流运作就是"温度控制"加"物流运作"的链式运作，既要抓好温度控制，又要抓好运输、仓储等各个环节作业衔接及其运作。

| 冷链 | 冷藏食品 | 冷链物流 | 冷藏车 |

冷链物流流程控制

综合练习

一、多选题

1. 冷链物流运作控制考虑的主要因素有（　　）。
   A. 时间　　　　　　B. 温度　　　　　　C. 成本
   D. 技术设备　　　　E. 过程监控
2. 果蔬类冷链物流运作组织一般由（　　）组成。
   A. 农户　　　　　　B. 生产加工商　　　C. 批发商
   D. 零售商　　　　　E. 用户
3. 常见的冷链物流运作对象有（　　）。
   A. 果蔬　　　　　　B. 花卉　　　　　　C. 肉类
   D. 乳类　　　　　　E. 特殊物品
4. 《物流术语》中设定的仓库冷藏区温度有（　　）。
   A. $-18℃$ 以下　　　B. $-10℃\sim0℃$　　C. $0℃\sim10℃$
   D. $2℃\sim8℃$　　　E. $8℃\sim18℃$
5. 实现冷链物流温度监控的关键技术有（　　）。
   A. GPS　　　　　　 B. GIS　　　　　　 C. 射频识别
   D. 条码　　　　　　E. EDI

二、判断题

1. 冷链物流的作业对象是温度低于 $0℃$ 的物品。（　　）
2. 果蔬类与花卉类冷链物流运作模式相同，在实际作业中无须过多考虑。（　　）
3. 禽蛋、速冻食品、水产品可以作为一类冷链物流运作模式考虑。（　　）
4. 冷冻与冷藏食品物流作业主要控制的内容是温度和时间。（　　）
5. 目前尚没有一种技术能够在冷链物流运作流程中实现温度的全程监控。（　　）

三、实训题

仔细阅读案例阅读6-4，绘制流程图，并根据所学知识指出流程中的控制关键点。在此基础上，选择一家本地冷链物流企业，调研其冷链运作流程中的在途温度监控方法，选择的技术在实际运作过程中容易出现的问题，主营业务的冷链物流运作流程存在的问题，在以后工作中如何改进，试根据调研情况，撰写分析报告。

四、案例分析题

K公司冷链物流运作分析

K公司是上海一家致力于冷链物流服务与第三方物流服务的物流公司。公司立足上海，辐射长江三角洲地区，专业提供城市零售网点常温、冷链商品的储存、分拣、运输和配送服务。

1. K公司冷链物流中心概况

K公司冷链物流中心首期项目位于上海市嘉定区，项目主要设计内容如下。

(1) 设计规模为具有1500个冷链终端的配送能力。

(2) 占地面积为1600m^2(其中冷藏拣货区的面积为1300m^2)。

(3) 服务半径以上海为中心，以宁波和南京为两翼，辐射范围为长三角洲经济区300km。

(4) 可处理商品温层为4℃的冷藏保鲜商品和18℃的恒温商品。

(5) 可处理300个品项、20万件商品、约6000箱的低温商品(按日工作8h计)。

2. 冷链物流运作情况

(1) 食品冷链全过程控制，确保食品安全。

冷链物流中心主要从技术和管理两个方面，对食品批次(有效期)、温度控制、湿度控制、口味鲜度的全过程进行安全防护管理。

① 收货方面，将冷链管理延伸至供应商仓库，采用台车等物流工具，尽可能减少出货和收货过程中的冷量损失，保证食品的质量安全。

② 库内作业方面，采用台车、输送带和流利式货架等物流设备进行作业，作业全过程商品不落地，保障食品卫生。在运输过程中，采用车内远程多点温度控制和自动调节技术，确保商品在安全的温度区内。在交接环节实行门店快速交接，使冷链商品尽可能少暴露在常温的空气中，同时定期高温消毒和清洗周转容器，保证食品的鲜度和卫生。

(2) 采用直接膨胀制冷技术，实现节能与投入的平衡。

① 直接膨胀制冷技术。通过制冷机组→空气处理机→分拣车间，采用冷媒送风，实现制冷节能15%~20%，降低制冷设备投资15%。

② 全热交换设备。采用全热交换器将室内冷量与室外高温的新风进行全热交换，回收利用这部分冷量，达到节能目的。

(3) 实现全自动远程监控，保证温度有效控制。

全自动远程监控系统可以实现远距离监视系统的运行情况、参数调节、远程报警、远程故障诊断等功能。通过设定均匀的冷库温度、自由的除霜方式，并根据库内温度变化自动控制电磁开关，可以综合保护所有制冷设备的电、热、水、油，从而降低温差风险。

(4) 人性化的作业环境，保护员工的身心健康。

冷链物流中心在4℃分拣区采用低风速散流器，在4℃及18℃暂存区采用双侧出风低风速风机，有效解决了温差问题。在噪声控制上，采用低噪声中央机组，通过充分的振动、应力试验，保证机组噪声值在规定范围内，因为在传统的冷库作业环境中，温差和噪声对作业人员的身体影响很大。由于分拣区及暂存区有较多的工作人员，普通的冷风机制冷，使操作人员体感温差较大，会引起身体不适，降低效率，因此不能采用普通冷库的制冷方式。

3. 主要作业指标

(1) 分拣速度：一个批次可分拣576家门店，商品分拣速度为45秒/个，只需7h即可配送1150家便利店的17万件商品。目前行业内主要冷链企业商品分拣速度基本需要2~3分钟/个。

(2) 分拣差错率：基本可达到分拣商品品项的0.1‰。

(3) 车辆装载率：通过运输管理系统优化后可达到85%，其他冷链企业基本为65%。

(4) 门店交接时间：实行门店快速信誉交接制度后，单个门店平均2min完成交接商品和票据,其他冷链企业基本需要10min。

4. 技术与作业创新

(1) 电子标签拆零拣货技术。

K公司通过相关的系统软件和硬件设备,利用电子标签拣货技术,实时识别每家门店的拆零商品配几个周转箱,每个周转箱内是什么商品,每个商品的数量等。特别是在冷链拆零拣货方式方面,K公司导入了播种式拣货方式。独特的拆零换箱动作已被国际知名电子标签系统开发商定为行业标准采用。

(2) 整合世界先进的IT技术和设备,技术导入应用典范。

K公司通过采用DAS拣货系统、RF技术以及定制的HDWMS系统、DDN光缆专线,实现整个物流作业无纸化、信息交换实时化和网络化。

在供应链管理方面,门店的商品订单、供应商订单和实时库存变化实现同步无纸化作业。

在数据交换方面,门店的商品验收、各种门店退货和交接的各种财务凭证实现了实时无纸化作业。

在冷链中心内部作业方面,实现收货、配货、集货、装车的无纸化操作,全过程商品实现活性(采用标准周转器具)作业。

(3) 全面实施色标管理。

色标应用于门禁管理、作业器具识别和商品管理。在门禁管理方面配有7种色系,用于场地作业人员的区域识别和岗位管理;通过设置蓝、红两种颜色的周转箱,区别相邻的门店,防止集货时混装;通过设置黄、蓝两种颜色的笼车,区别不同批次的商品,防止收货、装车时混乱。

(4) 全过程电子看板管理。

电子看板管理是物流全过程主要的作业管理方式,应用于收货、分拣时的时间和作业进程控制,商品的总量和分量显示配送车辆、驾驶人、装运员、线路、码头的作业时序和对应关系。管理人员可以通过电子看板实时发现作业瓶颈,进行现场资源调配,解决异常现象。作业人员依据电子看板的数量、时间和作业信息,自动完成相应动作,保证作业进度和质量。

5. 冷链的发展

K公司在借鉴国际先进的行业标准的同时,结合自身的作业特点,逐步形成完善的企业作业标准和技术规范,并向同行推广。在做好便利店冷链物流配送,成功为"光明牛奶"和"福记盒饭"进行长江三角洲地区冷链配送的基础上,K公司逐步拓展冷链服务的对象和范围。

(资料来源:根据侯毅《走集成创新之路 建设现代化冷链物流中心》改写)

仔细阅读本案例,分析并回答下列问题。

1. 根据案例内容,说明冷链物流硬件配置的重要性;面对不同的现实问题,说明配置应遵循的原则。

2. 结合所学知识，写出提高冷链商品分拣速度和冷藏冷冻车辆实载率的方法。

3. 其他企业如何做到案例中的一些作业控制方法？如何通过物流技术提高冷链物流的管理水平？

4. 结合所学知识，通过计算机仿真软件实现本案例中冷链物流中心的主要作业过程(案例中没有给出的设施设备可自设)。

第7章　卷烟物流运作组织

【本章教学要点】

知识要点	掌握程度	相关知识	应用方向
卷烟物流	深度理解	卷烟物流的含义及特点	卷烟物流的市场分析、卷烟物流运作方案的设计
卷烟物流商选择与控制	理解	卷烟物流商的选择、供应商绩效考核指标体系	卷烟物流商的选择与控制
卷烟物流运作组织	理解	市级烟草公司组织机构及其职能划分	划分各部门的物流职能
卷烟物流流程控制	重点掌握	卷烟物流的基本业务流程、综合管理系统的基本流程、仓储流程、出入库流程、分拣流程、配送流程	卷烟物流的设计、组织、协调与控制

> ### 导入案例
>
> **S 市烟草公司的卷烟物流运作模式**
>
> 烟草是严格受国家管理的商品,其从生产到零售都受到国家的直接监控。S 市烟草公司地处丘陵山区,几年前物流设施设备、技术网络及组织管理落后,既不能满足省烟草局提出的"打码到条、分拣到户"的物流需求,又无法满足全国烟草行业提出的以"电话订货、电子结算、网上配货、现代物流"为特征的现代化卷烟营销配送模式。为了改造既有的卷烟配送系统,该公司建设了营销管理、仓储管理、分拣管理、配送管理及综合管理五大系统,并拟建 S 市卷烟物流中心,将全市卷烟物流资源整合,实施"打码到条、集中储存、集中分拣、配送到户"的卷烟物流新模式。其卷烟物流系统规划基本归纳为两种模式:进行集中库存分拣模式和实施零库存中转配送模式。
>
> (1) 进行集中库存分拣模式。将全市库存集中在物流中心仓库,利用现有的分拣线和包装设备,引进电子标签零售分拣系统及笼车,实现对全市卷烟集中机械分拣到户、打码到条,减小整个配送分拣任务量,节约时间成本,提高物流运行效率。
>
> (2) 实施零库存中转配送模式。打破行政区域,实现区域内卷烟的集中调度、装卸、仓储、分拣、一次配送到户。不能一次配送到位的、边远山区的农村客户,在确保规范经营、降低送货成本、满足市场需求的前提下,可适当采取"一带多"或"转送点"的方式送货,并建立到货确认制度,保证按客户订单送货。

由导入案例可见,S 市烟草公司的卷烟物流运作模式是在信息化基础上进行物流运行流程重构的,涉及卷烟营销、仓储、配送和销售等过程。卷烟物流的运行效率与物流设施设备和技术选用密切相关,卷烟物流技术水平在很大程度上决定了各个环节的运作效率,对提高物流服务水平、优化卷烟物流系统有重要作用。

当涉及部分农村卷烟配送时,在一定季节可以与烟草等的运输结合起来,形成循环运输过程。

7.1 卷烟物流概述

7.1.1 卷烟物流的含义及特点

1. 卷烟物流的含义

广义上的卷烟物流是指烟草及其制品、烟用原辅料从生产、收购、储存、运输、加工到销售服务整个过程中,物质实体运动及流通环节的所有附加增值活动。

狭义上的卷烟物流是指烟草行业基于社会职能分工的不同,工业企业、商业企业及相互之间发生的烟草制品和相关物资实物的移动活动,力争以环节最少、距离最近和费用最低实现满足消费的物流活动。

卷烟物流服务是为满足客户需求实施的一系列卷烟物流作业过程及其产生的结果。

2. 卷烟物流的特点

卷烟物流的特点是由烟草的性质、行业体制,以及卷烟仓储、销售和配送技术等因素共同决定的。所以卷烟物流除了具有一般工业企业和销售企业的特点,还具有一些独特特点。

1) 卷烟物流的整体特点

(1) 运作流程的整体性。卷烟物流环节包括卷烟运输、仓储、分拣、包装、配送、交付等,各个环节都与卷烟信息化紧密衔接,如入库扫描、出库扫描、打码到条等。只有这些作业环节有机地结合在一起,才能保证整个卷烟物流运作顺利进行。

(2) 需求具有一定的地域性、季节性特征。在人口密度较大的地域和时间段,烟草的需求量随之上升,相反则下降。例如,受人口流动、农忙时节和节假日等因素的影响,陕西商洛市农村人口较集中的时间为5~7月和11月至次年3月。

(3) 配送节点较多。卷烟物流一般要经过烟草生产企业仓库、市卷烟公司物流中心、县卷烟中转库等多个层次,通过对末端商户节点的卷烟配送才能到客户手中。

(4) 终端客户分散。中低档卷烟的消费量大部分集中于农村地区,使得烟草零售户分布比较分散,在西部山区更是如此。

(5) 信息化程度较高。卷烟物流各个环节都与信息系统密切相关,伴随着国家烟草专卖局"网上订货、电话访销"方针的落实,以及卷烟物流"打码到条"要求的提出,卷烟物流信息化将在原有电访(电话访销)的基础上不断提高,实现卷烟物流各运作环节信息流实时反馈,最终使得卷烟物流过程中的信息流和资金流与物流密切结合。

(6) 标准化程度高。卷烟物流的成功运行是各个环节普遍实现标准化作业、相互配合、互为补充的结果,只有如此才能达到降低货损、货差,提高卷烟物流运作的准确性和服务效率的目标。

(7) 安全性要求高。卷烟物流的对象是价值高的国家专卖产品,市场需求量比较大,管理过程严格,卷烟物流的各个环节都应该高度注重安全,包括产品安全及人身安全,还必须遵守"打码到条"等国家专卖规定。

2) 卷烟物流的配送特点

(1) 配送线路长。由于烟草行业具有特殊性,因此我国烟草总局要求卷烟必须亲自配送到各零售户,各零售户之间的高度分散性决定了烟草配送线路的增长。特别是在丘陵山区地带,很少能够形成闭合回路,同一条线路往返概率很大,优化配送线路受限较大。

(2) 配送量较小。由于我国对卷烟的消费有一定的限制,且卷烟的成本较高,个体商户为了加速资金流转,不愿意一次订购大量卷烟,因此烟草配送量很难达到一定的规模。

(3) 配送种类较多。随着人们消费水平的不断提高,人们对卷烟的品牌意识及卷烟消费档次都有不同程度的提高。这就决定了卷烟的配送不可能只是某一种或某几种品牌的配送,而是各种不同类别和品种的卷烟配送,增加了卷烟配送的难度。

(4) 配送时效性较高。为了及时获得终端商户的销售信息、提高客户满意度，卷烟配送车必须按时到达指定客户点，以便烟草公司电访中心进行及时的访销工作及客户经理对销售状况的实时跟踪，从而制定合理的烟草营销策略，保证卷烟销售量稳步提升，形成卷烟物流各个环节的良性、高效运转。

3) 卷烟物流的信息化特点

目前，卷烟物流在分销环节使用较广的信息化手段主要包括电话访销(简称"电访")和网上订货两种方式。由于我国农村人口占总人口的比重较大，烟草的主要消费地也集中在农村地区，因此在农村地区电话访销的比重最大。卷烟物流的信息化主要具有以下特点。

(1) 准确性高。电访信息的准确性直接关系到卷烟物流分拣、包装、配送等环节的连续作业。

(2) 时效性强。由于卷烟物流的电访任务繁重，因此为了及时收集信息并与其他物流环节协调运作，必须在指定时间完成所有电访任务，否则将直接影响下一环节的物流作业实施。

(3) 信息量大。设立电访中心的单位一般为各地市烟草专卖局(烟草公司)，主要负责及时收集所辖县区客户卷烟的订购信息，以及及时确认回收货款等工作。

(4) 作业规范。电访的具体工作一般是由电访员拨打电话直接从客户处得到订货信息，要求电访员在电访工作中一丝不苟地实行规范化访销，从而准确、高效地获得客户的需求信息，保证后续卷烟物流顺利运行。

卷烟物流支持因素是指按照系统的观点，对直接支撑和影响卷烟物流配送过程的软硬件因素的统称，包括人员因素、设备因素、管理因素、工艺方法因素、环境因素等。

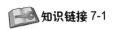

烟草行业信息化建设

陕西省烟草公司西安市公司物流分公司，很早就进行卷烟物流信息化，现已实施智慧物流调度系统。根据卷烟配送排班、配送优先级自动调配机动任务，根据送货人员在各线路中的历史送货次数，自动分析配送员、驾驶员与各线路的契合度，实现卷烟智慧调度工作。在这一过程中，可体现以下几方面的优势。

(1) 可视化展示智慧调度优化过程及结果。依据移动端采集的零售户坐标，在系统电子地图上显示零售户坐标位置及信息。通过多边形区域规划算法，规划送货人员的配送区域，并在电子地图上显示区域内零售户的坐标位置及区域边界。通过线路优化策略算法规划配送线路，并在电子地图上显示线路所属商户与配送顺序。

(2) 体现智慧物流调度试点效益分析绩效。①减少送货里程：使用智慧物流调度系统后新线路优化模式送货里程累计490125公里，共减少4条配送线路，送货里程累计节约154336公里，节约率为23.97%。②减少送货时长：三个月65个工作日送货时长累计节约7976小时，缩短送货时长为21.69%。③降低成本：以柴油价格为6.27元/升、车辆综合油耗为 14 升/100 公里、车辆每公里油耗 0.88 元、车辆每公里维护成本 0.2 元/公里来计算，每公里成本 1.08 元。

(3) 体现智慧调度工作的创新性。①应用新通信技术手段，如 5G 通信、GPS、GIS、GPRS 等，建立一套精准完善的配送网络数据系统。②核心算法由单一算法向结合多种算法转变，结合精确算法和启发式算法的优点，优化建模，能够适应各种配送模式需求下的路线智慧计算。③实现深度学习，基于深度置信网络，可依据参数及历史轨迹自学习，不断完善优化结果。

卷烟配送智慧调度系统应用推广。①适用于不同地理条件，基于深度学习型的线路优化系统，将二维简单点阵路径优化问题，提升为充分考虑地形地貌条件、道路交通条件、城乡订货差异等多维度优化能力，具有强大的可复制性。②适用于不同模式的配送线路优化。新的配送线路管理系统支持根据弹性配送区间对配送线路进行优化，通过不同节点数据的选取，可实现实时优化和固定优化，能够适应不同管理模式条件下配送工作的开展。③适用于不同销售时期的配送车辆配置。包括卷烟销售淡旺季的车辆配置，也可用于解决节假日市场等引起的卷烟配送车辆配备问题。

7.1.2 烟草行业对卷烟物流的要求

我国实行烟草专卖制度，并颁布了《中华人民共和国烟草行业标准》，各级烟草公司可根据自身的实际情况，以此标准为蓝本制定本级服务规范细则。相应的卷烟物流一般都是由各级烟草公司(专卖局)负责，具体的管理部门为相应的烟草公司物流部门，主管领导为各公司物流部主任。卷烟物流对象包括从仓储收货至送货交接完毕期间的物流作业过程中的件烟、条烟及包装后的条烟实物。烟草行业对物流有如下几个方面的要求。

1. 信息技术

采用信息技术主要是为了将卷烟信息流与卷烟的商流、物流和资金流等环节紧密结合在一起，通过信息流掌控包括商流、资金流在内的整个物流运作过程，实现一体化物流信息通畅无阻，提高卷烟物流各个环节的衔接性。

采用计算机网络技术实现卷烟网上订货、电话访销，实时反馈客户的需求信息。将条码技术应用于卷烟入库、库存和出库管理，形成完善的卷烟仓储管理信息系统，实现对仓储卷烟的有效管理，充分发挥仓储环节对整个卷烟物流系统的缓冲作用。

利用信息技术进行卷烟分拣，包括卷烟全自动分拣系统、卷烟电子标签分拣系统等。依据上述电访信息完成卷烟的分拣、打码到条及配送车辆调度作业，在烟草配送环节引入 GIS/GPS，实现对烟草配送车辆的实时跟踪。

2. 管理技术

卷烟物流管理技术主要是为了提高反应速度、节约交易成本、降低库存水平、提高服务水平和增加企业利润。烟草行业的销售渠道在整个供应链管理中的地位非常突出，是目前烟草供应链管理的核心。卷烟物流采用相应的客户关系管理和供应商管理技术，健全客户和供应商档案,为客户提供更满意的物流服务。在烟草公司内部采用准时生产技术,实行标准化、规范化管理,引入和实施员工从业规范和作业绩效评价机制。

3. 运作模式

卷烟物流的运作模式主要是为了增强物流高效运作意识,将集成物流理念贯穿于整个企业运作过程,切实提高卷烟物流效率、降低配送成本、提高企业经营效益。

改变以往不重视卷烟物流、将物流部下挂于其他部门的运作模式,将卷烟物流部门与其他部门并行对待,明确各部门的职责,使物流部门切实做到与其他并行部门的沟通协调运作,实现卷烟"一库储存、就近分拨、一次分拣、两级配送"的基本模式,进而实现整个卷烟物流系统高效运作,提高整个公司的效益。

4. 运作机制

运用制度化实现一库制管理、一体化配送,充分发挥地市级公司的市场营销主体作用,物流配送中心必须由粗放型管理向精细化、科学化管理转变。

尽可能做到"四精三有"(流程精益、管理精细、服务精良、队伍精干,管理层做到管理有方、员工层做到训练有素、各项工作做到井然有序),并不断推进机制创新。

5. 硬件(设备)技术

由于烟草自身价值高,且单个客户的烟草需求量有限,因此为了满足客户的不同需求,在整个卷烟物流过程中采用先进的、相互衔接匹配的物流设备,特别是分拣系统及配载系统。只有硬件技术满足卷烟物流的需求,才能最大限度地发挥卷烟物流信息化的优势。

采用适合企业自身的先进的物流设施设备和技术,可以体现在卷烟营销、出入库、仓储、分拣、配送等环节,从而大幅提高卷烟物流的作业效率,获得较高的经济效益。

6. 安全性

安全性主要是指卷烟物流系统的安全性和卷烟物流操作的安全性两方面。

(1) 卷烟物流系统的安全性。因为卷烟物流系统是由物质实体(卷烟数量和质量等)、物流设备(托盘、笼车、车辆等)、物流建筑(仓库结构、性能、防火、防盗等)、物流管理(专业管理软件、信息采集、传输、处理技术软件等)要素相互关联、相互作用形成的有机整体,所以卷烟物流系统的安全性取决于以上各子系统的安全性,卷烟物流系统的安全性是卷烟物流运作安全性的前提和基础。

(2) 卷烟物流操作的安全性。卷烟物流操作的安全性主要是指为避免卷烟物流运作的操作环节由人为因素引起安全事故,制定相应的卷烟物流作业操作规范制度,保证整个卷烟物流运作规范作业,提高物流运作系统的安全性。

7. 终端客户服务质量

根据烟草配送具有线路多又长、终点客户分散等特点,配送中心应该推行"精益配送服务法",科学绘制配送线路图,明确标注配送到每个客户点的具体时间、地点等。为不同客户的结算方式提供个性化服务,实行提前预约,帮助办理结算,按需送货。为了及时跟踪、督察物流服务质量，配送中心应建立联系和定期走访客户制度，物流配送中心负责人每人每月至少电话拜访和实地走访一定数量的客户，提高客户的满意度和忠诚度，巩固服务水平，为卷烟物流的进一步发展奠定良好的客户基础。

7.2 卷烟物流商的选择与控制

7.2.1 卷烟物流商的选择

1. 卷烟物流商的作用和职责

在选择卷烟物流商之前，应从运行整体供应链的角度(从卷烟厂到零售商)了解卷烟物流商的作用和职责，具体如下：①按零售商的要求，将生产厂家生产的卷烟适时地送往零售商处；②在某区域或全国范围内做卷烟分拨；③保险，受厂家委托代办保险和理赔；④财务支持，应有足够的周转金保证日常运作，甚至代买部分原材料；⑤信息传递(网络化)和文件的管理；⑥采购和管理好二级供应商(如车队等)；⑦持续改进卷烟物流中的问题。

2. 选择物流商

选择物流商应做到公平、公正、公开，建议对长期稳定的大宗物流业务，以物流部为主邀请相关部门(如财务、采购、销售)，通过公开招标的方式选择。具体可分为以下三个阶段。

(1) 第一阶段：文件准备，发标，供应商回复，初步报价分析。

第一阶段的主要目的是投标者阅读厂家提供的文件，全面理解业务内容、服务范围运量、报价须知等。该文件除了应详细介绍业务内容，还需要完整地表述服务范围和需求，包括：①对运输时间、操作时间的定义；②服务承诺，即每时每刻都能联系到该物流商；③价格要求；④对区域性或更大范围的服务网点的要求；⑤信息系统的要求；⑥货物到达出现延误的索赔要求。

为了更好地比较各竞标者报价，厂家有必要设计好统一的报价表，并要求各竞标者按统一报价表报价。

报价表应能全面反映整体价格及分项内容，单项的服务以分项价格为准，整体价格应是相关分项价格的总和，报价不允许有任何死角或隐性内容。

竞标者收到文件后，应按规定时间回复是否可以满足服务要求，并附上报价单和公司介绍。

厂家收到竞标者的回复和报价单后，应对回复内容和报价单进行初步分析，厘清各竞标者的总体水平。

(2) 第二阶段：全面评估。

第二阶段分成两大步骤：①评估问答卷；②评估硬件设施。

评估问答卷的方法如下：根据第一阶段中供应商的回复和报价情况，将各种要求变成最简单的问题,竞标者只需填写是或否。根据回复,厂家能较快地了解竞标者的业务能力,可根据业务范围设计不同层面的问卷。

评估硬件设施是整个采购过程评估中最重要的环节,特别是有分拨业务的厂家,一定要事先考察分拨点的能力。通过对竞标者主要网点(办公室、人员、仓库、车队)的实际考察,以当面问答的形式从不同角度了解该公司的现状、业务能力、技术发展的潜力、整体管理水平。建议厂家以至少两人一组的形式对不同地区的竞标者同时开展考察,采用同一问卷和打分标准,小组成员独立打分,不得商讨,以保证整个考察的公正性。

(3) 第三阶段:案例研讨,内部讨论,谈判,最终决定。

在第三阶段,厂家可以根据未来主要业务范围,提供两三个典型案例。进入本轮的竞标者,可以利用第一次正式的面对面机会全面介绍公司的服务理念、服务标准、运作系统、网络设置,并基于现行操作水平对案例提出解决方案和接手项目后的运行计划。建议竞标者紧紧围绕重要环节(如成本节约、库存控制和提前期),展示自己的长处,提出解决方案和改进措施。

3. 构建供应商评价指标体系

卷烟物流可以使用各烟草生产厂商的自有车辆运输(自营物流)满足客户需求,也可采用第三方物流商满足客户的需求。供应商评价指标体系从以下两个角度构建。

(1) 主要用以下KPI管理第三方物流商。

① 货差率。考核第三方物流商交货时是否按单交货以及有无差错。

$$货差率 = \frac{月准确按单交货次数}{月交货总次数} \times 100\% \qquad (7\text{-}1)$$

② 货损率。考核第三方物流商运输途中货损的指标。

$$货损率 = \frac{月货损总额}{月货运总额} \times 100\% \qquad (7\text{-}2)$$

③ 交货及时率。考核第三方物流商及时送达货物的情况。

$$交货及时率 = \frac{月物资准确到达次数}{月送货总次数} \times 100\% \qquad (7\text{-}3)$$

④ 万公里事故率。

$$万公里事故率 = \frac{累计发生事故次数}{总行驶里程(万公里)} \times 100\% \qquad (7\text{-}4)$$

注:作为考核自营车辆司机的KPI。通过核算每辆车的累计发生事故次数及每辆车的总行驶里程,计算得出。

⑤ 被投诉次数。主要核算第三方物流商的服务情况,统计第三方物流商月累计被投诉次数。第三方物流企业考核表见表7-1。

表 7-1 第三方物流企业考核表

公司：		第三方物流企业名称：				数据统计者：	
项目	内容	分数					
		20	16	12	8	4	0
第三方物流企业关键绩效指标(100分)	货差率	0	<3%	<5%	<8%	<10%	≥10%
	货损率	0	<2%	<4%	<6%	<8%	≥8%
	交货及时率	≥98%	≥95%	≥93%	≥90%	≥85%	<85%
	万公里事故率	<0.003%	<0.005%	<0.006%	<0.007%	<0.008%	≥0.008%
	被投诉次数(季度)	0	1	2	3	4	>4
综合评语：							
总分数：		考核人：				时间：	

(2) 针对自有运输配送业务的考核。

自有运输配送业务考核表见表 7-2。

表 7-2 自有运输配送业务考核表

公司：		部门/司机：				数据统计者：	
项目	内容	分数					
		20	16	12	8	4	0
关键绩效指标(100分)	交货及时率	≥98%	≥95%	≥92%	≥90%	≥85%	<85%
	吨公里成本(与公司平均相比)	<85%	<95%	持平	≥100%	≥110%	≥125%
	车辆完好率	100%	≥90%	≥80%	≥70%	≥60%	<60%
	万公里事故率	<0.003%	<0.005%	<0.006%	<0.007%	<0.008%	≥0.008%
	被投诉次数(季度)	0	1	2	3	4	>4
综合评语：							
总分数：		考核人：				时间：	

7.2.2 卷烟物流商及其物流运作服务监控

按照上述原则选择卷烟物流商之后，在运行过程中，为了保证生产企业的卷烟能按质按量地到达零售商手中，需要控制相应的物流运作过程，因为物流运作过程涉及的人员、设备和物品等是直接与客户接触的。

卷烟生产企业可采用主动管理与用户反馈结合的方法，使运作过程中存在的问题尽快解决，并采用 ISO 9000 体系要求的过程控制的方法，在解决现有问题的同时，充分考虑避免再发生类似的问题。

(1) 对卷烟物流商及其服务人员进行充分沟通和培训。协助物流商及其服务人员更好地理解工作需求，可以使双方在相互理解的基础上进行最有效的工作，避免因沟通或培训不足而产生问题，从而降低管理成本。

(2) 通过流程再造规范服务，减少不必要的环节和操作程序，缩短运作时间，控制运作成本，提高用户满意度。

(3) 与卷烟物流商建立共同的操作平台，通过了解和掌控物流服务运作过程的信息资源与人力资源，实现物流运作服务涉及的多方共赢。

(4) 完善内部机制，让员工把卷烟物流商当作伙伴，并联合建立一种基于团队的工作小组，双方的有关人员共同解决供应物流过程中遇到的问题。

(5) 加强对物流服务的监督。首先监督合同的执行情况，其次对卷烟物流商进行定期考核和绩效评估。这是整个物流商关系管理的重要环节，通过持续的绩效考核与追踪控制，达到生产企业质量管理的目标。

烟草公司可以按照以上指标对卷烟物流商进行定期与不定期的绩效考核。对考核名列前茅的卷烟物流商予以鼓励，并增大对此卷烟物流商配送的卷烟量；对考核不佳的卷烟物流商，减小配送的卷烟量甚至不再使用此卷烟物流商。

7.3 卷烟物流运作及其流程监控

7.3.1 卷烟物流运作及监控要点

卷烟是国家专卖、专控产品，卷烟物流运作流程要满足卷烟监控管理要求。卷烟物流流程的控制，主要是对商流、信息流、物流、资金流进行控制。如何使卷烟物流在各部门之间顺畅地运转，成为卷烟运作流程控制的关键。

(1) 依靠电子商务平台进行交易。市级烟草公司可以通过电子商务平台对订单及订单完成情况进行管理，做到心中有数。

(2) 制造企业、市级烟草公司及终端烟草零售商在电子商务平台发布自己的信息，相应的企业进行满足订单需求的作业。

(3) 电子商务平台完成从卷烟订单发起到生产企业的生产再到企业满足订单的全过程。市级烟草公司只需管理好整个电子商务平台的运作，对整个卷烟订单的全流程进行基本管理即可。

(4) 任何环节出现问题都应及时在电子商务平台发布相关信息，以便相关部门进行适当的调整，如果无法及时发布，则通过其他联系方式告知市级烟草公司，以便做进一步的计划。

(5) 与银行建立良好的关系，使得电子结算业务顺利展开。如发现问题，则要及时与银行方面沟通，使得资金流在整个流程中顺利流转。

(6) 利用各种物流信息技术帮助企业完成对卷烟物流的单证管理、信息传递，并最终实现对流程控制的目的。

按照以上几点对卷烟物流的关键流程进行管理，特别是发生在跨部门之间的流程，要做好交接与监督工作。

案例阅读 7-1

白沙卷烟物流公司配送优化系统

白沙卷烟物流公司已启用的烟草配送 GIS 及线路优化系统是结合白沙物流的实际，集开发、设计集烟草配送线路优化，烟草配送和烟草稽查车辆安全监控，烟草业务(访销、CRM 等)可视化分析，烟草电子地图查询为一体的物流综合管理信息系统。系统中使用的 GPS 可以实时监控车辆的位置，根据道路交通状况向车辆发出实时调度指令，实现对车辆的远程管理。

该系统可实现以下 6 大应用功能，帮助公司实现对配送流程的监控。

(1) 烟草配送线路优化系统。选择订单日期和配送区域后，自动抽取订单数据，根据送货车辆的装载量、客户分布、配送订单、送货线路交通状况、驾驶员对送货区域的熟悉程度等因素设定计算条件，系统进行送货线路的自动优化处理，形成最佳送货路线，保证送货成本及送货效率最佳。

(2) 烟草综合地图查询。能够基于电子地图实现客户分布的模糊查询、行政区域查询和任意区域查询，查询结果在电子地图上实时标注出来。使用图形操作工具查看每个客户的详细情况。

(3) 烟草业务地图数据远程维护。提供基于地图方式的烟草业务地图数据维护功能，还可以根据采集的新变化的道路等地理数据及时更新地图。

(4) 烟草业务分析。在各种查询统计、分析现有客户分布规律的基础上，通过空间数据密度计算，挖掘潜在客户；通过对配送业务的互动分析，扩展配送业务(如第三方物流)。

(5) 卷烟物流采用 GPS 进行车辆监控管理。①车辆跟踪功能，对任一车辆进行实时的动态跟踪监控，提供准确的车辆位置及运行状态、车组编号及当天的行车线路查询。②报警功能，当驾驶员在送货途中遇到被抢、被盗或其他紧急情况时，按下车上的 GPS 报警装置向公司的信息中心报警。③轨迹回放功能，根据保存的数据，将车辆在某历史时间段的实际行车过程重现于电子地图上，随时查看行车速度、行驶时间、位置信息等，为事后处理客户投诉、路上事故、被抢、被盗提供有力证据。

(6) 烟草配送车辆信息维护。根据车组和烟草配送人员的变动，及时维护车辆、驾驶员、送货员的信息。

白沙卷烟物流公司烟草配送 GIS 及线路优化系统的上线运行，标志着白沙卷烟物流公司的信息化建设迈上了一个新台阶，使得物流业务运作更加有效，并能对相应的流程进行优化控制。

7.3.2 卷烟营销运作流程及其监控

卷烟营销作业的主体是烟草营销管理部门，卷烟营销运作流程体现为卷烟营销管理部门的运作流程，管理包括了计划、组织、控制等基本职能。烟草营销管理部门的运作流程从整体上可分成 5 个阶段：工作质量管理、品牌管理、品类管理、客户关系管理和订单管理，如图 7.1 所示。

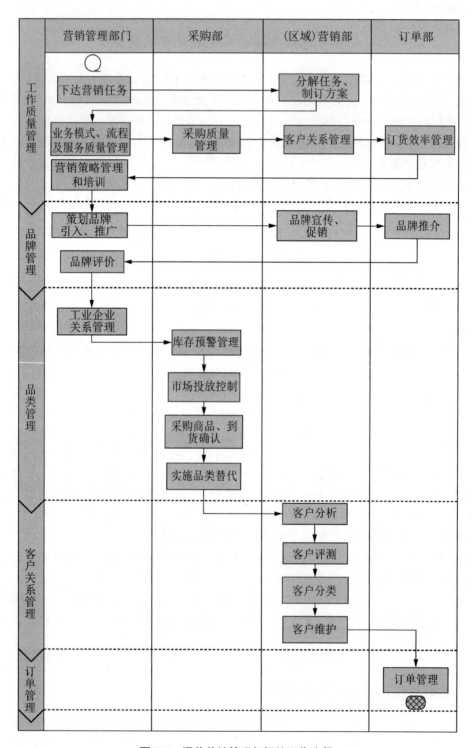

图 7.1 烟草营销管理部门的运作流程

7.3.3 卷烟仓储运作流程及其监控

卷烟仓储运作流程从整体上分成 4 个阶段：卷烟入库、卷烟养护、盘存、卷烟出库，如图 7.2 所示。

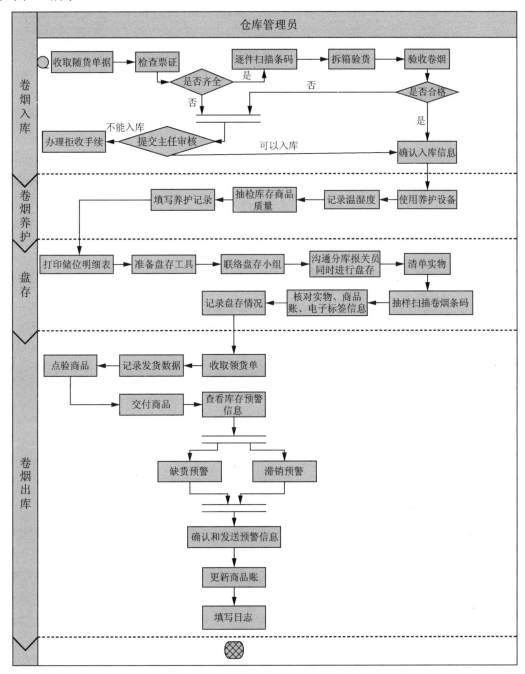

图 7.2 卷烟仓储运作流程

除应按照上述流程进行仓储作业外，还应注意以下几点。

(1) 出入库卷烟扫码率为 100%，准确率为 100%。

(2) 严格控制出入库卷烟商品质量，对入库不同品种的卷烟开箱检查，抽查样品，抽查率超过 0.5%；出入库卷烟破损率低于 0.05‰。

(3) 根据作业规范，对在库卷烟的质量进行检查、养护；对水湿、变质、残损及包装有异状的卷烟做好记录，按相关规定进行处理。

(4) 堆码符合卷烟商品的理化性质要求，确保商品质量完好；按作业规范的要求，对在库卷烟进行盘点，做到账货相符率为 100%；在卷烟丢失或损坏时，及时进行报损、赔偿等，确保账物相符。

(5) 根据"先进先出"的原则选定出库卷烟的批次，并做好相关记录。

7.3.4 烟草分拣运作流程及其监控

1. 分拣方式

一般烟草企业的分拣采用电子标签拣货系统。电子标签分为全自动和半自动两种，烟草分拣方式分为全自动的电子标签分拣方式和半自动的电子标签分拣方式。

(1) 全自动的电子标签分拣方式。建立全自动的分拣线，配货人员根据订单在自动分拣机的一端进行拆箱作业，并将卷烟放入分拣机(如果客户的需求量大，则使用"5条"分拣机；如果客户的需求量小，则放入"单条"分拣机)，卷烟经过射频识读器识读后被推入按客户划分的传送带，传递至自动分拣机的另一端，通过扫描打码后，由另一批工作人员进行包装，准备下一步送货作业。

(2) 半自动的电子标签分拣方式。在配货时，将卷烟按品种放在不同货格，货格上方指示灯显示该订单中各品种卷烟的件数，工作人员按指示灯的显示分别取出各品种卷烟，完成该订单的配货。取出的货物放在货格下方的皮带机上，按各订单传送到皮带机的另一端，通过扫描打码后，由另一批工作人员进行包装，准备送货。

其中的打码过程是在整条香烟外包装——塑包膜上以喷墨方式进行标记的过程，喷墨码的内容包括生产时间、厂家和专卖证代码，可以防止在送货过程中出现"调包"等现象。

2. 分拣运作流程

烟草分拣业务运作流程如图 7.3 所示。

图 7.3 中的笼车是市公司针对各地区中转站进行配送的集装单元，将该地区分拣到户的卷烟集中装在一个笼车中，运到中转站，只需将笼车整体卸下并推到仓库即可，大大节省了市公司到各县区的配送时间。

卷烟入库过程

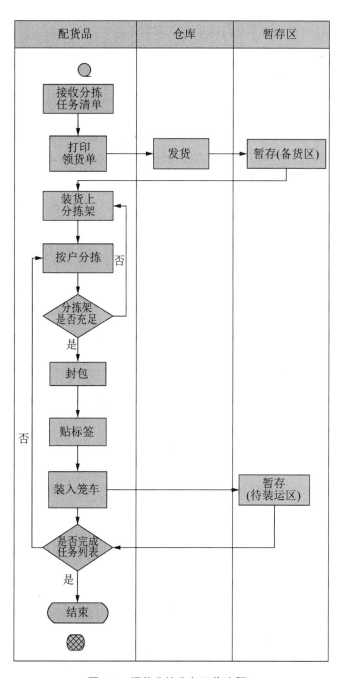

图 7.3 烟草分拣业务运作流程

案例阅读 7-2

卷烟包装绿色化

> 我国卷烟包装发展迅速,有些包装远远超过了一些国际品牌的包装水平,但一些企业过于追求豪华包装,包装的档次越来越高,却忽略了材料的环境性能及成本。不可降解铝箔、金银卡纸、镜面纸等非环保材料的使用日益增加,这些产品废弃后很难回收利用和降解,造成环境污染和资源浪费。原来卷烟物流在自动化包装环节主要采用不可降解的塑料,随着禁塑令的实施,改革卷烟物流自动包装材料成为重要的发展趋势。

除了应按照上述自动化包装流程进行配送分拣作业,还应特别注意包装绿色化以及做到以下几点。

(1) 按作业规范的要求,将卷烟打码到条、分拣到户;卷烟分拣差错率控制在 0.01‰ 以下,分拣破损率低于 0.01‰。

(2) 包装须符合《包装设计通用要求》(GB/T 12123—2008)、《一般货物运输包装通用技术条件》(GB/T 9174—2008)、《包装 单元货物尺寸》(GB/T 15233—2008)的技术要求。

(3) 配送包装以保护货物安全、卫生,且对环境不产生危害为准;包装后的卷烟应有相关信息标识。

卷烟物流配送过程是指从卷烟到货确认到配送至零售客户的一组作业,包括到货确认、入库、仓储、订单处理、出库、补货、分拣、送货、退货处理等活动。

7.3.5 卷烟配送流程及其监控

卷烟自动分拣装箱过程

由于卷烟配送交付必然面对客户,因此直接面对客户的交付流程中包括问候客户的程序和礼貌用语的规定。卷烟配送业务运作流程如图 7.4 所示。

除了应按照上述的流程进行配送作业,还应特别注意以下几点。

(1) 按照作业规范的要求做好领货、送货、退货、货款结算等工作,文明礼貌服务。

(2) 运输与设施须满足配送要求,制订合理的运输与配送计划,包括路线、工具要求等。

(3) 运输车辆须采取适当的防护措施,如防震、防火、防雨、加固等。

(4) 货物须及时送达,送货及时率为 100%;送货破损率低于 0.02‰,送货准确率为 100%。

(5) 复核销售货款,如发现差错,则及时调整。销售货款须日结日清,货款回收率为 100%;须及时、准确填写配送凭证,客户在送货单上签字确认率为 100%;及时收集、传递、反馈客户意见。

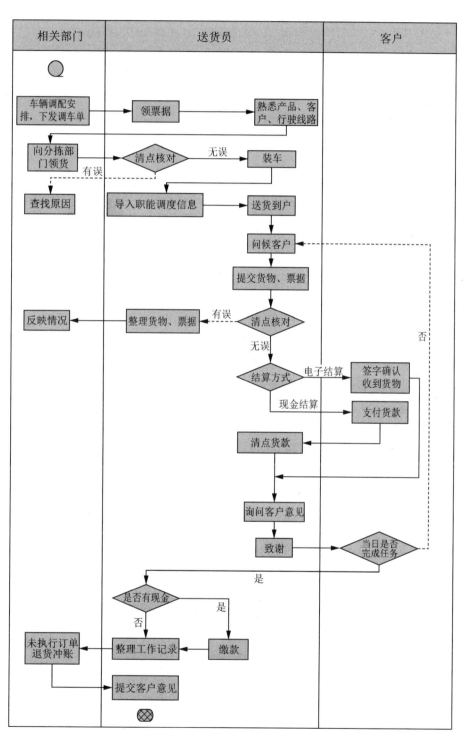

图 7.4 卷烟配送业务运作流程

案例阅读 7-3

X公司卷烟配送中心业务流程

X公司卷烟配送中心业务流程的运作程序主要由采集订单和配送货物组成,主要是由工业企业以汽车方式运输到商业企业——地市级烟草公司,再分配到各零售户。订单系统一般由电访员用电话与市区的零售户联系,以提取订单信息;然后从计算机中心采集订单,一次性发到物流中心,在分拣线上完成分拣;最后使用汽车进行门对门的配送,直接发货到零售户。

整个流程的基本环节是以"一访、二配、三送"的方式进行的。X公司将整个运输(配送)地域分为5大块,电访在周一至周五进行,下午将订单传回计算机中心,次日对订单进行分拣,后日进行送货,送货时间为周三至周日。

在配货的环节中,配货是将货整批从仓库中提出的,按品种数量放进备货区,按户分拣。35件以上用箱(件)包装,35件以下、20条左右用周转箱包装,20条以下用袋包装,然后按照路线,以"后到先装、先到后装"的顺序装车,从而节省配送时间、提高配送效率。

配货完成后,在次日的送货过程中,由8~10辆车针对某地区固定送货,车辆按照顺序满载,按预定的送货顺序送到各零售户。货物送到后,双方核对各自的送货小票,小票内容包括品种、结算方式等,双方签字后完成此项送货过程。付款方式分为现金和电子付款两种,电子付款主要是以预存账款逐次扣取完成,因为电子付款更安全、快捷,所以更易受双方认可。基本上2/3的车辆一天只需要出车一趟,当订单较多,车辆一次无法完成时,13:00~15:00将再次出车,以完成全部订单。收到的现金货款将直接存入银行,现金不会在企业内部过夜,以保证现金安全。

案例阅读 7-4

烟草公司积极推进精细化管理、绿色物流配送体系建设

随着西安市物流配送中心投入使用,卷烟物流全部实现机械化分拣、打码到条、自动封装,卷烟配送科学化、精细化的水平大大提高。

通过建立和运行卷烟物流精细化管理体系,实现烟草物流运作质量保障体系,确保卷烟物流对象质量、物流作业质量、物流服务质量及物流支持因素质量达到目标要求,并持续改进所有烟草仓储物流管理职能的全部活动。

从卷烟仓库自动取货、自动分拣线、自动包装线的迭代升级,到绿色物流新策略、新材料、新技术的广泛应用;从建设仓储、分拣、包装等的管理的标准化、规范化,到运行服务的精益化、优质化,以构建绿色物流配送体系为目标,以新一代信息技术赋能动力,聚合烟草物流设施设备、技术和信息等各种载体和创新的力量,烟草物流持续推动供应链提质控本增效,保障卷烟配送行业稳健有力地迈向更高质量、更有效率、更可持续的发展之路。

本章小结

以卷烟为对象的卷烟物流,在信息技术、管理技术、运作模式、运作机制、硬件(设备)技术、安全性及终端客户服务质量7个方面对物流提出了独特的要求。

针对以第三方物流公司为卷烟物流商,构建以货差率、货损率、交货及时率、万公里事故率和被投诉次数为主要指标的绩效指标体系。卷烟物流的对象是卷烟,通过实现规范化、标准化作业控制营销、仓储、分拣、配送等关键流程,从而提高烟草物流的作业效率及服务水平。

卷烟物流在行业物流运作中是机械化、电子化、自动化分拣程度很高的领域,在卷烟物流绿色化方面是一个亟待提高、完善的领域,如绿色包装、绿色配送等。

关键术语

卷烟物流　　　　　　卷烟营销　　　　　　电话访销　　　　　　卷烟物流商
卷烟物流中心　　　　GIS/GPS　　　　　　　卷烟配送

综 合 练 习

一、单选题

1. 目前我国烟草行业实行( )制度。
   A. 国家专卖　　　　　B. 省级专卖
   C. 市级专卖　　　　　D. 县级专卖
2. 根据我国烟草行业采用的制度,在卷烟的定价中已经包括( )费用。
   A. 销售　　　　　　　B. 配送
   C. 卷烟物流　　　　　D. 促销

二、多选题

1. 卷烟物流的整体性特点包括( )。
   A. 多样性　　　　　　B. 可替代性　　　　　C. 整体性
   D. 物流量季节差异较大　E. 物流节点较多
2. 烟草行业对卷烟物流的要求体现在( )。
   A. 信息技术　　　　　B. 管理技术　　　　　C. 运作机制
   D. 安全性　　　　　　E. 科学性
3. 如果选择第三方物流商,则企业可对其服务质量采用( )作为考核指标。
   A. 货差率　　　　　　B. 被投诉次数　　　　C. 货损率
   D. 交货及时率　　　　E. 准确率

三、思考题

1. 如何理解广义卷烟物流与狭义卷烟物流？
2. 如何实现考核卷烟物流商？
3. 如何实现对卷烟物流关键流程的管理？现有的管理存在哪些缺陷？

四、案例分析题

新兴信息技术推进H市卷烟零售终端的延伸服务

在信息高速发展的时代，互联网技术为烟草物流智能化提供了更为宽广的舞台，卷烟物流的技术也向信息化、网络化和智能化方向发展。电子标签等分拣方式，代替了大部分人工操作；电子签收、地理信息比对等现代化签收方式的推广运用，也让零售户享受到更为贴心周到的服务。H市着重从网络卷烟销售终端的体制上和管理模式上寻找对策，建设好网络体系，实现卷烟销售系统精品工程。

1. 发展特许连锁，加强控制力度

H市卷烟销售网络也是一种连锁形式，但这种连锁还只停留在批零关系和商品经销关系上，还未达到真正意义上的连锁。因此发展销售终端的特许连锁，加强对网点的控制，应放在网络建设精品工程的重要位置。

(1) 实施加盟连锁——烟草专卖店。基本做法是：①以贸易中心(或有限公司)作为转让方与符合条件的网络单位签订加盟合同，以法律形式确定各自的权利义务；②转让方与加盟方都是独立法人或自由人，自负盈亏；③允许加盟店使用H市烟草集团的名称、标识等无形资产；④按照统一模式进行环境设计、商场布局、货架陈列且工作人员统一服装；⑤由烟草集团统一配送货，款到送货，并接受统一管理；⑥统一配置软硬件，享受信息资源，并接受统一培训；⑦加盟店需支付加盟权利金(一次性不退还)，支付加盟保证金作为违约的保证(加盟结束可退还)；⑧可适当收取店面装潢、货架柜台、软硬件设施的费用。

(2) 对加盟方的选择。根据目前卷烟销售网络终端的状况，对其市场可分为4类：①直属商店，也称正规连锁，属核心企业，受烟草企业完全控制，但发展速度慢，建设成本高，资金占有多，不便大量发展；②大卖场、大商场、连锁超市、便利店，是卷烟销售网络中的重要客户，可实施专卖柜加以控制；③以中型商店为主，具有代表性的是原属商委和供销社系统的商店，目前该类企业基本由国营、集体转制为民营企业，极希望找到一个有实力的合作伙伴，也表现出强烈的加盟愿望，由于该类企业规模适中，也可以完全按照专卖店的要求进行布局，是发展加盟专卖店的中坚力量；④以个体经营为主的小网点，由于位置较偏，销售额较低，发展加盟可暂缓一步，但也不能忽视。

2. 控制销售终端的新模式，发展自动售货机经营

(1) 自动售货机的现状。目前H市的自动售货机人均拥有量为每8000人一台，与发达国家相比差距很大，自动售烟机的比例就更低了。

(2) 自动售货机优势分析。

① 自动售货机的消费前景宽广。H市已逐步进入居民消费内容、消费习惯、消费观念等将发生深刻变化的阶段。从国际消费经验表明，在这一时期类似自动售货机的零售业态，将会有较大的发展潜力。

② 自动售货机受空间、时间、人员因素的制约少。自动售货机不受时间制约，可以365天全天候24小时服务，配送也可以不受时间影响。

卷烟物流的发展要依托网络突破，离不开信息技术为基础的创新，创新是驱动物流发展的强大引擎。

(资料来源：根据网络资料修改)

仔细阅读本案例，详细分析并回答下列问题。
1. 如何应对国内市场国际化对H市卷烟销售网络带来的冲击？
2. 对于发展自动售货机经营有什么看法？
3. 分析该案例，对H市卷烟销售网络建设有什么建议？

第8章 电商物流集成运作组织

【本章教学要点】

知识要点	掌握程度	相关知识	应用方向
电商物流	理解	电商物流的概念；电商物流的分类	电商与物流基本知识
快递企业直接配送模式	理解	快递企业直接配送模式的特点	电商物流配送模式的选择
电商共同配送模式	掌握	电商共同配送模式的定义和特点	
电商自建物流运作	掌握	电商自建物流的典型模式	
跨境电商物流运作	掌握	跨境电商物流的主要形式	
电商物流集成运作	重点掌握	电商物流集成运作的模式	

"双十一"与"爆仓"

"11·11"也称"双十一",是淘宝在2009年11月11日发起的网络购物打折促销活动,目前已经成为各大电子商务平台每年的标志性营销活动。

从历史数据来看,2009年"双十一"支付宝交易额约为1亿元。2014年淘宝"双十一"交易额突破10亿元只用了3分钟,24小时总成交额达到571亿元。其他国内大型电子商务平台(如京东、当当、亚马逊等)也纷纷加入"双十一"的营销狂欢之中。2020年"双十一"的交易记录已经突破4982亿元,长战线预售、短视频、直播带货等为"双十一"狂欢带来了新的体验,我国网络购物潜力因"双十一"得到了巨大的释放。

伴随着"双十一"网络销售的火爆,物流企业迎来了业务量的猛增。2020年"双十一"当天,全国邮政、快递企业共处理快件6.75亿件,同比增长26.16%。根据阿里巴巴集团提供的统计数据,天猫"双十一"物流订单量突破22.5亿单。根据某快递公司数据:在普通淡季,每位快递员平均每天的派件数量约为100件,经过"双十一"之后,每天派件数量将会达到300件。快递公司的业务量严重超过了其吞吐能力,甚至有的快递网点由于接单过多,库容不足,出现了所谓的"爆仓"现象。在此期间,几乎所有的快递公司都无法保证其承诺的服务质量,每年都有大量消费者抱怨"双十一"后快件延误,甚至有的快件需要将近一个月才能送达。

随着电商企业和物流企业数字化协同程度的提高,以及智能预测、预售下沉、末端IoT等战略性的部署,"双十一""爆仓"问题已逐年好转,快递早已进入"分钟级配送"时代。国家政策、物流基础设施和互联网技术等层层加码,进一步降低了"爆仓"的可能性,为"双十一"快递安全送达消费者手中保驾护航。

由导入案例可见,电子商务作为网络时代的一种全新模式,是交易方式的一场革命。但其蓬勃发展也将电商物流的短板暴露出来——传统物流模式无法应对电子商务带来的新挑战,因此,研究电子商务物流的运作尤其重要。

8.1 电子商务物流概述

电子商务物流是将电子商务与物流配送一体化运作,往往涉及不同的经营主体,需要相应的电子商务和物流配送的统一信息平台支撑,并协调运作过程。

8.1.1 电子商务的概念和发展

1. 电子商务的概念

电子商务是指通过使用互联网等电子工具(电报、电话、广播、电视、传真、计算机、计算机网络、移动通信等)在全球范围内进行的商务贸易活动。在以计算机网络为基础的电子商务活动中,形成了商品与服务的提供者、广告商、消费者、中介商等有关各方行为的商务活动过程。电子商务作为信息化、网络化的产物,正改变着人们的生活和传统的商务活动方式。人们甚至预计它会成为21世纪的"商务霸主"。

2. 电子商务的类型和影响

电子商务按照参与主体和客户的不同,有B2C、B2B、C2C、C2B、O2O等运作形式。

(1) B2C(Business to Customer),即企业与消费者之间的电子商务。这是公众熟知的一种电子商务类型,基本等同于电子化的零售。目前,在Internet上遍布各种类型的电商企业,能够提供从生鲜、书籍到汽车甚至房屋、金融等各种商品和服务。

(2) B2B(Business to Business),即企业与企业之间的电子商务,包括非特定企业之间的电子商务和特定企业之间的电子商务。非特定企业之间的电子商务是在开放的网络中为每笔交易寻找最佳伙伴,并与其进行从订购到结算的全部交易行为;特定企业之间的电子商务是指过去一直有交易关系或者今后一定要继续进行交易的企业之间,为了相同的经济利益,共同进行的设计、开发或全面进行市场及库存管理而开展的商务交易。

(3) C2C(Customer to Customer),即个人与个人之间的电子商务。与传统零售模式不同,此种形式允许个人客户之间交易,丰富了交易方式,加强了商品的流通。目前C2C模式多用于二手物品的交易。

(4) C2B(Customer to Business),即消费者到企业的电子商务,主要涉及个人对企业提供服务,例如会计师和律师,同时一些站点允许个人提供要出售给商家的物品信息。

(5) O2O (Online to Offline),即线上网店到线下消费电子商务,商家通过免费开网店将商家信息、商品信息等展现给消费者,消费者通过线上筛选服务、线下比较、体验后有选择地消费,进行线下支付。

电子商务较直接、显著的影响就是开辟了新的营销和产品分销的渠道。电子商务的出现为包括信息和数字产品在内的所有商品提供了覆盖全球的分销渠道和向整个互联网展示产品的机会;增强了产品从原材料到客户无缝集成的价值链的能力;减少了传统渠道营销中的距离和时间造成的障碍。

电子商务模式为新型产品的创造或者现有产品的根本转型,以及新市场的产生创造了条件。电子商务使得产品与服务之间的界限逐渐模糊,例如无形的数字产品能够更加密切地跟踪客户的购买信息,并且可为客户提供更好的个性化产品建议;电子商务提供了更低的交易成本、良好的互动性和一对一的营销能力,使得过去不能较为普遍的营销成为可能,例如互联网广告。电子商务也使得一些传统产业受到了巨大冲击。受电子商务影响显著的产业有信件投递、电话/传真、出版、娱乐、教育、医疗服务、金融服务等。

3. 我国电子商务的发展

近年来,我国电子商务发展迅速,交易额连创新高。电子商务在各领域的应用不断拓展和深化、相关服务业蓬勃发展、支撑体系不断健全和完善、创新的动力和能力不断增强。电子商务与实体经济深度融合,进入规模性发展阶段,成为我国经济发展的新引擎。

根据调查数据,2020年我国网络零售市场交易规模达11.76万亿元,同比增长10.9%,2020年我国电子商务交易总额超过37.2万亿元,同比增长4.5%,我国已连续八年成为世界上最大的网络零售市场。与此同时，电子商务的发展呈现出新的特征：消费模式从功能型向体验型转变，关注消费者在产品、空间和环境等多维度的体验感；品牌设计从以产品为中心向以用户为中心转变，精准定位用户需求，提高消费者决策效率；从单一场景到多场景融合，社区电商、直播电商、社交电商等电子商务新兴业态蓬勃发展。

电子商务行业快速发展对相关产业链产生溢出效应。电子商务的不断普及，将直接带动物流、金融和IT等服务类型的行业发展，创造更多的就业机会。在电子商务交易服务、业务流程外包服务和信息技术外包服务等领域涌现出大量的电子商务服务商，电子商务服务业兴起；销售额的迅速增长对电子商务的配送能力提出了更高的要求，物流供应链网络作为整体电子商务发展的重要环节，成为影响用户体验的关键。此外，还将带动与之配套的第三方支付、电子认证、网络信息安全、网络保险等电子商务生态圈中各子业态的发展。

8.1.2 电子商务物流

1. 电子商务和物流的关系

电子商务的概念最初是由美国IT厂商提出的，基本定位在"无线贸易"上，其中电子化对象主要针对信息流、商流和资金流，并没有提到物流。因为美国在定义电子商务概念之初，就有强大的现代化物流作为支持，只需将电子商务与其对接即可，而并非电子商务过程不需要物流的电子化。我国作为发展中国家，物流业起步晚、水平低，在引进电子商务时，不具备能够支持电子商务活动的现代化物流水平，所以一定要注意配备相应的支持技术——现代化的物流模式，否则电子商务活动很难推广。

物流转型升级是电子商务理论融于物流服务过程的重要内容，如果缺少互联网、网上支付、网下配送的一体化物流过程，电子商务过程就不完整。物流作为电子商务过程中的基本要素，需要网络和物理方式的联合操作，现代化技术和信息可对物流进行控制和完善。

消费者上网完成商品的购买，但电子商务活动并未结束，只有商品和服务真正转移到消费者手中，电子商务活动才结束。对于少数商品和服务来说，可以直接通过网络传输的方式配送；对于多数商品和服务来说，物流要由物理方式传输。所以，在整个电子商务的交易过程中，物流实际上是以商流的后续者和服务者的姿态出现的。

2. 电子商务物流的概念和特点

电子商务物流就是在电子商务的条件下，依靠计算机技术、互联网技术、电子商务技术及信息技术等进行的物流活动。基于电子商务物流是为电子商务活动服务的特性，它在多个方面与传统的物流模式有所不同。

(1) 服务理念不同。传统物流业的主要服务对象是企业，更加关注物流成本的降低；在电子商务活动中，电子商务物流可能是唯一与用户尤其是个人用户接触的一方，在很大程度上影响着客户的体验。所以，除了关注物流成本，电子商务物流还需要以客户为中心，进一步提高服务水平。

(2) 配送体系不同。传统物流业主要服务于制造业企业，配送网络具有很强的地域性；电子商务物流面对的用户具有地理位置上的广布性，需要建立规模更加庞大的网状配送网络。

(3) 技术支持不同。与传统物流业相比，电子商务物流对信息技术的要求更高，从而信息化程度更高、更容易迅速作出反应。

3. 电子商务物流作业及特点

1) 电子商务物流作业

电子商务企业需要具备统一的电子商务物流综合信息平台管理商品采购、储存、配送等，以支持电子商务物流的一体化作业，主要包括以下内容。

(1) 集货作业：电子商务企业进行集中采购和集中库存，集中多个地点和多个企业的货物发生的供应物流活动。

(2) 备货作业：运用大数据等方式进行预测，针对特定时刻的产品销售进行准备，将相应商品在对应区域仓库分别储备，以防止高峰销售缺货和满足物流配送的需求。

(3) 分拣作业：根据电子商务订单，迅速在相应的仓库查询找出相应的商品，并进行相应的包装等作业。

(4) 配送作业：根据电子商务订单对分拣好的商品进行配载，利用合理的配送线路为商店或最终消费者实施送货、交付等的物流活动。

2) 电子商务物流的特点

电子商务物流具备以下特点。

(1) 小批量、多批次。电子商务平台为制造企业或分销企业直接与终端客户进行交易提供了平台，而终端客户一般是为了满足个人或家庭的日常需求而购买商品，呈现单次商品需求量小、购买批次多等特点。

(2) 需求多样化且不确定。与传统零售商一般仅销售需求批次多的商品相比，电子商务打破了时间与空间的限制，可通过在线销售更加广泛的商品和服务种类，一次配送服务中可能涉及多样化商品的配送需求。另外，客户的需求在数量、批次和位置上具有不确定性，为配送服务管理带来了巨大挑战。

(3) 配送需求个性化。电子商务配送面对的客户更加多元化，每位客户对配送的要求呈现个性化特点，对配送时间的要求也不相同，配送企业不得不提供多样化的配送服务方式，如普通配送、加急配送等。

(4) 配送管理虚拟化。在传统商务环境下，需求一般发生在实体店，客户需求商品一般不需要配送。在进行电子零售时，电子零售商可以通过建立"虚拟仓库"控制分散在各地的仓库，从而根据现有仓库情况决定是由自身仓库配送还是由供应商直接配送。

(5) 订单可视性高。基于高效的网络技术支撑，电子商务企业可以向客户提供订单的实时信息，包括购买商品的库存信息、配送车辆的在途信息等。从客户服务的角度看，提供订单可视性是非常重要的，因为与在零售店购买商品相比，客户对在线购买商品缺乏直接感知，且需求满足存在时间滞后，可视性可提高客户对电子商务企业的信任度。

(6) 退货率高。由于客户在收货前无法实际感受所购商品，容易出现客户收货后与预期有差距，因此在线交易的退货率远高于传统零售业，由此增加的逆向物流成本不容忽视。

8.2 典型的电商物流运作模式

8.2.1 电商物流运作模式分类

根据物流运作的主体不同，电商物流主要分为以下 4 类。

(1) 第三方物流。第三方物流是指电商企业选择将物流配送业务外包给专业的物流配送公司的业务模式。在该模式下，电商公司无须维持庞大的物流设施网络及相关人员团队，是国内电子商务起步阶段的常见模式，包括淘宝在内的大部分 B2C 平台都采取该模式。

(2) 电商自建物流。电商自建物流是指平台类电商企业自己经营物流配送业务，电商与物流订单同时产生。它们往往拥有完善的物流配送体系，包括自有配送中心、自有运输、自有配送队伍等。目前，一些有实力的 B2C 电商平台(如京东等)选择该模式。

(3) "1+3 物流"。"1+3 物流"介于电商自建物流与第三方物流之间。有的电商企业选择将部分物流配送业务自建(如仓储或配送中心)，将直接配送业务外包给第三方物流配送公司。部分电商平台选择在一、二线城市自营配送，而将三、四线城市的配送业务外包给快递公司。

(4) 物流集成运作。物流集成运作是指由集成物流商主导电商物流配送全过程，电商与物流订单同时产生。集成物流商通过对电商企业的物流配送需求网络进行优化和决策，为不同电商平台提供一整套物流解决方案，有效地提高了物流的配送效率，降低了物流成本。在物流集成运作中，除了集成物流商，往往还需要第三方物流商以物流资源的形式参与，由集成物流商统一调度。

按照所服务电商平台的性质不同，电商物流主要分为以下 4 类。

(1) B2B 电商物流。B2B 电商物流主要服务于企业之间电商业务的物流活动，以专业化物流公司为主。

(2) B2C 电商物流。B2C 电商物流是指 B2C 电商平台与客户之间的物流配送，以快递或零担运输的形式为主。

(3) C2C 电商物流。C2C 电商物流主要以快递的形式为主。

(4) O2O 电商物流。O2O 电商物流是电子平台与实体店相结合的形式。

按照物流业务发生的地域不同，电商物流主要分为以下两类。

(1) 国内电商物流。在电子商务交易中，买卖双方属于同一国家或地区的电商物流称为国内电商物流。绝大部分在线交易产生的物流活动都属于国内电商物流。

(2) 跨境电商物流。买卖双方分属不同的国家或地区，涉及国际物流业务时的电商物流称为跨境电商物流。从程序上来讲，跨境电商物流比国内电商物流复杂，无论是时间还是成本，都远远超出国内业务。但随着经济全球化的不断深入，越来越多的消费者基于各种原因选择跨境交易，跨境电商物流也显得更加重要。

8.2.2 基于第三方物流的电商物流运作

1. 快递企业直接配送模式

快递企业直接配送模式是指电商企业根据消费者的网上购物清单和家庭地址等信息，委托第三方物流企业的交通、运输、仓储连锁经营网络，把商品送到消费者手中，实现配送服务的方式。这种模式可以充分利用第三方物流企业的先进物流设施和专业经验进行规模性操作，为企业带来经济利益，降低物流成本，还可以合理利用社会资源。

1) 快递企业的类型

根据快递公司的性质不同，快速企业可分为邮政体系配送和其他第三方快递企业配送两种。

(1) 邮政体系配送。邮政体系配送是指通过国内邮政体系办理邮政递送手续将货物送到消费者手中的配送活动。中国邮政具有方便、快捷、网点覆盖面广等特点，是我国目前资历最老、覆盖面最广的物流公司。其庞大的物流网络足以将货物运送到全国任何一个乡镇甚至村庄，几乎所有电商都将中国邮政作为自己的备选物流配送方案。利用自己的优势，中国邮政占领了全国大部分农村电商物流市场。但由于历史原因，邮政系统也有不足：普通邮递速度慢，高端 EMS 服务收费偏高，邮政体系整体服务水平偏低，容易造成包装破损、货物损坏，导致配送服务质量下降，从而引起客户的不满。

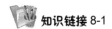

中国邮政速递物流

中国邮政速递物流股份有限公司(以下简称"中国邮政速递物流")是我国经营历史最悠久、规模最大、网络覆盖范围最广、业务品种最丰富的快递物流综合服务提供商。

中国邮政速递物流在国内 31 个省(自治区、直辖市)设立分支机构，并拥有邮政货运航空公司、中邮物流有限责任公司等子公司。截至 2020 年年底，公司注册资本为 250 亿元，员工近 16 万人，业务范围遍及全国，还通达全球 200 余个国家和地区，自营营业网点近 9000 个。

中国邮政速递物流发展历程如下。

1980 年 7 月 15 日，开办国际邮政特快专递业务，开创了我国快递业。

1984 年 4 月，开办国内特快专递业务。

1985 年 12 月 3 日，中国速递服务公司成立，成为我国第一家专业快递企业。

1987 年 5 月，与国际非邮政快递公司合作，诞生"中速快件"业务。

1994 年 1 月 18 日，全国首家实现邮件网上跟踪查询的快递公司，从此迈入信息化时代。

1995 年 11 月 26 日，中国邮政航空公司成立，是国内第一家全货运航空公司。

1999 年，发起设立万国邮联 EMS(全球特快专递)合作机构，并担任理事至今。

2000 年，开办直递业务，进入物流领域。

2001 年 8 月 1 日，开办国内快递包裹业务，提供陆运快递服务。

2008 年 12 月 19 日，全国速递、物流完成整合，成立中国邮政速递物流公司。

2010 年 6 月 10 日，中国邮政速递物流公司完成股份制改造，成立中国邮政速递物流股份有限公司。

2010 年 12 月 31 日，中国邮政速递物流收入突破 200 亿元大关。

2014年7月，中国邮政速递物流面向电商仓配市场成功推出"云仓"服务。

2016年11月，中国邮政速递物流在"双十一"旺季生产中，以13分钟的配送时效打破天猫全球首单配送记录，EMS品牌与口碑再创新高。

2017年12月，全国云仓网络布局已初步完成，472个仓储中心，总面积约为361万平方米，六大枢纽仓均具备百万单发货能力。

2019年11月11—12日，全国邮政快递包裹累计订单量和收寄量双过亿，达到历史最好成绩。截至同年11月20日，累计订单量超4.2亿件，累计收寄量超3.9亿件。

(2) 其他第三方快递企业配送。其他第三方快递企业配送是指除邮政系统以外的其他经营快递业务的物流公司进行的配送活动，以民营企业为主，包括顺丰速运，"三通一达"(圆通、申通、中通、韵达)，宅急送等。

在快递企业直接配送模式(图8.1)中，快递企业吞吐量大、网点众多且覆盖面广，其往往同时为很多B2C电商企业服务，还能满足一些C2C个人客户的需求。快递企业的业务主要分为揽件和配送两个阶段。

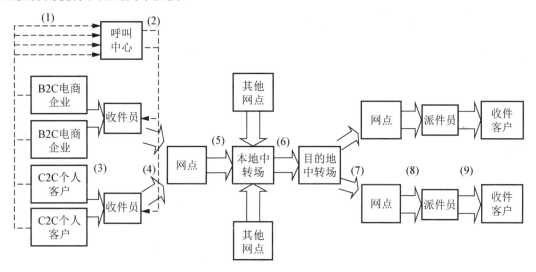

图 8.1　快递企业直接配送模式

2) 快递企业揽件、配送的作业流程

(1) 接单：客户拨打快递公司的客服电话，客服人员记录发件客户和快件的基本信息，或者客户在网上直接下单。

(2) 下单：客服人员通过下单系统将发件信息发送给相应区域的收件员，通知收件员上门取件。

(3) 收件：收件员根据收到的信息，以最快的速度上门取件。

(4) 收件入仓：收件员收完快件送回自己工作的网点，与网点的仓管员交接快件，同时仓管员检查快件信息，根据当地中转场发件班次建包。

(5) 分拨：固定区域内的网点将每天所收快件运至中转场，根据快递的派送区域进行分拣。

(6) 运转：分拣后，根据快件的运送方式，将快件运送到目的地。

(7) 分拨：快件到达目的地中转场后，根据详细信息再次进行分拣，并将分拣完毕的快件运送到各个网点。

(8) 快件出仓：网点的仓管员根据派件员负责的区域，将快件分拣到不同派件员的区域。

(9) 派件：派件员领取自己区域的快件，并以最快的速度将快件送到客户手中。

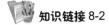

顺丰速运及其电商快递业务

1993年，顺丰诞生于广东顺德。自成立以来，顺丰始终专注于服务质量的提升，不断满足市场的需求，建立了庞大的信息采集、市场开发、物流配送、快件收派等业务机构及服务网络。

顺丰的经济快递业务板块聚焦于服务电商市场，采用"直营(顺丰速运)+加盟(丰网速运)"的运营策略，分别服务于追求品质和追求实惠的电商群体。直营品牌的主要产品为"电商标快"，注重时效竞争力；"丰网速运"作为以加盟模式运营的品牌，于2020年9月开始提供经济型电商快递服务，已在2021年完成12个省、140个城市的覆盖，建立884个加盟站点，投产10个中转场地，为中小客户、小微电商客户提供性价比高的快递服务。

除此之外，顺丰还发展了同城配送、仓储服务和国际快递等快递服务，充分利用"天网+地网+信息网"三网合一的独特核心战略资源，顺丰的快件消化能力不断提升，逐步打造成快递物流行业的金字招牌。

3)"最后一公里"问题

快递企业直接配送模式具有第三方物流的一切优点，如降低电商企业物流成本、集中精力在商务领域、具有较强的柔性等。但是，由于快递企业业务量大，且较多考虑自身成本压缩等，因此给电子商务领域带来较多问题，其中最显著的就是"最后一公里"问题。

"最后一公里"指的是在物流配送环节中，最后将货物交付用户的阶段。在快递行业中，由于绝大多数配送针对个人客户，因此配送货物的目的地分布具有高度分散性，快递企业无论是人力成本还是直接的物流运输成本，都消耗在"最后一公里"配送中。因此，解决好电商物流"最后一公里"的问题，对提升电商物流整体水平，有重要的意义。

前置仓是在探索解决城市配送和生鲜电商"最后一公里"问题的过程中产生的一种新模式。前置仓是一种将仓库(配送中心)从城郊移到距离消费者3公里范围内的仓配模式，通过就近发货，将配送时间压缩到30~60分钟，提高"最后一公里"的配送时效。前置仓虽然提升了配送速度，但也增加了企业的建仓负担和分拣配送成本，且由于配送货品品类有局限，不能满足更高层次的消费者需求，因此前置仓模式仍处于试错阶段。

2. 电商共同配送模式

共同配送(Joint Distribution)也称共享第三方物流服务，是指由多个企业或其他组织整合多个客户的货物需求，联合组织实施的配送方式。为了提高物流效率，对某地区的用户进行配送时，多个配送企业可以联合起来在配送中心的统一计划、统一调度下展开配送。

这是一种企业之间为实现整体配送合理化，降低物流成本，以互惠互利为原则，互相提供便利的物流配送服务的协作型配送模式，其核心在于充实和强化配送的功能。

共同配送的优势是有利于实现配送资源的有效配置，弥补配送企业功能的不足，促使企业配送能力的提高和配送规模的扩大，更好地满足客户需求，从而提高配送效率，降低配送成本；其缺点是不同企业商品不同，管理规定不同，经营意识不同，由此导致的相互猜忌等可能阻碍企业的发展。

在电商物流中，采取共同配送的模式有助于缓解"最后一公里"问题。电商物流共同配送模式如图 8.2 所示。

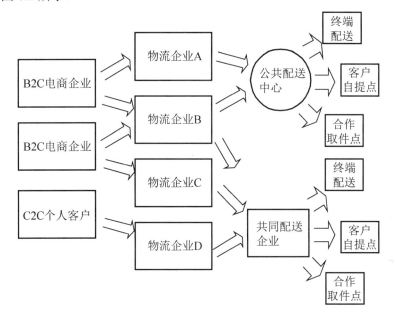

图 8.2 电商物流共同配送模式

电商物流共同配送模式主要具有以下特征。

(1) 统筹城乡配送资源，合理布局城市共同配送节点。

(2) 构建以物流(园区、分拨)中心、公共配送中心、末端配送网点为支撑的三级配送网络体系。

(3) 支持大型物流园区建设标准化、专业化，吸引生产厂家、供应商入驻。

(4) 依托重点商贸流通企业建立共同配送中心，提高覆盖周边、辐射市区的配送能力。

(5) 在末端配送网络建设方面，整合小区快递柜、快递配送站点和便利店、物业公司、药店，融合电商、快递与居民生活用品宅配等业务，促进"网订店取"及快捷、便利的配送服务。

8.2.3 基于电商自建的物流运作

1. 电商自建物流的背景

近年来，国内电子商务业务量得到显著增长，其带来的海量订单带动了第三方物流的飞速成长。由于电子商务企业本身以信息流带来订单，而第三方物流公司的配送能力需要人员、仓储、车辆等硬件设施的投入，因此，实际物流能力的增长速度跟不上信息流的增长速度。在这种现实情况下，第三方物流公司的配送能力只能勉强跟得上电子商务企业的脚步。

在社会化电子商务平台，中小卖家众多，处于发展期的中小卖家对第三方物流的价格敏感度很高。第三方物流公司一方面要承载整个社会不断增加的订单需求，另一方面不能轻易提价。在两方面制约之下，第三方物流公司提供的服务水准被很多 B2C 企业和品牌商诟病。同时，很多快递公司为了加速"跑马圈地"，多采取加盟制。在一线城市，快递公司多采取直营模式，服务质量较好；但在一些以加盟为主的二、三线城市，丢货、破损、服务态度差等已成为人们对第三方物流公司的普遍印象。

与物流成本相比，B2C 企业更加关注为用户提供好的服务体验。

另外，目前国内第三方电商物流资源不充足，一旦出现某个营销热点，就很容易将物流运力吸引过去，而其他 B2C 企业的配送会受到很大的影响。随着我国电子商务市场的不断发展，电商企业不断发展壮大，加上融资提供的资金支持，面对业务规模的不断扩张，自建物流已成为大型电商争相竞技的领域。

2. 电商自建物流的优势和挑战

从国内目前自建物流的电子商务企业来看，自建物流主要具有以下 4 个优势。

(1) 自建物流可以节省成本，增强竞争力。从我国电子商务市场发展阶段来看，各类电子商务企业竞争加剧，已经从单一的产品、价格竞争发展到服务层面的竞争。为了抢占用户、提高用户黏性，电商企业开始通过加强电商"最后一公里"的建设，提升用户体验。此外，尽管自建物流短期内对资金的占有率较高，但从长远来看，通过物流的管控，电商企业可以节省成本。

(2) 自建物流可以提高电商企业的主控性。一方面，自建物流的电子商务企业可以通过自有物流进行新业务的推广和品牌宣传，对已购用户进行再次营销，提高再次购买的可能性及用户黏性；另一方面，电子商务企业可以通过自有配送队伍的上门机会，进行其他服务和产品的推介。

(3) 自建物流可以提升资金的回流速度。目前，尽管第三方支付市场用户群不断扩大，但是货到付款一直是部分用户比较青睐的支付方式。自建物流可以缩短电商企业的资金周转期，提升企业资金的利用率。

(4) 对于电子商务企业来说，在自己的服务需求下打造出来的物流配送体系无疑是最符合电子商务企业服务需求的，而物流的开放无疑还是未来的盈利增长点。

虽然自建物流能够给电子商务企业带来巨大的竞争优势，提升电子商务企业对产业链的掌控能力，但是需要注意，电子商务企业依然要面临高投入和不赚钱的现实。

由于最初自建物流的投入都会很高，且短时间内无法收回成本，因此在选择自建物流的城市时，不仅要看有没有订单量支撑，而且要看区位优势和未来的潜力。自建物流提供的快速配送和良好的服务会提升该地区的订单量。因此，自建物流最重要的是选择有潜力的城市。

同时，虽然我国电子商务企业的交易规模越来越大，但大部分电子商务企业都未能实现盈利，仓储物流的选址与兴建所需时间较长，投入期较长需要牵制大量的资金。此外，电子商务企业的发展速度远远高于物流的建设速度，在短时间内，自建物流系统的作用无法发挥。

在物流端形成良好的服务是自建物流的关键。要想让底层的物流人员提供良好的服务，将物流变成电子商务企业的生产力，从搭建物流队伍到考核方式都必须不同于传统第三方物流公司。因此，国内电商自建物流体系之路依然漫长。

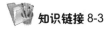知识链接 8-3

自建物流与第三方物流决策比较

电子商务的完整过程如下：

电子商务=网上信息传递+网上交易+网上结算+物流配送

可见，电子商务的整个运作过程是信息流、商流、资金流和物流的流动过程，其优势体现在信息资源的充分共享和运作方式的高效率上。在我国，电子商务物流主要有3种模式：自建物流、自建物流+第三方物流、借助第三方物流，见表8-1。

表8-1　电子商务物流模式比较

物流模式	优势	劣势	适合范围
自建物流	质量可控；效率高；有利于品牌建立、推广	初期投入成本大	业务量大；资金雄厚；客户分布地相对集中
自建物流+第三方物流	质量部分可控；效率高；有利于品牌推广	初期投入成本较大	业务量大；资金雄厚；客户分布地不均匀
借助第三方物流	无初期投入成本	质量不可控；效率相对低；无品牌推广作用	客户地域分散

3. 自建物流的典型模式

(1) 全程一体化模式。全程一体化模式是指从配送中心到运输过程全程包办的全链条模式。其主要优势是可以掌控物流的各个环节，但会改变电商的轻资产模式，使以现金高周转为命脉的电商变重，更多的资金会投入在物流建设中。这种模式显然比较适合资金实力强大的电商企业，如京东和苏宁云商通过打造垂直一体化模式提升用户的物流体验。

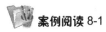案例阅读 8-1

京东集团电商与物流运作组织策略

每年"双十一"，电商订单量陡升，使原本严峻的配送任务面临空前压力，爆仓、商品损坏、送货速度大大降低等问题层出不穷，严重降低了消费者对电商与物流服务质量满意度。京东集团就电商与物流运作组织制定了相应策略。

(1) 延长和增加促销期策略,形成"一年两节、一节多日"的促销方式。京东的"双十一"活动战线从 10 月 21 日预售开始到 11 月 13 日,整个大促期分为预售期、专场期、高潮期和续售期四个阶段。根据京东官方数据,2020 年京东"双十一"活动累计下单金额超过 2715 亿元,比 2019 年同期累计下单金额 2044 亿元增长 32.84%。此外,京东还在每年 6 月 18 日前后进行数日大规模促销,已发展成我国另一个网络促销节——"618"大促。

(2) 严控产品与服务质量策略,树立"正品行货"标杆。京东是以自营为主的电子商务公司,打造了集"采购、销售、仓储、配送、客服"为一体的、全产业链的发展模式,建有一支高效的质量控制队伍,从源头杜绝了假货,成为我国电子商务行业"正品行货"的标杆。京东对假货采取零容忍态度,将售假客户的罚款从之前的 1 万元~10 万元提高到 100 万元。京东营造了无忧的、可信的网络交易环境,推出了 7 天无理由退货、售后上门取件(购买京东自营商品 15 日内因质量问题提交退换申请且审核通过,京东提供免费上门取件服务)、售后 100 分(购买京东自营商品 15 日内如出现故障,京东在 100 分钟内处理完)、售后到家(自商品售出一年内,如出现质量问题,京东将提供免费上门取送及原厂授权维修服务)等服务,使消费者明明白白消费、轻轻松松购物。

(3) 自建仓储配送体系策略,有效解决物流瓶颈问题。为了解决物流瓶颈问题,京东早在 2009 年就开始建设大规模的仓储配送体系,在全国布局物流网络和仓库。截至 2021 年 6 月 30 日,京东物流在全国拥有 38 座"亚洲一号"大型智能仓库、运营仓库约 1200 个,仓储网络总面积约为 2300 万平方米(包含云仓面积)。2020 年,京东实现了约 90%的京东线上零售订单当日达和次日达。

(4) 发展移动电子商务作为商家与客户的联接键策略。京东抓住移动互联网蓬勃发展的信息技术型联接键,打造了移动客户端、微信购物、手机 QQ 购物等移动平台,获得了大量的流量支持。2019 年,京东继续联合腾讯开拓社交电商市场,相继上线"东小店""京东拼购"等社交电商平台,利用微信入口优势,搭建起完整的社交电商生态。

(2) 部分一体化模式。部分一体化模式是指自建物流中心掌控核心区物流队伍,将非核心区物流外包的模式。这种模式节约了大量的资金,但因自建配送体系只在核心地区,故服务半径缩短,非核心区的客户享受不到快捷的物流配送。从本质上说,这种模式是一种"重资产模式",需要大量的资金沉淀到物流业务,适用于具有一定规模的电商平台运作。

案例阅读 8-2

北领科技物流

深圳市北领科技物流有限公司(以下简称"北领科技物流")成立于 2016 年,由浙江菜鸟供应链管理有限公司和深圳越海全球供应链股份有限公司共同投资建设,主要提供仓储和运输管理服务。菜鸟网络与北领科技物流共同打造了惠阳无人仓、嘉兴立体仓库等自动化智能仓库,其中惠阳无人仓是我国目前投入使用的规模最大的无人仓库。北领科技物流在国内华南、华北、华东、华中、西南、西北、东北、中南八大区域的仓储面积约为 100 万平方米,已经成为菜鸟网络最全面、最大的战略合作者,核心仓储及运输管理服务提供商。

(3) "租赁+外包"模式。"租赁+外包"模式是指租赁物流中心,同时将配送环节全部外包的模式。这种模式的最大优势是减轻了电商企业的资金压力,加速了资金的周转;但其劣势同样明显——很难掌控。它要求有一个专业化的第三方服务平台,包括高效的第三方物流公司,以及能提供高品质物流中心的第三方物流企业。如果第三方物流的发展跟不上,则这种模式下的物流服务品质很难得到保证。

案例阅读 8-3

苏宁和国美的物流

苏宁早在 20 世纪 90 年代就开始搭建自己的物流体系,包括仓储、运输和末端配送等,主要服务于苏宁易购电商零售。2015 年,苏宁物流开始为除苏宁以外的其他企业提供物流服务。2016 年,苏宁收购天天快递,充分利用天天快递物流网络的布局,打造苏宁的"最后一公里"配送体系。2020 年,苏宁易购的年度报告数据显示,苏宁物流已在全国投入运营 67 个物流基地,在 15 个城市有 17 个物流基地在建、扩建,逐步形成功能强大的自建物流体系。

与苏宁不同的是,国美安迅物流采取了"自建+租赁"模式,其配送中心以租赁为主、自建为辅,以在核心城市自建,非核心城市租赁的方式搭建物流网络,从而比苏宁更快实现物流网络全覆盖。截至 2020 年,国美安迅物流优质仓配网络体系已覆盖全国 30 多个中心仓、1200 多个城市仓和 2800 多个站点,实现 4 万多个乡镇无盲区服务。从负责国美商品的仓储、调拨、配送业务逐渐成长为具有全国仓储、配送一体化服务能力的第三方物流公司,主要致力于建立电商购物、电视购物以及连锁卖场的家电、家具、家装大件以及 3C 快消品等综合物流平台。

8.2.4 跨境电商物流运作

1. 跨境电商物流发展现状

跨境电商已成为市场热点之一。商务部统计数据显示,2020 年,我国跨境电子商务进出口额达到 1.69 万亿元,同比增长了 31.1%,跨境电商规模 5 年增长近 10 倍。预计到 2025 年将增至 2.5 万亿元,年均增长速度超过 8%。2014 年,广州、杭州、郑州、深圳、哈尔滨、长春等地先后获批国家跨境电子商务试点城市;2020 年,46 个城市和地区获批跨境电子商务综合试验区。随着跨境电商市场规模的不断扩大和国家对跨境电商政策支持力度的加大,跨境电商成为我国对外贸易的新增长点。

在跨境电商业务带动行业再次高速发展的背景下,电商物流领域个性化、专业化发展将成为趋势,差异化物流服务(如预约定时服务、自提服务、退换货服务、售后服务等)将成为行业新热点。

 案例阅读 8-4

国内跨境电商物流发展态势

跨境电商的迅速崛起对跨国快递和物流企业提出了新的要求,国内快递企业纷纷"出海"发展国际业务。依托邮政渠道,EMS 可以直达全球 60 多个国家和地区;顺丰速运针对境外电商推出"全球顺"服务;申通快递先后进军俄罗斯、荷兰市场。

对于国内进口业务来说,"备货"模式兴起。例如,阿里巴巴在多个跨境电商进口试点城市采用"保税备货"的模式发展跨境电商进口业务。保税进口模式可以提前将海外优品进口至保税仓备货,消费者下单后,货物直接从保税仓发出,从而大幅降低物流成本,缩小国内外商品之间的价格差距。

天猫国际与六大跨境电商也试点合作,依托港口,采用批量海运、空运到保税区的模式,降低物流成本。

随着电商渠道下沉,物流服务网络向三、四线城市扩张,物流差异化服务成为竞争焦点。例如,京东大力将渠道向县城渗透,截至 2020 年年底,已覆盖全国 1000 多个县。菜鸟网络联合日日顺物流,在我国 2800 多个县建立了物流配送站,布局了 17000 多家服务商,解决了三、四线城市的配送难题。

自贸区的出现为跨境电商提供了政策上的落脚点。此前,美国亚马逊公司与上海自贸区签订协议,亚马逊将依托上海自贸区拓展跨境电子商务,以自贸区为入口,引进亚马逊完整的全球产品线,针对中国市场开展进口业务,相关国际贸易总部以及仓储、物流基地也将落户上海自贸区。美国另一家仓储零售巨头开市客(Costco)更是借道阿里巴巴旗下的天猫国际首次进入中国市场。

在跨境电商经营中,物流成为至关重要的环节,在线批发多采用传统通关物流方式;跨境在线零售由于单笔订单的商品较少、体积较小,因此卖家向买家发货一般不会采用传统集装箱海运的方式运输,主要通过国际快递及国际外贸小包两种方式。

根据调查发现,客户体验跨境购物后,对跨境电商的物流不满意主要集中在以下几个问题:配送周期长、包裹无法全程追踪、不支持退换货、清关难、包裹丢失或破损率高。

目前,从我国境内到境外的网络外贸交易物流配送周期波动较大。例如,使用中邮小包到俄罗斯和巴西等地,普遍送达时间为 40~90 天;使用专线物流稍快,但也需要 16~35 天。在交易的过程中,物流配送的速度是影响境外买家购买体验的重要因素,也直接关系到卖家获得的评价,进而影响卖家的销售表现。长达一周、两周甚至数月的配送时间,在考验海外用户耐心的同时,严重制约了跨境电商的进一步发展。

跨境物流包括境内段和境外段,部分物流公司与境外物流企业合作,分区域投递,环节层层增加,很容易出现信息不对称、包裹破损和包裹丢失等问题。

2. 跨境电商物流的主要形式

跨境电商与普通电商不同,跨境电商物流成本较高,物流一度成为制约跨境电商行业发展的关键因素。跨境电商的迅速崛起，给跨境电商物流带来了发展契机，也使得物流服务变革升级，同时产生了多种模式共同发展的多元化业态。

(1) 邮政小包。邮政小包主要通过邮政渠道，运用个人邮件形式递送，主要有中国邮政小包、新加坡邮政小包等。邮政小包的优点是价格低、清关方便。

邮政小包一般为 2 千克以内的轻小件，与主流电商平台低货值、低货重的热销品类匹配度较高，能满足中小跨境卖家的需求，但面对电商促销季时，存在处理能力不足和价格不稳定等缺点。

邮政小包递送时效慢，几乎 80% 以上的包裹递送超过 30 天，如果碰到旺季，则递送时间更长。

邮政小包挂号件可跟踪，但必须在原有价格的基础上增加挂号费，增加了交易方的物流成本。对于不可跟踪的普通件，丢包率过高也是一个问题。

(2) 跨国快递。跨国快递主要是指 EMS、DHL、UPS、FedEx 等传统跨国物流，一般递送时效性有保证，且丢包率低，但是物流运费比较高。

例如，2 千克的包裹从我国递送到美国，目前跨国快递根据递送方式的不同，价格为 200～260 元，而使用邮政小包只需要 160 元左右。

另外，跨国快递对产品要求高，含电、特殊类产品的快递存在各种限制。

(3) 专线物流。专线物流是指针对对方国家的一种专线递送方式，特点是货物送达时间基本固定，运输费用比快递物流低，同时可以保证进出口报关。由于专线物流国内线路由物流公司控制，因此能够保证时效，但如果物流公司无法控制目的国国内线路，则会出现递送延迟的现象。专线物流延伸服务水平与跨国快递有一定的差距，如无法承接退换货业务等。

(4) 海外仓。海外仓是结合电商特点，在专线物流方式上的延伸，能提供海外快速的递送专业渠道、精准的海外库存管理、灵活的销售策略及决策支持。截至 2021 年 10 月，我国企业在全球投资建设的海外仓已经超过 1900 个，总面积超过 1350 万平方米。

各类跨境电商物流如表 8-2 所示。

表 8-2 各类跨境电商物流

渠道方式	递送周期	价格/(元/千克)
邮政小包	5～30 天	70～190
跨国快递	7～15 天	200～1500
专线物流	7～25 天	50～350
海外仓	7 天以内	30～50

注：跨境电商物流计费方式往往比较复杂且波动较大，该表仅可作为我国到全球多个国家和地区的递送周期与价格的参考。

由于跨境电商的品类不断升级，以家居产品为代表的大货、重货越来越多地通过电商销往海外。这类产品很难通过空运方式配送，而采用传统海运方式配送，时间周期较长，因此海外仓是最好的选择。以海外仓的方式发货能够有效地保证用户良好的购买体验，买家购买的货物从本地发货，更容易受海外买家的信任及提升购买率，无形中让国内卖家与当地卖家站在同一起跑线上。随着海外仓发展逐渐成熟，基于海外仓做数据分析，卖家能更好地进行供应链管理和库存预测，在线远程管理海外仓储，保持海外仓储货物数据实时更新,严格按照卖家指令对货物进行储存、分拣、包装、配送,且在发货完成后,系统会及时更新、显示库存状况,卖家能够主动掌控跨境电商物流的全过程。

随着消费者网上购物需求的增多,许多电商商家库存大幅度减少,此时海外仓备货计划成为缓解跨境电商货物长时间、长距离运输的不二选择。海外仓为货物提供了一个中转场所,为卖家减轻海运时效不确定的压力,节约运输时间,节省物流成本,提升用户体验。

当然,拥有一个海外仓储系统,无论是租赁还是自建,都会产生运维成本,出现库存周转、配送售后等问题。目前,市场上做海外仓的物流公司大多业务不够完善,且收费不低。随着海外仓市场竞争的日益激烈和跨境电商刚性需求的不断增长,海外仓模式一定可以得到长足发展。海外仓运作模式如图8.3所示。

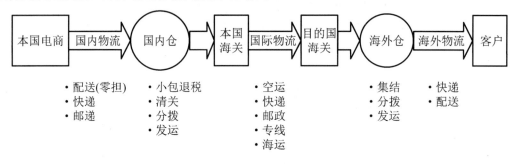

图8.3 海外仓运作模式

(5) 保税仓。保税仓是指经海关批准设立的专门存放保税货物及其他未办结海关手续货物的仓库。保税仓比海外仓的仓租费用低、存放时间长,能够大大提高跨境电商的物流效率,节省物流运输成本。但由于跨境电商保税仓内货品品类具有局限性,因此消费者不一定能获得最佳消费体验。

(6) 边境仓。边境仓是指国内电商(卖家)在边境城市选点设仓储存热销商品,境外买家订货后,与电商信息连通的边境仓立即组织出货,交付境外买家。采用边境仓物流运作模式一般可以减少境内3~5天的物流作业时间,当过境手续比较简单时,热销商品设边境仓是电商物流运作模式的重要选择。

(7) 中欧班列。作为中国与欧洲以及"一带一路"沿线国家间的集装箱等铁路国际联运列车,中欧班列为打通中欧贸易通道提供了新的支撑。"中欧班列+跨境电商"充分利用了班列线路广、效率高、运输成本低的优势,大大缩短了跨境电商货物的运输时间,逐步成为重要的跨境电商物流模式。

8.2.5 电商物流集成运作

1. 发展电商物流集成运作的必要性

为了完成电子商务交易的整个过程,无论是采取电商自建物流还是第三方物流外包的方式,都需要涉及信息系统、仓储物流中心、区域调拨、干线运输、中转、末端配送等物流动作。除了垂直一体化的自建物流,各项物流动作由不同的物流企业承担,因此在信息传递及业务衔接方面往往存在许多问题,造成物流资源的浪费及物流效率的降低。自建一体化物流意味着成本投入巨大,若自有物流资源无法进行社会化共享,则意味着没有高效利用资源。另外,社会上存在大量的第三方物流资源,包括空运、铁路、公路、水路的大量运力未得到充分、高效的利用,急需将社会物流资源整合起来以达到垂直一体化物流的集成化效果,电商物流集成运作模式正是基于此产生的。

在电商物流集成运作模式中,需要由集成物流商主导。集成物流商与其他专业物流提供商相比,拥有很高的信息技术和管理能力,能够提供一整套物流解决方案,利用信息技术和管理技术整合电商企业物流的各个业务流程,从而有效地提高物流效率,降低物流成本。

2. 电商物流集成运作模式

在电商物流集成运作模式(图 8.4)中,二、三级物流节点的物流提供商大多是以集成物流商的物流资源的形式出现的,集成物流商利用掌握的关键信息资源整合其他物流资源,形成电商物流配送网络,确保物流效率和物流质量。为此需要形成一套行之有效的运营方法和制度体系。

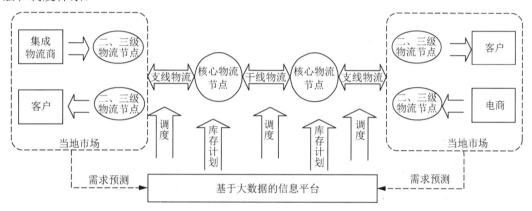

图 8.4 电商物流集成运作模式

1) 科学的物流决策过程

(1) 需求预测:运用大数据对各物流节点辐射的片区市场进行需求分析,预测该地区客户的主流品类及销量。在商品上架之前,必须铺货到当地仓库。电商物流集成运作以大数据为核心,帮助商家实现精准的预测。

(2) 库存计划:基于商家的市场需求,科学制订库存计划。它是实现电商物流集成运作的关键。

(3) 物流计划驱动:物流计划的驱动源于客户的订单需求,商家获得客户的订单后,通过信息平台远程驱动目的地仓库的物流作业。由于这是跨企业、跨平台的作业驱动,因此对整个物流系统的运营能力是个巨大的考验。

(4) 末端配送:在当地选择合适的配送商进行末端配送,能够极大地缩短订单完成的时间。

电商物流集成运作是实现从需求开始到库存计划、从订单下达到仓储运营、从干线调拨到末端配送、从线下运营到线上协同的物流服务。

2) 全国化物流资源网络

在电商物流集成运作模式中,完整的物流配送资源网络必须包括以下内容。

(1) 以核心物流节点为基础,渗透二、三级物流节点,形成立体的地网。当选取核心物流节点城市时，需要考虑现有的需求分布及现有物流资源的分布。

(2) 物流园区与干线整合。

(3) 末端快递配送网络。

(4) 可视化供应链运营平台。

(5) 基于大数据的物流供应链数据服务。

3. 发展电商物流集成运作的障碍

虽然电商物流集成运作模式具有很多优势，但是目前在我国市场，发展电商物流集成运作还要面对以下挑战。

(1) 人才缺乏。对于整个集成电商物流系统的运营来说，人才需求是长远的发展战略。目前，国内缺乏这类人才，基于电商物流、供应链的人才需求将是电商物流集成运作面临的重要问题。

(2) 整合各利益方。在电商物流集成运作的资源网络中，各参与方都有自己的核心资源(如仓储、分拨中心和信息网络等)，涉及多方利益分配与共享。数据信息资源更是电商企业和物流公司的商业核心，利益整合成为电商物流集成运作的难题之一。

(3) 信任。要整合众多资源，包括电商企业在内的各参与方之间的互相信任问题都会影响整个系统的正常运转。

案例阅读 8-5

中国智能物流骨干网

2013年5月28日，阿里巴巴集团携手银泰百货集团、复星集团、富春集团、顺丰、申通、圆通、中通、韵达快递启动了"中国智能物流骨干网"(China Smart Logistic Network，CSN)项目，希望通过8~10年的努力，将CSN建成能支撑日均300亿元(年度约为10万亿元)网络零售额的智能物流骨干网络，让全国任何一个地区实现24小时内送货必达。

根据CSN项目的规划，其首期将投资1000亿元，希望5~8年建设遍布全国的"开放式、社会化"物流基础设施。这些基础设施主要包括两部分：一是在全国几百个城市通过"自建+合作"的方式建设物理层面的仓储设施；二是利用物联网、云计算等技术，建立基于这些仓储设施的数据应用平台，并共享给电子商务企业、物流公司、仓储企业、第三方物流服务商、供应链服务商。二期投资为2000亿元，希望用这3000亿元撬动国家在物流基础设施上已投入的几十万亿元，让国家的基础设施发挥出更大的效应。

2019年，菜鸟启动CSN项目数字化加速计划，希望在未来三年与我国主要快递公司一起，为全行业创造500亿元的新价值。截至2021年，CSN项目的建设满8年，已经取得显著成效，"24小时国内达，72小时全球达"已成必然。

本 章 小 结

物流专业化、信息化、网络化和集成化是电子商务概念的重要组成部分，缺少了集成化的物流过程，电子商务过程将不完整。近年来，电子商务的迅猛发展给我国带来新的经济增长点，而国内物流行业发展跟不上电商发展的速度，从而引发一系列问题。

本章探讨了电商与物流的关系，根据国内电子商务的特点，以电商物流为主，分析了现有电商物流运作模式。

电商企业发展之初，往往选择借助第三方物流的配送服务。其中，伴随着电商的发展迅速壮大的快递配送模式是我国电商物流领域中不容忽视的力量；为了解决快递行业配送"最后一公里"的问题，电商物流城市共同配送模式应运而生。

为了解决第三方物流配送造成的服务水平不高、配送效率较低的问题，有实力的电商企业选择自建物流，包括全程一体化、部分一体化、"租赁+外包"等模式。

作为电商领域最新崛起的分支，跨境电商在跨境电商物流的扶持下逐渐发展起来。成熟的跨境电商物流模式主要有邮政小包、跨国快递、专线物流以及海外仓模式。

电商物流集成运作模式能够解决第三方配送效率低、服务水平低、自建物流投入多、利用率低等问题，目前作为电商物流领域的新方向，吸引了物流从业者的关注。

关键术语

B2C 电商物流	B2B 电商物流	C2C 电商物流	O2O 电商物流
电商物流	共同配送	专线物流	海外仓
电商自建物流	跨境电商物流	电商物流集成运作	

综 合 练 习

一、多选题

1. 跨境电商物流配送的主要模式有(　　)。
   A. 邮政小包　　　　B. 海外仓
   C. 专线物流　　　　D. 跨国快递
2. 电商自建物流的典型模式有(　　)。
   A. 全程一体化　　　B. 部分一体化
   C. 租赁+外包　　　D. 快递直接配送

二、判断题

1. 在电商物流集成运作模式中，其他物流提供商都是以集成物流商的物流资源的形式出现的，集成物流商利用掌握的关键信息资源整合其他物流资源，形成物流资源网络。

(　　)

2. B2C 电商平台与客户之间的物流服务的特点突出，往往以物流专线的形式为主。

（　　）

三、简答题

1. 电商和物流的关系是什么？
2. 对于 B2C 电商企业，可选择哪些物流配送模式？

四、案例分析题

好乐买：培训没有经验的人送快递

好乐买自建物流时，起了不像物流公司的名字"尚橙"。虽然这家公司完全独立于好乐买，但运作模式是按照电子商务企业自建物流设计的。

自建物流两个月，退换货率降低了 50%。这一数据让好乐买 CEO 李树斌感到惊喜。物流费用在电子商务公司成本结构中占比很高，退货实际是逆向物流。对于电子商务公司来说，逆向物流也是收费的。从降低的退换货数据来看，许多退货并不是由用户对货品本身不满意造成的。

"当用户对快递员的服务不满意或者货品送达但用户不方便签收时，快递员不愿意等候或者再次配送往往会发生退货，这部分费用是由企业承担的。"李树斌表示，自建物流后，退货率降低了 50%，直接节省了企业的成本。从这一点上看，物流端提供良好的服务是可以产生收益的。

要想让基层的物流人员提供良好的服务，将物流变成电子商务企业的生产力，就必须从搭建物流队伍到考核方式与传统第三方物流公司相比有所创新。

首先是选人和培训。由于传统物流公司迅速增长的业绩和快递员日益增加的配送单量，基层快递员已经习惯了快速标准化的配送，没有品牌服务的意识。"一个在传统快递公司工作了三四年的人，完全没有配送热情。"李树斌认为，要想打造服务型快递，好乐买的快递公司招收的都是完全没有快递行业经验的人，他们反而更容易按照服务的标准要求培训出来。从培训角度看，培训没有经验的人远远好过培训那些有经验的人。

其次是考核方式。传统物流公司考核的一个重要指标是"妥投率"，其标准就是用户签收。在该指标下，"妥投率"和配送数量决定了基层快递员的收入。基层快递员基本没有耐心和时间等待用户试用，谁签收的、用户是否满意都不是基层快递员考虑的问题，他们只希望在单位时间内配送更多的快递。

好乐买的考核方式不仅是"妥投率"，而且包括服务态度、投诉率等，其中一个重要方式是让快递员每天送货量不饱和，降低送货数量，留出一定的时间做服务。例如，一位快递员一天配送单量 60 单，但好乐买的考核要求是 40 单，可以少送一点，但要让用户满意。又如，快递员都会建议用户试穿鞋，并等待用户试穿满意；如果用户不方便签收，则快递员会选择等待。

仔细阅读本案例，详细分析并回答下列问题。

1. 自建物流体系给好乐买带来哪些好处？
2. 如果好乐买选择第三方物流，可能会出现哪些问题？

第9章　物流金融运作与监控

【本章教学要点】

知识要点	掌握程度	相关知识	应用方向
物流金融概述	理解	物流金融的产生、概念、金融服务的价值增值作用	物流金融的基本知识、物流金融服务的条件
物流金融的业务模式	理解	代客结算、融通仓、物流保理	物流金融服务的应用途径
物流金融的运作组织	重点掌握	代收货款、垫付货款、仓单质押、保兑仓、物流保理	物流金融服务的运作流程
物流金融的风险类型与分析	掌握	商业银行面临的风险、物流企业面临的风险	分析认识各类风险并加以防范
物流金融服务的控制	重点掌握	代客结算、融通仓、物流保理3种模式存在风险的控制	物流金融服务3种模式风险控制思路和途径

导入案例

保兑仓：让您发展无阻力

在某空调生产商的早会上，决策者们遇到了一个难题：由于空调行业的生产销售量在淡、旺季差异较大，公司的销售回款和资金需求错配问题较为严重，这种错配问题降低了公司的资金使用效率，影响了公司的市场竞争力。此外，公司的下游经销商大多为贸易型公司，在银行的信用等级普遍较低，融资比较困难。资金缺乏致使经销商的销售能力一直很难提高，尽管公司曾试图提高经销商的赊销额度，但会造成公司应收账款激增。

针对该空调生产商面临的问题，ZC 银行向其推荐了保兑仓业务。ZC 银行的业务经理介绍：如实施保兑仓业务，则公司将作为核心企业，银行会向公司的经销商融资，专项用于向公司预付货款。具体而言，银行根据经销商存入的保证金签发等额的提货通知单，公司凭银行签发的提货通知单向经销商发货，经销商收货后向银行续存保证金，银行签发提货通知单，公司再凭银行签发的提货通知单向经销商发货。如此循环操作，直至补足敞口授信。贷款到期，如银行出具的提货通知单总金额小于到期授信金额，则公司负责对该差额部分以及由于逾期产生的逾期利息、罚息承担连带保证的责任(差额保证)，或承担将该差额部分款项支付至 ZC 银行指定账户的责任(差额退款)。

通过 ZC 银行业务经理的介绍，该空调生产商决定开展保兑仓业务，于是召开经销商大会，将保兑仓业务向经销商做了宣讲，并在 ZC 银行业务经理的协助下，帮助很多家经销商现场办理了保兑仓业务。该空调生产商通过 ZC 银行保兑仓业务的介入，实现了对经销商的融资支持，从而增强了经销商的融资能力，扶持了经销商，提高了经销商的忠诚度。同时，公司自身的应收账款大幅下降，财务状况得到了较大改善。

(资料来源：长安大学物流与供应链研究所网、高级物流学省级精品课程网)

在全球经济快速发展的今天，如何在物流金融领域进行有效合作，如何运作相关业务才能在一定程度上减少或回避风险，成为物流企业和金融机构需要思索的问题。国内一些大中型物流企业相继开展了物流金融服务，不同的企业、不同的运营模式，开展的物流金融服务有所不同。中小企业如何选择适合自己的物流金融形式，如何在所开展的物流金融运作中有效预防及回避风险，将在本章进行介绍。

9.1 物流金融概述

随着物流业的不断发展，物流服务逐渐向价值链的其他环节延伸，如提供采购、销售、交易、电子商务、金融等衍生服务，可以说物流衍生服务是物流企业发展的高级阶段。物流金融服务是物流衍生服务的重要组成部分，是物流与资金流结合的产物。近年来，物流金融在我国发展迅速,成为物流企业和金融企业拓展发展空间、增强竞争力的重要领域,"物流、资金流和信息流结合"也从概念变成了现实。

9.1.1 物流金融的产生

对供应商和终端用户而言,商品从原材料制造到最终消费者手中的整个供应链过程中存在大量的库存,虽然合理的库存可以满足客户的需求,应付供货周期与制造周期的不匹配,但是库存仍然占据着大量的资金成本。

(1) 中小企业发展中存在融资困难的状况。企业在发展的过程中面临的最大威胁是流动资金不足,存货占用的大量资金使企业可能处于流动资金不足的困境。这种资金不足的风险在中小企业的发展中更加明显,往往成为制约其发展的瓶颈。信贷资金的缺乏和在资本市场上融资能力的缺乏,使得许多企业产生了利用存货融资的需求。

(2) 第三方物流服务创新。物流金融是物流与金融的集成,不仅能够提高第三方物流企业的服务能力、提高经营利润,而且可以协助企业拓展融资渠道,降低融资成本,提高资本的使用效率。物流金融服务将开国内物流业界之先河,是第三方物流服务的一次创新。

(3) 金融机构对质押物缺乏实际的控制力。对金融机构而言,在实际融资活动中降低风险最重要,掌控着企业物流活动的机构应当成为最直接、最有力的发言者。企业存在以分立、合并、兼并、重组、托管、联营等方式进行产权、经营权的交易,但是实际商品的流通渠道不变。为了控制风险,作为金融机构的银行需要了解抵押物、质押物的规格、型号、质量、原价和净值、销售区域、承销商等,要查看权利凭证原件,辨别真伪,这些工作不仅费时费力,而且超出了金融机构的日常业务范畴。

(4) 物流企业与中小企业建立共赢关系。物流金融业务使得物流企业已经从物的处理提升到物的附加值方案管理。传统的物流无法满足企业的需要,随着物流业务的发展,物流金融诞生了,物流金融的出现对金融业、物流业及企业都产生了深刻的影响。

知识链接 9-1

中小企业融资难的主要原因

中小企业融资难主要原因如下。

(1) 信息不对称问题。因为银行与企业之间的信息不对称会引起逆向选择和道德风险问题,所以银行的贷款供给不一定是贷款利率的单调增函数,在竞争均衡下也可能出现信贷配给。由此得出以下推论:当市场上存在不同类型的借款者时,有些借款者(如中小企业),无论他们愿意支付多高的贷款利息,都可能因为信息不对称问题而被排斥在信贷市场之外,而其他借款者(如大企业)相对容易得到贷款。

(2) 可抵押资源缺乏问题。一般来说,中小企业在获取商业银行信贷时很难提供充足、有效的抵押和担保,按照信贷配给理论,银行尤其是大银行倾向于给能够提供充足抵押的企业或项目放贷。

(3) 中小企业的经营风险问题。中小企业的规模较小,抗风险能力也小,加上管理水平较低,企业内部财务制度不健全、管理不规范,经营风险很大,很难获得外部融资。

9.1.2 物流金融的概念

物流金融是指在面向物流业的运营过程中,通过开发和应用各种金融产品,有效地组织和协调物流领域中的资金运动,包括发生在物流过程中的各种存款、贷款、投资、信托、租赁、抵押、贴现、保险、有价证券发行与交易,以及金融机构办理的各类涉及物流业的中间业务等。这种新型金融服务在发展过程中,逐渐改变了传统金融贷款过程中银行与申请借款企业双方的责权关系,也完全不同于担保贷款中担保方承担连带赔偿责任的三方关系,越来越倚重于第三方物流企业,目前主要表现为物流企业的配套管理和服务,形成了银行-物流企业-借款企业的三方密切合作关系。物流金融中一般涉及 3 个主体:物流企业、客户(供货方或购买方)和银行。

可以从以下几点理解物流金融的概念。

(1) 物流金融是一个新兴的领域,涉及物流业、金融业及保险业等行业,是运用金融工具使物流产生价值增值的融资活动。

(2) 物流金融涉及金融机构、物流企业、资金需求客户等供应链上的经营主体,能够使物流企业、金融机构、资金需求商等受益,实现共赢。

(3) 物流金融是金融资本与物流商业资本的结合,是物流业金融的表现形式。物流金融服务既是物流衍生服务的重要组成部分,又是物流与资金流结合的产物。

9.1.3 金融对物流业发展的作用

金融支持物流业的发展,同时物流业推动金融创新。金融支持物流业发展的作用体现在以下几个方面。

1. 金融的发展对物流的保障作用

集成物流服务快捷、方便、灵活的要求,离开金融资金的服务是不可能实现的。如果没有金融资本市场的聚集,现代物流体系就不能建立;如果没有金融工具的运用,现代物流结算就不能实现;如果没有金融渠道的畅通,现代物流渠道就会堵塞;如果没有金融安全的保证,现代物流的即时性就会延缓。只有金融市场高效地分配资金资源,才能为物流基础设施提供资金来源;只有金融渠道畅通无阻,才能保障物流过程中供产销的进一步循环;只有金融网络安全,才能降低需求者网上订货、网上结算的风险,现代化的工具才能广泛应用于物流的整个流程。

2. 金融对物流的支持作用

现代金融对物流的支持作用主要表现在资金支持、结算支持、个性化服务支持等方面。从宏观上看,由于物流存在于从生产者到最终市场的整个过程,包括供货、生产与加工、仓储、装卸、配送,因此物流对外部的基础设施投入要求极高。单个企业的物流基础设施投入很难形成规模经济,需要来自政府或社会的大量资金支持。从微观上看,金融对物流的支持主要体现在结算手段和服务方面。物流高级化的发展方向是满足不同批量、不同规格、不同地区的需求。当客户的需求来自全国范围乃至世界范围时,相应的金融服务随之延伸到全国乃至世界范围。如果没有金融结算及资金划转等配套金融服务,物流企业的成本就会大大增加,中小企业就会对物流望而止步,大型物流企业会对订单较小、运送距离较长、服务要求较复杂的产品失去兴趣，整个物流行业就会偏离灵活性、多样化、个性化的发展方向。

3. 金融与物流结合中的互动作用

(1) 物流金融为金融新产品的开发提供了信息平台。物流金融可以创新出许多金融产品，通过物流市场推向客户，如既可以动产票据化管理进行质押融资，开发相应的融资产品，又可以物流相应的资金流及应收账款为质押物，开发相应的融资产品。

(2) 物流金融的发展健全了银行现代结算支付工具，为提高中间业务收入创造了机会。供应链管理与金融结合，产生了许多跨行业的服务产品，相应地产生了对许多新金融工具的需求，如国内信用证、网络支付等，为银行增加中间业务收入提供了商机。

(3) 在发展物流金融的同时，为银行开发新的客户群体。物流服务涉及供应链上下游的众多企业，是多产业、多领域的有机融合体，对金融业来说是很好的目标客户群体。物流金融也可以为金融业开拓、培育优质的客户。

(4) 物流金融可为银行理财服务提供特有的优势。物流金融可以利用信息的优势，在提高物流企业物流效率的同时，提高供应链全过程的资金效率，为企业提供理想的理财方案，形成高效的资金管理机制及多赢的局面。

案例阅读 9-1

国内金融机构竞相开展物流金融

2017 年，深圳发展银行(以下简称"深发展")天津分行与国内某物资储运股份公司合作仓单质押业务，业务合作集中在南昌分公司。2018 年，双方签订战略性框架协议，奠定合作的基础。自 2017 年 5 月开始，深发展天津分行与该股份新港分公司开展业务合作，涉及品种包括钢坯、卷板、带钢、纸品、铁矿砂等，区域包括天津、河北。

2019 年，广东发展银行(以下简称"广发银行")通过某远洋运输有限公司、某外运股份有限公司和某物资储运总公司等物流公司，与一汽贸易总公司、诺基亚(中国)投资有限公司等大型企业(集团)进行全面的物流银行业务合作，支持 200 多家经销商和 10000 多名终端用户，带来存款近 20 亿元。目前，广发银行已与大型仓储物流企业、监管公司、商交所、交割库、专业市场、期货公司达成合作协议，开发的质押物品种包含钢材、有色金属、煤炭、汽车、棉花等十几个大类，数千个细分品种。广发银行物流金融助企业货物资金运转如流，实现做强做大的目标。

建设银行推出了物流金融产品，包括信贷业务、结算类及中间业务和现金管理类业务；商业银行为客户提供的融资服务逐步从"单一融资"向"全流程融资"转变；中国银行、农业银行、建设银行、工商银行、浦发银行、中信银行、深圳发展银行、华夏银行等都开展了物流银行业务，银行提供的金融服务已经辐射到企业的上下游客户和供、产、运、销环节。

(资料来源：长安大学物流与供应链研究所、高级物流学省级精品课程网)

9.1.4 物流金融在现代物流中的作用

物流金融的作用表现在资金支持、结算支持、个性化服务支持等方面。物流金融能聚集资金，承托起现代物流体系；运用大量先进的金融工具能随时随地实现物流结算；物流金融市场能转移或分散物流业的经营风险。只有物流金融市场高效地分配资金资源，才能为物流基础设施提供更多的资金来源；只有物流金融渠道畅通无阻，才能保障物流过程中物资和资金的流动，现代化的结算方式才能广泛应用于物流的整个过程。

金融环节不畅通、信用体制问题使物流企业承担的风险越来越大，这些风险主要来自客户、分包商、信息系统提供商的合同责任风险，以及物流商的第三者法律责任风险。金融结构不合理使大多数物流企业集中于间接金融体系——银行。其实，物流商因第三者责任引起的赔偿有时也是相当惊人的，如物流商使用自己的仓库存放危险品发生爆炸，或物流商使用自己的船舶、车辆发生泄漏事件引起的财产损失、人身伤亡和环境污染等，都要承担巨额赔款。

物流行业的投资风险、提供物流方案的风险、提供金融服务的风险和商品特性的风险都在飙升，传统的车险和货险已无法适应企业的实际运作需求，保险公司方面需要一种专业的险种，为其分担在物流运作过程中承担的运输责任。

9.1.5 发展物流金融的作用

发展物流金融对中小企业融资有十分积极的作用，具体体现在以下几个方面。

(1) 拓展中小企业融资渠道。物流企业通过物流金融服务能够为中小企业提供新的融资途径。

(2) 拓展物流企业服务空间。开展金融服务能够为物流企业业务的发展提供更广阔的领域，使具有条件的物流企业更好地发挥金融服务为多种经营服务的优势。

(3) 拓展企业利润空间，实现多方共赢。开展物流金融服务可以为物流企业发展提供新服务的利润空间，实现物流企业、供销或生产企业、银行等多方共赢。

(4) 开展物流金融服务，有助于企业之间建立经济社会诚信机制，通过诚信更好地控制银行贷款风险，有利于提高供应链物流的运作效率。

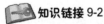

知识链接 9-2

> 物流金融常用的名词释义如下。
> (1) 融资贷款/授信：银行给予贷款人资金支持。
> (2) 质押：贷款人将货物或物权凭证移交银行占有，以担保偿还贷款。
> (3) 货押：用货物作质押。
> (4) 质押标的：用作质押的东西。
> (5) 质押物/押品：用作质押的货物。
> (6) 解押：解除质押。
> (7) 保证金：银行要求客户缴纳占贷款总额一定比例的资金，一般以 30%为基本比例。

(8) 风险敞口：贷款总额减去保证金。
(9) 质押率：风险敞口/质押物价值。
(10) 预警线：质押货物的实际价值接近银行规定的质押物最低值。
(11) 冻结线：质押物的实际价值等于质押物的最低价值。

案例阅读 9-2

UPS 物流金融的发展历程

1907 年 9 月 29 日，美国联合包裹运送服务公司(United Parcel Service, UPS)在美国西雅图成立，后来总部迁至亚特兰大，原名为美国信使公司(American Messenger Company)。UPS 和其他国际型物流公司(如全球最大的船运公司马士基)的第一利润来源均为物流金融服务。

UPS 物流金融业务在世界各地受到广泛称赞。但是，物流金融的引入并非一蹴而就，UPS 真正把金融资本融入物流产业资本中花费了十几年的时间，主要分为以下两个阶段。

第一阶段：货物流的扩张推动信息技术的创新。截至 1993 年，UPS 每天为 100 万个固定客户传递 1150 万件包裹和公文。如此繁重的工作量迫使 UPS 不得不发明新技术以提高效率，在价格方面保持竞争性，同时提供新的产品搭配。1986—1991 年，UPS 花费 15 亿美元用于技术改造，并在 1991—1996 年投入约 32 亿美元用于技术创新。UPS 的技术创新涉及方方面面，从手持传递信息获取设备帮助，到专业化设计的包裹快递设备，再到全球计算机互联网系统和专用卫星。以明细数据层(Data Warehouse Detail, DWD)为例，UPS 的驾驶员使用它，能够立即记录和向 UPS 网络系统上传货物传递的动态信息。DWD 储存的信息甚至包括收货人签字的数字照片，以便向发货人提供货物运输的最新信息。这种专用设备也允许驾驶员远程联系总部，使变更后的送货计划、交通路况及其他重要信息实时保持一致。通过技术创新和信息化建设，UPS 的综合吞吐能力激增，客户需求得到进一步满足，实现了货物流与信息流的结合。该阶段为后来物流金融模式的引入打下坚实的物质基础。

第二阶段：货物流和信息流的成熟催生出物流金融模式。20 世纪 90 年代末，UPS 处于第一次重要的转型当中。尽管核心业务是货物和信息配送，并且独占鳌头，但 UPS 高层认为，企业的可持续性发展必须摆脱这种结构单一的物流运作模式。基于广泛的市场调研，UPS 发现未来商业社会的重要力量是"全程供应链管理"，也是 UPS 未来发展的原动力，并且公司在货物流和信息流方面的领先技术能够比较容易地匹配金融流，从而形成完整的供应链解决方案。所以，UPS 开始调集核心资源向该领域迈进，战略性地重组公司。

1995 年，UPS 成立 UPS 物流公司，基于客户的个性需求提供物流解决方案和咨询服务。1999 年，UPS 资本公司成立，其宗旨是提供综合性金融产品服务，该公司是 UPS 供应链解决方案的"金融翅膀"。1999 年 11 月 10 日，UPS 在纽约证券交易所首次向社会公众发行股票，使公司具备在世界重要金融市场上进行战略性收购和兼并的能力。该举措十分重要，为 UPS 的长远发展提供了强大的资本支持。为了壮大 UPS 资本公司实力和稳步引入物流金融模式，UPS 于 2001 年 5 月并购了美国第一国际银行(First International Bank，FIB)，并将其融入 UPS 资本公司。2002 年，UPS 成立了 UPS 供应链解决方案公司，将 UPS 的业务扩展到以物流、金融、供应链咨询为核心的全方位第四方物流管理。2003 年 4 月 4 日，美国康涅狄格银行委员会通过一项由第一国际银行集体提出的申请，把它的名称变更为 UPS 资本商业信贷(UPS Capital Business Credit)。UPS 资本商业信贷成为 UPS 资本公司的组成部分，专门为中小企业提供信贷、贸易和金融解决方案。到 2020 年年底，经过上百年的不断发展，UPS 成为世界上最大的包裹快递公司和专业化运输及物流服务的全球顶尖供应商。UPS 的发展动向在业界备受瞩目，主要原因是其独具匠心的供应链解决方案。供应链解决方案是一个流线型组织，能够提供货物配送、全球货运、金融服务、邮件包裹服务和业务拓展咨询等服务方案，从而真正实现物流、资金流和信息流的"三流合一"。

9.2 物流金融的业务模式及运作

9.2.1 代客结算模式

1. 代收货款业务

1) 业务模式简介

代收货款是指第三方物流企业在将货物送至收货方后，代发货方收取货款，并在一定时间内将货款返还发货方。出于方便或电子结算的要求，发货方与收货方可委托第三方物流代为收取货物款项，以提高资金周转效率。

从第三方物流的角度看，受时空、各种技术条件等的限制，物流公司代收货款后不能即时向发货方返款，真正返款时往往已经是收款后的 3 天或更长时间。在第三方物流公司的账户中，因不断收款付款而积淀下一笔非同小可的资金，不仅能因为方便客户而提高其满意度，而且大大改善了现金流。代收货款模式直接利益属于物流企业，另外两方获得的是方便、快捷的服务。代收货款模式常见于企业对客户(B2C)业务，并且已经广泛应用于发达地区的邮政系统和很多中小型第三方物流商。

代收货款有以下特点：业务的附加值高；运营成本低；区域性集中，利于规模作业；直接投资少，见效快；需要追加的投资很少；业务前景广阔。

2) 代收货款模式的运作组织

在代收货款模式中，发货方企业与第三方物流企业签订相关委托收款合同，第三方物流企业提供送货上门，同时根据合同代收货款，第三方物流企业定期与发货方企业结清货款，并从中收取一定比例的费用。

(1) 代收货款模式的基本流程(图 9.1)。

图 9.1 代收货款模式的基本流程

(2) 代收货款模式适合的条件和范围。

代收货款模式适合以下条件。

① 发货方和第三方物流企业具有较强的合作关系。
② 货物质量较稳定，货损货差较小。
③ 货物易计量。
④ 收货方信誉较高，能够做到货到付款。

代收货款模式常用于企业对客户(B2C)业务。

(3) 代收货款模式在实际应用中应注意以下事项。

① 物流企业应定期与发货方企业结清代收款项。
② 物流企业代收款项不应超过一定数额，并尽量采用银行转账方式，避免现金业务。
③ 物流企业与供货企业结清款项的条件：款项金额达到一定额度或达到一定期限。
④ 发货方与第三方物流企业、发货方与收货方应签订相关委托收款合同。
⑤ 发货方与第三方物流企业应在合同中明确代收货款的相关费用。

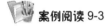

案例阅读 9-3

问题与风险出在何处

吉林省长春市物流配货市场曾发生一系列携款潜逃事件，位于物流配货集中地珠江路上的 7 家货站相继突然关门，老板神秘失踪。据初步统计，有 700 多名货主受此牵连，损失货款 2000 多万元。携款潜逃事件使长春市物流配货行业经受巨大震荡，引发人们对整个行业的信任危机。

无独有偶，河南省郑州市一年内至少有 5 家较大货运部神秘蒸发。据初步统计，郑州市携款潜逃的物流公司涉及金额 2000 多万元。曾被称为"成都托运王"的四川省川运运输连锁有限公司老板刘元宝携上千商家的 2000 万元巨额货款潜逃，旗下遍布四川省的 57 个门店随之关闭。

据悉，货运部开展代收货款业务是从 20 世纪 90 年代初开始的，按照业内不成文的规定，货运部可从代收货款中提取 1‰的利润。

物流公司收到货款应该及时向商户兑付，代收货款的兑付期一般为 3 天到一周甚至更长时间，这已经是一个行业潜规则，这个时间差给货运公司极大的可操作空间。货运部挪用货款做其他业务，一旦出现资金周转困难就导致商户货款无法兑付的情况，而资金链一旦断裂，就可能发生货主挤兑风潮，多角连环债导致货运部无法承付，有的经营商就采取自保避险的极端方式"人间蒸发"——携款潜逃。针对此类问题，人们不禁要问，风险出在何处？

代收货款是物流金融业务,属于物流活动延伸的增值服务。显然,进入物流金融领域的门槛高,经营商户的资信和资金保障能力往往是中低端的,从事物流金融高端业务无论是从资信来讲还是从实力来讲,都是不具备条件的。携款潜逃的大多是货款,即问题直接出在代收货款方面。经营商户的经营资质、诚信缺失也暴露出物流市场的诸多监管真空和漏洞。因此,可以从以下几方面降低相应的风险。

(1) 对物流配货中心运作物流金融的企业严格实行市场准入制度,通过资金质押和风险保障金制度等防范以上事件的发生。

(2) 代收货款业务要严格实行银行转账制度,废除货运部挪用货款的"潜规则"机制,杜绝产生货款无法周转、企业资金链断裂现象的根源。

(3) 逐步将物流企业纳入物流园区统一管理,园区对区内企业及其从业人员实行登记备案制度,进行有效的监控和管理。

(4) 整合高、中、低端物流市场,健全中、低端经营企业的经营资信,提升整体物流的服务水平。

(5) 组建和完善物流行业协会,加强行业自律,营造全行业的诚信氛围,建立企业的信誉,推动行业诚信和业务规范发展。

2. 垫付货款业务

1) 业务模式简介

垫付货款是指发货方将货权转移给银行,银行根据市场情况按一定比例提供融资。当收货方向银行偿还货款后,银行向第三方物流企业发出放货指示,将货权还给收货方。

在垫付货款模式下,物流企业的角色发生了变化,由原来商业信用主体变成为银行提供货物信息、承担货物运送、协助控制风险的配角。在此业务中,厂商获得了融资,银行获得了利息收入,第三方物流企业因为提供了物流信息、物流监管服务而获得了利润。

另外,市场上还存在物流企业不通过银行,用自有资金为收货方垫付货款的新型物流金融服务方式。

2) 垫付货款模式的运作组织

在垫付货款模式和货物运输过程中,可以按照上述垫付货款程序进行。

(1) 垫付货款模式的基本流程(图9.2)。

在图 9.2 中:①发货方向第三方物流企业交货;②发货方向银行转移货权凭证;③第三方物流企业向银行提供货物信息;④银行向发货方垫付货款;⑤收货方向银行付清货款;⑥银行向收货方提供提货单;⑦银行向第三方物流企业发出放货指示;⑧第三方物流企业向收货方交货。

(2) 垫付货款模式适合的条件和范围。

垫付货款模式适合以下条件。

① 物流企业应具备完善的信息系统。

② 货物质量和市场价格稳定。

③ 第三方物流企业能够向银行提供相关货物的情况。

④ 第三方物流企业与银行能形成战略合作关系。

垫付货款模式常用于企业对企业(B2B)业务。

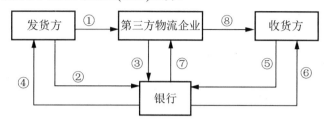

图 9.2 垫付货款模式的基本流程

(3) 垫付货款模式在实际应用中应注意以下事项。
① 发货方与收货方签订《购销合同》。
② 第三方物流企业、银行和发货方共同签订《物流服务合同》。
③ 发货方应无条件承担回购货物的义务。
④ 《物流服务合同》中应明确预付货款的金额(通常为总货款的一半)。
⑤ 第三方物流企业接到银行放货指示后，向收货方交货。
⑥ 银行应核实货权凭证，辨别真伪。
⑦ 银行应及时掌握货物规格、型号、质量和市场行情等。

9.2.2 融通仓模式

融通仓是一个以质押物资仓管与监管、价值评估、公共仓储、物流配送、拍卖为核心的综合性第三方物流服务平台。融通仓融资的实质是将银行不愿意接受的动产(主要是原材料、产成品)转变成愿意接受的动产质押产品，并以此作为质押担保品或反担保品进行信贷融资。

融通仓是指银行把贷款额度直接授权给物流企业，由物流企业根据客户的需求和条件进行质押贷款和最终结算。物流企业向银行提供符合相关规定的信用担保，并直接利用这些信贷额度向中小企业提供灵活的质押贷款业务。

融通仓内容包括物流服务、金融服务、中介服务和风险管理服务，以及这些服务间的组合与互动。融通仓的核心思想是在各种流的整合和互补互动关系中寻找机会和时机，提升客户服务质量、提高经营效率、减少运营资本、拓宽服务范围、减少风险、优化资源使用、协调多方行为、提升供应链整体绩效和增加整个供应链竞争力等。在实践中，融通仓的主要业务可分为仓单质押业务、保兑仓业务、动产质押逐笔控制(静态)、动产质押总量控制(核定库存)。

1. 仓单质押业务

1) 业务模式简介

仓单是物流商仓库接受货主的委托，将货物存入后向货主开具的说明存货情况的存单。所谓仓单质押是指货主企业把货物储存在物流商仓库中，可以凭物流商仓库开具的仓单向银行申请贷款，银行根据货物的价值向货主企业提供一定比例的贷款。一般而言，仓单质押具有以下功能。

(1) 有利于生产企业的产品销售。

(2) 有利于中小生产和商贸企业获得融资。

(3) 有利于回购方(交易所或会员单位)拓展自身业务。

(4) 以标准仓单作为质押获得融资。

(5) 使得贷款人与回购人紧密合作，实现双赢。

2) 仓单质押业务模式运作和组织

仓单质押业务模式的说明如下：融通仓不仅为金融机构提供了可信赖的质物监管，而且帮助质押贷款主体双方良好地解决了质物价值评估、拍卖等难题。在实际操作中，客户一次或多次向银行还贷，银行根据客户还贷情况向客户提供提货单，物流企业根据银行的发货指令向客户交货。

(1) 仓单质押业务模式的基本流程(图 9.3)。

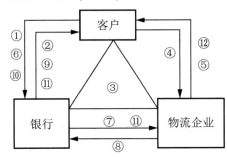

图 9.3　仓单质押业务模式的基本流程

在图 9.3 中：①客户向银行申请融资；②银行评审客户；③客户、银行、物流企业签订三方协议；④客户向物流企业提交质押物；⑤物流企业检验客户质押物并出具仓单；⑥客户向银行提交仓单；⑦银行向物流企业查询有关客户及质押物情况；⑧物流企业接受查询并答复；⑨银行放款给客户；⑩客户向银行申请质押物出库；⑪银行将相关指令传递给客户和物流企业；⑫物流企业按银行指令为客户办理出库手续、核销仓单及解押。

(2) 仓单质押业务模式适合的条件和范围。

仓单质押业务模式适合以下条件。

① 客户应具有经营仓单项目下货物的资格且是主营业务，同时与银行有较好的合作。

② 物流企业应具有符合质押物要求的仓储、运输条件和资质。

③ 物流企业具有丰富的仓储管理经验、专业人员及操作规范。

④ 物流企业具有健全的网络和信息系统。

仓单质押业务模式适用于质押物不流动、整进整出的业务，如铁矿砂、煤、农产品；质押物价格稳定、货损货差小、易长期存放的业务；经营性流动资金量大的客户业务。

(3) 仓单质押业务模式在实际应用中应注意以下事项。

① 如果使用仓单部分提货，则收回原先出具的仓单，重新出具仓单分割单。

② 银行应核定物流企业和客户的信誉、资质和财务状况。

③ 在分析、预测价格变动趋势的基础上，确定仓单质押率。

④ 对价格稳定且质押期较短的，可提高质押率；反之，则降低质押率。

⑤ 在操作中，银行应辨别仓单真伪。

⑥ 银行应时刻掌握仓单质押物的市场行情。

⑦ 银行应根据协议定价、发票值与当前市场确定仓单质押价值。

⑧ 严格掌握借贷申请主体资格。

2. 保兑仓业务

1) 业务模式简介

保兑仓业务是指在供应商承诺回购的前提下,购买商向银行申请以供应商在银行指定仓库的既定仓单为质押的贷款额度,并由银行控制其提货权的融资业务。在该业务中,第三方物流企业实际控制货物,并为银行提供监管。

2) 保兑仓业务模式的运作组织

关于保兑仓业务模式的说明如下:卖方、买方、物流商、银行四方签署"保兑仓"业务合作协议书,买方根据与卖方签订的《购销合同》向银行交纳一定比例的保证金,申请开立银行承兑汇票,专项用于向卖方支付货款,由物流商提供承兑担保,卖方以货物对物流商进行反担保。银行给买方开出承兑汇票后,卖方向保兑仓交货,此时转为仓单质押。

(1) 保兑仓业务模式的基本流程(图9.4)。

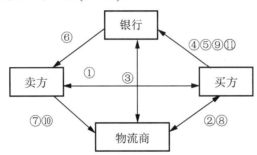

图 9.4 保兑仓业务模式的基本流程

在图 9.4 中:①买卖双方签订《购销合同》;②买方与物流商签订《仓储合同》;③买方、卖方、银行和物流商签订四方协议;④买方与银行签订《承兑协议》;⑤买方向银行交纳一定比例的保证金;⑥银行向卖方支付承兑汇票;⑦卖方发货到物流商;⑧货物到达后,买方与物流商共同验收办理入库;⑨买方向银行存入保证金提取质押物;⑩买方违约,卖方负责回购,偿还债务;⑪保证金交足,质押解除。

(2) 保兑仓业务模式适合的条件和范围。

保兑仓业务模式适合以下条件。

① 质物市场价格稳定,波动小,不易过时。

② 质物用途广、适应性强,易变现。

③ 质物规格明确,便于计量,产品合格,符合国家标准。

④ 物流商保持中立立场。

⑤ 保证金一般至少应为质物价值的 30%。

⑥ 保兑仓模式下,银行风险较小。

保兑仓业务模式适用于国内贸易;出质人的上游企业资质好的业务;黑色金属、有色金属、汽车、化工产品、纸品、药品、烟酒、电子产品等领域。

(3) 保兑仓业务模式在实际应用中应注意以下事项。

① 尚未到的货物为信用质押,到货后转为仓单质押。

② 按照质权人指令收货、验收、放货。
③ 有时监管方还要承担运输等流动质物的监管责任。
④ 买方、卖方、银行和物流商签订四方协议。
⑤ 物流商提供承兑担保。
⑥ 卖方以货物对物流商进行反担保。
⑦ 买方违约，质押物由生产商或物流商回购。

3. 动产质押逐笔控制(静态)

1) 业务模式简介

动产质押逐笔控制(静态)是指出质人以银行认可的合法的动产作为质押担保，银行给予融资，并在授信期内通过银行审批更换所质押的动产的授信业务，监管人的控货方式为逐笔控制。

2) 业务模式的运作组织

动产质押逐笔控制(静态)模式中，融资企业将存货交由银行认可的监管企业监管，监管企业向银行出具质押专用仓单，银行据此提供融资。融资企业根据提货需要向银行存入一定金额的款项，银行根据融资企业存入的款项金额授权监管企业的货物出库权限，监管企业根据银行授权逐笔释放货物，至货物完全出库时质押解除。未经银行同意，融资企业不能提取或置换货物。

(1) 动产质押逐笔控制(静态)模式的基本流程(图9.5)。

在图 9.5 中：①融资企业与银行签订融资协议；②融资企业将存货交由银行认可的监管企业监管；③监管企业向银行出具质押专用仓单或质物清单；④银行根据仓单或质物清单向融资企业提供融资；⑤融资企业向银行存入一定金额的资金；⑥银行根据融资企业存入的款项金额授权监管企业的货物出库权限；⑦监管企业根据银行授权逐笔释放货物。

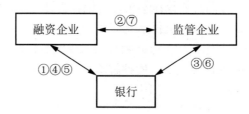

图9.5　动产质押逐笔控制(静态)模式的基本流程

(2) 动产质押逐笔控制(静态)模式适合的条件和范围。

动产质押逐笔控制(静态)模式适合以下条件。

① 按照质权人指令进货和放货。
② 监管企业应具有较高的资质。

动产质押逐笔控制(静态)模式适用于动产质押；质物流动性不强、大笔货物进出库的业务；有色、煤炭、汽车、农产品、化工等产品；货物价值变动较小的物资。

(3) 动产质押逐笔控制(静态)模式在实际应用中应注意以下事项。

① 银行应做好质押物的价值评估工作。
② 银行应及时掌握货物的市场行情。

③ 监管企业应对银行负责。
④ 监管企业只有得到银行授权后才能办理货物出库业务。
⑤ 监管企业必须及时向银行传递相关质押物库存信息。
⑥ 监管企业必须出具质押专用仓单。
⑦ 银行应控制好融资额度。
⑧ 监管企业应做好质押物的验收入库工作。

4. 动产质押总量控制(核定库存)

1) 业务模式简介

动产质押总量控制(核定库存)是指出质人以银行认可的合法的动产作为质押担保，银行给予融资，并在授信期内满足银行核定的最低库存基础上，更换所质押动产的授信业务。质押的标的为监管人仓储保管的货物，银行委托监管人不间断地占有质物，但监管的质物是不断更换的，在不同的时间表现为不同批次、种类，故称为动态质押总量控制。

2) 业务模式的运作组织

在动产质押总量控制(核定库存)模式中，银行确定质物种类、数量、价值的最低要求，并办理质押融资，超出的部分客户可自由存入或提取。在这种模式中，监管企业负责审查融资企业在质押期间自由存入或提取的货物符合银行的最低要求，从而确保质押物价值始终不低于银行确定的额度。

(1) 动产质押总量控制(核定库存)模式的基本流程(图 9.6)。

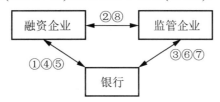

图 9.6　动产质押总量控制(核定库存)模式的基本流程

在图 9.6 中：①融资企业与银行签订融资协议；②融资企业将存货交由银行认可的监管企业监管；③监管企业向银行出具质押专用仓单或质物清单；④银行根据仓单或质物清单向融资企业提供融资；⑤融资企业向银行申请货物出库；⑥银行审查货物出库申请及库存质押物的总量(价值)——核定库存；⑦当库存质押物的总量(价值)不低于银行确定的额度时，银行授权监管企业放行货物；⑧监管企业根据银行指示释放货物。

(2) 动产质押总量控制(核定库存)模式适合的条件和范围。

动产质押总量控制(核定库存)模式适合以下条件。

① 监管企业按照质权人通知的价格控制质物价值。
② 质押物应具有合法性、稳定性、标准性和变现性等。

动产质押总量控制(核定库存)模式适用范围为动产质押，适用于流动性较强、货物进出库频繁的业务；有色、煤炭、汽车、农产品、化工产品等。

(3) 动产质押总量控制(核定库存)模式在实际应用中应注意以下事项。

① 银行确定的额定量之上部分按照出质人指令进货和放货,到达质权人规定的总量时停止发货。

② 质押品在监管过程处于不断变化的状态中,或质押品不断进行更换。
③ 在不同时期表现为不同批次、种类的质押。
④ 监管企业具有连带责任。
⑤ 监管企业应做好物资的入库验收工作。
⑥ 监管企业应接受银行核货、查询并答复。
⑦ 监管企业应制作最新的物品清单并交予银行。
⑧ 监管企业发货必须经银行同意。
⑨ 银行应就质押物设定预警线,当质押物预警线达到银行规定总量时,监管企业应告知银行。
⑩ 银行应随时掌握质押物的市场行情,核定库存以调整预警线。
⑪ 银行设定的库存预警线应视情况随时调整,必要时银行有权要求融资企业追加质押物。
⑫ 银行应随时将调整后的预警线告知监管企业。
⑬ 监管企业应审查在质押期间自由存入或提取的货物符合银行的最低要求,确保质押物价值始终不低于银行确定的额度。
⑭ 当质押物市值发生波动,下跌幅度到达贷款发放日市值的 10%时,银行有权要求发货人在接到银行通知后 3 个工作日内,提前偿还部分货款,以保证达到双方约定最高质押率的要求。

不同监管模式的比较参见表 9-1。

表 9-1　不同监管模式的比较

项目	银行何时放款	何时开始监管	是否允许换货	放货条件
动态现货监管	核实现场质物数量、品质、货权单据无误,由第三方出具质物清单后	核实现场质物数量无误,出具质物清单后	在规定的质物种类规格范围内,允许换货,换货应核实品质、货权单据无误并留存,并保证库存始终在底线之上	当放货后仍在库存底线之上时,允许放货
静态现货监管	核实现场质物数量、品质、货权单据无误,由第三方出具质物清单后	核实现场质物数量无误,出具质物清单后	不允许	出质人还款,银行向第三方出具提货通知书,第三方发出放货指令
先票后货	签订合同后,银行向指定上游供货厂商放款,并通知第三方准备接货	质物到达监管现场,接货并核实质物数量、品质、货权单据无误后	不允许	出质人还款,银行向第三方出具提货通知书,第三方发出放货指令
先票后货(在途监管)		在指定地点完成货物交接时		

知识链接 9-3

供应链物流金融服务的创新

物流金融可用于多种供应链服务创新。例如，在供应链合作性策略模式中，中小企业作为供应商为客户提供仓储服务，所需资金很大，利用物流金融可以解决中小企业的融资问题，解决供应商管理库存中由资金占用多引起的资金不足问题。

在保税区提供涉外服务的中小物流企业，可以通过所在物流园区的经营者、银行等形成特定的票据融资等物流金融服务模式。

案例阅读 9-4

物流金融在运作过程中，合作各方存在很大的风险，特别是商业银行风险较大，规范的合作协议合同是回避风险的关键。以下是常规货物质押监管合作协议，可供借鉴。

货物质押监管合作协议

编号：

监管方(下称甲方)：×××物流公司

出质方(下称乙方)：×××融资企业

质权方(下称丙方)：×××银行

根据____年__月__日乙方与丙方签署的编号为_____、名称为《综合授信合同》(以下简称主合同)的约定，乙方因业务需要向丙方申请授信业务，包括但不限于银行承兑汇票、短期贷款等。丙方同意自____年__月__日至____年__月__日期间，丙方视乙方的经营情况为乙方进行授信的总额为_____万元人民币。甲方具备仓储业的经营资格并有条件按照丙方要求仓储保管质物。

经三方自愿平等协商，就质物的监管事宜，根据《中华人民共和国民法典》等有关规定，达成以下协议。

1. 监管方式

乙方向丙方申请办理上述授信业务，以存放在甲方监管库的且符合丙方要求的货物向丙方设定质押担保。甲方承诺按照丙方的书面要求为乙方办理质押物的提货手续。

2. 货物的入库及质押手续的办理

承运人将货物运抵仓库，并提供有关货权证明。甲方验收后应及时通知丙方。验收无误后，甲方将货物移入相应的仓位仓储保管，甲方出具体的货物入库验收单加盖"×××物流公司质押业务专用章"及背书"已质押给×××银行"字样章后交付给丙方，作为拥有向甲方提取货物的权利凭证。

3. 乙方提取货物的程序

存放于甲方监管库的货物总额/总量超过丙方核定的应留存于甲方处的货物应控制总额/总量时，乙方可以要求对超出丙方核定应留存的总额/总量货物以外的货物解除质押并办理提货手续。

4. 储存场所

质押物存储于甲方的监管库，即甲方的位于_____、名称为_____的仓库。丙方交付甲方储存保管的仓储物，甲方应单独、分别堆放，并按丙方要求标记，以便丙方识别。该标记应保持始终，直到提货完毕。

5. 仓储监管期间和费用

本协议项下的监管费用全部由乙方向甲方支付，乙方应于货物进库之日起每月的15日向甲方支付仓储费、监管费，货物的监管期限为自货物进入甲方监管的仓库之日起至货物全部出库之日止。如因仓储费、监管费产生争议，与丙方无涉，由甲方与乙方自行协商解决，甲方不得因此而向丙方索偿。

6. 各方的权利和义务

1) 甲方的权利

(1) 甲方对质押物的出库拥有审查、批准权，未经甲方审查、批准的，乙方不得申请甲方办理货物出库手续。

(2) 甲方有权按本协议的约定向乙方收取仓储监管费用。

2) 甲方的义务

(1) 甲方的仓储、监管工作应尽职、尽责。甲方需派专职的监管人员24小时对入库的货物进行监管。

(2) 货物进库时，甲方应及时验货，甲方对货物入库时货物入库验收单上所记载内容的真实性、有效性、准确性有核实的义务。

(3) 甲方对丙方的相关查询、查库有及时、准确告知和配合的义务。

3) 乙方的权利

(1) 乙方有权按本协议约定向丙方申请授信。

(2) 乙方有权按本协议约定提取货物。

4) 乙方的义务

(1) 乙方应当按本协议的约定向甲方支付仓储、监管费用。

(2) 乙方承诺在未经甲方的许可不得向甲方申请办理提货手续或转让仓储货物所有权。

(3) 乙方应当积极配合甲方的监管工作，及时向甲方及丙方提交有关信息、文件、资料和数据。

5) 丙方的权利

(1) 乙方的提货申请致使质押留存的货物的总额/总量小于《冻结货物通知书》核定的应留存货物总额/总量时，只有在丙方书面同意的情况下，甲方才有权同意乙方提取相应的货物。

(2) 如遇留存的质押物的市场价格下浮或其他因素致使留存的质押物总额/总量低于丙方出具的《冻结货物通知书》核定的应留存货物总额/总量时，丙方有权利要求乙方增加入库的货物并予以留存，或向丙方交足相应的保证金或提前偿还债务。

(3) 丙方有权占有所有乙方存入甲方监管库的货物入库验收单，作为对存储于甲方监管库的货物享有质押权的权利凭证和拥有向甲方提取相应货物的权利凭证。

6) 丙方的义务

(1) 丙方应当对其所了解的乙方的信息、文件、资料等保密。

(2) 以书面函件形式预留印鉴给甲方，此后发给甲方的任何函件上的印鉴均须与预留印鉴相符。

7. 违约责任

(1) 在储存期内，除不可抗力的事件外，仓储物毁损灭失或由于甲方未尽到监管责任导致仓储物短少等，由甲方承担赔偿责任。

(2) 甲方未按本合同的约定办理提货和放货手续，造成丙方损失的，由甲方承担赔偿责任。

8. 管辖条款

因本协议产生的纠纷，各方应协商解决，协商不成的，任何一方均可向本协议签订地人民法院起诉。

9. 协议的效力

(1) 本协议经三方的书面同意可以修改或补充；本协议的任何修改和补充均构成本合同不可分割的一部分，与本协议具有同等法律效力。

(2) 本合同正本一式三份，三方各执一份，经三方签字盖章后生效。

甲方：   乙方：   丙方：

法定代表人：   法定代表人：   法定代表人：
(授权代表)：   (授权代表)：   (授权代表)：

本协议签订地点：丙方住所地
本协议签订日期：××××年×月×日

9.2.3 物流保理业务模式

1. 保理业务的含义

保理业务又称应收账款承购，是指销售商以挂账、承兑交单等方式销售货物时，保理商购买销售商的应收账款，并向其提供资金融通、买方资信评估、销售账户管理、信用风险担保、账款催收等一系列服务的综合金融服务方式。

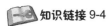知识链接 9-4

保理的通俗理解

保理全称保付代理，是指卖方将现在或将来的基于与买方订立的货物销售合同所产生的应收账款转让给保理商，由保理商向其提供资金融通、销售账户管理等一系列服务的综合金融服务方式。

案例阅读 9-5

中小企业"融资难、融资贵"问题再次成为重要议题

2020 年两会期间,中小企业"融资难、融资贵"问题再次成为重要议题,打破中小企业融资困境已经成为"六稳""六保"的关键之一。

二十大报告指出,要"营造有利于科技型中小微企业成长的良好环境,推动创新链产业链资金链人才链深度融合"。商业银行应当结合新的形势变化,迅速调整业务思路,把握与保理有关的最新政策机遇,引入"以核心企业为节点、中小企业为神经末梢"的核心企业供应链保理融资体系,加大线上供应链保理融资模式、流转模式的推广力度,促进解决中小企业融资难的问题,探索新的业务增长点。

案例阅读 9-6

物流业与保理业结合将成为可能

随着经济环境的发展,我国保理业务发展迅速。1999 年,我国年保理结算额为 3000 万美元,开办的保理机构仅有中国银行和招商银行两家;到 2013 年年底,经营保理业务的银行有 20 多家,商业保理企业注册数量达到 284 家。2013 年,我国保理业务总量超过 3 万亿元。但保理市场的经营机构仍然主要由银行构成。2013 年,在国际保理商联合会的成员名单中,有 25 个成员来自中国,其中有 23 家银行,只有 2 家是商业保理公司。从物流创新的角度来说,如果能够提供增值的物流保理服务,则有利于物流企业增强竞争能力。如前所述,物流企业在保理市场上具有独特的、银行所无法代替的竞争优势。因此,无论是从物流业的发展还是从保理业务本身的发展来说,物流企业与保理业务的结合都是必然的发展趋势。

2012 年商务部启动商业保理公司试点,推动了保理服务机构的多元化进程;2009 年和 2013 年中国银行业协会保理业务专业委员会和中国服务贸易协会商业保理专业委员会分别成立,标志着中国保理市场的自律监管框架初步形成。中天富(长春)商业保理有限公司,是国内率先倡导"智慧供应链"并在全国范围开展商业保理业务的金融企业。2022 年 8 月,中国银行联合央视网在京举行《金融场景生态建设行业发展白皮书 2.0》发布会,展现银行业回归金融本源,推动服务重心下沉,推动跨界融合,深入构建新时代数字金融发展新格局,更好地为实体经济服务的场景建设工作实践,在推进经济和社会高质量发展的道路上守正创新、行稳致远。可以预见,物流企业很可能在不久的将来获得经营保理业务的主体资格。

案例阅读 9-7

银行明保理解决供应链融资瓶颈

商业银行结合最新的法律、行政法规,运用科技金融,将直接融资转换为买断型明

保理，解决中小企业融资难题。也就是说，供应链核心企业在日常生产经营活动中，对上游中小企业供应商形成应付款后，商业银行与核心企业及上游中小企业签署保理融资协议，并经由核心企业确权，无追索(有追索模式也能实现，关键是围绕核心企业资信)买入中小企业对核心供应链企业的应收款债权(简称"核心企业供应链保理")，实现从中小企业贷款方向保理商的实质角色转变。

2. 物流保理

保理是基于上游企业向核心企业销售货物(提供服务)产生的应收账款，上游企业将现在的或将来的应收账款转让给保理商，保理商上游企业提供的贸易融资、销售分户账管理、账款催收、风险控制等综合业务服务。

物流保理业务的出现源于保理市场的迅速发展。根据世界上最大的保理商组织——国际保理商联合会(Factors Chain International，FCI)的统计，2001年全球保理业务总量超过7200亿美元。在保理业务发展的初期，物流企业并未真正介入，从中受益的主要是银行和保理公司。但是随着保理业务的迅速发展，物流企业开始认识到该业务的巨大潜力和自身从事保理业务的潜在优势。

从保理业务的服务内容来说，物流保理业务与银行保理业务并无本质的不同，但是经营的主体由银行转变为客户经营物流业务的物流企业，使物流和金融的联系更为紧密，由此衍生出许多银行保理业务不具备的优势。物流保理业务的出现迅速引起了金融市场的注意，一些专家甚至称其为"革命性的金融服务方案"，并认为在保理市场上没有任何银行能够与之匹敌。

尽管目前我国对物流保理业务的开展仍有诸多限制，但应该看到，我国的金融环境正在逐步向开放的方向发展。

综上所述，物流保理业务作为一种新的物流融资模式，不仅可以促进贸易的繁荣，而且可以通过提供增值服务的形式提高我国物流企业的竞争力，推动物流行业的发展，并且作为物流行业一种创新性的金融服务，它符合我国金融开放的发展趋势。因此，我国应尽快批准物流企业经营保理业务，并制定出相应的法律法规，保证物流保理业务的迅速发展。

3. 物流保理业务的主要优势

(1) 风险降低。物流保理最大的优势是风险降低。首先，从目前物流的发展趋势来看，物流商越来越多地介入客户的供应链管理，往往对买卖双方的经营状况和资信程度都有相当深入的了解，因此在进行信用评估时，不仅手续比银行简洁、方便，而且风险也低。其次，银行保理业务的主要风险来自买卖双方对银行的合谋性欺骗，一旦银行在信用评估时出现失误，就很可能陷入财货两空的境地。在物流保理业务中，由于货物尚在物流企业手中，因此该风险大大降低。

(2) 融资快速方便。根据物流保理业务的要求，物流客户在产品装箱(柜)的同时凭提单获得物流企业预付的货款，即物流运输和保理业务的办理同时进行。而银行保理业务一般在货物装运完毕后，凭相应单据向银行要求预付货款。相比较而言，显然前者更简洁、方便。

(3) 货物易变现。与仓单质押贷款相同，提供保理业务的公司也可能因无法追讨货款而将货物滞留手中。但与仓单质押贷款不同的是，前者处理货物的主体是金融机构，后者为物流企业。金融机构一般没有从事商品贸易的工作经验，与商品市场也缺乏必要的沟通和联系，在货物变现时常常会遇到很多困难。而物流企业，尤其是一些专业化程度很高的物流企业，对运输的货物市场有相当深入的了解，而且由于具有长期合作的关系，与该行业内部的供应商和销售商往往有着千丝万缕的联系，因此货物变现时能够享受到诸多便利。

4. 我国开展物流保理业务的限制条件

(1) 保理法律、法规相对不健全。在我国开展物流保理业务，首先不能回避的是法律上的障碍。中国人民银行把保理业务作为金融创新业务对待，准备开展保理业务的银行必须报经中国人民银行批准方能开办。对于从事保理业务的非金融机构的主体资格问题，更没有任何的法律法规有所涉及。鉴于金融行业的巨大风险，在没有明确法律规定的情况下，我国能否在短期内允许物流企业进入保理这一领域尚是一个未知数。其次，我国尚无一套能够用于指导保理业务发展的法律法规体系。目前从事保理业务的机构大多依据国际保理联合会的《国际保理业务惯例规则》进行操作。但是很明显，《国际保理业务惯例规则》并不能完全适应我国保理业务发展的具体情况，这大大增加了保理业务的经营风险，影响了我国保理业务的进一步发展。因此，可以设想，如果法律法规问题得不到解决，即使中国人民银行批准物流企业经营保理业务，物流企业也有可能因为畏惧巨大的行业风险而不敢进入保理这一领域。

(2) 信用环境不佳。保理业务是一种建立在商业信用基础上的金融业务，需要良好的市场信用环境作为保障，否则在保理业务的经营过程中很容易发生信用纠纷，导致保理业务不能顺利开展。但是根据我国目前的信用环境来看，我国企业的资信程度普遍较差，使保理公司处于两难的选择。如果放宽对信用审查的限制，则可能引起信用风险，使得保理公司得不偿失；如果加强信用审查，则能够通过审查的企业数量有限，可能使保理业务达不到最低的市场规模要求。

(3) 物流企业缺少金融部门。如前所述，根据物流保理业务的要求，从事物流保理业务的物流企业都应该具备较强的实力。一方面，必须拥有足够的分支机构，以保证对各地客户的信用评估；另一方面，仅依靠物流方面的实力不足以保证物流保理业务的开展，从事物流保理业务的公司还必须拥有对资金流的控制权。

5. 物流保理业务的运作组织

物流保理业务避免了融通仓只能服务于仓储货物的缺点，使得物流融资能够覆盖整个物流传递的过程，适合需要长时间运输的货物的融资要求。

(1) 物流保理业务的基本流程(图9.7)。

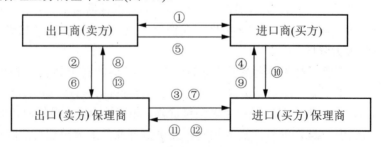

图9.7 物流保理业务的基本流程

在图9.7中：①出口商(卖方)寻找有合作前途的进口商(买方)；②出口商(卖方)向出口(卖方)保理商提出保理的需求，并要求为进口商(买方)核准信用额度；③出口(卖方)保理商要求进口(买方)保理商对进口商(买方)进行信用评估；④如进口商(买方)信用良好，进口(买方)保理商将为其核准信用额度；⑤如果进口商(买方)同意购买出口商(卖方)的商品或服务，出口商(卖方)开始供货，并将附有转让条款的发票寄送至进口商(买方)；⑥出口商(卖方)将发票副本交给出口(卖方)保理商；⑦出口(卖方)保理商通知进口(买方)保理商有关发票详情；⑧如出口商(卖方)有融资需求，出口(卖方)保理商付给出口商(卖方)不超过发票金额的90%的融资款；⑨进口(买方)保理商于发票到期日前若干天开始向进口商(买方)催收；⑩进口商(买方)于发票到期日向进口(买方)保理商付款；⑪进口(买方)保理商将款项付给出口(卖方)保理商；⑫如果进口商(买方)在发票到期日90天后仍未付款，进口(买方)保理商做担保付款；⑬出口(卖方)保理商扣除融资本息(如有)及费用，将余额付给出口商(卖方)。

(2) 明保理。明保理是指应收债权转让一经发生，上游企业立即以书面形式将债权转让的事实通知核心企业，指示核心企业将应收款项直接给付保理商(银行)。或由保理商(银行)委托上游企业作为收账代理人继续向核心企业收款，核心企业将有关款项付至上游企业在保理商(银行)处开立的账户，并由保理商(银行)直接扣收。明保理业务的基本流程如图9.8所示。

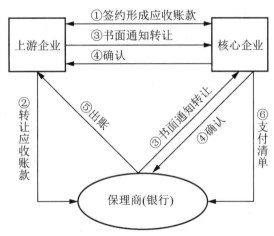

图9.8 明保理业务的基本流程

(3) 暗保理。暗保理是指应收债权转让一经发生，上游企业在转让时不立即通知核心企业，保理商(银行)仅委托上游企业作为收账代理人继续向核心企业收款，核心企业将有关款项付至上游企业在保理商(银行)处开立的账户后，由保理商(银行)直接扣收。暗保理业务的基本流程如图9.9所示。

(4) 保理池。保理池融资是保理的衍生形式之一，是指上游企业将与核心企业形成的不同期限、不同金额的应收账款，或与不同核心企业形成的应收账款(包含不同期限、不同金额)汇聚成应收账款池，一次性转让给保理商(银行)，保理商(银行)根据应收账款池的余额，向上游企业提供贸易融资、销售分户账管理、账款催收、信用风险控制与坏账担保等一揽子综合性服务。保理池业务的基本流程如图9.10所示。

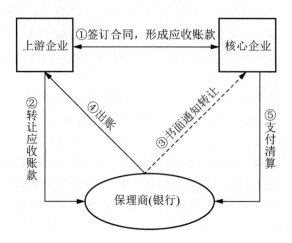

图 9.9 暗保理业务的基本流程

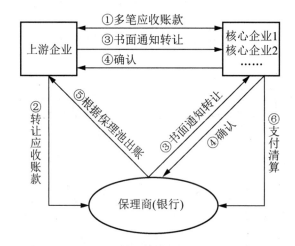

图 9.10 保理池业务的基本流程

(5) 物流保理业务付款方式是托收或汇付。该模式适用于运输时间长的物流业务；国内贸易和国际贸易；库存物资和在途物资；质量高、保管期长、价格波动小、便于计量的大宗物资。

(6) 物流保理业务在实际应用中应注意以下事项。

① 卖方以赊销方式出售商品。

② 信贷额度内的坏账由买方保理商(银行)负责，超额部分由卖方负责。

③ 货物装运后，卖方凭相关单据向卖方保理商(银行)收取货款，收取货款比例一般为80%~90%。

④ 保理商(银行)应注意货物存在瑕疵所带来的交易风险。

⑤ 应注意买卖双方对保理商(银行)合谋欺骗所带来的信用风险。

⑥ 卖方需支付保理商(银行)提供的资信调查、承担信用风险和收取应收账款等服务费用，费用为发票金额的 1%~2.5%。

⑦ 若出口商预支货款，则利率高于贴现率，报价时应考虑这个问题。

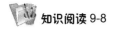
知识阅读 9-8

核心企业无条件支付是供应链保理关键

核心企业供应链保理的核心理念之一是商业银行依据核心企业的资信条件发放融资，规避中小企业在商业银行没有授信或者授信不足的问题。具体到实际业务中，商业银行给中小企业提供供应链保理融资的重要前提之一是核心企业无条件支付确认应付款。供应链保理融资的最新进展和形势变化如下。

(1) 国务院颁布《保障中小企业款项支付条例》。
(2) 保理合同被列入《中华人民共和国民法典》。
(3) 供应链保理融资领域非典型合同进一步得到认可。
(4) 金融科技应用的普及和水平的进一步提升。

9.3 物流金融的风险类型与控制

物流金融运作过程中的风险主要有商业银行面临的风险及物流企业面临的风险。

9.3.1 商业银行面临的风险类型与控制

1. 商业银行面临的风险类型

在物流金融业务中，可以导致商业银行发生呆账风险的因素比较多，常见的有质押物本身的风险、物流企业带给银行的风险、银行内部的操作风险、企业信誉风险、同业竞争的风险等。

1) 质押物本身的风险
质押物本身的风险可以概括为以下 6 种。
(1) 质押物的来源和品质的风险。例如，要考察质押物来源合法性(走私货物有罚没风险)，在滚动提取时提好补坏、存在坏货风险，还有以次充好的质量风险。
(2) 仓单风险。现在企业多以入库单做质押，但入库单不具有有价证券的性质。
(3) 质押物市场风险。在买方市场时代，产品的更新换代速度越来越快，产品价格波动可能导致质押物价值下降，银行存在贷款回笼风险。质押物的品牌、质量出现重大负面影响事件，也会严重影响产品销售，进而给银行带来风险。
(4) 提货单风险。在提货过程中，有的以仓单提货，有的以提货单提货；有的提货单是货主开的，有的提货单是银行开的，提单的防伪性很差。
(5) 质押物所有权的法律风险。物流金融业务涉及多方主体，质押物所有权在各主体间流动，可能产生所有权纠纷。
(6) 质押物变现风险。银行在处置质押物时，可能出现质押物价值低于银行授信敞口余额或无法变现的现象。

2) 物流企业带给银行的风险
目前，我国中小物流企业处于发展初期，本身存在许多不利因素，如管理水平比较低、信息技术相对落后、经营者素质较低、信用意识淡薄,往往造成货物监管过程中的货物损坏或遗失风险,给银行造成不应有的损失。

3) 银行内部的操作风险

物流银行的创新之处是将仓单甚至物流过程纳入质押物,涉及对仓单和物流过程的定价评估问题。一方面,价格变动会导致质押物升值或者贬值,从而引起一定的抵押风险;另一方面,对银行内部来说,要严防内部人员作弊和操作失误。

4) 企业信誉风险

在实际操作中,个别资信状况不良的借款企业与仓储担保企业串通骗贷的手法较多,如向银行提供伪造或变造仓单作抵押、重复质押等,给商业银行造成严重的后果。

5) 同业竞争的风险

开展物流金融业务的,不仅有物流公司和银行,而且有担保公司、投资公司、银行出资成立的一些企业等。参与者增加在一定程度上降低了该业务的利润率。另外,参与者增加导致单项融资额过低,影响了物流企业的物流量,操作成本升高,运作出现困难甚至亏损。

2. 商业银行面临风险的控制

商业银行在物流金融运作过程中存在许多风险,有效降低和控制风险成为物流金融运作的关键。

1) 质押物本身风险的控制

(1) 严格审查货品来源和品质,做好质押物入库验收工作,特别应加强核定库存模式下的补货验收工作。

(2) 质押票据应以仓单为主,将非仓单等不具有有价证券的票据控制在一定范围内。

(3) 在选择质押物品种时应稳妥,尽可能选择市场价格波动小、流通快的物资。

(4) 提货单风险的控制。由货主和银行开提货单的,要逐步转向仓单提货;由货主与银行共开提货单的,要在合同中注明仓单无提货功能。同时要有鉴别提货单真伪的措施,如在提货单中加入条码等。

(5) 在质押前必须审核质押物的所有权,严格限制质押物在质押期间流动。涉及多方主体的,应通过合同协议进行界定与规范以防发生所有权纠纷。

(6) 尽可能选择易变现的物品质押,时刻关注市场行情,必要时应通过融资方补仓,以防出现质押物价值低于银行授信敞口余额或无法变现的现象。

2) 物流企业带给银行风险的控制

在选择合作物流企业时,应选择经营状况好、信用意识强、与放款银行有业务往来的企业。加强合同管理及日常巡查,以防造成货物监管过程中的货物损坏或遗失风险,给银行造成不应有的损失。

3) 银行内部操作风险的控制

银行应加强内部控制,健全相关制度及流程,特别是内部制约机制,严防内部人员作弊和操作失误。密切关注质押品市场价格行情,以避免抵押风险。

4) 企业信誉风险的控制

在选择贷款企业时,应全方位审核其资质和质押物,并与银行来往密切的物流企业合作。

5) 同业竞争风险的控制

开展物流金融业务的银行等融资企业应尽可能地联合起来规范行业操作的有关规程及制度，特别是各银行总行之间应加强合作、共避风险，营造良好的业态环境。

9.3.2 物流企业面临的风险类型与控制

1. 物流企业面临的风险类型

物流企业在物流金融业务中主要负责质押物在运输和仓储中的监管作用。一般情况下，物流企业要根据银行的指令对质押物进行物流运作，其面临的风险主要有以下几种。

1) 监管风险

物流金融业务要求物流企业有很强的管理水平，能够对货物进行全天候监控，并且能够完全按照银行的指令运作，同时要对货物的质量、数量等负责，否则在监管过程中出现问题，既要对银行承担责任，又要对企业承担责任。另外，库外监管超出了物流企业的自有库，具有局限性，无论是商业银行还是物流企业都应谨慎使用。

2) 管理风险

由于当前整个市场的信用体系仍不健全，抵押、资本市场、债券市场的融资方式往往很难利用，因此物流企业的质押监管作用对物流银行业务的顺利开展不可或缺。

3) 仓单管理松懈风险

虽然《中华人民共和国民法典》中规定了仓单上必须记载的内容，但由于各仓储企业使用的仓单设计不规范，以及仓储双方为了手续简便，因此一般除了填列存货人名称、数量、日期等，其他项目常忽略不填，为货款的安全性留下了一定的隐患。

4) 提单释放管理不善风险

对于同一仓单项下的货物在不同时间提取的情况，专用仓单分提单释放管理风险较大，能否做到每释放一笔，在相应仓单下做销账记录，直至销售完成、贷款收回，决定了提单释放管理风险的大小。

5) 监管场所带来的风险

质押物的存放场所随机性很大、各监管点情况各异、管理水平不一致等给企业带来一定的风险。

(1) 除了质押物存放的场所在本单位，有的是出质人生产企业、第三方仓库。监管场所硬件设施条件参差不齐，有的监管场所偏僻，安全性差。

(2) 监管场所管理水平不一致和监管场所没有划分独立的监管区域，容易造成出质人将其他客户的货物充当自己的货物出质；监管场所没有质押物标识，容易造成出质人将同一批货物重复向不同的银行质押，造成在监管场所相关人员哄抢质押物。

6) 出质人道德风险

质押监管业务大多是由银行提供出质人的名单，由于物流企业对出质人缺乏足够的了解，出质人容易采取欺诈手段骗取监管人的信任；或者利用他人的货物质押；或者在动态质押换货过程中，以次充好；或者使用虚假海运提单换取现货；或者哄抢质押物，致使企业管理混乱，给物流企业带来很大的风险。

7) 对出质人资质评价风险

物流企业在评价出质人时，对其经营历史、经营业绩、业内地位、信誉度、相关资信掌握不全面或不了解，对出质人诚信度不了解带来的风险，以及出质人有非法逃税记录或其他违法记录的风险。

8) 合同签订风险

合同签订风险存在固定合同样本产生的风险、业务开发人员各方需求掌握不全面产生的风险、合同内容不完整产生的风险等。

(1) 固定合同样本产生的风险。合同签订的风险源于质权人总行合同的固定样本不允许修改，合同签订的内容可操作性差，物流企业为了不失去客户，只能被银行的规定要求牵着走。

(2) 业务开发人员各方需求掌握不全面产生的风险。业务开发人员对出质人的需求(如生产企业生产流程、原材料领用规律和每天消耗用量)和质权人的出质、解除质押需求掌握不全面，所以签订的合同没有操作性，造成违规操作。

(3) 合同内容不完整产生的风险。在合同中没有约定合同有效期，无法根据风险情况确定监管期，只能被动地根据银行的需求无期限监管，当发现风险时无法撤出；在合同中没有约定质押模式(控货状态)或者静态模式动态操作，造成质物置换未经过银行认可，承担换货产生的损失；在合同中没有约定监管费标准和支付期限，使银行无法掌握监管人的权力兑现，从而约束出质人；在合同中没有明确约定质押品种范围或详见质物清单内容，导致等值货物换货范围无限放大，当置换货物的品种市场价格波动大或物流企业不熟悉时，增大监管难度和风险；在合同中约定了物流企业没有能力承担的责任(如对内在质量负责)，合同中指定具有签发提单的相关人员变更而没有书面通知。

2. 物流企业物流金融业务风险的控制

物流企业等监管企业在金融运作过程中存在以上风险，控制及降低风险成为物流企业在此业务运作中的关键，甚至涉及物流企业等监管企业的生死存亡。

(1) 质押物监管及管理风险的控制。物流企业等监管企业应对货物进行 24 小时全天候监控，严格执行银行指令，如在监管过程中出现问题，应及时与银行取得联系，将损失降到最低。

(2) 仓单管理松懈风险的控制。物流监管企业应合理设计仓单内容及样式，尽可能将仓单内容设计完整。在填写仓单时，要求相关操作人员严格按照仓单要求填写，做到仓单书写规范。将条码等现代物流技术应用到仓单管理中。

(3) 提单管理不善风险的控制。加强专用仓单分提单操作管理，做到每释放一笔，及时在相应仓单下做销账记录，直至销售完成、贷款收回。物流监管企业应全程跟踪专用仓单分提单的每个运作过程。

(4) 监管场所带来风险的控制。监管场所随机性很大，物流监管企业尽量选择设施齐全、安全性较强的场所。监管场所应设有独立的监管区域并有效标识质押物，24 小时全天候监管。

(5) 出质人道德风险的控制。对于由银行提供的出质人，物流企业应在合同中尽可能明确有关出质人道德风险的条款责任，且银行负主要责任。对于物流企业自己提供的出质人，应认真审核其资质、质押物、企业信用、提单等。

(6) 出质人资质评价风险的控制。物流企业在评价出质人时，应尽可能了解和掌握其经营历史、经营业绩、业内地位、信誉度、相关资信,掌握出质人诚信度;还应尽可能了解和掌握出质人有无非法逃税记录或其他违法记录,以降低出质人资质评价的风险。

(7) 合同签订风险的控制。物流监管企业与银行高层在平等互利的基础上,签订质押监管合同样本,为子公司及各分行提供进一步的平台,业务开发人员应全面掌握出质人的需求(如生产企业生产流程、原材料领用规律和每天消耗用量)和质权人的出质、解除质押需求,在合同中约定质押模式、监管费标准和支付期限、质押品种范围或详见物清单内容、物流企业没有能力承担的责任(如对内在质量负责)、具有签发提单的相关人员变更书面通知等,所签订的合同应具有操作性。

9.4 物流金融服务的控制

物流金融服务补充内容

9.4.1 代客结算业务的风险控制

1. 寻找资信度较高的物流公司

选择资信好的物流公司为合作伙伴。

2. 加强回笼资金管理

尽量把回笼资金控制在一定额度内,加强资金回笼,当款项金额达到一定额度或一定期限时,双方应及时结清款项。

3. 加强合同管理

(1) 认真准备和签署合同。供货方与第三方物流企业应在合同中明确代收货款的相关费用;物流服务合同中应明确预付货款的金额(通常为总货款的一半),及发货人应无条件承担回购货物义务。

(2) 严格按照合同条款实施。

4. 严格按照规范进行业务操作

(1) 第三方物流企业接到银行放货指示后,向提货人交货。
(2) 银行应核实货权凭证,辨别真伪。
(3) 银行应及时掌握货物规格、型号、质量和市场行情等。

9.4.2 融通仓业务的控制

1. 关注借款人的资信状况

银行在开展仓单质押贷款业务时,应谨慎选择客户,重点考察贷款企业的经营能力和信用状况,尽量选择主营业务突出、经营状况指标超过行业平均水平、经营活动现金流充沛的企业;同时应选择内部管理制度健全、管理层素质较高且无不良经营行为的企业。

2. 关注仓储公司的资信状况

作为保管存储货物的企业,仓储公司的信用状况及经营规模直接关系到仓单质押贷款的风险,应选择与具有较高管理水平的物流企业合作。

3. 谨慎选择质押商品

质押的货物种类应是适用广泛、易处置变现、价格稳定、质量稳定且易保管存储的货物，如黑色金属、有色金属、汽车、家电、纸品等。

4. 加强对仓单的管理

仓单应使用固定的格式，按指定方式印刷，同时要保证仓单填列的完整性、真实性和有效性。

5. 提货管理

对于同一仓单项下的货物在不同时间提取的情况，要依据货主和银行共同签署的"专用仓单分提单"释放，同时要登记明细台账，每释放一笔，在相应仓单下做销账记录，直至销售完成、货款收回。

6. 质押物真实性的验证

确保质押物的真实有效是动产质押业务的前提和保障，具体防范措施包括指定印刷、固定格式、预留印鉴、由指定专人送达等，并在协议中声明。

7. 质押物的价值评估

在质押物的选择过程中，为了操作简便和避免风险，所选质押物的价值应容易确定且相对稳定。但是面对越来越复杂多变的市场，价格的波动和变化是不可避免的，针对不同抵押商品分别进行细化管理是十分必要的。

9.4.3 物流保理业务的控制

国际保理的主要作用是为出口商的信用风险提供保障，但保理商承担的仅是财务风险。如果进口商并非因财务方面的原因拒付，而是因货物品质、数量等不符合合同规定拒付，则保理商不予担保，对超过信用额度的部分也不予担保。因而出口商必须严格按照合同规定交付货物，且不要超额发货。物流保理业务的控制措施具体包括以下几种。

(1) 保理机构应准确制定信贷额度。
(2) 出口商确保货物品质、数量，以避免交易风险。
(3) 出口商必须严格按照合同规定交付货物，且不要超额发货。
(4) 保理商严格审查进出口商，以避免买卖双方对保理商合谋欺骗所带来的信用风险。

本 章 小 结

物流金融是物流与金融业务的结合，须严格按照相关行业规定和业务规范操作。

物流金融业务模式设计要科学合理。目前常用的有代客结算模式(包括代收货款、垫付货款两种模式)，融通仓模式[包括仓单质押、保兑仓、动产质押逐笔控制(静态)、动产质押总量控制(核定库存)4 种模式]，物流保理业务模式 3 种。

通过分析物流金融业务 3 种常用模式的运作流程、适合条件和范围及实际操作中的注意事项，指出各模式在实际操作中应遵循的基本流程规范、用途及适用情形，并指出不同模式之间的差异。

在深入分析物流金融业务 3 种常用模式的基础上，指出并分析物流金融运作中存在的风险，提出风险识别的方法及思路，提出物流金融业务在运作中的风险控制途径与防范措施。

 关键术语

物流金融　　　　　代客结算　　　　　融通仓　　　　　物流保理
保兑仓　　　　　　仓单质押

综 合 练 习

一、单选题

1. 物流金融一般涉及的主体有物流企业、客户和(　　)。
    A．银行 　　　　　　　B．商场
    C．消费者　　　　　　 D．政府
2. 物流保理业务又称(　　)。
    A．代收货款　　　　　 B．保兑仓
    C．代客结算　　　　　 D．应收账款承购
3. 下面常见于 B2C 模式的是(　　)。
    A．物流保理模式　　　　B．代收货款模式
    C．垫付货款模式　　　　D．融通仓模式
4. 下面常见于 B2B 模式的是(　　)。
    A．物流保理模式　　　　B．代收货款模式
    C．垫付货款模式　　　　D．融通仓模式

二、多选题

1. 下面属于代客结算业务的有(　　)。
    A．代收货款　　　　　　B．融通仓
    C．垫付货款　　　　　　D．保理
2. 下面属于物流金融业务的有(　　)。
    A．代客结算业务　　　　B．融通仓业务
    C．物流保理业务　　　　D．质押监管业务
3. 融通仓业务包括(　　)。
    A．代收货款业务　　　　B．仓单质押业务
    C．保理业务　　　　　　D．保兑仓业务

三、判断题

1. 代收货款业务属于物流金融中的融通仓模式。（　）
2. 代客结算业务包括代收货款和垫付货款两种模式。（　）
3. 在物流金融业务中，商业银行只存在质押物风险和银行内部操作风险。（　）
4. 在物流金融服务中，物流企业只需管理好监管物资，其余的事情由银行负责。（　）

四、思考题

1. 如何理解物流金融的概念？它有哪些特点？
2. 试比较物流金融的3种模式及其流程。
3. 简述发展物流金融的意义。
4. 仓单质押有哪些功能？
5. 试述物流金融运作过程中存在的风险。
6. 试述物流金融运作过程中的风险控制。

五、案例分析题

中储公司开展物流金融业务的成功之道

中储发展股份有限公司(以下简称"中储公司")是一家国有传统仓储型企业，企业成立于1962年，从1992年开始探索物流金融业务。1999年开始与12家银行合作开展质押监管业务。2003年中储公司有20家子公司开展此项业务，比2002年增加了9家；质押监管的额度突破18.7亿元，比2002年翻了一番；质押产品期末库存数量占整个公司期末库存数量的22%，与2002年年底相比增长了61%，产品涉及黑色金属、有色金属、建材、食品、家电、汽车、纸张、煤炭、化工9大类，质押监管的客户有200多家。2004年，质押监管业务收入增加255万元，利润增加174万元。2005年质押监管业务发展迅速，总质押量为260万吨，质押监管收入875万元。2006年上半年，中储公司质押监管再次呈现大幅增长的态势，系统内29家单位与银行合作，为客户提供质押贷款融资额56亿元，同比增加93%；累计质押物为289万吨，同比增加137%；累计质押物价值为75亿元，同比增加63%；实现融资的期末余额为50亿元，同比增加194%。这是中储公司自开展该项业务以来，连续第6年取得较快发展，而前5年的融资额平均增幅为93.4%。

目前，与中储公司合作的金融机构包括中国工商银行、中国农业银行、中国银行、中国建设银行、交通银行、中信银行、民生银行、华夏银行、深圳发展银行、浦发银行等。其中，中国建设银行、深圳发展银行、民生银行、中信银行、华夏银行与中储公司签订了整体合作协议。质押品种从最初的金属材料逐步扩展为黑色金属、有色金属、煤炭、木材、化工、石油等12大类产品及相关制成品，业务量达到100亿元。

此外，中储公司通过创新业务模式，满足了不同客户的需求。目前，其主要业务模式包括仓单质押、动产质押逐笔控制、动产质押总量控制、买方信贷仓单、买方信贷动产、开证监管仓单、开证监管动产等模式。其监管方式也由单一的库内监管发展为库内库外并存的局面。

(资料来源：长安大学物流与供应链研究所网、高级物流学省级精品课程网)

仔细阅读本案例，详细分析并回答下列问题。

1. 比较中外物流金融运作情况，结合中储公司开展物流金融业务的成功之道，分析物流企业做好物流金融业务关键要抓好哪几个环节？

2. 总结中储公司等企业案例，分析降低物流金融业务风险的方法。

国际物流保理流程

出口商为国内某轻工品公司，欲向国外某进口商出口其产品，且欲采用赊销的付款方式。出口保理业务流程如图9.11所示。

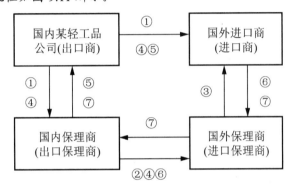

图9.11 出口保理业务流程

(1) 进出口双方达成交易，国内某轻工品公司首先找到国内某保理商，并提出出口保理申请，填写《出口保理业务申请书》(又称《信用额度申请书》)。申请书包括以下内容：出口商业务情况、交易背景资料、申请的额度情况(包括币种、金额及类型等)。

(2) 国内保理商选择一家国外保理商，通过由国际保理商联合会开发的保理电子数据交换系统将有关情况通知国外保理商，并请其对国外进口商进行信用评估。通常国内保理商选择已与其签订过《代理保理协议》、参加国际保理商联合会组织且在国外进口商所在地的保理商作为国外保理商。

(3) 国外保理商根据提供的情况，运用各种信息来源对国外进口商的资信以及此种轻工产品的市场行情进行调查。若国外进口商资信状况良好且进口商品有不错的市场，则国外保理商为国外进口商初步核准一定信用额度，并于5个工作日内将有关条件及报价通知国内保理商。按照国际保理商联合会的国际惯例规定，国外保理商应最迟在14个工作日内答复国内保理商。国内保理商将被核准的国外进口商的信用额度以及自己的报价通知轻工品公司。

(4) 轻工品公司接受国内保理商的报价，与其签订《出口保理协议》，并与国外进口商正式达成交易合同，合同金额为50万美元，付款方式为赊销，期限为发票日后60日内。与轻工品公司签署《出口保理协议》后，国内保理商向国外保理商正式申请信用额度。国外保理商于第3个工作日回复国内保理商，通知其信用额度批准额、有效期等。

(5) 国内轻工品公司按合同发货后，将正本发票、提单、原产地证书、质检证书等单据寄送至国外进口商，将发票副本及有关单据副本(根据国外保理商要求)交到国内保理商。同时，轻工品公司向国内保理商提交《债权转让通知书》和《出口保理融资申请书》，前者将发运货物的应收账款转让给国内保理商,后者用于向国内保理商申请资金融通。国内保理商按照《出口保理协议》向其提供相当于发票金额80%(40万美元)的融资。

(6) 国内保理商在收到副本发票及单据(若有)当天,将发票及单据(若有)的详细内容通知国外保理商,国外保理商于发票到期日前若干天开始向国外进口商催收账款。

(7) 发票到期后,国外进口商向国外保理商付款,国外保理商将款项付给国内保理商,国内保理商扣除融资本息及有关保理费用,将余额付给轻工品公司。

仔细阅读本案例,详细分析并回答下列问题。
1. 结合案例内容,试简述出口保理业务流程。
2. 结合案例及所学知识,说明在出口保理业务运作过程中应注意的问题。
3. 论述出口保理业务能用到的单证及协议。

第10章 物流运作时间控制

【本章教学要点】

知识要点	掌握程度	相关知识	应用方向
时间控制	掌握	订货提前期，送货提前期，提货提前期，配送提前期，时间控制与物流运作的关系	压缩订单完成周期、订货提前期、配送提前期、物流运作管理
运作时间	理解	装货时间，运输时间，卸货时间	时间控制与物流运作
提前期	重点掌握	订货、送货提前期的概念，一般提前期与采购、配送等提前期的构成，提前期压缩与管理方法	物流作业时间分配、物流运作流程时间结构分析与优化
时间窗	重点掌握	时间窗的概念、设置方法与应用	物流运作管理、分析与优化
时间价值	掌握	物流系统能给供应链带来的时间价值	物流系统的整体运作时间

中欧班列国际物流系统选择的重要指标

目前，中欧班列在国内段主要经西、中、东三条通道运行，开通运行线路73条，覆盖国内81个城市，通达欧洲22个国家的160多个城市，物流配送覆盖欧洲全境。2011—2020年中欧班列开行数量如图10.1所示。

图10.1　2011—2020年中欧班列开行数量

2020年，中欧班列通达21个国家的92个城市，大多数列车运行10000km～13000km，平均运行时间为13～14天。时间周转量指标是指一批货物进入、离开特定物流系统经历的全部时间，也是中欧班列公铁集装箱运输方向、方案选择的重要指标。

以厦门—汉堡为例。厦门至阿拉山口一般耗时3天，阿拉山口至马拉一般耗时8天，马拉至终点站一般耗时5天。海运线路是厦门—马六甲海峡—苏伊士运河—直布罗陀海峡—汉堡，总运输时间约为45天。

时间缩短可以提升商品供应链的价值。

导入案例说明物流运作过程的各部分作业时间结构比较复杂，因时制宜、因事制宜地设计流程，合理、灵活地协调贯彻执行运作方案是有效监控过程并压缩时间的重要途径。时间控制有时也是质量控制、成本控制的主要手段。通过本章的学习，可以科学地解决物流运作过程的提前期、时间窗等物流运作时间控制的问题。

10.1　时间控制与物流运作

效率与效益是物流运作管理追求的主要目标，科学的时间控制与成本管理是实现此目标的关键。加强时间控制是为了提高物流运作效率，降低成本，实现物流效益的最大化。

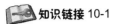 **知识链接 10-1**

国际铁路集装箱运输"六统一"运作

中欧班列逐渐成为连接"一带一路"沿线国家和地区的重要纽带,特别是在海运价格上升时,一部分货运量转移到中欧班列,中欧班列开行数量逆势增长。中国铁路正式启用"中欧班列"品牌,按照"六统一"(统一品牌标志、统一运输组织、统一全程价格、统一服务标准、统一经营团队、统一协调平台)的机制运行,创新大通关协作机制和模式,统筹推进中欧班列和多式联运健康有序发展。

受限于中欧班列的运输时间和价格定位,中欧班列运输的货物类型基本固定,可选择的空间较小。越来越多的中欧班列逐渐趋向于通过整合各方资源,合作共建。

10.1.1 时间控制

时间控制是以减少完成物流运作中的各项作业(主要包括采购、供应、仓储、运输、流通加工、包装、配送等)所需的时间为中心,体现对客户需求变化的反应、交付产品或完成一项服务全过程时间的把控。从物流运作角度看,时间控制的重点应放在减少完成各项活动的时间上,除了上述主流程的时间控制,还包括装卸搬运、理货、分拣、配货、货物交接等作业环节的时间控制。减少消耗在主流程上的各项物流活动运作时间,可以实现运作快速、时间节约、效率增加、成本下降、服务质量提高等。体现物流时间控制的相关理论和方法有敏捷物流、JIT物流、零库存、准时生产制、快速响应、延迟策略、排队论、网络图、提前期、时间窗等,时间控制成为物流企业或企业物流运作管理成功的关键因素之一。如何提高物流运作的时效性和作业效率,及时、快速地满足客户要求,如何精确地确定物流运作各个环节合理的作业时间,如何确定物流运作时间控制中的提前期,如何有效设置时间窗等,都是典型的物流运作时间控制问题。

可以看出,物流运作中的时间控制的实质是在物流运作过程中,以时间管理为核心,通过及时、快速、高效的装卸搬运、流通加工、运输、配送等环节的精准作业与衔接配合,满足客户在物流时间上的基本要求及特殊要求。

从供应链层面看,时间控制的管理目标之一是运作速度,即从上游供应商经由核心企业和销售商到消费者手中的物流运作速度,常用月、天、小时、分钟等度量。在具体数据获取时,一般可通过考察该供应链上核心环节的库存周转天数实现。

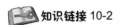 **知识链接 10-2**

时间周转量指标

时间周转量是指一批货物进入物流系统到离开物流系统经历的全部时间,通常用于描述物流系统。例如,中欧班列物流系统成为丝绸之路经济带选择的一项重要指标。

客户对物流运作时间控制的要求

某物流公司接到一笔淮北到合肥的货运业务，运输对象为普通散货，总量为 4000 吨，客户要求在一个半月(45 天)内运输完。该笔业务的物流运作方面主要包括以下信息。

(1) 行程时间：淮北至合肥单程运输时间为 6 小时(含驾驶员必要的休整时间)。

(2) 装货时间：淮北装货需要 8 小时(含作业人员必要的休整时间)。

(3) 卸货时间：合肥卸货需要 4 小时(含作业人员必要的休整时间)。

(4) 发货方作息时间：淮北 24 小时上班，最多可同时装两辆车。

(5) 收货方作息时间：合肥 8:00～18:00 工作，规定 17:00 之前到货当天可卸货，延迟到货需要等到第二天 8:00 上班卸货。

(6) 根据企业自身的运输车辆情况，公司可派车辆只有载重量 30 吨的车辆。

作为该公司的运输规划人员，在装卸尽量不停、货车尽量不等、停歇时间尽量最少的情况下，且无论如何安排，都不得损害员工利益和违反交通安全规定，应如何制订合理的发车计划(或运输计划)表，在客户限定的服务期内，派几辆车投入该业务运营最合适？

通过物流系统分析，若该物流企业要按时完成此项运输业务，则要分析该笔业务物流运作主流程是什么、关键作业有哪些、作息时间如何规定、交接点在哪里、提前期为多少、收发与装卸货物的时间窗如何界定、应该安排多少辆车、每辆车如何运行等。

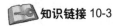

服装业物流运作时间控制

服装业的供应链速度一般为 5 个月，意大利贝纳通公司通过物流运作管理把交货期压缩至 1 个月以内；位于日本神户且主营服装的日本世界集团，早在 2006 年，在全球 7000 多家店面实现 2 周内补货、6 周内实现从设计到成衣的制作、整体品牌存货年周转达到 5 次、自有品牌周转达到 8.5 次(周转时间约为 45 天)；我国服装同一时期的库存周转时间为 180 多天，国内极具竞争力的服装品牌——美特斯·邦威的周转时间也达 85 天，其旗下的 ME&CITY 品牌服装的设计、试装、定稿、样衣制作、货量统计、大货生产、物流配送等环节共需要 70 天的周转时间。在我国本土企业中，这已是目前追逐"快时尚"模式的速度极限了。西班牙的 ZARA 为全球排名第三、西班牙排名第一的服装商，在 56 个国家设立了超过 2000 家的服装连锁店。ZARA 从服装设计到上架只需 10～15 天。在服装业的供应链中，除去采购、生产与销售环节必然的时间消耗外，物流运作时间控制正在成为服装企业竞争的关键因素之一。

10.1.2 物流运作时间控制与服务对象

物流运作时间控制与服务对象密切相关。物流运作过程管理属于服务性运作管理范畴，从第三方物流角度看，即通过装卸搬运、运输、仓储、分拣、配送、流通加工、包装等作业环节，完成客户所需物流服务的过程集成；从生产与商贸流通等企业物流角度看，物流运作过程管理还包括为满足企业生产与商贸流通的需要，涉及采购物流→生产物流→销售物流的供应链物流运作过程的集成管理。以生产企业为例，按照企业组织生产的特点，可以把生产模式划分为按库存生产和按订单生产，按订单生产又可以细分为按订单装配和按订单设计等。

时间控制在物流运作过程管理中的主要应用包括物流计划时间、物流项目设计与开发时间、物流作业的具体操作时间、物流各个环节的节点连接时间、物品交付时间、客户投诉响应时间等。例如，在物流企业的物流过程中，时间控制的主要应用通过完整订单的处理时间控制完成。常见的订货提前期涉及的订单处理周期如图10.2所示。

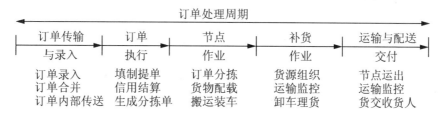

图 10.2 常见的订货提前期涉及的订单处理周期

在物流运作管理过程中，需要掌握物流运作过程各部分作业时间结构及其可以调节与压缩的范围。常见的具体作业时间构成及控制内容见表10-1。

表 10-1 常见的具体作业时间构成及控制内容

部门	主要时间指标	常见时间控制问题	解决思路
收发货时间控制	指令发出时间	传输不及时，后续作业延迟	加强合作、加强时间管理、对及时性与准时性作出规定等
	预计发(提)货时间	与实际出入较大	
	实际发(提)货时间	收发货安排不及时、时间延误等	
客服部时间控制	指令接收与确认时间	确认时间过长	严格时间管理、充分应用信息技术、优化处理流程、明确责任等
	回复时间	无回复或回复不及时	
	异常情况反馈时间	反馈不及时	
	签收单等返回时间	时间延误	
车队时间控制	车辆出发时间	出发不及时	人为因素教育与处理，柔性调度、掌握路况、车况的详细信息，JIT模式等
	车辆运行时间	运行时间过长	
	车辆到达时间	到达不准时	
	排队等候时间	等候时间过长	

续表

部门	主要时间指标	常见时间控制问题	解决思路
现场时间控制	装卸时间	装卸时间过长	装卸作业合理化、聘用熟练工人、分拣自动化等
	理货分拣时间	作业速度过小或过大而影响准确性	
	配货时间	作业速度过小或过大而影响准确性	
调度时间控制	预计配载时间	预测不准确	科学预测,熟悉配载时间,建立本公司人、车与路况详细信息库等
	确定配载时间	配载时间过长	
	人、车与运行时间	人或车的差错导致时间过长或过短	
	路况与运行时间	路况不确定导致时间提前或延误	
订单时间控制	订单准备时间	订单准备时间过长	提高信息化水平,优化作业流程;形成以订单为中心,而非传统的以量为中心的考核方法;订单合并与平衡等
	订单传输时间	传输不及时	
	订单录入时间	订单录入时间过长	
	订单执行时间	订单执行不及时	
	订单处理提前时间	处理过急,引起后续作业紧张	
	订单处理延误时间	处理不及时	
库存时间控制	平均库存时间	库存时间过长	加速库存周转时间,提高库存管理水平,与上下游企业调整合作模式等
	库存周转时间	周转时间过长	
	最长与最短库存时间	不合理	

 案例阅读 10-2

企业对物流运作时间的重视

京东早在 2017 年开始实施 211 限时达服务,主要内容如下:

当日上午 11:00 前提交的现货订单(部分城市为上午 10:00 前,具体以下单为准),当日送达;当日 11:00 后 23:00 前提交的现货订单,次日 15:00 前送达。

服务说明:

1. 由京东自营配送且是京东库房出库的商品(偏远区域除外)。

2. 由于业务发展变化、行政区域更名等因素,211 限时达配送区域,可能会有扩大、变更或调整,具体区域请以京东最新确认为准。

3. 货物质量在 15 千克,体积在 0.12 立方米以内,如果超出此范围,可能不能享受此服务。

注意事项:

如遇交通管制、雨雪、洪涝、冰灾、地震、停电、节假日、618 周年庆、双十一大促等特殊情况(含系统异常等),以及部分特殊订单类型(如合约机订单等),由第三方卖家发货订单,均不在 211 限时达服务范围内。

案例阅读 10-3

某企业物流运作时间控制分析

某企业生产某种产品销往国外某地,企业按订单生产方式组织生产,通过海运方式运输到用户指定的区域配送中心,一笔订单的物流运作过程见表10-2。

表10-2 一笔订单的物流运作过程

物流运作过程	最少完成时间/天	最多完成时间/天	平均完成时间/天
订单接收与生产组织	1	86	36
直送至集货点	1	5	2
拼箱(货)	2	14	7
提货	0	1	1
运至港口	1	2	1
等待船舶与装卸作业	1	4	2
海上运输	17	20	18
分解作业	3	4	4
清关作业	1	4	2
陆上运输至区域配送中心	0	2	1
合计	27	142	74

分析表10-2中的数据可知,由于该企业采用按订单生产的方式,因此订单的平均完成时间较长,不利于整个物流运作过程的时间压缩。建议根据历史数据进行合理预测,结合按库存生产方式组织生产,可显著压缩生产加工时间。货物在集货点的拼箱(货)时间比较长,建议通过物流外包第三方,加大货源组织力度,或另找集货点等方式压缩拼箱(货)时间。其他运作过程由于平均时间均接近最少完成时间,因此在现有物流系统下,可压缩的空间不大,可在未来整个物流系统调整时考虑。

10.2 提前期管理

10.2.1 提前期的概念和构成

1. 提前期的概念

从物流运作角度讲,提前期是指某项物流作业从开始到结束所需的阶段性时间。提前期是衡量物流运作过程各作业之间协作水平及体现物流运作能力的一个重要时间指标。

(1) 在物流运作管理中,提前期可以从完整的物流运作周期角度或者作业构成角度进行分析。

① 从完整的物流运作周期角度看，提前期基于不同主体包括订货(订单)提前期、送货(供货)提前期等。

② 从作业构成角度看，提前期一般包括采购提前期，供应提前期，运输提前期，仓储提前期，配送提前期(理货提前期、分拣提前期、配货提前期、配载提前期等)，装卸搬运提前期等。

(2) 从生产管理角度看，提前期一般包括产品设计提前期、工艺编制提前期、原材料采购提前期、零件加工提前期、产品装配提前期等。

(3) 从渠道管理角度看，供应商认为的提前期是把一份订单转化为现金所需的时间，又称订单→现金循环期。本章不展开论述从该角度分析的提前期。

在物流运作管理中，比较重要的概念是订货(订单)提前期和送货(供货)提前期。其中，订货(订单)提前期是指需求方订单发出到货物收到，有时直至满意接收货物的时间间隔；送货(供货)提前期是指供给方收到用户订单到货物送达，有时直至满意交货所需的时间间隔，理想状态是送货(供货)提前期≤订货(订单)提前期。由于两者之间经常存在时间差，因此在实际工作中，供需双方一般通过需求预测和设定安全库存的方式弥补该时间差造成的短期缺货可能。

2. 提前期的构成

从不同角度分析提前期的构成，侧重点有所不同。在企业实践中，常以物流作业组成或订单为切入点进行分析。

(1) 在以物流作业组成为切入点进行分析时，物流运作过程中的提前期可从企业物流与物流企业角度进行分析。

① 从企业物流角度看，物流运作提前期主要包括物料需求提前期、订单生成提前期、原材料(零部件)采购提前期、运输提前期、原材料(零部件)仓储提前期、物料供应提前期、成品仓储提前期、成品区域配送提前期、成品终端配送提前期等。

② 从物流企业角度看，物流运作提前期主要包括订单接收提前期、订单前期处理提前期、运输提前期、仓储提前期、区域配送提前期、终端配送提前期等。

一般而言，物流企业的物流活动基本由企业物流外包所致，故企业提前期一般涵盖物流企业的相关提前期。物流运作提前期的构成如图10.3所示。

(2) 在以订单为切入点进行分析时，主要有订货(订单)提前期与送货(供货)提前期。其中，订货(订单)提前期是从需求方出发，用户根据自身库存量与下游客户的需求情况确定的；送货(供货)提前期是从供给方出发，供应商或物流企业收到下游客户的订单后，根据自身的库存与货源情况确定的。订货(订单)提前期与送货(供货)提前期的构成如图10.4所示。

图10.4的具体分析如下：①由于送货(供货)提前期中有一个订单确认环节，且需求方要求的送达时间与实际送达时间容易出现偏离，这两个提前期实际上会有差异；②由于送货(供货)提前期非订货方掌控，通常情况下只能通过往期实践推算，从而导致在现实操作中经常出现订货(订单)提前期与送货(供货)提前期不一致的情形；③在一些研究和实践操作中，有时把最终交付后的确认环节作为提前期结束的标志。此时，订货(订单)提前期与送货(供货)提前期仅有一个订单确认环节的区别。

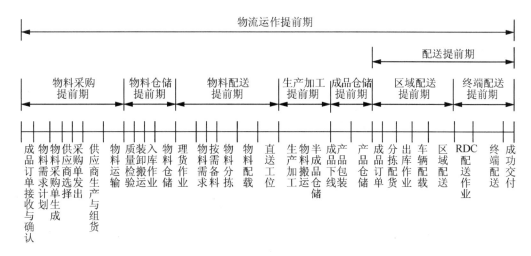

图 10.3 物流运作提前期的构成

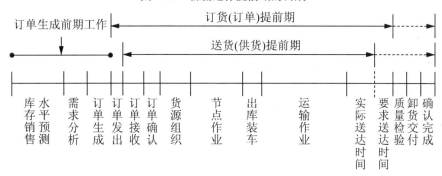

图 10.4 订货(订单)提前期与送货(供货)提前期的构成

企业要满足客户订货(订单)提前期的要求,必须在原材料采购、自备件生产、产品加工、资源调度、仓储与运输等环节精确计划、有效管理,只有尽可能压缩非作业时间,清除运作过程中的系统瓶颈与无效作业,才能有效压缩送货(供货)提前期,满足客户对订货(订单)提前期的要求。在物流运作过程中可能发生很多情况,供应链相关企业保持一定的库存量(安全库存量)或采用先进的库存控制模式就显得尤为重要,同时说明了实现零库存管理的难度。

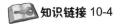 知识链接 10-4

关于订货提前期构成的进一步探讨

一个完整的订货提前期一般包括需求提出,寻找供应商,供应商选择与确定,订单生成,订单传输,订单接收与处理,供应商订单执行(组货、零部件采购、生产等),配送,送达交付,收货确认和订单完成。在一些对订货提前期研究的论文中(一些论文也称订单提前期),有时也把订单履行完毕后的财务结算、退货及索赔、售后服务等环节计算在内,有兴趣的读者可查阅相关资料进行学习。

10.2.2 提前期管理的原则和思路

1. 提前期管理的原则

由提前期构成可知,提前期管理应以客户需求为导向,通过提高自身系统的整体运作效率,在每个作业环节都做到时间最少,每个阶段的提前期都能压缩到最短,提前期管理的目标就会容易实现。提前期管理主要遵循客户满意原则、快速反应原则、流程柔性原则、高效作业原则、时间压缩原则、快速切换原则和及时配送原则。

2. 提前期管理的思路

由于不同主体的物流系统响应与作业时间不同,物流需求方与供给方的提前期管理思路略有差异。对需求方而言,希望订货提前期与供货提前期越短越好,以利于优化库存管理,所以从订单发出、供给方接收订单、组货、运输、交付等作业时间越短越好;对于供给方而言,希望客户订货提前期与供货提前期时间比较充裕,以有更充分的时间进行外协件的货源组织、自备件的生产组织、物品运输与配送等作业。但由于存在瓶颈环节、无效流程、订单多且波动等问题,因此供给方希望需求方给予更充分的反应时间,因此形成了供给方与需求方在时间方面的矛盾。

实施供应链管理的企业为了解决这些问题,在供应链上居于主导地位的企业制定物流运作时间标准,并通过转移库存、延迟结算等方式把部分成本转嫁给供应商。供应商为了保持与核心企业的合作关系并得到更多订单,主动或被动地在客户企业周边独资或合资建立配送中心,或者通过外包第三方物流的方式为客户提供 JIT 物流服务,使核心企业追求的"零库存"、提前期管理目标得以实现。供应商通过增加库存来满足客户企业需求的方式,也会使得企业物流成本不断增加。

鉴于上述状况,提前期管理可通过识别所包含的具体作业,明确每个具体作业的一般技术与优化方法,运用物流高级化理论与技术方法,如信息技术、并行工程、甘特图、网络图、时间工序规划图、快速响应、延迟策略等,改善业务流程,压缩整个提前期内作业运作时间来实现。从具体物流作业角度压缩提前期的主要思路如下。

(1) 识别作业流程中有效增值作业时间与非增值作业时间,优化增值作业时间、消除非增值作业时间。

(2) 利用瓶颈理论,识别瓶颈作业环节,提高瓶颈作业能力。

(3) 信息充分共享,消除"牛鞭效应",使需求信息及时、准确地传送到上游企业,降低预测的不确定性。

(4) 优化作业流程,提高作业效率,运用科学方法减少各个环节的运作时间等。

达到作业流程标准化、作业设备合理化、作业动作规范化、作业过程高效化、作业交接顺畅化、作业组合柔性化、部分作业延迟化、供需衔接精准化、全程运作快速化、作业信息共享化等是实现压缩提前期目标的思路和有效途径。因为作业流程标准化与作业设备合理化是作业过程高效化、作业交接顺畅化和作业组合柔性化的前提,所以只有标准作业流程(Standard Operation Procedure, SOP)和作业手段确定,才能更好地实现其他目标。供需衔接精准化又是全程运作快速化的保障,作业信息共享化又是供需衔接精准化、全程运作快速化的支撑条件,作业信息共享化是有效解决物流提前期问题的有效途径之一。

图 10.5 所示为供应链时间延迟策略模型,订货延迟是把订单集中到一个约定配送单位后,向上游供应商发出订货要求(大量订单出现时,订货延迟会缩短直至取消),而供应链

中的每个环节都从这个角度出发，出现了各个环节的订货延迟。当上游供应商收到订货要求存在交货延迟时，一方面是由于集中送货以节约成本，另一方面是由于组货、分拣、配货、装货本身就需要一定时间。而在运作过程中，各个环节的物流延迟，主要是运输延迟、库存延迟、包装延迟与流通加工延迟等，以满足客户服务并降低成本的要求。

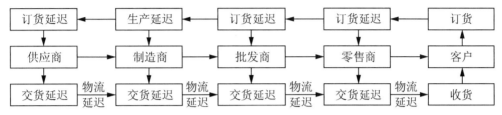

图 10.5　供应链时间延迟策略模型

某企业物流运作时间

Q 企业物流系统优化设计项目的前期调研资料表明，在抽样的 6 家国内同行业居中上等规模的生产企业中，根据调研时段运输与配送距离的不同(取生产高峰期和中短途运输与配送)，在原材料供应环节出现的搬运装卸、倒短运输、非作业等待、物料配送等时间约占整个物流运作时间的 1/2，个别调研企业的此类作业时间比其他企业的长 5 倍甚至更多，可见物流运作时间管理的重要性，而提前期管理和供需双方物流平台接口端的界面集成设置是有效解决此问题的途径之一。

10.2.3　提前期的压缩

提前期的压缩不能仅从企业本身考虑，也不能仅从第三方物流角度考虑，而要从整个供应链角度考虑。首先要明确供应链企业之间的合作衔接关系，在整个供应链设计阶段充分从运作角度思考，特别是企业与企业之间的交接平台的对接部位，利用上述多种途径进行运行→优化→运行循环持续改进，审视在整个物流运作过程中的每个作业环节与活动，明确哪些是有效作业，哪些是多余或无效作业，哪些是非增值作业，哪些作业可以精简优化等。通过识别作业有效性，识别整个运作过程时间的有效性，即哪些是有效时间，哪些是无效作业或整个过程中的无效时间，消除或尽量减少无效时间，最大限度地压缩提前期时间。提前期压缩方式如图 10.6 所示。

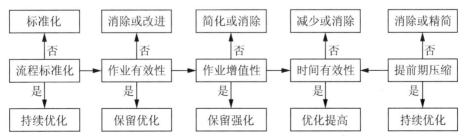

图 10.6　提前期压缩方式

此种方式通过识别作业与优化流程，消除或简化不增值或增值能力低、冗余、耗时长的流程与作业，进而减少整个物流运作过程中的提前期。图 10.7 所示为生产加工企业整个物流运作过程的时间消耗图例。由图 10.7 可以看出，物流系统追求目标的不同，形成提前期压缩的环节与时间段也不同。

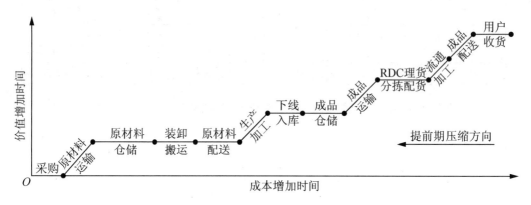

图 10.7　生产加工企业整个物流运作过程的时间消耗图例

从图 10.7 还可以看出，原材料运输、生产加工、成品运输、流通加工、成品配送等是价值增加与成本增加同步发生的，而其他作业一般只有成本增加而无价值增加。该运作过程涉及 10.2.2 提到的提前期内容，而压缩这些提前期是物流运作时间管理的关键。采购提前期是从根据生产计划生成的采购单并发出到上游供应商交货为止的所有时间，一般通过供应商在企业周边预设库存的方式，实现用户企业用料的时间要求。供货提前期是收到用户订单到最终把产品满意交付到用户手中的所有时间，主要包括原材料的装卸搬运(有库存，如没有还包括采购提前期)、物料配送(通过传输带等机械化与自动化压缩时间)、生产加工(通过改进工艺和技术创新等压缩时间)、入库与成品仓储(可通过越库管理把时间压缩至最小)、成品运输与配送(通过运输工具选择、运输线路优化等方式压缩时间)、区域配送中心理货等作业(通过机械化或自动化压缩时间)、区域配送中心流通加工(通过科学制订延迟生产策略、标准化与模块化等压缩时间)等。提前期主要作业的时间压缩方式见表 10-3。

表 10-3　提前期主要作业的时间压缩方式

作业名称	时间压缩方式
采购	提前锁定生产计划、就近库存、快速反应、本地化生产、网络图等
装卸搬运	机械化与自动化(叉车、传输带、机器人)等
运输与配送	运输工具选择、运输线路优化、循环取货等
出入库与物品仓储	越库作业、机械化与自动化作业、定量化、信息化等
理货分拣配货	机械化与自动化分拣设备、熟练作业人员配置、信息化手段等
流通加工	科学制订延迟生产策略、标准化与模块化等

结合上述各作业环节时间的确定，通过倒推各流程完成的时间段，确定流程的总时间

链，以此控制作业的时间节点，建立以运作时间链为准绳的时间节点定置管理。以下为某物流企业配送时间倒推进行定置管理的思路分析。

(1) 统计并分析配送中心每日处理的商品量，每条线按时送达的出车时间、到库时间，以及生成配送时间相近的批次线路时间。

(2) 由线路出车时间倒推装车开始时间。

(3) 由装车时间倒推配货开始时间。

(4) 由配货时间倒推收货、分拣时间。

(5) 由收货时间倒推供应商送货时间。

以改善订货处理的方法为例，可采取的步骤如下：调查公司当前的订货流程，编制流程图→调查现有订货流程各节点的耗时→编制配送过程的网络结构图→利用流程改善原则，改善订货处理流程。这些原则包括并行处理、分批处理、交叉处理、减少等待、删除不增值工序、瓶颈处增加额外资源等。

 案例阅读 10-5

生产提前期和供货提前期的压缩

上海汽车集团股份有限公司通过零部件的准时生产管理和提前期压缩，对大零部件供应商的要求是 2 小时，即零部件运来 2 小时内进入生产线，基本做到了零库存，仓库里储存的都是常用小零件，如螺钉、小弹簧等。

海尔公司在几年前就基本实现了零部件零库存和成品零库存，通过供应商在海尔工业园本地化生产、就近租(建)库供货、下线成品及时配送到全国区域配送中心的方式，海尔位于青岛市的多处仓库逐步由成品库向中转库再向零库存转化。这极大地压缩了生产提前期和供货提前期，做到及时生产、快速交付，提升了企业供应链的整体竞争力。

从目前看，这种做法符合高质量创新发展的要求，正如党的二十大报告中提到的，要"着力提升产业链供应链韧性和安全水平，着力推进城乡融合和区域协调发展，推动经济实现质的有效提升和量的合理增长"。

10.3 时间窗管理

10.3.1 时间窗的概念

随着物流市场竞争的加剧，时间对上下游客户而言变得日益重要，物流运作时间成为企业时间竞争的关键之一。为了在物流运作层面提高企业的反应速度，快速、及时地满足客户需要，供需双方往往设定提供物流服务的时间范围。这种在供应链企业之间或企业内部上下游工序之间，由于外部环境变化等要求而设置的物流服务时间范围称为物流运作时间窗，简称时间窗。根据是否允许延时，时间窗可分为硬时间窗(不允许延时)和软时间窗(允许延时)；根据作业环节不同，时间窗可分为发货时间窗、收货时间窗、道路通行时间窗等。

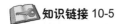
知识链接 10-5

关于时间窗的进一步探讨

> 时间窗是在物流过程中给予时间约束的一种条件，通常在物流优化过程中使用。例如车辆调度中的时间窗，时间窗约束是指允许车辆通过的时间段，因为像火车有时间表，且实行区间闭塞，所以不允许同一区间内同时有多于一列的火车运行。

10.3.2 时间窗的设置

服务类企业时间窗一般根据其服务对象的特点，结合自身的处理能力，并由历史数据统计分析设置；生产类企业时间窗主要根据自身的生产加工能力、客户企业的交货时间要求、企业相关部门的工作时间等，并结合多年的运作经验和相关数据统计分析设置。举例如下。

(1) 某网店承诺从收到订单时起，长江三角洲城市 24 小时之内送货上门，全国主要城市(网店所列出的城市)48 小时送货上门。

(2) 某物流企业设定每天 18:00 到第二天 6:00 为配货装车时间。

(3) 某快速消费品连锁企业社区店设定每天 21:00～22:00 为门店收货时间。

(4) 某城市规定货运车辆每天 21:00 到第二天 6:00 允许在市区内通行。

(5) 货运列车或客运列车运行时的进出站时刻，如某次列车某站停车 22 分钟，即为该站货物和行包的装卸时间窗。

上述内容是相关主体对物流运作时间窗的具体设置与要求。物流运作相关企业或部门只有在客户设置的服务时间窗内提供相关服务，才能为客户提供满意的服务。

时间窗设置要点如下。

(1) 以客户需求为导向，通过客户需求的收货时间倒推物流运作时间。

(2) 时间窗设置要留有余地，除了物流各运作环节能够确定的运作时间，其他环节时间窗设置以本企业历史作业统计时间的最大值为上限，平均时间为基准，统计时间的最小值为设置标准形成本企业的时间窗时间范围。

(3) 时间窗重点设置在物流运作各个环节交界处，即为不同组织、同一组织不同部门或同一部门不同作业小组之间的衔接平台，但所有环节从前到后按照"先紧后松"原则设置，以保证满足客户所设时间窗的要求。

从物流运作角度看，时间窗设置的具体方法如下：以物流运作环节为不同阶段，分段形成物流运作时间窗，即客户要求的物流服务时间窗(硬或软时间窗)→卸货时间窗→到货时间窗→通行条件时间窗→运行时间窗→发货时间窗→装货时间窗→流通加工时间窗→上游供应商到货或组货时间窗，从而形成开环或闭环的物流运作时间窗。

对于生产加工企业而言，物流运作时间窗以生产加工时间窗为依据倒推形成服务方案；对于商贸分销等服务业而言，物流运作时间窗以客户要求的服务时间限定为主要生成依据。

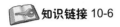知识链接 10-6

时间窗设置与物流仿真软件

物流运作时间窗设置也是众多物流仿真软件进行物流仿真时的重要参数之一,如乐龙、Witness、FlexSim、Audio Extend 等软件均有相关功能设置单元,有兴趣的读者可参考物流系统仿真类书籍或软件说明书。

10.3.3 时间窗的应用

随着客户对物流时间要求的提高,物流运作管理中时间窗的应用日益广泛,基于不同物流运作时间窗的服务价格差别也较大。企业有时为了满足客户的精确服务时间要求,改善物流部门的统计分析与优化功能,以精准的物流运作提供超越客户满意度的服务。

运输与配送环节的时间窗主要存在于收货点、发货点、运行线路、作业人员工作时间与工作期间正常生理维持所需时间等,分析思路如下。

(1) 列出已知条件中所有可能的时间限制,形成运作时间窗。各作业环节时间限制见表 10-4。

表 10-4 各作业环节时间限制

时间约束环节	发货点(多个)	收货点(多个)	运行路线(多条)	作业人员(多情形)
具体作业时间				
运作时间窗				

(2) 行车路线限制通行时间确认。根据实际情况,明确运输与配送线路通过路段对货运车辆的通行限制。配送路线与行车通过路段限行时间详表见表 10-5。

表 10-5 配送路线与行车通过路段限行时间详表

路线	路段	发车时间	返回时间	行驶时间	限行时间	调整时间
1	××路					
2	××路					
⋮	⋮					

(3) 利用扫描法、节约法等求解配送路线,具体可参考表 10-6 和表 10-7 中的内容。其中,实载量为本次运输的实际装货重量,载重量为汽车本身的核定载重量。

表 10-6 配送线路详表主要内容

路线	收货点	出发时间	出发日期	返回时间	返回日期	路程/km	运行时间	实载量	载重量
1	A		第1天		第2天				
2	B		第1天		第2天				
3	C		第1天		第2天				
⋮	⋮		⋮		⋮				

表 10-7 收货点到达与作业时间

收货点	到达时间	日期	卸货与交接时间
××		1	
⋮		⋮	

(4) 根据上述内容，列出车辆调度计划表，见表 10-8，其中灰色部分根据实际情况可以选用线条、彩色等表示。车辆运行图要根据运输方式不同而采用不同的方式，如铁路运行图中的时刻表或十分格表示法、海运的船期表、卡车的循环运行图等。所有车辆运行图中，最直观的方式是可视化线路图，这种方式直观、形象，通过利用 GPS 与 GIS 等技术做出运输与配送线路图，常用于市内配送。

表 10-8 车辆调度计划表

车次	时间										
	8	9	10	11	12	13	14	15	16	17	18
车次 1		线路 1			线路 6					线路 3	
车次 2		线路 9						线路 2			
⋮					⋮						

案例阅读 10-6

洽洽食品股份有限公司运输与配送时间控制分析

洽洽食品股份有限公司(以下简称洽洽公司)在 2009 年 7 月的一份外厂物流服务招标文件中，给出了部分货物运输的时限要求，明确指出因延迟产生的所有后果将由承运商承担，并给出了不同里程车辆行驶时间和车辆百公里耗时核算表，分别见表 10-9 和表 10-10。

表 10-9 不同里程行驶时间

里程	到货时间	参考标准	备注
100km 以内	装完货后 3h 内到达	以百公里 3h 到货为准(见表 10-10，下同)	
200km 以内	装完货后 6h 内到达	以百公里 3h 到货为准	
300km 以内	装完货后 12h 内到达	以百公里 3h 到货为准，同时预留 3h 供驾驶员吃午餐及午休	
400km 以内	装完货后 15h 内到达	以百公里 3h 到货为准	
500km 以内	装完货后 20h 内到达	以百公里 3h 到货为准，同时预留 2h 供驾驶员吃晚餐及休息	
600km 以内	装完货后 22h 内到达	以百公里 3h 到货为准，同时考虑夜间行驶，车速可适当提高，故节省 1h	
700km 以内	装完货后 26h 内到达	以百公里 3h 到货为准，考虑夜间行驶，车速可适当提高，故节省 1h，并给驾驶员 2h 吃夜宵及休息	长途车配备司机 2 名
800km 以内	装完货后 28h 内到达	以百公里 3h 到货为准，同时考虑夜间行驶，车速可适当提高，故节省 1h	
900km 以内	装完货后 30h 内到达	以百公里 3h 到货为准，同时考虑夜间行驶，车速可适当提高，故节省 1h	
1200km 以内	装完货后 35h 内到达	以百公里 3h 到货为准，同时考虑夜间行驶，车速可适当提高，故节省 1h	
1500km 以内	装完货后 40h 内到达	以百公里 3h 到货为准，同时考虑夜间行驶，车速可适当提高，故节省 1h	
2000km 以内	装完货后 48h 内到达	以百公里 3h 到货为准，同时考虑夜间行驶，车速可适当提高，故节省 1h	

表 10-10 车辆百公里耗时核算表

货类	车型	一级公路里程数	正常行驶车速	正常车速行驶消耗时间	预估红绿灯等候时间	预估上高速排队交费时间	市区慢行驶里程	保守估计预留较少行驶时间	合计行驶总时长
重货	10t	70km	60km/h	1h10min	10min	25min	30km	1h	2h45min
	25t								
轻货	5t	70km	70km/h	1h	10min	25min	30km	1h	2h35min
	10t								

其中应注意以下几点。

(1) 正常行驶车速取该车在一级公路(高速、国道、省道)上正常行驶的速度。

(2) 保守估计，等待红绿灯时间为 10min。

(3) 保守估计，上高速排队耗时 10min，交费排队耗时 15min。

(4) 表 10-10 中为标准百公里耗时预估，实际操作中公里数为预估里程。

承运商结合自身实际,根据表 10-9 和表 10-10 可以直接得出某区域内车辆运行时间窗,结合 10.3.2 讲解的时间窗设置方法,推算出货物的装卸时间,再结合洽洽公司相关部门的作息时间,推算出货物装卸时间窗,形成以时间窗为中心,对物流运作全过程进行时间控制的作业流程。

物流运作时间控制分析

具体案例背景见案例阅读 10-1,为提供分析此类问题的基本思路,本章以尽可能详尽的分析方式给出案例分析过程,也可通过数学建模、仿真模拟等方法求解。

案例分析思路如下:首先分析关键流程与运作时间的具体要求,找出或推算出相关物流运作时间窗。其次,本案例背景资料中有时间约束和能力约束,把时间约束转变为相应的时间窗,并分析约束条件。最后根据案例要求,针对具体细节进行计算,确定发车计划表和所需车辆。

物流运作目标如下:装卸尽量不停、货车尽量不等,非作业等待时间最少,在客户要求的收货时间窗内完成任务。

(1) 根据案例阅读 10-1,结合时间窗应用的一般步骤,确定本案例中淮北发货点装货、在途运输和合肥收货点卸货 3 个主要作业时间约束,并确定单车次运行时间和作业时间窗。

① 关键物流运作时间见表 10-11。

表 10-11 关键物流运作时间

关键运作	装货时间	在途时间	卸货时间
所需时间	8h	6h	4h

② 确定一个完整车次的运作时间,本案例为 8+6+4+6 = 24(h)。此结果说明,在所有作业按时完成的情况下,一个完整车次就是一个 24h 循环,即一个车次的发车时间点就是循环以后的第 2 天、第 3 天等的发车时间点。

③ 根据开始卸货时间窗推算相关作业时间窗的步骤:已知的开始卸货时间窗→卸货结束时间窗→发货点发车时间窗→开始装货时间窗→结束装货时间窗。相关作业时间窗见表 10-12。

表 10-12 相关作业时间窗

作业开始时间	卸货时间窗	在途时间	发车时间窗	装货时间窗
淮北→合肥	8:00~17:00	6h	2:00~11:00	18:00~次日 3:00
作业结束时间	卸货时间窗	在途时间	发车时间窗	装货时间窗
淮北→合肥	12:00~21:00	6h	2:00~11:00	2:00~11:00

分析表 10-11 和表 10-12 的内容可知：开始卸货时间窗根据合肥上班时间和卸货特别规定得知，即最早 8:00 开始卸货，最迟 17:00 卸货，否则需等到第二天 8:00 卸货；开始装货时间窗根据卸货时间窗和在途运行时间，推算可知最早 18:00 开始装货，最迟次日 3:00 装货，否则需在合肥等待第二天装货；发车时间窗是根据开始装货时间窗和装货时间推算得知，与结束装货时间窗重合，即最早 2:00 发车，最迟 11:00 发车，否则装货未完成或需在合肥收货点卸货。在装货时间窗内开始装货的车辆，在发车时间窗的 11:00 以前均可根据实际情况安排发车时间，但最迟不得晚于 11:00，否则按照正常运输过程，将在合肥收货点等待第二天卸货。

(2) 根据案例背景，在淮北发货点有装卸作业能力约束，即最多可同时 2 辆车装货；合肥收货点没有卸货作业能力约束，即可同时多辆车卸货。

(3) 所需总车次计算：4000/30=133.333≈134(车次)，本计算结果取整时注意，小数点后位数舍则表示出现某车次超载，进则表示出现某车次未满载。根据国家法律，一般按进位取整计算。

(4) 每天最少车次计算：134/45=2.977≈3(车次)，根据运力平衡原则，每天平均至少派 3 辆车可以完成此项运输任务。

(5) 运输计划表确定。结合上述装货时间窗与能力约束条件，在装货时间窗为 18:00～次日 3:00 的情况下，比较简单的整点装车方案如下：18:00 两辆车同时装货，次日 2:00 开始第三辆车装货，则 3 辆车均满足相关作业时间窗要求，以此循环，形成每天 3 车次的运输计划见表 10-13。

表 10-13 每天 3 车次的运输计划

车次	装货时间	发车时间	到达时间	返回时间	在途时间	说明
A	18:00	2:00	8:00	12:00	6h	由于整个物流运作时间为 24h，因此可明显看出只要装货作业在装货时间窗内，就形成 24h 循环运输过程，但由于装货有作业能力约束，因此装货时间窗内的可装卸车辆是有限的
B	18:00	2:00	8:00	12:00	6h	
C	2:00	10:00	16:00	20:00	6h	
A	18:00	2:00	8:00	12:00	6h	
B	18:00	2:00	8:00	12:00	6h	
C	2:00	10:00	16:00	20:00	6h	
⋮	⋮	⋮	⋮	⋮	⋮	

根据本案例中作业时间窗和装货作业能力约束可知，一辆车或两辆车同时装货的最晚开始装货时间为 19:00，否则将无法满足每天至少正常运行 3 辆车的运输任务。也就是说，装货可变动时间最多为 1h。在这段时间里，可以进行装货作业人员的调度工作。在该装货时间窗范围内，在不追求整点装车的情况下，可形成多种装车方案，读者可尝试列出一些整点与半点的方案。

本案例另给出每天 4 车次与 5 车次的计划，具体如下。

(1) 每天 4 车次的情况：每天 4 车次，则 134 车次只需 134/4 = 33.5 ≈ 34 天完成运输业务。每天4车次的运输计划见表10-14。

表10-14 每天4车次的运输计划

车次	装货时间	发车时间	到达时间	返回时间	在途时间
A	18:00	2:00	8:00	12:00	6h
B	18:00	2:00	8:00	12:00	6h
C	2:00	10:00	16:00	20:00	6h
D	2:00	10:00	16:00	20:00	6h
A	18:00	2:00	8:00	12:00	6h
B	18:00	2:00	8:00	12:00	6h
⋮	⋮	⋮	⋮	⋮	⋮

(2) 每天5车次的情况：如果每天5车次，由于装货能力最多同时满足两辆车装货，且装货时间为8h，因此，在装货时间窗9h内无法完成5辆车的装货任务。因为当满荷安排装卸能力，前4辆车装完后，装货时间窗内只有1h可用，所以无论如何无法完成其他车辆的装货任务，造成在合肥收货点需等到第二天卸货，极大地降低单车运作效率，造成不必要的浪费。

在比较合理的状况下，该物流公司可派3～4辆车完成运输业务。如果同时期内没有其他业务量需要协调，3辆车固定，另外1辆车作为可调度车辆，可以较好地完成运输业务。

对本案例的进一步分析可知，在运输车辆充足的情况下，由于存在客户卸货时间窗，当安排车辆数超过4辆时，只会增加车辆在合肥收货点的卸货等待时间，并不能较好地提高该业务的完成时间，还会使车辆的利用效率降低。

从本案例各作业时间窗和作业约束能力分析可知，整个物流运作过程的瓶颈是淮北发货点的装卸作业能力，因此提高运作效率以压缩整个运作时间的最有效方法是增加淮北的装卸作业人员或机械设备，通过机械化或自动化提高装货作业时间窗内的装货能力。

本案例中，如果增加合肥→淮北的回程货物，在已形成的运输计划表中，是否可安排这些车辆运营，时间如何控制，分别以3车次和4车次的情况进行分析。

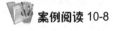

案例阅读 10-8

上海大众与北京吉普的物流运作比较分析

上海大众汽车销售有限公司(以下简称"上海大众")与安吉天地物流科技有限公司(以下简称"安吉天地")签订了汽车零部件入厂物流合同，这是国内第一个汽车零部件入厂物流一体化合同，循环取货模式在国内汽车零部件物流中开始实际运作。根据合同规定,安吉天地为上海大众的3个汽车装配厂和2个发动机厂提供所有零部件入厂准时物流服务,即在大众装配厂和发动机厂生产加工线有精准的上线供料作业时间窗的要求下,提供准时的零部件入厂服务。上海大众的多数供应商仍自行负责外部运输的状况,安吉天地集成所有供应厂家,按照地理位置,供货频率,零部件的重量、体积等进行综合规划,对各零部件供应企业的装货时间窗与时间顺序进行安排,采取循环取货等物流运作方式,实现了精确收货时间窗,进而确定基于精确装货时间窗的"高频少量"化的物流运作模式,大大降低了总成本,提高了供料的时间精确度。

北京吉普汽车有限公司(以下简称"北京吉普")与中远物流有限公司签署了循环取货物流服务协议,以期降低采购成本。北京吉普三菱车型的一个配置就涉及1600多个零部件,其中700多个零部件来自国内70多家供应商。根据计划,采用循环取货方式可以节省10%的运输成本,而且可以降低库存,以前需要保持15～20天的库存,现在只需保持2天的库存就可以,库存面积减小了80%。

然而在随后几年的实际运作中,由于北京吉普在生产过程中经常出现突发事件,生产计划调整无序,因此所需相关零部件均要调整,从而影响零部件供应企业的生产计划与组货计划,导致循环过程中各供应商装卸作业点时间窗无法精确设置,经常出现停车等料现象。主机厂生产线设置的收货时间窗因此也需调整,影响了主机厂的生产加工线,严重时还会出现停工待料现象。企业为了生产需要,不得不调整收货时间窗,导致厂内库存较高,最后只能通过传统的干线运输方式供料。

案例启发如下:企业在进行物流运作优化时,在没有了解基本现状的情况下无法有效实施。上海大众与北京吉普均采用循环取货方式,当遇到生产计划临时调整、供应商地理位置分散、运距与运量不同、信息共享不充分、入厂零部件质检、交通运输条件等情况时,企业应根据供应链上下游企业物流运作的实际能力,企业之间合作情况等现状,分析流程、优化作业各个环节,通过精确设置生产与物流运作各交接平台的时间窗,特别是精准设置沿途零部件各供应商装货时间窗、收货时间窗,成功实施物流运作方案。否则在实际运作中会出现零部件供应不及时、供应商装货时间延后与等待、无效作业时间增加等现象,导致不能满足生产线时间窗要求,影响生产计划的实施,严重时会出现停工待料现象,无法实现降低成本、提高运作效率等目的。

(资料来源:根据长安大学物流与供应链研究所、高级物流学省级精品课程网资料整理)

本 章 小 结

要根据服务对象要求进行物流运作时间控制。生产方式不同,物流运作时间控制方式也不同。

时间控制在物流运作过程管理中应用极为广泛,提前期与时间窗设置是物流运作时间控制的关键,只有掌握这些关键设置才能科学地控制服务时间。

提前期的概念、构成、管理思路与时间压缩途径，以及时间窗的概念、设置与应用等内容是时间控制的重点内容，不断创新时间窗压缩的途径与方法是提高物流运作时间的关键因素之一。

时间窗是城市配送与高端客户要求的核心服务保障之一，本章的实例分析是对提前期与时间窗在物流运作时间控制中应用的例证，通过对相关分析的学习，掌握时间窗设置与时间窗约束下物流运作管理的关键。

关键术语

| 提前期 | 订货提前期 | 供货提前期 | 时间窗 |
| 按库存生产 | 按订单生产 | 按订单装配 | 按订单设计 |

综合练习

一、多选题

1. 下列涉及物流运作时间控制管理策略的术语有(　　)。
   A. 准时生产　　　　　B. 排队论　　　　　C. 快速响应
   D. 延迟策略　　　　　E. 物料 ABC 分类管理
2. 从物流运作角度看，压缩提前期时间的主要思路包括(　　)。
   A. 识别物流运作中的无效作业并尽可能消除
   B. 利用约束理论，识别瓶颈作业环节，提高瓶颈作业能力
   C. 信息充分共享，消除牛鞭效应
   D. 优化流程，提高作业效率
   E. 加强现场管理
3. 根据是否允许延时，时间窗一般可分为(　　)。
   A. 收货时间窗　　　　B. 发货时间窗　　　　C. 装卸时间窗
   D. 硬时间窗　　　　　E. 软时间窗
4. 在一般的物流运作过程中，下列(　　)不属于提倡的时间窗压缩方法。
   A. 鼓励驾驶员高速行驶
   B. 提高装卸作业效率
   C. 对于长途运输，尽量安排夜间行车
   D. 让客户耐心等待或调整收货时间窗
   E. 加强提前期管理

二、判断题

1. 在物流运作过程中，客户订货提前期与供货提前期是相同的。　　　　(　　)
2. 现在用户对物流运作速度的要求越来越高，物流运作时间控制更加严格。(　　)
3. 提前期管理只存在于物流过程中。　　　　　　　　　　　　　　　　(　　)

4．提前期压缩主要在企业战略管理层面，而不在操作层面。　　　　　（　）

5．某物流企业设定每天 18:00 到第二天 6:00 为配货装车时间，是典型的配货装车时间窗描述。　　　　　（　）

三、实际操作题

案例阅读 10-7 给出了案例阅读 10-1 的详细分析方法与基本求解方法，结合本章所学的提前期与时间窗等物流运作时间控制的应用思路，选择一家经营市内配送的企业进行调研，以案例阅读 10-7 分析过程为基础，针对某笔业务进行深入分析。

四、知识拓展题

1．根据本章提到的物流相关提前期称谓，通过网络或书籍查找相关内容，从物流运作角度解释其内涵，分析它们之间的区别与联系，并用图示方式表现出来。

2．结合本章提前期和时间窗的讨论，利用本校数据资源网站(一般在本校图书馆网站)检索"中国期刊网"近 3 年基于提前期和时间窗的物流优化类论文，查看论文写作过程中用到的知识，与教师进行探讨，明确如何在课堂上通过教师的研究型教学增加相关知识储备，为今后学年或毕业论文(设计)的写作做准备，并制订明确的学习计划。

五、案例分析题

W 公司与奇瑞汽车的物流运作时间控制

W 公司是招商物流集团的一家分公司，拥有仓储、公路运输、进出口货代、快递等业务资质。其芜湖的分发中心占地 100 亩，一期工程投资 4000 万元，建有 16000m^2 现代化仓库，主要提供仓储、准时配送、干线运输及驻厂物流等供应链物流服务。其拥有稳定的配送车辆及干线运输车辆资源，物流管理信息系统主要采用 SAP 仓储管理模块。W 公司自有资源如下：16000m^2 仓库(6000m^2 高架)，7 台林德叉车，2 台永恒力堆高叉车，4 台柴油叉车，7 台配送车。外协资源如下：10 台配送车辆，30 台随时可调度配送车辆。

W 公司的主要客户之一为奇瑞汽车，奇瑞汽车对 W 公司的配送要求：取料看板出来后的 4h 内，必须把所需零部件准时配送至奇瑞指定区位。过去 W 公司零部件配送提前期为 6h，现在要压缩到 4h 之内，公司原有的配送模式已无法满足奇瑞汽车的要求，故 W 分公司借助集团公司的技术力量，以所要求的服务时间为依据，优化物流运作流程，通过持续优化，最终满足了奇瑞汽车的零部件准时配送要求。

优化目标：配送提前期(W 公司收到看板到奇瑞所需零部件配送至指定区位)由原来的 6h 压缩至 4h 以内。

基本思路：以流程优化为核心压缩提前期，提高快速反应能力。

1．分析外部流程

奇瑞汽车的生产流程如图 10.8 所示。对于奇瑞汽车生产厂而言，由于短期内不可能为改善物流状况而改变现有的生产工序，因此 W 公司只能按照要求把零部件配送至奇瑞汽车指定的工厂区位。

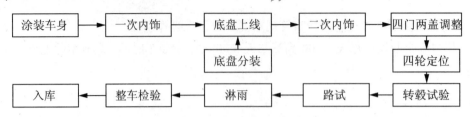

图 10.8　奇瑞汽车的生产流程

2. 分析与 W 公司紧密相关的物流内外部运作流程

W 公司针对奇瑞汽车的物流内外部运作流程如图 10.9 所示。分析零部件配送涉及的上游供应商和奇瑞汽车需求部门之间的作业流程，确定配送作业为内循环和外循环两个主要流程。在上游供应商与奇瑞汽车之间，奇瑞汽车通过物流执行系统对物流商进行管理；而对于 W 公司而言，奇瑞汽车设定的配送提前期是 4h，即看板拉动后的所有物流作业必须在此规定时间内完成，否则将面临重罚。通过流程分析与作业组合，针对看板零部件库存为零的情况，启动内循环作业流程，主要包括看板打印(供应商)→配货(供应商)→取货→点货与验货→储存→分拣与配货→配送等环节，并根据每个环节的作业特点，配置机械化设备，规范作业动作，把作业时间压缩到最短。针对已有库存，启动外循环配送流程，主要包括拉料单/内部看板(奇瑞汽车)→分拣与配货→配送→装配(奇瑞汽车)等环节。

3. 对主要收货、发货与补货流程进行标准化

1) 收货作业流程

(1) 输入预约单，打印收货检查单。

(2) 收货员按收货检查单进行点收货品，并记录数量、日期等信息(收货检查单、客户单据)。

(3) 根据收货检查单进行收货过账，打印上架报表及贴纸。

(4) 根据上架报表及贴纸进行上架。

(5) 根据上架报表进行上架确认，收货完成(上架报表)。

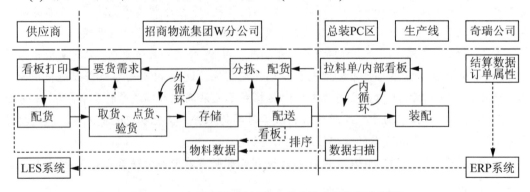

图 10.9　W 公司针对奇瑞汽车的物流内外部运作流程

2) 发货作业流程

(1) 打印电子看板和 SRM(采购供应链管理系统)供货清单。

(2) 将供货信息导入 ERP 系统，打印拣货清单。

(3) 根据拣货清单/供货清单备货，贴看板。

(4) 根据供货清单质检、装车。

(5) 根据供货清单进行核对，单证换单，换出门证。
(6) 根据发货单/拣货清单做发货过账，在 SRM 发布信息，发货完成。
3) 补货作业流程
(1) ERP 系统自动生成补货信息，打印补货单。
(2) 根据补货单进行补货作业。
(3) 根据补货单进行系统确认。

优化后的流程完全满足提前期压缩至 4h 内的要求。在同年 1~5 月的统计时期内，平均日处理订单达 453 份。统计期内 W 公司的数据见表 10-15，W 公司的准时物流服务获得了奇瑞汽车的极大认可。目前，W 公司在奇瑞汽车零部件物流的业务不断增加，其物流服务能力得到了极大提高。

表 10-15 统计期内 W 公司的数据

送货地点	配送单数	看板数	送货车次	急件车次	急件比率	扣单数	扣单比率
一总	10150	55668	2362	245	10.37%	165	1.63%
二总(BT)	9551	35494	1983	198	9.98%	314	3.29%
二总(S11)	9615	45689	2160	131	6.06%	138	1.44%
三总	4319	17778	1200	94	7.83%	255	5.90%
一发	6338	17685	1755	55	3.13%	65	1.03%
二发	4215	10567	1229	84	6.83%	33	0.78%
一焊	1548	4367	575	31	5.39%	42	2.71%
二焊	4889	11764	815	96	11.78%	18	0.37%
三焊	2094	11757	1096	159	14.51%	52	2.48%
SKD	355	774	195	7	3.59%	16	4.51%
变速箱	206	0	144	7	4.86%	7	3.40%
CKD	269	0	147	0	0	0	0
备件	849	0	216	0	0	0	0
合计	54129	211543	13086	948	A	1105	B

(资料来源：长安大学物流与供应链研究所提供，部分内容根据 W 公司要求进行了相应处理)

仔细阅读本案例，详细分析并回答下列问题。

1. 本案例中，如果奇瑞汽车再压缩 1h，W 公司该如何针对该业务进行流程优化？

2. 根据本案例与案例阅读 10-7 和案例阅读 10-8，试列举 3 种以上企业实践的物流高级化运作方式，并说明物流企业如何在企业客户要求不断提高的情况下提供高效的物流服务。

3. 从本案例中可知，企业客户越来越强调运作速度，请从物流运作时间控制角度给出一些建议，并尝试应用于上述列举方法的具体操作。另外，对本案例中的急件车次有哪些有效的管理方法？如何降低扣单比率？请作出分析。

4. 用 Excel 等方法求解急件比率和扣单比率的合计值 A 和 B，并制作表 10-15 的柱状图、饼图等分析图形，分别以送货地点和配送单数、看板数、送货车次等主要指标为基础，从所占比例、关联关系等方面进行详细分析。

第11章 物流运作质量管理

【本章教学要点】

知识要点	掌握程度	相关知识	应用方向
物流服务质量	掌握	物流服务质量指标及与物流质量的关系	把握物流服务质量范畴,设计物流服务质量指标
物流服务质量管理	理解	物流服务质量管理的内容、原则和新7种工具	构建物流服务质量管理体系,运用物流服务质量控制方法
物流服务质量环	掌握	物流服务质量环及其运作要素	为构建物流服务质量管理体系提供具体内容
物流服务质量管理体系	重点掌握	物流服务质量管理体系的作用、3个关键方面,以及建立的步骤	物流质量管理体系的建立
物流质量成本核算	理解	物流质量成本的构成,分析和控制	建立物流质量成本管理体系的原则、评价的指标体系核算的内容和方法,引入物流质量成本管理
6σ管理	掌握	6σ管理的导入条件、准备工作、DMAIC模式	在物流企业引入6σ管理

第三方物流服务质量管理

为了促进快递行业发展和提高工作效率，国家邮政局组织第三方机构对 2020 年快递服务满意度进行了调查，对全国重点地区快递服务时限准时率进行了测试。

(1) 调查对象为 2019 年国内快递业务量排名靠前且体现主要市场份额的 10 家全网型快递服务品牌。调查范围覆盖 50 个城市，包括全部省会城市、直辖市，以及 19 个快递业务量较大的重点城市。满意度调查由 2020 年使用过快递服务的用户对受理、揽收、投递、售后和信息 5 个环节进行满意度评价。

(2) 调查结果显示，2020 年快递服务总体满意度得分为 76.7 分，比 2019 年下降 0.6 分。其中，公众满意度得分为 84.2 分，比 2019 年上升 0.2 分；时限测试满意度得分为 69.2 分，比 2019 年下降 1.3 分。"十三五"期间，快递服务总体满意度比"十二五"末期上升 2.7 分，公众满意度上升 3.7 分。其中，总体满意度在 2016—2019 年连续四年上升，公众满意度实现五连升。

快递企业总体满意度排名依次为顺丰速运、京东快递、邮政 EMS、中通快递、韵达速递、百世快递、圆通速递、申通快递、天天快递、德邦快递。其中，公众满意度排名依次为顺丰速运、京东快递、邮政 EMS、中通快递、圆通速递、韵达速递、德邦快递、百世快递、申通快递、天天快递。

2020 年 10 家快递服务品牌主要时限指标排名见表 11-1。

表 11-1 2020 年 10 家快递服务品牌主要时限指标排名

快递品牌	全程时限	寄出地处理时限	运输时限	寄达地处理时限	投递时限	72 小时准时率
顺丰速运	1	1	1	1	1	1
邮政 EMS	2	3	2	2	5	2
京东快递	3	6	3	4	2	3
中通快递	4	5	4	6	4	4
韵达速递	5	2	5	3	6	5
百世快递	6	4	6	5	7	6
申通快递	7	8	7	8	3	7
圆通速递	8	7	8	7	8	8
天天快递	9	9	9	10	9	9
德邦快递	10	10	10	9	10	10

10 家品牌的全程时限和 72 小时准时率排名均为顺丰速运、邮政 EMS、京东快递、中通快递、韵达速递、百世快递、申通快递、圆通速递、天天快递、德邦快递。

2020 年全国重点地区快递服务全程时限为 58.23 小时，比 2019 年延长 2.03 小时。

(摘自国家邮政局报告)

上述导入案例说明，多家物流快递企业都非常重视质量管理，相继通过了国际质量体系认证。当前通过相应文件标准 ISO 9001—2015 国际质量体系认证是有效的物流质量管理，能够确保物流正常运作，提高物流企业的市场竞争力。从保证和持续提高物流质量管理水平的目标出发，系统地建立方针、制定目标、文件及学习培训方案等内容的物流质量管理体系十分必要。

因此，对物流运作过程实施有效的质量管理是本章的重点。

企业物流质量管理补充内容

11.1 物流服务质量管理概述

11.1.1 物流服务质量

1. 物流服务质量的概念

物流服务质量是指物流服务的固有特性满足物流客户和其他相关要求的程度。其中，固有特性是物流服务活动本来就具有的，尤其是指永久性。如通过物流活动将物品送达目的地所呈现的时空变化的特性，就是物流服务活动的固有特性，该特性满足客户的程度就是物流服务质量。从客户消费的视角来看，物流服务质量一般包括运输服务质量、仓储服务质量、配送服务质量等。物流服务质量有时也称物流服务水平。

2. 物流服务质量的内容

从物流服务质量的形成过程来看，物流服务质量一般包括物流服务技术质量和物流服务功能质量。

物流服务技术质量是指客户通过消费物流服务得到了什么，即物流服务的结果，如运输或配送物品的数量、里程、时间等。一般可以用某种形式度量，如货运服务可以利用运送的时间作为衡量服务质量的依据。由于客户对通过消费物流服务所获得的结果非常关心，因此物流服务的技术质量成为客户评价物流企业服务质量的重要内容。

物流服务功能质量是指客户是如何消费物流服务的，即物流服务的过程，如运输和配送的方便性、及时性、灵活性，事故的可补救性，以及服务态度、信息沟通等。物流服务功能质量取决于客户对物流服务过程的感觉评价。

物流服务技术质量是客观存在的，而物流服务功能质量在很大程度上是主观的，是客户对物流服务过程的主观感觉和认识，两者综合在一起从整体上反映物流服务质量。

3. 物流服务质量的主要指标

1) 运输服务质量指标

(1) 准时运输率 $=\dfrac{\text{准时运输次数}}{\text{运输总次数}} \times 100\%$ (11-1)

(2) 货物完好送达率 $=\dfrac{\text{完好送达次数}}{\text{总订单次数}} \times 100\%$ (11-2)

(3) 运输损失率 $=\dfrac{\text{损失赔偿金额}}{\text{运输业务收入总额}} \times 100\%$ (11-3)

(4) 运输信息及时跟踪率 = $\dfrac{\text{跟踪运输信息次数}}{\text{总订单次数}} \times 100\%$ (11-4)

2) 配送服务质量指标

(1) 延误率 = $\dfrac{\text{延误次数}}{\text{配送总次数}} \times 100\%$ (11-5)

(2) 缺货率 = $\dfrac{\text{缺货次数}}{\text{配送总次数}} \times 100\%$ (11-6)

(3) 货损货差率 = $\dfrac{\text{货损货差次数}}{\text{配送总次数}} \times 100\%$ (11-7)

式(11-7)中的货损货差主要表现为在配送规定时间送到的物品的种类不全、数量不够或货物损坏等。

3) 仓库管理质量指标

(1) 物品收发正确率 = $\dfrac{\text{某批吞吐量} - \text{出现差错总量}}{\text{同批吞吐量}} \times 100\%$ (11-8)

(2) 物品完好率 = $\dfrac{\text{某批物品库存量} - \text{出现缺损的库存量}}{\text{某批物品入库总量}} \times 100\%$ (11-9)

(3) 库存物品缺损率 = $\dfrac{\text{某批物品缺损量}}{\text{该批物品总量}} \times 100\%$ (11-10)

(4) 货损货差赔偿费率 = $\dfrac{\text{货损货差赔偿费总额}}{\text{同期业务收入总额}} \times 100\%$ (11-11)

式(11-8)至式(11-11)是以客户为对象,确定每批物品的质量指标,若将公式中的"某批""同批"和"该批"改为"期内",则是对该期间内仓库工作质量的评定。

4) 客户满意程度指标

(1) 客户满意率 = $\dfrac{\text{企业物流服务总次数} - \text{客户抱怨(投诉)次数}}{\text{企业物流服务总次数}} \times 100\%$ (11-12)

(2) 按期交货率 = $\dfrac{\text{实际按期交货次数}}{\text{总交货次数}} \times 100\%$ (11-13)

(3) 交货期质量 = 规定的交货期 − 实际的交货期   (11-14)

在式(11-14)中,当交货期质量的值为正时,提前交货;当交货期质量的值为负时,延期交货;当交货期质量的值为零时,正点交货。

4. 物流服务质量与物流质量之间的关系

  物流质量是指实现物流服务的系统、运作和管理工作等过程满足最终客户要求的程度,主要包括 3 方面质量:一是物流服务质量;二是物流工作质量,是指在物流各个环节、各个岗位具体工作保证物流服务质量的程度,如运输工作质量、仓库工作质量、包装工作质量、配送工作质量、流通加工工作质量及信息工作质量等;三是物流工程质量,是指在物流服务质量形成过程中使用的设施、设备、工具等手段和条件的保证程度。由此可见,物流服务质量是物流质量的核心内容和满足客户要求的具体体现,而物流质量也为实现物流服务质量提供可靠的保证。从物流质量管理的角度看,对物流服务运作过程的质量管理就是物流质量管理的关键。

11.1.2 物流服务质量管理

1. 物流服务质量管理的概念

物流服务质量管理是指以全面质量管理思想为指导,运用科学的管理方法和手段,对物流服务运作过程的质量及其影响因素进行计划、组织和控制等工作的总和。它具有以下基本特点。

(1) 全对象的管理。物流服务质量管理不仅涉及物流对象——物品及相关服务质量本身,而且涉及物流工作质量、物流工程质量,以及成本和交货期。由此可见,物流服务质量管理的对象是非常广泛的,涉及物流的各个方面。

(2) 全过程的管理。物流服务质量管理是对物品的包装、装卸、运输、保管、搬运、配送、流通加工等进行全过程的质量管理。在这个过程中,只有一环不漏地进行全过程管理,才能保证最终的物流服务质量达到目标质量。

(3) 全员参与的管理。由于物流服务质量管理对象的全面性、物流涉及的过程的复杂性和综合性,因此为了保证物流服务质量,需要各个环节的所有部门和人员积极参与、紧密配合、把握规律,共同完成物流服务质量管理的各项任务。

2. 物流服务质量管理的内容

物流服务质量管理的内容是对物流服务的技术质量和功能质量的管理,具体表现在物流服务标准的设立、服务内容的制定、服务结果的反馈和服务质量的评估等。

3. 物流服务质量管理的原则

(1) 以客户为中心。以客户为中心是指物流企业应该时刻了解客户当前和未来的需求,满足客户的需求和期望。在这里客户具有两层含义:一是指物流企业外部的买主;二是指企业内部上一个物流环节把下一个物流环节作为客户。

(2) 领导作用。物流企业领导应建立本组织统一的服务宗旨及方向,创造并保持使员工充分参与并实现组织目标的内部环境。为此,领导要力求做到考虑所有相关方的需求和期望,为物流企业的未来描绘清晰的蓝图,制定富有挑战性的战略目标,在物流企业内部营造"一切为了客户满意"的氛围,建立相应的管理文化,为员工发挥积极性提供保障和机制,参与物流服务质量持续改进,有效地发挥领导作用。

(3) 全员参与。物流服务质量管理的特点决定了物流服务质量管理必须坚持全员参与的原则。为此,要力求做到让物流企业的每位员工了解自身贡献的重要性及其在组织中的角色,创造宽松的环境,加强内部沟通,让员工以主人翁的责任感解决各种问题,并且根据各自的岗位目标客观、公正地评价员工的业绩,使员工有机会提高自身的能力、知识、技能和经验,不断提高员工的参与能力。

(4) 过程方法。将物流服务活动和相关的资源作为过程进行管理,可以更高效地得到期望的结果。过程具有分合性,即任何一个过程都可以分为若干个更小的过程,若干个性质相似的过程又可以组成一个大过程。利用过程的分合性,物流企业易识别过程、明确关键过程,并且将资源尽量用于关键过程,同时也可以简化过程、按优先次序排列过程、改进和控制过程等。

(5) 管理的系统方法。将相互联系的过程作为系统进行识别、理解和管理，有助于物流企业提高实现目标的有效性和效率。为此，要做到：①建立一个管理体系，并以最有效的方法实现组织的目标；②了解物流企业管理体系内各过程之间的相互依赖关系；③理解为了实现物流企业组织目标所要承担的责任，减少职能交叉造成的障碍；④认清物流企业的能力，在行动前确定资源的局限性；⑤设定目标并确定管理体系中的特定活动；⑥通过测量和评估持续改进管理体系。

(6) 持续改进。持续改进总体业绩应当是物流企业的目标，为了实现这个目标，要做到：①在物流企业内，从员工到职能小组、职能部门直至整个组织，都需要全面开展持续改进的活动；②为员工提供有关持续改进方法的培训；③确定目标以指导、测量、追踪持续改进；④识别并通报改进的情况。

(7) 以事实为决策的依据。有效决策建立在对信息和资料进行合理和直观分析的基础上。为了给决策提供可靠的信息和资料，物流企业要做到：①明确规定收集信息的种类、渠道和责任，确保数据和信息足够精确和可靠；②使数据和信息的需要者能够及时得到数据和信息；③使用正确的方法分析数据；④基于事实分析，作出决策并采取措施。

(8) 互利的供需方关系。上下游企业的物流过程是相互依存的，互利的关系可提高双方创造价值的能力。为了实现供需方互利的关系，物流企业要权衡双方的短期和长期利益，确定与供方的关系，识别和选择关键供应商，并且与关键供应商共享专有技术和资源，进而与供应商建立清晰与开放的沟通渠道，开展联合改进活动，优势互补，达到双赢。

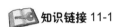知识链接 11-1

全面质量管理

全面质量管理就是企业全体人员及有关部门同心协力，把专业技术、经营管理、数理统计和思想教育结合起来，建立起产品的研究设计、生产制造、售后服务等活动全过程的质量保证体系，从而用最经济的手段生产出用户满意的产品。

全面质量管理的核心是强调提高人的工作质量，通过保证工程质量和提高产品的质量，达到全面提高企业和社会经济效益的目的。

全面质量管理的特点是从过去的事后检验和把关为主转变为预防和改进为主；从管结果变为管因素，查找影响质量的因素，抓住主要矛盾，全部门参加，依靠科学管理的理论、程序和方法，使生产的全过程都处于受控状态。

全面质量管理的要求：要求全员参加质量管理；范围是产品质量产生、形成和实现的全过程；是全企业的质量管理；采用的管理方法多种多样。全面质量管理常用工具有水平对比法、头脑风暴法、直方图、流程图、控制图、因果图、排列图、散布图、数图、分层法和统计分析表等。

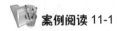

运用两业联动发展模式提升整车物流服务质量

S汽车有限公司是我国最早规划建设的三大轿车基地之一。公司拥有东风雪铁龙、东风标致两大品牌的七大车型系列，近年来S公司运用两业联动发展模式，使整车物流质量得到大幅提升——整车网点交付的质损率控制在很低水平上，之所以能够取得这样的成绩主要得益于S公司以如下的两业联动发展模式为基础所采取的一系列有效的产业联动物流服务质量管理工作。

$$\text{两业联动发展模式} = \text{集成体} \begin{Bmatrix} \text{紧密融合} \\ \text{战略联盟} \\ \text{合作伙伴} \\ \text{市场选择} \end{Bmatrix} \text{关系} + \begin{Bmatrix} \text{融合型} \\ \text{连接型} \\ \text{公共型} \end{Bmatrix} \text{基核} + \begin{Bmatrix} \text{组合型} \\ \text{过程型} \\ \text{功能型} \\ \text{技术型} \\ \text{资源型} \\ \text{信息型} \end{Bmatrix} \text{联接键}$$

（1）树立集成体全员全过程质量控制的观念。按精益化物流运作流程，汽车制造业整车下线后，从入库、储存、出库，再到运输(包括在分库进行的二次运输)，最后交付网点，其中仅整车运输就涉及运输商、商务部、生产部分库、营销网点等部门，这势必要求对整车的整个物流全过程实行全员整车物流质量的控制。

（2）抓住以基核为基础的关键环节。整车入库(进入整车备装物流场)是生产环节和整车商品化环节的接口，要做到严把入库关。生产部整车储运分部对入库车实行100%外观和缺件检查，拒绝有A类外观质损和缺件的新车入库。

（3）实行全员全过程动态监控。每周一公司都要组织质量部等相关部门在质量厂房召开质量分析会，对质量问题进行集中展示和分析。

（4）强化联接键制度体系建设。为规范商品车入库、出库、网点接收的行为，统一质量标准，使各方以相同的方法来评价、记录商品车质损，公司制定并生效了《整车物流中商品车交接检验程序》和《整车物流中商品车交接检验标准》，对商品车质量验收、车辆维修及维修费用索赔进行了文件化规定。

（5）加强对整车运输的移动设备的实时监管。为提高运输商的运输质量和管理水平，公司生产部每年年初都对运输商的车辆进行集中审核和确认，发放准运证，减少了由于运输造成的质量事故；公司生产部和质量部还组织了运输商、商务部、分库、营销网点的培训和运行检查，加大对运输商和分库的监督和考核，有力控制住了商品车在途运输质量，控制了质损率。

此外，生产部还配合组织信息部开发全新的整车储运管理系统，通过整车储运管理系统，可以实现全国商品车资源、运输资源、质量维修的统一管理，使公司的整车物流管理水平达到新的高度。

上述集成创新措施使公司商品车在储运的全过程都得到了精心呵护，确保了整车物流服务质量得到大幅度稳步提升。

(资料来源：根据董千里《集成场理论：两业联动发展模式及机制》等资料摘编整理)

 知识链接 11-2

ISO 9001 标准认证

ISO 9001 认证是 ISO 9000 族标准包括的一组质量管理体系核心标准之一，用于证实组织具有提供满足顾客要求和适用法规要求产品的能力，目的是提高顾客的满意度和产品的信誉、减少重复检验、削弱或消除贸易技术壁垒。通过该认证的企业在各项管理系统整合上达到国际标准，能持续、稳定地向顾客提供预期和满意的合格产品。现在使用的是 ISO 9001—2015。

ISO 9001 质量管理体系为一般化的体系，且能应用于任何行业、规模及产品的所有组织，申请认证的组织大到数千人的大型企业，小到 2~3 人的小型企业，国家机关、私营公司、集团公司、事业单位、服务业、制造业、医院、学校等都可推行(证书有效期为 3 年，每年进行监督审核，3 年到期后需重新认证)。

11.1.3 物流服务质量管理新 7 种工具简介

物流服务质量管理新 7 种工具如下：关联图法、亲和图法(KJ 法)、系统图法、过程决策程序图法、矩阵图法、矩阵数据分析法、箭头图法。这些方法是由日本科学技术联盟质量管理研究会经过多年的研究与实践于 1977 年提出的，并且得到了广泛推广，对物流企业的质量管理有推广应用价值。

1. 关联图法

事物之间存在着大量的因果关系，因素 A、B、C、D、E 之间就存在着一定的因果关系，其中因素 B 受因素 A、C、D 的影响，又影响着因素 E，而因素 E 又影响着因素 C，……。在这种情况下，厘清因素之间的因果关系，全盘考虑，容易找出解决问题的方法。把若干存在问题及其因素之间的因果关系用箭头连接起来，作为解决问题手段的方法称为关联图法。关联图法主要用于制订和展开质量管理方针、制订质量管理改进活动计划、改善管理工作等。某企业针对库存积压问题的关联图如图 11.1 所示。

关联图法的应用步骤如下：①提出认为与问题有关的所有因素；②用简单明确的语言表达各个因素；③用箭头把因果关系有逻辑地连接起来；④根据图形进行分析讨论，检查是否有遗漏或表达不确切的地方，复核和认可上述各因素之间的关系；⑤分析研究，提出重点因素，拟订措施计划。

2. 亲和图法

亲和图法又称 A 型图解法、KJ 法。KJ 法是收集未知的问题、未曾接触过领域的问题的相关事实、意见或设想等的语言文字资料，利用其内在关系做成归类合并图，以便从复杂的现象中整理出思路，抓住实质，找出解决问题途径的一种方法。

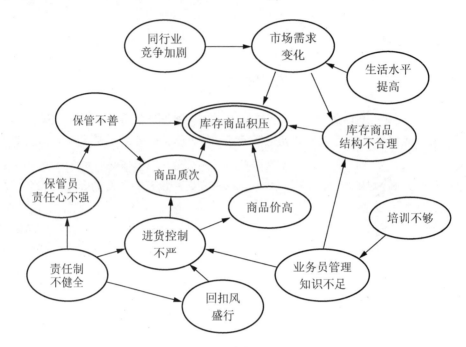

图 11.1　某企业针对库存积压问题的关联图

不加取舍与选择地收集人们的不同意见、想法和经验，并利用这些资料之间的相互关系进行归类整理，有利于打破现状，从而采取协同行动，求得问题的解决方法。

KJ 法主要用于认识事实、形成构思、打破现状、彻底更新、筹划组织工作、贯彻质量方针。KJ 法的作图步骤如下。

(1) 确定主题，如澄清事实、形成构思、变革现状、创立新体系等方面的主题等。

(2) 收集文字资料，常用如下 3 种方法：一是直接观察法，即到现场看、听、摸，吸取感性认识，从中得到某种启发，立即记录下来；二是面谈阅览法，即通过与有关人谈话、开会、访问，查阅文献或采用头脑风暴法等收集资料；三是个人思考法，即通过个人自我回忆，总结经验来获得资料。

(3) 语言资料卡片化。

(4) 汇总卡片和编号，即将内容相近的归在一类，整理出思路，并且按顺序排列和编号。

(5) 绘制图解，可分为两个阶段：一是"关键配置"，即把各类卡片放在一张白纸上，按它们之间的联系进行配置；二是用箭头、线条及符号进行图上作业，箭头表示事物之间的因果关系、产生顺序，以便理出思路，形成解决问题途径的总体构思。

(6) 口头发表，即按图进行口头讲解，写成文字报告。

案例阅读 11-2

日本某公司使用 KJ 法

日本某公司通信科科长偶尔听到科员抱怨通信工作中的一些问题，他想要听取科员的意见和要求，但由于倒班的人员多，工作繁忙，无法召开座谈会。因此，该科长决定用 KJ 法找到科员不满的方面。

第一步，他注意听科员之间的谈话，并把有关工作中的问题的言语分别记录在卡片上，每张卡片记录一条。例如，"有时没有电报用纸""有时未交接遗留工作""如何将电传机换个地方""接收机的声音嘈杂""查找资料太麻烦""改变一下夜班值班人员的组合""打字机台的滑动不良"等。

第二步，将同类内容的卡片编成组。例如，"其他公司有的已经给接收机安上了罩""接收机的声音嘈杂，如何将电传机换个地方""有人捂着一个耳朵打电话"等暗示要求本公司"给接收机安上罩"。从下面的卡片组中可以了解到要求制订更简单、明了的交接班方法："在某号收纳盒内尚有未处理的收报稿""将加急发报稿误作普通报稿纸处理""接班时自以为清楚了，可是过后又糊涂了，为了作出处理，有时还得打电话再次询问"等。

第三步，归纳集中各组卡片暗示出来的对策，进一步抓住更潜在的关键性问题。例如，"因为每个季节业务高峰的时间区域都不一样，所以弄明白了需要修改倒班制度"，或者是"根据季节业务高峰的时间区域改变交接班时间"，或者是"考虑电车客流量高峰的时间确定交接班时间"。

科长拟定一系列措施，并进一步征求乐于改进的科员的意见，再次做修改后，提出具体的改进措施。

3. 系统图法

系统图法是系统地展开要实现的目的与需要采取的措施和手段，并绘制成系统图，以便纵观全局、明确重点，寻求实现目标的最佳措施和手段的方法。系统图法示例如图 11.2 所示，主要用于新产品研制过程中制订质量保证计划、健全质量管理体系，展开质量保证活动，以及解决企业有关质量、成本、交货期等问题的创意等。

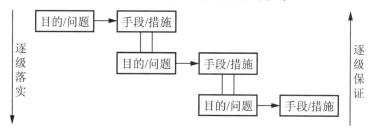

图 11.2 系统图法示例

系统图法的应用步骤如下：①确定具体的目的、目标或问题，把最终要达到的目的、目标或所要解决的质量问题以简洁、易懂的语言明确记录下来，放在明显的位置；②为达到目的、目标或解决问题，提出手段和措施；③评价手段和措施是否得当，并进行取舍；④使目标(问题)与手段(措施)相互连接、系统化，形成系统图；⑤对系统图内容逐级检查，确认目标能充分地实现或问题被有效地解决，以保证目标、目的能够实现，问题能够得到解决；⑥制订实施计划，即把系统图最低水平的手段/措施更加具体化，明确具体的实施内容、日程、负责人等。

4. 过程决策程序图法

过程决策程序图法是为了完成某个任务或达到某个目标，在制订行动计划或进行方案设计时，预测可能出现的障碍和结果并提出多种应变计划的一种方法，如图11.3所示。其中，如果 A_0 点表示不合格品率很高，Z 点表示不合格品率降低到的理想状态，$A_1 \cdots A_P$，$B_1 \cdots B_s$，$C_1 \cdots C_r$，$D_1 \cdots D_e$ 分别表示到 Z 点的不同手段系列，这些手段系列也会随着情况的变化而进行调整。

过程决策程序图法的作图程序如下：①确定课题，召集有关人员讨论存在的问题；②归纳出在实施过程中各种可能出现的问题，并一一记录下来；③确定每个问题的对策或具体方案；④按照紧迫程度、难易情况、可能性、工时、费用等对方案进行分类，确定各方案的优先程序及有关途径，使用箭头与理想状态连接；⑤在实施过程中，根据实际情况修正路线；⑥落实实施负责人及实施期限；⑦在实施过程中收集信息，随时修正。

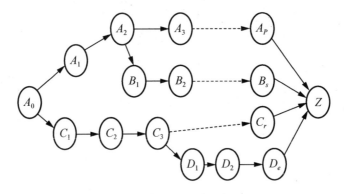

图 11.3　过程决策程序图法

5. 矩阵图法

矩阵图法是在复杂的质量问题中，找出成对的质量因素，分别排列成行和列，交点表示关联程度，可据此找出存在的问题及其形态，从而找到解决问题的思路和方法。矩阵图法的主要类型有 T 型、Y 型、X 型和 C 型，主要用于确定质量保证体系的关键环节，分析产生质量问题的主要原因，确定新产品开发和老产品改进的关键，系统地核实产品质量与各项操作及管理活动的关系，便于对工作质量进行全面管理等。矩阵图法如图 11.4 所示。

L行	R				
	R_1	R_2	$\cdots$	R_j	$\cdots$	R_m
L_1					
L_2					
$\cdots$					
L_i				●←	关键点
$\cdots$					
L_n					

图 11.4　矩阵图法

矩阵图法的作图步骤如下：①列出质量因素；②把成对因素排列成行与列，表示其对应关系；③选择合适的矩阵图类型；④成对因素交点表示关联程度，一般根据经验进行定性判断，可分为密切、较密切、一般(或可能有关系)，并用不同的符号表示出来；⑤根据关联程度，确定必须控制的关键因素；⑥针对重点因素作对策表。

6. 矩阵数据分析法

矩阵数据分析法是指当矩阵图中各要素之间的关系可以定量表示时，通过数量化方法和主成分分析法分析、整理这些数据，并找出解决问题的方法。其中，主成分分析法是将一些具有错综复杂关系的多变量归结为少数几个综合变量(主成分)的多元统计分析方法。矩阵数据分析法主要用于分析各种构成因素复杂、由大量数据组成的质量问题，如通过对市场调查数据进行分析，掌握客户所要求的质量，再如对复杂工序质量进行分析等。

矩阵数据分析法的实施步骤如下：①调查、收集足够的数据，列出数据表；②计算各组数据的均值、方差(或标准差)和进行数据标准化；③列出标准化数据矩阵；④求出相关系数，列出相关矩阵(对称矩阵，且对角线上的元素为1)；⑤求出相关矩阵的特征根与特征向量，其中，特征根表示主成分的数值，数值越大，代表性越强；特征向量表示各观测值(数据)与主成分的关系，可以呈现某种规律；⑥求出各主成分；⑦求各主成分的方差贡献率，分析计算结果，找出改进方向。

7. 箭头图法

箭头图法也称网络图或网络分析技术，是一种制订最佳日程计划、高效率管理进度的方法。在物流服务质量管理中，时间管理是一个重要的管理项目，运用箭头图法可以对物流运作时间进行统筹安排、合理调度，以缩短时间、节约资源，更好地满足客户的需求。

11.2 物流服务质量管理体系

11.2.1 物流服务质量管理体系概述

1. 物流服务质量管理体系的概念

所谓物流服务质量管理体系是指物流企业中所有与物流服务质量有关的要素形成的管理体系，为确保物流质量满足客户需求这一共同目标的实现，而构成的物流服务质量管理工作的有机整体。以《质量管理体系要求》(GB/T 19001—2016)为指导，参照《质量管理和质量体系要素 第二部分：服务指南》[ISO 9004—21991(R)]中的有关内容，结合物流企业的特点可知，物流服务质量管理体系的要素包括物流企业服务质量形成过程中涉及的物流市场开发、物流服务设计、物流服务提供、物流服务绩效分析和改进等。通过这些要素的有效联系形成体系，并加以管理，使其充分发挥应有的作用，确保物流企业质量目标的实现。

2. 物流服务质量管理体系的运作要素

物流服务质量环将物流服务质量管理体系概括为 P(计划)、D(执行)、C(检查)、A(处理)四个环节，物流运作过程一般要经历多个 PDCA，每个 PDCA 都保持进步才能保障质量管理体系目标的实现。

物流服务质量环的运作过程如图 11.5 所示。

(1) 物流市场开发过程。物流企业通过设置客户意见簿、召开客户座谈会等方式，了解客户对物流服务的现实需要和潜在需要，征询客户需要的额外服务，希望得到的目前还没有提供的服务，订单传送的方式是否需要进一步改进，哪些物流服务对客户最重要，能否接受目前的订货速度，是否愿意为了得到较高水平的服务而支付较多费用等问题。一旦做出开发某项物流服务的决定，就要把物流服务市场调研的结果及已经审核批准开发的物流服务项目的内容等纳入物流服务提要，形成正式的质量文件，作为物流服务设计的依据。

(2) 物流服务设计过程。物流服务设计过程的任务是按照物流服务提要中的内容和要求，设计物流服务规范、物流服务管理规范和物流服务质量控制规范，明确开发设计预定服务项目的时间表，系统地规定提供物流服务的特性、内容、要求及验收标准，并结合各物流服务岗位的具体情况，设定不同岗位的服务职责、上岗条件、服务程序、服务内容和质量要求。

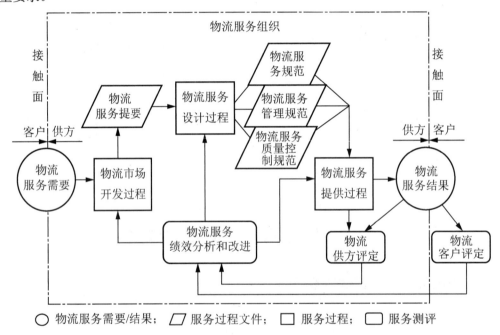

图 11.5　物流服务质量环的运作过程

(3) 物流服务提供过程。物流服务提供过程是指将物流服务从服务提供者传递到服务消费者的流程，一般可分为采购—运输—装卸—搬运—储存—盘点—订单处理—拣货—补货—出货—运输配送等阶段。在物流服务提供过程中，企业应严格按照物流服务规范、物流服务管理规范及物流服务质量控制规范进行运作，采取行政、经济、教育等手段确保各类规范的实施；同时，通过物流企业自身和客户对物流服务提供过程的评定，及时发现问题、分析原因，采取措施纠正，使物流服务提供过程始终处于受控状态。

(4) 物流服务绩效分析和改进。物流服务绩效分析和改进是指通过对物流服务提供的全部作业过程进行收集和数据分析，寻求改进物流服务质量的机会，提出改进建议，提高物流服务质量水平。

3. 物流服务质量管理体系的作用

(1) 确保物流服务质量满足客户需求。物流服务质量的产生、形成、实现涉及的工作是非常多的，只有建立物流服务质量管理体系，才能从满足客户需求这个整体目标出发，使各相关部门、各个层次、各个环节，以及各类人员的质量目标、职责权限、质量职能和工作程序等规范、明确，以利于各部门、各个环节协调配合，减少质量异常波动，保证质量稳定地满足客户需求。

(2) 构建企业物流服务质量保证能力，突显企业质量竞争实力。现代物流企业的质量竞争不仅看物流服务质量本身的水平，而且看物流企业是否可以长期、稳定地提供优质的服务质量。这就需要企业按照客户的要求，提供相应的物流质量管理体系的证据、实施体系的文件和质量记录等，证实物流服务质量管理体系能够长期、稳定、有效地保证物流服务质量，从而使物流企业与客户之间建立信任关系。

(3) 不断提高物流服务质量水平。物流企业建立服务质量管理体系的重要借鉴标准是《质量管理体系要求》(ISO 9001—2015)，《质量管理和质量体系要素 第 2 部分：服务指南》(ISO 9004—2)，这些标准都是世界各国质量管理先进经验的总结，借鉴此标准建立物流服务质量管理体系，将有利于物流企业学习先进的质量管理经验，规范和整合物流企业各方面的质量管理活动，提升员工的素质，不断提高物流企业的质量管理水平，与国际质量管理接轨。

11.2.2　物流服务质量管理体系的建立

1. 物流服务质量管理体系的 3 个关键方面

构建以客户为核心的物流服务质量管理体系的 3 个关键方面，即管理职责、人员和物质资源、质量体系结构(图 11.6)。在物流服务质量管理体系中，只有将 3 个关键方面有效地协调配合，才能保证客户满意。

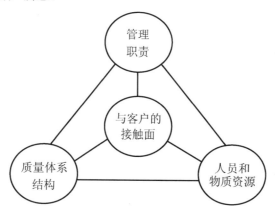

图 11.6　物流服务质量管理体系的 3 个关键方面

(1) 管理职责。管理职责是指管理者负有制定使客户满意的服务质量方针和目标、规定质量职责和权限、开展管理者评审的职责。其中，制定物流企业的服务质量方针和目标最重要，其他两项职责都是为实现和实施服务质量方针和目标服务的，是建立和完善企业物流服务质量管理体系的有效手段。

(2) 人员和物质资源。人是物流服务质量管理中最重要的要素，因为在物流服务过程中，物流企业中每个人的行为和业绩都直接或间接地影响整体物流服务质量，所以对人的激励、沟通联络、业务培训等成为构建物流服务质量管理体系的关键方面。此外，物流服务质量管理的实施还需要物质资源作保障，如提供物流服务所需的车辆、相关设备和信息系统、场地，质量评定的设施、仪器仪表和计算机软件、运作和技术文件等资源。

(3) 质量体系结构。质量体系结构是实现物流服务质量管理体系的基本框架，包括物流服务质量环、质量文件和记录、内部质量审核 3 项内容，具体表现为质量手册、程序、作业指导书和质量记录等文件形式。有效的物流服务质量管理体系应该使物流服务质量的管理变得简单、易懂、易操作。

2. 建立物流服务质量管理体系的步骤

因为建立的物流服务质量管理体系必须将管理职责、人员和物质资源、质量体系结构三者协调一致，所以在建立物流服务质量管理体系时，须按照以下步骤进行。

(1) 领导决策。建立物流服务质量管理体系是物流企业的一项全面性工作，只有物流企业高层管理者下定决心、亲自领导，主持制定企业的质量方针和质量目标，明确各部门和各级的质量责任，进行管理评审，才能确保企业的服务质量管理体系顺利建成和有效运转。

(2) 教育培训。通过培训使企业全体职工明确建立物流服务质量管理体系的目的、作用、特点和要求，掌握物流服务质量管理方面的相关知识和方法等，使物流服务质量管理体系建立在广泛的群众基础上。

(3) 分析物流服务质量环。在掌握物流企业内外部情况的基础上，分析和选择对物流服务和物流服务提供过程产生影响的具体作业要素，如运输、储存、配送等作为构建物流服务质量管理体系的重点，把各项质量活动分解、落实到各个部门和个人。

(4) 编写物流服务质量管理体系文件。把物流服务质量管理体系涉及的各种具体的质量活动文件化，作为建立有效运行物流服务质量管理体系的依据。

(5) 物流服务质量管理体系的实施。主要是组织物流企业全体员工认真学习、坚决执行物流服务质量管理体系文件，使影响物流服务质量的各种因素都处于受控状态，从而保证物流企业提供的物流服务使客户满意。

(6) 物流服务质量管理体系的内部审核。物流企业通过检查各部门和人员对体系文件的贯彻执行情况，验证体系的实施情况和有效性，发现问题，分析原因，提出相应的纠正措施。

(7) 物流服务质量管理体系的管理评审。它是物流企业最高管理者为确定物流服务质量管理体系达到规定目标的适宜性、充分性和有效性，而对物流服务质量管理体系进行的系统的评价，在此基础上提出改进现有物流服务质量管理体系及其过程的要求，根据客户要求的变化，调整物流服务或过程的某些关键特性，作出改进决定，针对物流企业内外部环境的变化，制订适宜的资源配置计划。

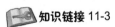
知识链接 11-3

质量认证及其类型

质量认证也称合格评定，是国际上通行的管理产品质量的有效方法。质量认证按认证的对象分为质量管理体系认证和质量体系认证两类。其中，质量管理体系认证是依据国际通用的质量和质量管理标准，经国家授权的独立认证机构对组织的质量体系进行审核，通过注册及颁发证书来证明组织的质量体系和质量保证能力符合要求。质量体系认证通常以 ISO 9000 族标准为依据，也就是经常提到的 ISO 9000 质量管理体系认证。

通过外部专业的质量认证咨询机构的咨询建立质量管理体系，已经成为许多企业构建质量管理体系的重要方法。企业内部质量审核员(内审员)是指取得内部质量管理体系审核的一种资格，由既精通 ISO 9000 国际标准，又熟悉本企业管理状况的人员担任。

11.2.3 物流服务过程的质量控制重点

在物流服务质量管理体系的运行过程中，为了确保物流服务质量的产生、形成和实现，满足客户的需求，需要有效地控制物流市场开发过程、物流服务设计过程、物流服务提供过程。

(1) 物流市场开发过程的质量控制重点。物流市场开发过程的质量控制重点是物流服务市场的分析和物流服务产品的定位，以及在此基础上形成的物流企业可接受且有能力实现的物流服务内容和服务要求，即物流服务提要。

(2) 物流服务设计过程的质量控制重点。物流服务设计过程的质量控制重点是确定物流服务方案、编制物流服务规范，为确保物流服务规范符合物流服务提要的要求和客户的需要，开展对物流服务规范的评审和确认活动。

(3) 物流服务提供过程的质量控制重点。物流服务提供过程的质量控制重点是以物流服务运作现场控制为主，在物流服务准备阶段进行事先控制，尽可能消除造成物流服务质量问题的隐患；在物流服务提供过程中进行事中控制，实施监测，发现问题及时处理，防止质量问题蔓延；在物流服务提供结束后进行事后控制，分析已发生的物流服务质量问题的原因，采取补救措施，防止问题再次发生。

为了保证实施上述服务过程的质量控制，还需要有相应的质量控制规范。质量控制规范的设计包括：找到对客户需求影响较大的关键活动作为质量控制点，通过分析关键活动，选出可以测量和控制的质量特性，针对这些质量特性规定评价的方法，使用在规定界限内影响或控制质量特性的手段，以便有效地控制服务过程的质量。

 案例阅读 11-3

A 运输公司质量管理体系

A 运输公司的业务范围为铁路整车、集装箱货物的到达和发送的代理及配送，即包括用铁路发往昆明、上海、杭州等地的门对门全程服务；集装箱货物的到港配送；仓储业务。A 运输公司组织结构如图 11.7 所示，该公司按照《质量管理体系要求》(GB/T 19001—2016)，构建的质量管理体系主要包括以下内容。

1. 管理职责

管理职责主要明确最高管理者的作用，具体包括以下几点。

(1) 管理承诺。总经理应通过相关活动，对建立、实施质量管理体系并持续为改进其有效性的承诺提供证据：如采取各种方式(如会议、宣传、培训等)向公司全体成员特别是管理人员传达满足客户和法律法规要求的重要性;制定公司的质量方针;将质量目标分解到各职能部门、岗位;每年主持管理评审,以确保质量管理体系的适宜性、充分性和有效性;提供必需的人力、物力、资金和信息等资源,确保质量管理体系正常运行。

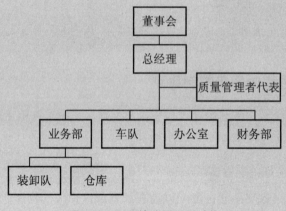

图11.7　A运输公司组织结构

(2) 以客户为关注焦点。正确、充分理解客户当前的及未来的需求,采取具体、有效的措施;与客户保持良好的沟通,定期监测客户对本公司服务的满意情况,发现不足及时改进。

(3) 制定质量方针、质量目标,进行质量管理体系策划。

(4) 职责和权限。职责和权限包括明确总经理、办公室、车队、业务部、装卸队、仓库的职责和权限,并且为了确保质量管理体系的有效实施,总经理应在本公司管理层中指定一名人员为质量管理者代表,负责质量管理体系的建立、实施、保持和改进。

(5) 内部沟通。为了保证质量管理体系的有效运作,A运输公司通过会议、文件、报表等方式传达公司的质量信息,促进组织内各部门、各层次之间的信息交流,增进理解和信任,达成共识,全员参与,确保质量管理体系的有效性。无论采取何种方式沟通,都应确保沟通信息准确,沟通及时、有效,沟通渠道畅通无阻。

(6) 管理评审。管理评审由总经理主持,各部门根据本部门在质量管理体系中的职责,结合一段时间以来质量管理体系的运行情况,整理并制定本部门的管理评审报告,作为管理评审的输入。为确保管理评审有序、顺利进行,制定《管理评审控制程序》,对管理评审的输入、输出及评审的方法和要求等作出具体规定。

2. 运输服务实现

(1) 运输服务实现的策划。运输服务实现的策划应确定运输服务的质量目标和要求,所需服务过程、资源(如设备、仪器等)、文件(质量手册、程序文件及相应的规程或标准),服务完成所确定的目标和要求所需的验证、试验或检查等有关活动或接收准则,以及证实服务过程及服务结果满足要求所需的证据等。以上所确定的过程、资源、文件应以满足所策划的质量目标为依据,并根据目标的变化及时变更。整车运输服务实现流程和零担货物运输实现流程分别如图11.8和图11.9所示。

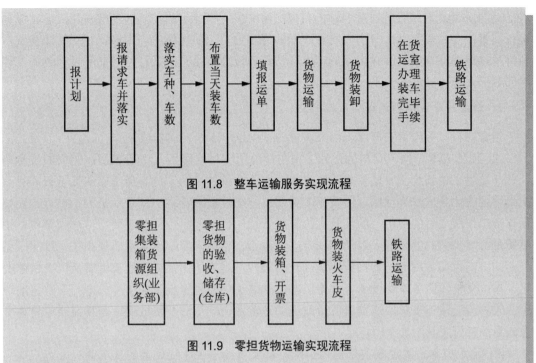

图 11.8 整车运输服务实现流程

图 11.9 零担货物运输实现流程

(2) 与客户有关的过程。与客户有关的过程包括与服务有关要求的确定、与服务有关要求的评审、客户沟通。

(3) 设计和开发。为满足客户不断发展的要求、提高公司服务的竞争力，A 运输公司业务部应积极探索和学习货物运输市场开发动态，开发出更具竞争力的新的运输服务项目，以满足或超越客户的要求。

(4) 采购。为确保供应商及采购产品符合要求，车队应根据供应商及采购产品对随后产品实现或最终产品的影响程度进行相应的控制。

(5) 运输服务提供。运输服务提供包括运输服务提供的控制，运输服务提供过程的确认、标识和可追溯性，客户财产，运输服务和采购产品防护，监视和测量装置的控制。

(资料来源：根据 A 公司质量认证资料整理)

11.3 物流质量成本

11.3.1 物流质量成本核算

1. 物流质量成本的概念

物流质量成本是指为了确保客户满意的物流服务质量而发生的费用，以及没有达到客户满意的物流服务质量所造成的损失，是企业物流总成本的一部分。它具有如下 3 个本质特性：一是变动性，即物流质量成本是随着物流质量水平的变化而变化的，人们可以从分析其动态变化的趋势中寻求最佳物流质量水平；二是预见性，即它不局限于已经发生的经济活动的质量成本，而是着重于分析和预测可能或应当发生的经济活动的质量成本，以便进行决策；三是假定性，即物流质量成本的许多项目无法像供应、生产、销售等职能成本那样可以精确计算，只能对相应成本进行估计，进而可用它对某种特定的质量问题提出相应的解决方案，以供企业领导决策选用。

2. 物流质量成本的构成

结合物流服务质量的特点，物流质量成本由以下5个方面构成。

(1) 预防成本。预防成本是指为了预防故障所支付的费用，主要包括：①物流质量培训费，是为了达到物流质量要求或改进物流服务质量的目的，提高员工的质量意识和物流质量管理的业务水平进行培训所支出的费用；②物流质量管理活动费，是为了推行物流质量管理工作所支付的费用，如涉及物流质量管理的咨询诊断费、奖励费、信息收集费、物流质量管理部门的办公费，以及为制定质量政策、目标，编制质量手册和相关文件等一系列活动所支付的费用等；③物流质量改进措施费，是为了保证或改进物流质量所支付的费用，如改变物流服务策略设计、调整工艺、开展工序控制等产生的属于成本开支范围的费用；④物流质量评审费，是物流质量改进的评审费；⑤工资及附加费，是物流质量管理专业人员的工资及其附加费用。

(2) 鉴定成本。鉴定成本是指为了确定物流质量是否达到规定的要求或符合客户的需要而进行的试验、检验和检查的费用，主要包括：①进货检验、工序检验、成品检验费用；②试验材料等费用；③检测设备的维护、校准、修理和折旧费；④专职检验、计量人员的工资及附加费。

(3) 内部损失成本。内部损失成本是指在物流作业过程中，由自身缺陷造成的损失及处理故障所发生的一切费用的总和，主要包括：①报废损失费，是由无法修复或经济上不值得修复的商品所造成的损失费用或由无法弥补的服务所造成的损失费用；②返修费，是为了修复不合格商品和服务使其达到质量要求所支付的费用，如所消耗的材料、人工费用等；③停工损失费，是由质量缘由造成的停工所损失的费用；④质量事故处理费，是对质量问题进行分析研究所发生的直接费用，如重新筛选或重复检验等所支付的费用；⑤质量降级损失费，是由于产品外表或局部达不到规定的质量等级而降级所造成的损失。

(4) 外部损失成本。外部损失成本是指向客户提供物流服务之后，客户在使用过程中由于物流服务的缺陷或故障引起的一切费用的总和，主要包括：①索赔费，是因物流服务质量未达到标准，对客户提出的申诉进行赔偿、处理所支付的费用；②退货损失费，是由于物流服务质量未能达到标准造成客户退货、换货所损失的费用；③降价损失费，是因物流服务质量未能达到标准而降价销售所损失的费用；④保修费，是根据合同规定，在保修期内为客户提供修理服务，或者进行物流服务的弥补所发生的费用。

(5) 外部质量保证成本。外部质量保证成本一般是指在合同约束下，根据客户的要求，为提供客观证据所支付的有关费用，主要包括：①物流质量保证措施费，是根据客户的特殊要求增加的物流质量管理费，如为特殊附加的质量保证措施、程序、数据等所支付的专项措施费和提供证据的费用；②物流质量评定费，是根据客户的特殊要求进行的物流质量认证所支付的费用等。

3. 物流质量成本核算工作

物流质量成本核算是指按规定的要求对构成物流质量成本的各项费用进行全面、系统、准确的记录、查对、计算、统计汇集的工作。它是物流质量成本管理的基础和中心环节，是构成基础性质量成本管理的重要内容。

在进行物流质量成本核算时，应设置一级科目，即质量成本；二级科目，即预防成本、鉴定成本、内部损失成本、外部损失成本和外部质量保证成本；三级科目，即二级各项目下的具体内容。还要设置物流质量成本汇总表、物流质量成本预防费用明细表、物流质量成本鉴定费用明细表、物流质量成本内部损失费用明细表、物流质量成本外部损失费用明细表、物流质量成本外部保证费用明细表。

1) 物流质量成本核算的实施原则

(1) 物流质量成本核算应按物流质量成本的各级科目进行。显见物流质量成本是指根据国家现行成本核算制度列入成本开支范围的质量费用，以及由专用基金开支的费用，可以按会计科目进行核算。隐含物流质量成本是指未列入国家现行成本核算制度规定的成本开支范围，也未列入专用基金，通常不是实际支出的费用，而是反映实际收益的减少，如产品降级、降价、停工损失等，可以按统计项目进行核算。物流质量成本是显见物流质量成本和隐含物流质量成本之和。

(2) 物流质量成本的核算周期应根据物流企业的具体情况(如物流运营特点、物流服务特点)确定，通常与相应的物流服务成本核算周期一致。

(3) 物流质量成本核算责任归口要便于统计核算与明确责任。根据物流质量成本科目的具体内容、费用开支范围和费用发生的区域，将其归口到有关部门，建立核算网点，明确传递程序，进行责任归口管理。

2) 物流质量成本核算的组织与分工

物流质量成本核算属于管理会计范畴，一般由物流企业总会计师负责，归口物流质量管理部门和财务部门共同进行，在不违背现行成本核算制度的前提下，采用会计核算为主、统计核算为辅的方法，与现行成本核算制度的规定协调、配套。

3) 物流质量成本核算的方法

(1) 统计核算方法。可采用货币、实物量、工时等多种计量单位，利用一系列统计指标和统计图表，运用统计调查的方法取得资料，通过对统计数据进行分组、整理，获得所要求的各种信息，以揭示质量经济性的基本规律为目的。

(2) 会计核算方法。以货币作为统一度量；采用设置账户、复试记账、填制凭证、登记账簿、成本计算和分析、编制会计报表等一系列方法，对物流质量管理全过程进行连续、系统、全面、综合的记录和反映；以审核无误的凭证为依据，物流质量成本资料必须准确、完整，整个核算过程与现行成本核算类似。

(3) 会计与统计相结合的核算方法。根据质量成本数据的来源不同，采取灵活的处理方法。其特点如下：采用货币、实物量、工时等多种计量手段；采取统计调查、会计记账等方法收集数据；方式灵活、机动，资料力求完整。

4. 物流质量成本的分析和控制

1) 物流质量成本分析的内容

(1) 物流质量成本总额分析。通过分析找出物流质量成本总额变化的原因和趋势，掌握企业物流质量整体的情况。

(2) 物流质量成本构成分析。通过分析了解各物流质量成本项目构成是否合理，寻求使物流质量成本项目结构合理化、降低物流质量成本的途径，探索适宜的物流质量成本水平。

(3) 物流质量成本与企业经济指标的比较分析。例如，通过对物流质量成本与企业销售收入、产值、利润等指标进行比较，了解物流质量成本对企业经营状况的影响程度，评价物流质量管理水平等。

(4) 故障成本分析。通过对故障成本总额、外部故障成本、预防成本与销售收入总额进行比较，了解由故障成本带给企业的经济损失情况及其占企业销售收入的比重，为物流企业改进物流质量管理提供决策依据。

2) 物流质量成本分析的方法

(1) 指标分析法。指标分析法是指把物流质量成本分析的有关内容作数量计算，主要计算增减值和增减率两大类数值的方法。假设 C 为物流质量成本总额在计划期与基期的差额，P 为 C 的增减率，则

$$C = 基期物流质量成本总额 - 计划期物流质量成本总额 \tag{11-15}$$

$$P = \frac{C}{基期物流质量成本总额} \times 100\% \tag{11-16}$$

利用上述公式也可分别计算出预防成本、鉴定成本、内部故障成本、外部故障成本的增减值和增减率。

(2) 物流质量成本趋势分析。趋势分析的目的是掌握物流企业质量成本在一定时期内的变化趋势，具体分为短期趋势分析和长期趋势分析。其中，分析一年内各月的变化情况属于短期趋势分析，分析 5 年以上的属于长期趋势分析。趋势分析可用如下两种形式：一是表格法，以具体的数值表达，准确明了；二是作图法，以曲线表达，直观、清晰。

(3) 灵敏度分析。灵敏度分析是指分析物流质量成本 4 大项目的投入与产出在一定时间内的变化效果或特定的物流质量改进效果。灵敏度用 a 表示为

$$a = \frac{计划期内外成本故障之和 - 基期相应值}{计划期预防与鉴定成本之和 - 基期相应值} \tag{11-17}$$

(4) 排列图分析。排列图分析不仅可以找出主要矛盾，而且可以层层深入，逐步展开，直至最后采取措施。排列图分析法如图 11.10 所示。

3) 物流质量成本分析报告

物流质量成本分析报告是在物流质量成本分析的基础上写成的书面文件，也是物流企业质量成本分析活动的总结性文件，供领导及其有关部门决策使用。

物流质量成本分析报告的主要内容包括：物流质量成本发生额的汇总数据，物流质量成本构成及其趋势分析，报告期物流质量成本计划指标执行情况，以及与基期和前期的对比分析，典型事件的分析等。在分析的基础上，指出报告期内影响物流质量成本的关键因素，明确主攻方向，提出改进措施，对物流质量管理体系的有效性作出定性或定量评价，并提出下一期物流质量成本管理的重点和目标。

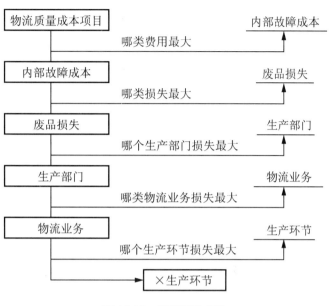

图 11.10 排列图分析法

4) 物流质量成本控制

物流质量成本控制有如下 3 层含义：一是在物流质量成本核算和分析的基础上，确定物流质量成本目标，并对物流质量成本目标实施控制；二是对物流质量成本目标完成情况进行过程控制和监督；三是在过程控制的基础上着眼未来，自始至终以改进工作为手段，以提高物流质量、实现物流质量成本优化为目标，发现物流质量形成过程中一切低质量、高消耗问题的根源。

5. 物流质量成本的预测与计划

1) 物流质量成本的预测

(1) 物流质量成本预测的目的。物流质量成本预测的目的主要有如下 3 个方面：一是为物流企业提高物流质量、挖掘降低物流质量成本的潜力指明方向，同时为物流企业在计划期编制物流质量成本的改进措施提供可靠依据；二是利用历史的统计资料和大量的观察数据，对一定时期内的物流质量成本水平和目标进行分析、测算，以制订具体的物流质量成本计划；三是为物流企业各单位有效进行生产和经营管理活动明确要求和进行控制。

(2) 物流质量成本预测的资料来源。物流质量成本预测的资料来源主要有如下 5 个方面：一是客户对物流质量和服务的要求；二是竞争对手物流质量成本方面的资料；三是物流企业内部及物流质量成本方面的技术、设备、工艺、市场开发等资料；四是物流质量改进措施的经济效益和效果方面的资料；五是涉及物流质量成本方面的国家宏观政策资料等。

(3) 物流质量成本预测的方法。物流质量成本预测的方法有经验判断法、计算分析法和比例测算法。其中，经验判断法主要是凭借有丰富工作经验的物流质量管理人员、财会人员、技术人员等对未来物流质量成本作出预测；计算分析法是以历史数据为基础，应用数理统计的方法对物流质量成本作出预测；比例测算法是根据经验或实践的合理数据进行推算的方法。

2) 物流质量成本计划

(1) 物流质量成本计划编制的基本流程。物流质量成本计划通常由财务部门直接编制，或者由生产单位和职能部门分别编制，交由财务部门会审和归总后，提交计划部门下达。

(2) 物流质量成本计划的内容。物流质量成本计划主要包括数据部分和文字部分两大类。其中，数据部分的内容包括：①主要物流业务单位质量成本计划；②全部物流业务质量成本计划，即计划期内可比物流业务及不可比物流业务的单位质量成本、总质量成本，以及可比物流业务质量成本降低额计划；③物流质量费用计划；④物流质量成本构成比例计划，即计划期内物流质量成本各部分的结构比例及与各种基数(如销售收入、利润及物流业务总成本等)相比的比例情况；⑤物流质量改进措施计划，是实现物流质量成本计划的保证。文字部分的内容包括：①物流企业各职能部门在计划期内承担的物流质量成本控制的责任和工作任务；②各职能部门物流质量成本控制的重点；③开展物流质量成本分析，实施物流质量成本改进计划的工作程序等说明。

11.3.2 物流质量成本管理体系的建立

1. 建立物流质量成本管理体系的原则

(1) 目的性原则。根本目的是在满足客户需求的前提下，最大限度地提高物流企业的经济效益。

(2) 科学性原则。科学性原则是指物流质量成本管理指标应有明确的定义和科学的依据。

(3) 协调性原则。协调性原则是指物流质量成本指标应与其他技术经济指标相互协调、相互促进、相互补充。

(4) 全面性原则。全面性原则是指物流质量成本管理指标既要包括评价指标，又要包括考核指标，并且贯穿于生产经营全过程。

(5) 系统性原则。系统性原则是指物流质量成本管理指标体系的各指标之间相互依存、相互制约的关系。

(6) 有效性原则。有效性原则是指物流质量成本管理指标体系应具有一定的使用性和可操作性。

2. 物流质量成本管理体系的构成

物流质量成本管理体系由物流质量成本评价指标体系和物流质量成本考核指标体系构成，如图 11.11 所示。

1) 物流质量成本评价指标体系

物流质量成本评价指标体系按作用和要求可分为物流质量成本结构指标、物流质量成本相关指标和物流质量成本目标指标 3 大类。

(1) 物流质量成本结构指标。物流质量成本结构指标是用于分析物流质量成本构成项目的比例关系，探求最适宜的质量水平的指标。物流质量成本结构指标大体可分为如下两大类：第一类是预防成本、鉴定成本、内部损失成本、外部损失成本、外部质量保证成本等各二级科目占物流质量成本总额的比率；第二类是二级科目中的三级科目成本占相应二级科目成本的比率，如返修费占内部损失成本的比率等。

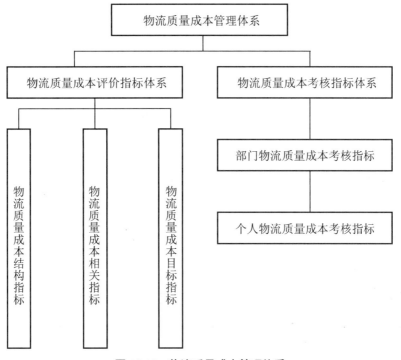

图 11.11　物流质量成本管理体系

(2) 物流质量成本相关指标。物流质量成本是企业物流总成本的一部分。物流质量成本与预防、鉴定、维修和修复次品的相关成本以及因浪费生产时间和销售次品而导致的机会成本有关。它包括确保顾客满意质量所发生的费用以及未达到满意质量时所遭受的有形与无形损失。因此，物流质量成本是将物流质量保持在规定的质量水平上所需的有关费用。

(3) 物流质量成本目标指标。物流质量成本目标指标是在一定时期内物流质量成本总额及物流质量成本 4 个构成项目的基期值与计划期值之差的增减值或增减率。物流质量成本目标指标以基期与计划期进行比较，较直观地反映物流质量成本总额和物流质量成本 4 个构成项目的变化。物流企业分析研究变化的原因，可以找出导致指标变化的主要因素，以便及时采取措施，降低物流质量成本。这类指标可在物流企业对所属部门考核时使用。

2) 物流质量成本考核指标体系

物流质量成本考核指标是指物流企业考核企业、职能部门及其个人的物流质量成本管理效果、衡量工作效率所选用的指标，通常依据物流质量成本计划、物流质量成本控制目标及物流质量成本评价指标确定，也可以选定考核工作质量的指标，如返修损失率等。

物流企业在确定质量成本考核指标时，首先，应充分考虑各职能部门的特点，按工作性质及控制重点的不同确定不同的考核指标；其次，应注意考核指标的可比性，也就是既有利于物流企业与历史同期水平进行比较，又有利于与同行业先进水平以及本企业历史最高水平进行比较，对企业内部各部门以及个人的考核也应建立在同一水平上，以便比较，从而使得奖惩制度有据可依；最后，物流企业各职能部门应将本部门的质量成本考核指标分解，制定个人物流质量成本考核指标。个人物流质量成本考核指标的确定，应以保证部门物流质量成本考核指标为前提，各部门的物流质量成本考核指标的确定，应保证物流企业质量成本计划的完成和物流质量成本目标的实现，从而做到"从上至下逐级落实，从下至上逐级保证"。

3. 物流质量成本的合理构成

根据国内外统计资料分析，预防成本、鉴定成本、内部故障成本和外部故障成本之间通常具有如下比例关系。

(1) 内部故障成本占质量成本总额的 25%～40%。

(2) 外部故障成本占质量成本总额的 20%～40%。

(3) 鉴定成本占质量成本总额的 10%～50%。

(4) 预防成本占质量成本总额的 0.5%～5%。

(5) 在简单、低公差的工业部门，质量成本的总额一般不超过销售总额的 2%。

(6) 在异常情况(如高精密度、高可靠性、高复杂性)下，质量成本总额可能超过销售总额的 25%。

(7) 如果把内部损失成本与外部损失成本视为质量损失成本，那么在消费品工业中，质量损失成本一般是鉴定成本的几倍。

(8) 质量损失成本的较理想比例是占质量成本总额的 50%左右。

比例关系随企业产品的差别和质量管理方针的差异而有所不同。对于生产精度高或产品可靠性要求高的企业，预防成本和鉴定成本占比之和可能会大于 50%。

11.3.3 物流质量成本管理体系的实施

1. 实施的步骤

(1) 做好培训教育。通过对物流质量成本管理有关的人员(如财务人员、质量管理人员等)进行物流质量成本管理业务知识的培训，提高相关人员的认识，并形成骨干队伍。

(2) 建立物流质量成本管理体系及相应的组织结构，明确职责，为实施物流质量成本管理提供组织保证。

(3) 结合本企业、本部门的实际情况制订物流质量成本管理办法，使物流质量成本管理有章可循。

(4) 根据物流质量成本目标制订物流质量成本计划。

(5) 定期对物流质量成本的各项费用进行核算和分析。

(6) 定期对物流质量成本进行考核。依据物流质量成本计划和物流质量成本指标，对企业、部门的完成情况进行考核。具体考核办法应结合实际情况自行制订，作为物流质量成本管理办法的内容。

(7) 根据物流质量成本分析编写物流质量成本报告，为改进物流质量提供依据。

(8) 根据物流质量成本报告，结合具体情况，确定物流质量成本改进目标及相应的改进措施，并组织落实。

(9) 对物流质量成本管理实施结果进行考核、奖惩、总结、分析、改进、提高。

2. 实施需要掌握的 3 个要点

(1) 物流质量成本核算是基础。弄清物流企业及其内部各部门物流质量费用支出的情况，做好原始数据的收集、统计、核算等工作，是开展物流质量成本管理的基础工作。

(2) 物流质量成本的分析和控制是重点。有了物流质量成本核算的数据，就要紧紧掌握物流质量成本分析和控制环节，把握物流质量成本的动态变化，使其始终处于受控状态，同时不断促进物流质量成本的优化，确保物流质量成本管理体系有效运转，取得良好的效果。

(3) 物流质量成本考核是关键。由管理学原理可知，闭环管理是提高管理有效性的重要方法。物流质量成本实行闭环管理的关键是做好质量成本考核工作。开展物流质量成本管理，掌握企业物流质量成本的实际情况并逐步摸索合理的指标，为预测、计划和考核提供依据。对实际成本进行考核，并与员工的经济利益挂钩，使考核工作落到实处，促进员工解决物流质量成本管理中发现的问题，提高物流质量成本管理的有效性。

案例阅读 11-4

某烟草公司实施质量管理的行业标准的绩效

《烟草商业企业卷烟物流配送中心卷烟物流质量管理规范》(YC/T 514—2014)是行业标准，它以质量为核心，通过对卷烟物流作业过程、与作业相关的各类要素的研究和分析，系统地提出了物流配送质量管理系统架构、方针与目标策划、组织机构设置、关键质量要素与要求、实施评价与改进要求等，制订了涵盖物流对象、物流作业、物流服务及物流支持因素4个方面的卷烟物流质量管理评价表。

以某烟草公司为例，2019年在销量由上一年42万箱增加到43.27万箱的情况下，物流费用同期降低9万元，降幅为0.13%，特别是涉及大量操作性作业的分拣环节费用降幅为24.83%，管理费用降幅为6.66%。其中，单箱物流费用为160.07元，同比降低0.91元；物流费用率为0.62%，同比降低0.06个百分点，在全国36个重点城市的4项考核指标中全部位列前10名，单箱费用、物流费用率降幅居行业前三。

2020年，受制于访销频次的增加，全年物流工作日比上一年增加9.6%，但同期物流费用增幅仅为6.66%。在行业发布的18项物流对标指标中，该公司有15项优于全国平均水平，7项达到或接近行业先进值。

在主要对标指标方面，物流配送承诺及实际完成时间比2018年缩短8小时；物流商品质量管理、作业质量管理、服务质量管理、支持因素质量管理4个维度中的相关重点指标均得到显著提升，如卷烟残损率由2018年的0.01‰下降到2020年的0.0064‰，分拣差错率由2018年的0.00196‰下降到2020年的0.00032‰，分拣设备有效作业率由2018年的92%提升到2020年的95%以上，2019年和2020年工业司机满意度持续稳定在95%以上，零售客户满意率比2018年提高12个百分点，达到99.43%。质量改进综合得分稳步提高，产生良好的社会效益。

11.4 物流运作质量 6σ 管理

11.4.1 6σ 管理综述

1. 6σ 管理的含义

在质量管理中，σ 表示质量特性值相对于目标值的偏离程度。6σ 是距目标值 6 个标准差的简称。在 6σ 水平下，质量特性的合格率达到 99.999 66%，缺陷率仅为 0.00034%(3.4×10^{-6})，几乎达到无缺陷的程度。在现实中，缺陷率表示在一件事重复发生 100 万次的情况下，缺陷和失误发生的次数。其中一件事可以是产品、工作、生产流程、时间段等，缺陷或失误是指不能满足客户要求的任何事件，如零部件的短缺、文件的打字错误、交货的延误、未按服务规程工作等。

2. 6σ 管理的内容

所谓 6σ 管理是指在追求 6σ 目标的过程中，通过减少缺陷和差错，提高客户的满意程度、降低企业的经营成本、增加企业利润的一种系统管理方法，其核心内容主要包括以下几个方面。

(1) 以客户满意为中心，追求卓越。6σ 目标的设置为企业在满足客户需求方面提出了非常高的要求，而 6σ 管理通过运用突破性的方法，力求达到 6σ 目标——极大地提高客户的满意度。

(2) 用数据和事实说话。对于 6σ 管理而言，6σ 本身提供了一个简单、普遍适用的量化指标——每百万次的缺陷数。6σ 管理利用该指标把所有对客户重要的关键流程和主要影响因素纳入测量分析对象中，并形成测量分析体系，借助该测量分析体系，跟踪改进过程、掌握改进潜力、了解改进效果，必要时及时报警。可见，6σ 管理注重基于数据与事实的统计方法和工具的运用，为决策提供了可靠的依据。

(3) 聚焦业务流程改进。6σ 管理作为一种突破性的提高质量管理水平的方法，非常重视对流程的再造和创新。正如美国 Pivotal 资源有限公司总裁潘德所说，在 6σ 管理中，业务流程就是采取行动的地方。无论是涉及产品和服务、评估绩效，还是提高效率和客户满意度，甚至是运作整个业务，6σ 管理都把业务流程作为成功的关键。

(4) 有预见的积极管理。有预见的积极管理意味着员工养成如下 4 个方面的业务管理习惯：一是设定挑战性的目标并经常回顾目标；二是明晰工作优先次序；三是注重事先预防问题，而不是事后"救火"；四是质疑为什么要这样做，而不是不加分析地维持现状。6σ 管理正是通过这种预见性的、积极主动式的管理推动企业改革，使企业朝着更有创造力、更有效率的方向转变。

(5) 无边界的合作。6σ 管理强调建立跨职能、跨层级乃至跨组织的工作团队，改善企业内部的协助，并且与供应商、客户密切合作，有效地推动企业的质量改进活动，达到共同为客户创造价值的目的。

(6) 追求完美，容忍失误。在 6σ 管理中，企业设置 6σ 的质量目标并力争实现的过程，实际上是追求质量完美的过程，在此过程中难免会失败。这就要求企业能够营造鼓励创新、容忍失败的文化氛围，能以完美的产品和服务满足客户的需要。

物流运作质量管理 第11章

案例阅读 11-5

6σ质量管理

20世纪70年代中期，美国摩托罗拉公司因经营不善，将其电视机业务卖给日本松下公司。然而，令他们感到惊讶的是，日本松下公司在购买摩托罗拉的一家电视机制造厂之后，通过适当的质量改进，尽管使用的是相同的人员、技术和设计，但将制造过程的缺陷率从原来摩托罗拉公司的15%降到了4%。这一惊人的改进使摩托罗拉公司深刻认识到与日本竞争对手的关键差距是产品质量问题。

1981年，摩托罗拉公司总裁盖尔文提出要用5年的时间把不良率降低为原来的1/10，并且把公司每年销售利润的5%~10%(有时甚至高达20%)用于改善产品质量。1986年，摩托罗拉公司通过投资22万美元用于改进活动，而成本节省了640万美元，使其业绩和客户满意度均得到大幅度提高。尽管如此，在产品质量水平方面还是与日本的优秀企业存在较大的差距，此时摩托罗拉公司的工程师哈里根据戴明的"过程波动是产生不良的来源，提高质量需要用科学的方法降低缺陷"的思想，探索出一套减少过程波动、提高产品质量的方法——6σ管理方法，受到了当时摩托罗拉公司总裁盖尔文的重视和支持，并且在全公司推行6σ管理方法，使摩托罗拉公司取得了惊人的质量进步和巨大的经济效益：1987—1994年，摩托罗拉公司的质量缺陷减少了99.7%，因质量缺陷造成的损失减少了84%，节约资金110亿美元，股票价值增长了4倍，并于1998年获得美国波多里奇国家质量奖。1992年，美国信号公司推行6σ管理方法，使公司的收益从1991年的3.42亿美元增长到1997年的11.7亿美元，公司的股票价值增长了8倍，其他公司(如美国通用电气公司、ABB公司、杜邦公司、西特银行、联邦快递等)在运用6σ管理方法中都取得了引人瞩目的成效。尤其是美国通用电气公司，1995年作为当时美国通用电气公司CEO的韦尔奇在全公司推行6σ管理方法，此后公司产生的效益每年呈加速递增趋势，每年节约的成本分别为1997年3亿美元、1998年7.5亿美元、1999年15亿美元，利润率从1995年的13.6%上升到1999年的16.7%，1996—2000年6σ管理方法创造的收益为30亿美元，2001年的收益超过50亿美元。韦尔奇认为："6σ是通用电气公司历史上最重要、最有价值、最盈利的事业。我们的目标是成为一个6σ公司，这将意味着公司的产品、服务、交易零缺陷。"美国通用电气公司起到的示范作用无疑对推广6σ管理起到了巨大的推动作用。

我国几十年来持续开展各种有关质量管理方面的活动，使企业质量管理水平有了很大的提高，但是与6σ的质量目标相比，质量管理方面还有很大差距，企业质量管理的平均水平为2σ~3σ,大多数中型企业的质量管理水平甚至低于2σ。面对这种现状,随着6σ管理理论在国内的引进与宣传，2002年经有关政府部门批准，中国质量协会成立了全国六西格玛管理推进工作委员会，对6σ管理的统筹规划、宣传推广、组织指导、有序进行起到关键作用。经过多年的理论宣传和付诸实践，6σ管理在国内许多企业(如中航一集团、宝钢、太钢、TCL、联想、中远、江铃、华为等)初见成效,但是要在全国推广,尤其是在物流企业中推广,还需加大宣传力度,使更多人了解和接受 6σ 管理,真正认识到物流企业推行 6σ 管理的必要性和可行性,将物流质量提高到一个新的水平。

11.4.2 6σ管理的导入

1. 6σ管理的导入条件

(1) 坚实的管理基础。6σ 管理强调量化管理,而有效的量化管理应该具备良好的数据采集系统,规范和详细的业务流程,明确的关键质量特性指标,基本的统计工具和方法,实用的数据分类、分析和加工处理的应用软件技术,具有较高质量意识和一定统计知识的员工等。这些都体现出企业在导入 6σ 管理时,需要一个良好的管理体系支撑。

(2) 领导者的大力支持。从国外成功推广 6σ 管理的经验来看,企业最高管理者的高度重视与亲自参与对 6σ 管理的实施非常重要,因为 6σ 管理的长远目标对任何一个企业来说都是前所未有的挑战,它涉及全体员工的理念变革和流程的突破性改善,所以只有最高领导者身体力行、公开倡议和承诺,为 6σ 管理提供适宜的资源和培训,才能保证 6σ 管理有效实施。

(3) 专兼结合的骨干队伍。总结摩托罗拉公司、美国通用电气公司成功实施 6σ 管理的经验,除了有企业最高领导者的承诺、大力支持,还需要一批在企业内各个层次带头实施和推广 6σ 管理的专职与兼职骨干人员,即由勇士、大黑带(黑带大师)、黑带、绿带等构成的 6σ 专业人员体系。只有这些人员在企业内不同层次、不同部门贯彻落实、推广 6σ 管理,才能保证把 6σ 管理的理念、方法等辐射到整个企业。

(4) 良好的企业文化。6σ 管理是一种突破性的管理方法,它的引入需要企业文化具有不断学习、不断创新的价值观。企业本身应该属于能力较强的学习型组织,通过培训、学习、沟通,保证6σ管理的实施。

2. 导入6σ管理的准备工作

(1) 企业现状调查。①调查企业的整体绩效,分析绩效较差的是哪些领域,以及导入 6σ 管理所需的时间、成本和收益等,判断企业是否需要或适合导入 6σ 管理;②调查企业资源的配置状况、组织的人员素质、企业文化、财政状况等,对企业导入 6σ 管理的条件及资金保证情况进行评估;③调查客户的需求,评估客户对企业产品和服务质量的满意度及企业的质量结构,为以后的流程改进指明方向。

(2) 制定恰当的企业战略。与任何一项新的管理方法的导入相同,6σ 管理的导入也会有阻力和障碍。若要有效地克服阻力,使 6σ 管理顺利地导入并快速产生效果,高层管理者必须制定恰当的企业战略,建立实施 6σ 管理的愿景,明确 6σ 项目与企业经营目标,从上到下形成共识、统一的思想和明确的方向。

(3) 组建 6σ 管理团队。6σ 管理的实施必须组建一支强有力的 6σ 管理团队,形成一个完整的 6σ 组织结构体系,这是实现 6σ 目标的根本保证。图 11.12 所示为 6σ 管理组织结构示意。表 11-2 所示为 6σ 管理团队不同层次的主要职责。

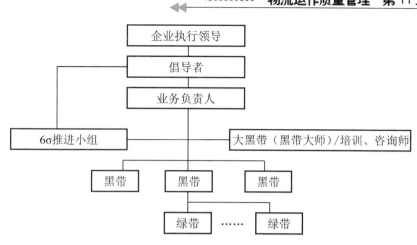

图 11.12 6σ 管理组织结构示意

表 11-2 6σ 管理团队不同层次的主要职责

6σ 团队构成层次	职 责
企业执行领导	建立企业的 6σ 管理愿景；确定战略目标及业绩的度量系统；确定企业的经营重点；在企业中建立促进应用 6σ 管理方法与工具的环境
倡导者	负责 6σ 管理在企业中的部署，如人员培训、制定 6σ 项目选择标准并批准项目、建立报告系统、提供实施资源等；向企业执行领导报告 6σ 管理的进展；负责 6σ 管理实施中的沟通与协调
大黑带(黑带大师)	为倡导者提供 6σ 管理咨询，为黑带提供项目指导与技术支持；培训黑带和绿带，确保他们掌握适用的工具和方法；为黑带和绿带的 6σ 项目提供指导；协调和指导跨职能的 6σ 项目
黑带	领导 6σ 项目团队，实施并完成 6σ 项目；向团队成员提供适用的工具与方法的培训；识别过程选择有效的工具和技术；向团队传达 6σ 管理理念，建立对 6σ 管理的共识；向倡导者和管理层报告 6σ 项目的进展，将通过项目实施获得的知识传递给企业和其他黑带；为绿带提供项目指导
绿带	绿带是企业中经过 6σ 管理方法与工具培训的、结合自己的本职工作完成 6σ 项目的人员。一般来说，他们是黑带领导的项目团队的成员，有时结合自己的工作开展涉及范围较小的 6σ 项目

(4) 选择合适的初始改进项目。企业在开始实行 6σ 管理时，选择适当的项目进行改造十分关键，因为初始改进项目具有示范效应，如果改进项目运作顺利，那么可以在整个企业更广泛的领域实施。合适的初始改进项目主要包括如下 4 个特征：一是对企业的总体战略目标的实现有重要影响；二是相关成本很高，一般而言，项目周期越长，成本越高；三是项目对客户很重要；四是项目应该具备一定的竞争力或者存在的缺陷能够被改进。

(5) 选择恰当的导入方式。

① 全面导入方式。全面导入方式是指由企业最高管理层强力推进，6σ 管理被放在所有工作的首位，6σ 培训在企业内全面展开。该方式的优点如下：可以向企业展示清晰的 6σ 改进方向；回报大，且可在 6~8 个月产生；容易获得外部资源有针对性的帮助；对企业影响大。该方式的缺点如下：在开始前要得到高层管理者的承诺；需要形成较强的对 6σ 管理的领导力，否则容易失败；资源投入大；组织不易下决心。

② 局部导入方式。局部导入方式是指在企业中某部门领导带领下先在其部门开展6σ管理。该方式的优点如下：仅需要有限的管理关注；仅需要有限的资源；可以先在一个部门开始；容易起步。该方式的缺点如下：很难得到高层管理者的关注；很难得到专业人员的辅导和帮助；由于投入的黑带少，回报很小；对企业的影响小；需要很好地把握才能向全公司扩展。

值得注意的是，局部导入方式最终也要过渡到全面展开，只有这样才能充分显示6σ管理改进的意义和回报。至于开始选择哪种导入方式，主要是根据企业自身的情况和领导团队的承诺程度而定。

11.4.3 6σ管理的实施

6σ管理的实施主要通过如下两种模式实现：一是DMAIC模式，即界定(Define)、测量(Measure)、分析(Analyze)、改进(Improve)、控制(Control)，主要通过改进现有流程逼近6σ目标；二是DFSS(Design For Six Sigma，6σ设计)模式，主要立足于从一开始就把产品或流程设计好，避免产品或流程的先天不足。考虑到DMAIC模式是企业实施6σ管理中的常用模式，本小节主要介绍DMAIC模式在6σ管理实施中的应用。

1. 6σ管理项目的界定

(1) 明确客户要求。根据帕累托定律，企业80%的利润来自20%的客户，这20%的客户就是企业的关键客户，企业需要通过访问、面谈等调研方式，了解他们的需求和满意度等。

(2) 界定改进流程范围。可运用头脑风暴法等方法，针对未能满足客户要求的问题，初步界定问题发生的原因是在产品使用过程、制造过程，还是在产品设计过程，以选择适当的流程范围作为6σ的改进项目。

(3) 确定项目目标。确定项目目标是指实施6σ改进项目后预期能够实现的目标，包括生产率、质量水平、财务效益等指标。确定的目标应该明确，并具有可测量性。

(4) 制订项目进度计划表。项目进度计划表列明具体的项目实施日期及每个日期所需完成的量化指标。为了优化进度，可采用网络计划技术方法，同时考虑到在实施过程中，实际情况不一定会按照预期计划顺利进行，可运用过程决策程序图，通过评估计划进展和可预测的不同结果，决定采取相应的过程，修正计划，把结果尽量引向令人满意的方向，更好地实现项目目标。

2. 6σ管理项目的测量

(1) 描述过程。在SIPOC[Supplier(供方)，Input(输入)，Process(过程)，Output(输出)，Customer(顾客)]流程图(图11.13)的基础上绘制过程流程图，以说明产品(服务)形成的全过程，为了了解过程中可能造成波动的所有原因，应把所有人力资源、文件、程序方法、设备、零部件和测量仪器都包括在过程说明中，对其进行分析，以明确连续过程的每个阶段上下环节之间的关系、问题点和区域、不必要的环节和复杂的程序、可以简化的地方等。

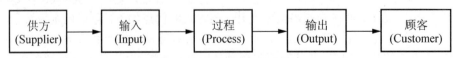

图11.13 SIPOC流程图

(2) 验证测量系统。测量系统是指测量与特定特性有关的作业、方法、步骤、量具、设备、软件、人员的集合。验证测量系统就是通过对测量系统的分辨率、准确度、精确度等的分析和验证，确保测量系统完整有效、精确可靠。

(3) 测量过程能力。过程是提高质量的根本单位，因为所有质量工作都是通过过程完成的。为了掌握过程保证质量的能力，需要定量测量过程能力，通常用过程能力指数 C_p 和 C_{pk} 度量。

(4) 边测量边收集数据。边测量边收集数据主要包括如下两个方面：一是收集已有数据，如生产过程中返工的记录数据、成品返修数据、客户投诉等信息，再如服务业，收集其关键过程、关键点已有数据；二是边测量边收集数据，这种动态收集数据方法更重要。

此阶段一般采用分层法、调查表法、排列图法、相关图法、直方图法、资料收集法(卡片法)等统计方法。

3. 6σ管理项目的分析

分析阶段主要是对测量阶段收集的数据进行整理和分析，查找产生问题的原因，尤其是寻找关键原因，为改进阶段提供依据。

(1) 分析数据，查找原因。分析数据是指对测量阶段收集的大量数据进行认真、细致的分析，查找并验证产生问题的原因。

(2) 确定关键原因。在实际工作中，由于问题产生的原因往往不止一个，而是多个，因此有必要采用一定的方法，找出问题产生的关键原因，即少数关键因素，为改进阶段提供一个切入点。

此阶段一般采用头脑风暴法、因果图法、直方图法、关联图法、相关图法等，采用这些方法找出关键原因，为下一个阶段的改进工作做好准备。

4. 6σ管理项目的改进

改进阶段的主要任务是在界定、测量和分析阶段工作的基础上，寻找能使企业获得最大限度回报的改进方案。

(1) 提出改进方案。充分发挥项目团队成员的主观能动性，针对上一阶段的关键因素，采用头脑风暴法等方法激发成员的创造性思维，尽可能形成多个改进方案。

(2) 选择改进方案。讨论、比较、评估多个改进方案，根据实际情况选择能够实现预期目标的最佳方案，并详细编写解决方案说明书，用正式报告的形式描述选定的方案，经倡导者同意、企业领导层认可，作为最终的实施方案。

(3) 实施、评价与改进方案。改进方案的实施意味着要改变员工的行为方式，甚至是原来的想法和理念，因此选定一个合适的规模和范围对方案的实施进行试验，在试验成功并取得经验的基础上全面铺开，以保证改进方案稳妥实施。在实施方案后，要对实施结果进行全方位的评价，以确定收益，并总结结果，修正疏忽的地方。

改进阶段一般运用正交试验设计(Design Of Experiment，DOE)、质量功能展开(Quality Function Deployment，QFD)等工具，运用这些工具有助于认真实施相关的改进措施，随时监控，及时发现、解决和处理问题，以保证改进工作顺利实施。

5. 6σ管理项目的控制

为了能够长久地保持改进阶段取得的成果，持续地实现改进，需要建立有效的控制体系，防止流程恢复到原来的状态。

(1) 制定控制标准。精心挑选一些评估量作为绩效水平的衡量指标控制标准，一般是一些反映客户需求的关键质量特性值。定期测量这些评估量，以便追踪过程和改进方案的实施情况。

(2) 明确管理职责。明确流程负责人的管理职责，他们对流程的控制起着非常重要的作用，使流程绩效长期、持续稳定。他们的主要职责是维持流程文件记录、评估和监控流程绩效、确认失控现象、采取纠正措施、启动和支持改进、最大化流程绩效、与其他管理人员进行协调和沟通。

(3) 实施监控。运用流程计分卡、控制图、客户报告表等方法实时监控流程，避免绩效反弹或缺陷复发，保持改进的成果，以便在此基础上逐步达到6σ的管理目标。

本 章 小 结

物流服务质量需要设定专项质量特性值指标进行测定。物流服务质量涉及物流服务设施、设备和方法，即物流工程质量涉及物流质量保障体系及其运作，涉及人员素质及其工作质量。因此，需要提供优质的物流工作质量保障物流工程质量，通过提高物流工程质量和物流工作质量，以提高物流服务质量。

要把握物流服务质量与物流运作质量的关系。在物流运作过程中，采用新的7种质量管理工具，结合物流运作过程实际问题对物流服务质量进行分析，通过物流服务质量服务过程循环提高物流服务质量。

建立物流服务质量环十分必要，并以此为据给出构建物流服务质量管理体系的关键方面和步骤。

物流质量成本的构成分为两部分，需要针对物流质量成本构成进行优化。通过介绍6σ管理的新理念和新方法，拓宽物流服务质量管理的新思路。

物流服务质量	物流质量	质量管理新7种工具
物流质量成本	内部故障成本	外部故障成本
物流服务质量管理体系	6σ管理	DMAIC 模式
DFSS 模式		

综 合 练 习

一、多选题

1. 物流服务过程的质量控制重点是（　　）。
   A．物流服务提供过程　　　B．物流市场开发过程
   C．物流服务评价过程　　　D．物流服务绩效分析和改进
   E．物流服务设计过程
2. 物流服务质量管理体系由（　　）构成。
   A．物流服务实现　　　　　B．人员和物质资源
   C．质量体系结构　　　　　D．质量控制
   E．管理职责
3. 在物流质量成本管理中，属于物流质量成本分析的内容有（　　）。
   A．故障成本分析
   B．物流质量成本构成分析
   C．预防成本分析
   D．物流质量成本与企业经济指标的比较分析
   E．物流质量成本总额分析
4. 物流质量成本评价指标体系包括（　　）。
   A．个人物流质量成本指标
   B．物流质量成本相关指标
   C．物流质量成本结构指标
   D．物流质量成本目标指标
   E．部门物流质量成本指标
5. 具体实施和完成6σ项目的是（　　）。
   A．大黑带　　　　　　　　B．倡导者　　　　　　　　C．黑带
   D．企业执行领导　　　　　E．绿带

二、判断题

1. 物流服务质量包括物流服务的过程和结果的质量。　　　　　　　　　　　（　　）
2. 对于物流企业而言，物流质量就是物流服务质量。　　　　　　　　　　　（　　）
3. 物流质量成本越低越好。　　　　　　　　　　　　　　　　　　　　　　（　　）
4. 6σ管理使物流服务质量水平有突破性的提高，关键是对流程的再造和创新。（　　）

三、简答题

1. 简述建立物流服务质量管理体系的步骤。
2. 物流服务质量管理新7种工具的含义及适用范围分别是什么？
3. 物流服务质量管理应该遵循哪些原则？
4. 物流质量成本由哪几部分构成？
5. 6σ管理的主要内容是什么？

四、案例分析题

日日顺物流打造融合"四网"平台，提升服务质量水平

海尔集团旗下的日日顺物流依托海尔集团先进的管理理念及强大的资源网络，以物流网、配送网、服务网、信息网四网核心竞争力为基础，以信息化系统为支撑，打造虚实融合"最后一公里"物流服务开放平台，为用户提供"按约送达、送装同步化"服务。"四网"包括以下基本内容。

(1) 即需即送的物流网。通过三级网络布局，在全国建立了92个辐射带动力强的区域物流中心，覆盖98%以上的县，可以直配乡村，实现全国物流服务全网络覆盖，可以支持"上网络、进社区、到乡村、入门户"的多元化物流配送模式，建立了虚实网融合、与用户零距离的物流网，可满足渠道下沉个性化的服务需求。

(2) 直配到村的配送网。在全国开辟3300多条循环班车专线，建立了满足用户多种购买方式的多元化配送模式。为实现高效运转，日日顺物流先后制订了码头管理、仓库按单备货、冷热区定置管理、条码库龄及先进先出等管理办法，使配送效率由原来的一日一配提升至区域内实现一日两配、一日三配，不仅提升了车辆资源的周转效率，而且降低了配送资源成本，满足了市场经济快速增长及用户的需求。

(3) 送装同步的服务网。将物流网与配送网创新融合，推进物流服务一体化，创新"24小时按约送达、送装同步"的差异化解决方案。为了实现"按约送达"，日日顺物流提出定单、定人、定车、定点、定线、定时和定户的"七定"配送模式。具体来说，就是用户下单后，订单信息会同步显示在物流系统中，物流实时接单。根据用户的订单量、地理分布划分区域内的配送路线，由专人负责全流程用户订单信息的在途监控。然后根据订单需求配车，系统实时显示车辆位置，进行合理化配载。此时，配送订单生成并通过信息系统同步传送到仓库。仓库事前备货，车辆根据配送订单信息，准时到达并装车。接下来，按线路、产品及用户地址装车，司机提前与用户预约送货时间，按约送达。此模式实现了送装同步、货票同步，达到"24小时按约送达"的配送水平，满足了用户全流程即需即送的个性化需求。

(4) 社会化物流公共信息网。运用先进的物流技术，建立多元化开放智慧物流平台，实时共享用户、物流商、企业的信息，实现在线供需互动、在线资源可视，以及服务的每个产品、每笔订单的全流程可视化追踪，提升各类信息资源的共享和利用效率。同时，通过信息共享与资源优化配置，从用户需求的科学管理到货物的科学配载、最优线路的规划、用户信息化签收等一系列创新实现企业内外部信息实时共享。一方面，提升了物流服务速度，实现了区域内24~48小时按约送达；另一方面，有效提升了物流社会化资源利用率(超过30%)，从一日一配提升至一日两配、一日三配。另外，高效智能化物流平台对推动绿色物流及提高物流资源有效利用率起到积极的作用。

日日顺物流打造的"最后一公里"物流服务平台以独特创新的模式和差异化的服务引领物流行业的服务标准，成为大件家居物流服务企业的标杆，创造了可观的经济效益、社会效益和环境效益。"24小时按约送达，送装同步"差异化解决方案的实施获得了用户的

认可,创造了良好的用户口碑。据统计,用户网上物流服务评价高于同行业的50%,用户多次购买占总订单量的25%,用户订单环比增长46%。同时减少了车辆上门送货的行驶次数,大大降低了碳排放,减少了环境污染。

在大家电网购领域,应用日日顺物流平台的海尔商城已经成为很多用户网购的首选。用户重复购买和口碑传播使得海尔商城销售量大增。日日顺物流强大的配送服务能力迅速吸引了一些国内外知名品牌商的目光,在家电行业、家具行业、卫浴行业及其他互补性行业,用户纷纷与日日顺物流建立合作关系。

仔细阅读本案例,详细分析并回答下列问题。
1. 日日顺物流采取的举措在哪些方面有利于提高物流质量?
2. 日日顺物流的经验对于其他物流企业的物流质量管理是否适用?为什么?

第12章 物流运作成本控制

【本章教学要点】

知识要点	掌握程度	相关知识	应用方向
物流成本	掌握	物流成本的概念和构成	物流成本识别、归集、分析与控制
影响物流成本的因素	重点掌握	产品、物流服务水平、物流运作方式、核算方式	物流成本识别、分析与控制
物流成本控制	重点掌握	物流成本控制的含义、内容、程序、方法	物流成本分析与控制
收益管理	了解	收益管理的历史、内涵	物流收益管理方法
物流服务供应商收益管理	重点掌握	物流收益管理的应用特征、主要措施	物流收益管理

物流运作成本控制 第12章

某液压企业物流成本控制经验

某液压企业成立于 1952 年，企业总资产为 2.4 亿元，产品有汽车转向助力泵、中高压齿轮泵、液压破碎锤等 400 多个品种，生产能力达到世界先进水平，应用范围涉及汽车、冶金等行业，主要用户有玉柴、东风汽车、一汽集团等企业，如今在全国 10 多个城市设立办事处，并将产品出口到东南亚地区、意大利、德国等国家。

该液压企业的物流成本控制的主要方法如下：完善物流基础设施，降低各项物流作业成本，管理物流流程成本。其对采购环节、销售环节的物流进行优化改进，如调整每个地区的库存量，降低物流成本；优化供应链成本，其物流成本控制从两方面入手，一是从企业内部进行物流成本控制，二是采用管理供应链来降低企业的成本。通过以上措施控制物流成本取得了一定的效果，物流成本在一定程度上得到了降低，但是在物流成本控制方面还存在如下缺陷。

(1) 物流成本核算体系不够全面，不能反映出整体的物流流程成本，没有充分利用所建立的物流信息平台，物流成本管理存在漏洞。

(2) 对企业物流成本控制相关作业的监督不够完善，对物流成本控制倾向于对每个部门单独控制，而不是从全局出发，从整体上对企业的物流成本进行控制。

(3) 对供应链物流成本控制的关注度不够，在工厂、仓库的选址方面考虑欠缺，增加了企业的运输成本。

(4) 与供应商和经销商的沟通不够充分，使得上下游企业之间不能充分共享物流信息，增加了各自的物流成本，影响了对整个供应链物流成本的控制，增加了企业的物流成本。

(资料来源：根据某液压有限公司物流成本控制案例资料进行整理)

物流运作成本控制是物流运作管理的重要内容，通过对物流运作成本的准确把握，综合平衡物流运作各要素之间的效益背反关系，加强对物流活动过程中费用支出的控制，科学、合理地组织物流活动，不仅有利于降低物流运作中的物化劳动和活劳动的消耗，而且有利于提高企业的运行效率和市场竞争力。

12.1 物流成本概述

12.1.1 物流成本的内涵

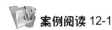

可口可乐成本中的"秘密"

在超市里花 7 元钱买一瓶 2.25L 的可口可乐，7 元钱包含了人工成本、原材料成本、物流成本和利润。其中，这瓶可口可乐的制造成本(也就是人工成本和原材料成本)约为

5元，利润只有几角钱。相比之下，物流成本超过1元钱。一瓶可乐在仓储、运输上消耗的费用能够占到销售价格的16%以上。

事实上，物流成本已经成为企业生产成本中不可忽视的消耗。在市场竞争日益激烈情况下，依靠降低原材料和劳动力价格来获得利润的空间日趋狭小，劳动生产率的潜力空间有限，加工制造领域的利润趋薄，靠降低原材料消耗和劳动力成本或提高制造环节的劳动生产率来获取更多利润已较困难。因而，商品生产和流通中的物流环节成为继劳动力、自然资源之后的"第三利润源泉"，而其实现的关键是降低物流成本。

1. 物流成本的概念

物流成本是指伴随着企业的物流活动产生的各种费用，是物流活动中所消耗的物化劳动和活劳动的货币表现。具体地说，它是产品在实物运动过程(如包装、搬运装卸、运输、储存、流通加工等活动)中支出的人力、物力和财力的总和。

2. 物流成本的构成

物流成本的范围很广，贯穿于企业经营活动的全过程，包括从原材料供应到将商品送达客户手中所发生的全部物流费用。

按物流的功能不同，物流成本分类如下。

(1) 运输成本。运输成本主要包括人工费用，如运输人员工资、福利、奖金、津贴和补贴等；营运费用，如营运车辆燃料费、折旧费、维修费、保险费、公路运输管理费等；其他费用，如差旅费、事故损失、相关税金等。

(2) 仓储成本。仓储成本主要包括建造、购买或租赁仓库设施设备的成本和各类仓储作业带来的成本，如出入库作业、理货作业、场所管理作业、分区分拣作业中的人工成本和相关机器设备费用。

(3) 流通加工成本。流通加工成本主要包括流通加工设备费用，流通加工材料费用，流通加工劳务费用及其他(如在流通加工中耗用的电力、燃料、油料等)费用。

(4) 包装成本。包装成本主要包括包装材料费用、包装机械费用、包装技术费用、包装人工费用等。

(5) 装卸与搬运成本。装卸与搬运成本主要包括人工费用、资产折旧费、维修费、能源消耗费及其他相关费用。

(6) 物流信息和管理费用。物流信息和管理费用主要包括企业在物流管理方面所发生的差旅费、会议费、交际费、管理信息系统费及其他杂费。

物流成本按所处的领域可分为流通企业物流成本、制造企业物流成本和物流企业物流成本。

1) 流通企业物流成本

流通企业物流是指商品流通企业和专门从事实物流通企业的物流，按企业经营类型划分，可分为批发企业物流、零售企业物流、连锁经营企业物流等。流通企业物流成本是指在组织商品的购进、运输、仓储、销售等一系列活动中所消耗的人力、物力、财力的货币表现，具体由以下费用构成。

(1) 人工费用：与物流活动相关的职工的工资、奖金、津贴及福利等。

(2) 运营费：物流运营中的能源消耗费、运杂费、折旧费、办公费、差旅费、保险费等。

(3) 财务费：经营活动中发生的存货资金使用成本支出，如利息、手续费等。

(4) 其他费用：与物流相关的税金、资产耗费、信息费等。

2) 制造企业物流成本

制造企业物流是以购进制造所需的原材料、零部件、燃料、设备等为始点，经过劳动加工，形成新的产品，到供应给社会需要部门为止的全过程。制造企业物流成本是指企业在生产工艺的物流活动中所消耗的人力、物力、财力的货币表现，具体由以下费用构成。

(1) 人工费用：供应、仓储、搬运和销售环节的职工工资、奖金、津贴、福利等。

(2) 采购过程的物流费用：生产材料采购的运杂费、保险费、合理损耗成本等。

(3) 销售过程的物流费用：如运费、信息费、外包物流费用等。

(4) 仓储保管费：原材料和产成品仓库的维护费、搬运费、合理损耗等。

(5) 运营费：有关设备和仓库的折旧费、维修费、保养费；物流运营中的能源消耗费、办公费、差旅费、保险费、劳动保护费等。

(6) 财务费：经营活动中发生的存货资金使用成本支出，如利息、手续费等。

(7) 其他费用：回收废品发生的物流成本等。

3) 物流企业物流成本

物流企业为货主提供专业的物流服务，包括一体化的第三方物流服务企业，也包括提供功能型物流服务的企业，如仓储公司、运输公司、货代公司等。物流企业的整个运营成本和费用就是货主企业的物流成本的转移。

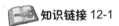知识链接 12-1

物流成本常见划分类型

成本划分是成本控制的对象。一般按照物流功能划分，物流成本可以分为运输成本、库存成本、包装成本、装卸成本、流通加工成本、物流信息成本、物流管理成本等；按照物流流程划分，物流成本可以分为供应物流成本、生产物流成本、销售物流成本、回收物流成本、废弃物流成本等；按照支付形态划分，物流成本可以分为材料成本、人工成本、折旧维修成本、保险成本、其他成本等。

12.1.2 影响物流成本的因素

案例阅读 12-2

斯美特物流成本的控制

产品体积和形态对物流成本有着直接影响，如方便面规格和数量的不同，直接影响纸箱成本的核算，改变生产的批量，会对运输工具提出较高要求，进而影响物流成本控制。因此，斯美特在设计产品的形态和体积时，还必须考虑如何降低纸箱的成本、扩大生产批量、降低运输成本等后续影响。

物流运作管理(第3版)

产品批量的合理化。当把数个产品集合成批量保管或发货时,要考虑物流过程中比较优化的容器容量。例如,斯美特根据产品的批量化要求,设计出适合公司要求的托盘(1.2m×1.2m),适合公司要求的集装货车(7.2m、9.6m的高栏车和12m集装箱车等)。

(资料来源:华人物流网)

知识链接12-2

订单成本的管理

顺丰物流成本管理的核心要素之一就是订单成本控制,订单下单的精准性对订单的整体管理十分重要。对人工客服来说,最好采用当地工作人员负责当地业务的模式,因为在这种工作模式下,客服相对了解该区域的情况,在获得客户的下单需求时,能精准、高效地下单,从而提高下单的精准率。所以,对订单成本管理就是加强订单的下单精准率,可通过减少二次下单和维持该订单的费用来降低物流成本。

影响物流成本的因素很多,主要涉及以下几个方面:产品、物流服务水平、物流运作方式、核算方式等。

1. 产品

由于产品是企业的物流对象,因此企业的产品是影响物流成本的首要因素。不同企业的产品,在种类、属性、重量、体积、价值和物理性质、化学性质方面都可能不同,这些都会对企业的物流活动(如仓储、运输、物料搬运)的成本产生不同的影响。

(1) 产品价值。产品价值会直接影响物流成本。随着产品价值的提高,每个物流活动的成本都会增加,运费在一定程度上反映货物移动的风险。一般来讲,产品的价值越高,对所需使用的运输工具要求越高,仓储和库存成本也随着产品价值的增加而提高。高价值意味着存货中的高成本和包装成本的增加。

(2) 产品密度。因为产品的密度是由它的重量和体积决定的,而产品的运输成本、仓储成本一般是以重量或体积作为计量单位计算的,所以产品密度对物流成本有直接影响。产品的密度越大,相同运输单位所装的货物越多,运输成本就越低。同理,仓库中一定空间领域存放的货物越多,库存成本越低。

(3) 产品风险性。产品风险性是指产品本身存在的易燃性、易损性、易腐性和易被盗等方面的特性。产品风险性会对物流活动有特定的限制,从而引起物流成本的增加。如精密度高的产品,对保管和养护条件要求较高,无疑对物流的各个环节(如运输、搬运、仓储等)都提出很高的要求,从而引起物流成本核算的增加。再如新鲜的水果、鲜花需要冷藏储存和运输,通常使用费用较高的航空运输。产品价值高的产品在运输、仓储时的防盗措施必不可少。总之,由产品风险性在物流过程中引起的特殊防护作业会增加企业的物流成本。

(4) 特殊搬运。有些物品对搬运提出了特殊要求。如在搬运长、大物品时,需要特殊的装载工具;有些物品在搬运过程中需要加热或制冷等,这些都会增加物流成本。

2. 物流服务水平

物流服务水平对企业物流成本有一定的影响。随着市场竞争的加剧，物流服务水平越来越成为企业创造持久竞争优势的有效手段，物流服务水平高可增加企业的收入，也可提高物流成本。例如，为改进客户服务水平，通常使用"溢价"运输，这对总成本的影响是双方面的：运输成本曲线向上移动以反映更高的运输费用；库存费用曲线向下移动以反映由较低的临时库存导致平均库存的减少。在一般情况下，这些成本变化后的净值使总成本增加，但如果改进服务能增加收入，则成本调整(增加)通常可视为合理的。当然，不能为提供更令人满意的服务而使物流成本急剧增加，而且其增加值大于长期销售收入增长所创造的利润。

3. 物流运作方式

企业的物流运作方式分为自营物流和外包物流两种。随着市场竞争的加剧，企业的物流运作方式从最初的所有物流业务全部自营，逐渐发展为部分物流业务外包甚至全部外包，希望通过物流业务外包降低企业的物流成本。

4. 核算方式

企业有不同的会计记账需要，使得物流成本有不同的核算方式，从而使各企业的物流成本除了"量"的差异，还存在着"质"的差异。

我国尚未建立企业物流成本的核算标准。虽然日本有一套成型的物流成本核算标准，但该标准未成为统一标准。它提供了3种核算方式的标准，从不同角度对物流成本进行归集和对比，以指导和适应不同企业对物流成本核算的要求。

12.1.3 物流成本管理的必要性和重要性

物流成本管理在物流管理中很重要，"物流是经济的黑暗大陆""物流是第三利润源"及"物流成本冰山说"等观点都说明了物流成本问题是物流管理初期人们关心的主要问题。所谓"物流是第三利润源"是指通过物流合理化降低物流成本，成为继降低劳动力资源和物质资源消耗(另一种观点是降低制造成本和扩大销售)之后企业获取利润的第三种途径。正是由于在物流领域存在很大的降低成本的空间，因此物流问题引起企业经营管理者的重视，企业物流管理可以说是从对物流成本的关心开始的。

物流成本管理是物流管理的重要内容，降低物流成本与提高物流服务水平构成企业物流管理的基本课题。物流成本管理的意义在于，通过有效地把握物流成本，利用物流要素之间的效益背反关系，科学、合理地组织物流活动，加强对物流活动过程中费用支出的有效控制，降低物流活动中的物化劳动和活劳动的消耗，从而降低物流总成本，提高企业和社会经济效益。

从宏观的角度看，降低物流成本可为行业和社会带来以下3个方面的经济效益。

(1) 如果全行业的物流效率普遍提高，物流费用平均水平降低到一个新的水平，那么该行业在国际市场上的竞争力会提高。对于一个地区的行业来说，可以提高在全国市场的竞争力。

(2) 全行业物流成本的普遍降低将导致物价下降，有利于保持物价稳定，相对提高国民的购买力。

(3) 物流成本降低意味着为整个社会创造了同等数量的财富，节省了物流领域所消耗的物化劳动和活劳动，从而用尽可能少的资源投入和消耗，创造出尽可能多的物质财富，推动循环经济的发展和资源节约型社会的创建。

从微观的角度看，降低物流成本可为企业带来以下3个方面的经济效益。

(1) 在其他条件不变的情况下，降低物流成本意味着扩大企业的利润空间，提高企业的利润水平。

(2) 物流成本降低意味着增强了企业的产品价格竞争优势，企业可以利用相对低廉的价格出售自己的产品，从而提高产品的市场竞争力，扩大销售，带来更多的利润。

(3) 物流成本降低，意味着企业可以用更少的资源投入和消耗，创造出更多的物质财富，推动资源节约型企业的创建。

12.2　物流成本控制

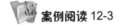 案例阅读 12-3

A 公司降低物流成本的秘诀：全方位物流战略的运用

面对物流信息缺乏、物流基建落后、第三方物流公司资质参差不齐、国内同行物流成本居高不下的实际情况，A公司的储运成本约占全部经营成本的 4.6%。

A公司采用适应我国国情的"A公司团队＋第三方物流公司"的全方位运作模式。核心业务(如库存控制等)由A公司统筹管理，实施信息资源的最大范围共享，使企业价值链发挥最大效益。非核心业务通过外包形式完成。如以广州为中心的珠江三角洲地区货物运输主要由A公司的车队运输，其他城市的货物运输都是由第三方物流公司承担。另外，全国几乎所有仓库均为外租第三方物流公司的仓库，而核心业务(如库存设计、调配指令及储运中心的主体设施与运作)主要由A公司团队统筹管理。

 知识链接 12-3

提升物流信息化和标准化水平

目前，物流企业都拥有基于互联网的信息管理系统，使消费者能够凭借物流单号随时随地追踪和查找自己的包裹状态。但是物流企业的信息管理系统并不是完美的，可能会出现一些突发问题。在电子商务的高峰期，比如"618""双十一"等，大量消费者同时进入网站，可能会导致网络瘫痪，消费者无法及时查找到自己的订单及包裹状态；还可能存在信息丢失的情况，可能是因为包裹在运输途中丢失导致信息丢失，也可能是因为公司内部管理不当导致消费者信息丢失，或者因为没有及时更新发货件的物流信息，使得消费者的包裹无法追踪，互联网查询失效。这些都会引起消费者不满，导致消费者投诉率上升，使得公司的社会公信度降低，对公司的形象产生负面影响。

12.2.1　物流成本控制的含义

物流成本控制是指在物流成本的形成过程中，按照事先拟订的标准，对物流成本的各项影响因素进行计划、指导、限制和监督，在发现偏差时，及时采取改进措施进行纠正，使物流过程中的各项资源的耗费和费用开支限制在标准规定的范围内，促进企业不断降低物流成本，提高经济效益。

物流成本控制有狭义和广义两种理解。狭义的物流成本控制就是在企业的物流活动中，对日常的物流成本支出采取各种方法进行严格的控制和管理，使物流成本降到最低，以达到预期的物流成本目标。广义的物流成本控制包括事前、事中和事后对物流成本进行预测、计划、计算、分析的全过程，也就是物流成本管理。从总体来说，物流成本控制由局部控制和综合控制两部分组成。

1. 物流成本的局部控制

物流成本的局部控制是在企业的物流活动中，针对物流的一个或多个局部环节的支出所采取的策略和控制，以达到预期的物流成本目标。物流成本的局部控制基本内容如下。

(1) 运输费用的控制。运输费用是运输物料、商品所消耗作业的费用，占物流总成本的比重较大。运输费用控制的关键点为运输方式、运输价格、运输时间、运输的准确性、运输的安全可靠性及运输批量水平等方面。

(2) 装卸搬运费用的控制。装卸搬运费用是商品在装卸搬运过程中支出费用的总和。装卸搬运活动是衔接物流各个环节活动正常进行的关键，渗透物流的各个领域。装卸搬运费用控制的关键点是管理好储存物料与商品，减少装卸搬运过程中商品的损耗率、装卸时间、装卸搬运次数等。

(3) 储存费用的控制。储存费用是指商品在储存过程中所需要的费用。储存费用控制的关键点是简化出入库手续、有效利用仓库和缩短储存时间等。

(4) 包装费用的控制。包装起保护商品、方便储运、促进销售的作用。包装费用控制的关键点是包装的标准化率和运输时包装材料的耗费。

(5) 流通加工费用的控制。商品进入流通领域后，按照客户的要求进行一定的加工活动，称为流通加工，由此产生的费用为流通加工费用。不同企业的流通加工费用是不同的。流通加工费用控制的关键是选择反映流通加工特征的经济指标，如流通加工的速度等，观察、测算这些指标，必要时适当控制标准值与观察值的差异。

2. 物流成本的综合控制

物流成本与其他成本相比有许多不同之处，最突出的两点是物流冰山现象和效益背反(交替损益)现象。物流冰山现象是指在企业中，绝大多数物流发生的费用混杂在其他费用中，能够单独列出会计项目的只是其中的很小一部分，该部分是可见的，常被人们误解为物流费用的全貌，其实只是浮在水面上的、能被人所见的冰山一角；交替损益现象是指物流成本的发生源很多，其成本发生的领域往往在企业里属于不同部门管理的领域，这种部门的分割使得相关物流活动无法协调和优化，出现此长彼消、此损彼益的现象，对物流成本的控制不能片面地追求局部要素的优化，而应寻求物流成本的总体最优化。

物流成本综合控制的主体是企业的物流管理组织和机构，客体是企业经济活动中发生的整体物流费用。物流成本的综合控制包括事前、事中和事后对物流成本进行预算制定、执行监督、信息反馈、偏差纠正等全过程的系统控制，以达到预期管理控制目标。综合控制有别于局部控制，具有系统性、综合性、战略性的特点，有较高的控制效率。物流成本综合控制的目标是局部控制的集成，是实现企业物流成本最小化的基本条件和保障。

在企业的财务会计中，向企业外部支付的物流费用能够从账面反映出来，而企业内部消耗的物流费用一般计入制造费用而很难单独反映，该部分物流费用比人们想象得高很多。因此，物流成本的控制不仅针对向外支付的物流费用，而且控制企业内部的物流费用。具体而言，对物流成本的计算，除了以上提到的运输、包装等传统物流费用，还包括流通过程中的基础设施建设、商品在库管理、企业物流信息系统的投资等一系列费用。对物流费用的管理不仅要考虑物流成本本身的效率，而且要认识到费用、质量、价格、销量之间存在联动关系，使费用控制不要单独着眼于费用本身，而是要综合考虑物流费用与它所提供的服务及物流投入给企业带来的相对竞争优势等因素，将成本控制放在一个更广阔的背景中考察，能够通过综合权衡来控制物流总成本。

12.2.2 物流成本控制的内容

一般情况下，物流成本控制可按成本发生的时间划分为事前控制、事中控制和事后控制3类，即成本控制过程中的设计阶段、执行阶段和考核阶段。一般所说的物流成本控制仅指事中控制，即在物流过程中，从物流过程开始到结束对物流成本形成和偏离物流成本指标的差异进行的日常控制。现代物流成本控制不仅要求企业注重日常物流成本控制，而且重视事前及事后的物流成本控制。

1. 物流成本事前控制

物流成本事前控制是指在物流活动或提供物流作业前，对影响物流成本的经济活动进行事前规划、审核，确定目标物流成本，它是物流成本的前馈控制。物流成本事前控制通常采用目标成本法，是指通过物流成本预测和决策，确定目标成本，并将目标成本分解，结合责任制层层控制。物流成本事前控制主要涉及物流系统的设计。

2. 物流成本事中控制

物流成本事中控制是在物流成本形成过程中，随时对比实际发生的物流成本与目标物流成本，及时发现差异并采取相应的措施进行纠正，以保证物流成本目标的实现。它是物流成本的过程控制。

物流成本事中控制通常采用标准成本法，是对物流活动过程中发生的各项费用(如设备耗费、人工耗费、劳动工具耗费和其他费用支出等)按预订的成本标准进行严格审核和监督，通过计算差异、分析差异和及时的信息反馈纠正差异。

3. 物流成本事后控制

物流成本事后控制是在物流成本形成后，对实际物流成本的核算、分析和考核，是物流成本的反馈控制。物流成本事后控制通过将实际物流成本与一定的标准进行比较，确定物流成本的节约或超支，并进行深入分析，查明物流成本节约或超支的主观原因和客观原因，确定责任归属，对物流成本责任单位进行相应的考核和奖惩。物流成本分析为日后的物流成本控制提出积极的改进意见和措施，进一步修订物流成本控制标准，改进各项物流成本控制制度，以达到降低物流成本的目的。

物流成本控制是加强物流成本管理的重要手段，经过一系列的成本控制可以有效地分析物流成本居高不下的原因，并找到相应的对策，促使企业不断提高物流管理水平和经济效益。

12.2.3 物流成本控制的程序

1. 确定物流成本控制对象

物流成本控制的前提是确定物流成本控制对象，使得费用控制有据可依，每个企业可根据本企业的性质和管理的需要确定物流成本控制对象。一旦确定，就不要轻易改变，以保持前后各期的一致性和可比性。

2. 制定物流成本标准

制定物流成本控制的标准是物流成本管理控制过程的首要环节。物流成本控制标准可以为以后的差异分析、业绩考核及纠正差异提供良好的基础。物流成本控制标准应包括物流成本计划中规定的各项指标，但物流成本计划中的一些指标通常比较综合，不能满足具体控制要求，从而必须规定一系列具体的标准。

制定成本控制标准有以下几种类型。

(1) 按成本项目制定物流控制成本标准。企业内部物流成本项目按与物品流转额的关系，可分为固定成本和变动成本。对于固定成本项目，可以本企业历年成本水平或其他企业的成本水平为依据，结合本企业现在的状况和条件，确定合理的标准。对于变动成本项目，侧重考虑近期及长远条件和环境的变化制定标准。

(2) 按物流功能制定物流控制成本标准。无论是运输、保管还是包装、装卸成本，其水平均取决于物流技术条件、基础设施水平，因此在制定物流成本标准时应结合企业的生产任务、流转数量及其他相关因素考虑。

(3) 按物流过程制定物流控制成本标准。按物流过程制定物流控制成本标准是一种综合性的技术，要求全面考虑物流的每个过程。既要以历史水平为依据，又要考虑企业内外部因素的变化。

采用这些方法制定物流成本控制标准时，一定要进行充分的调研和科学计算，还要正确处理物流成本指标与其他技术经济指标(如质量、生产效率等)的关系，从完成企业的总体目标出发进行综合平衡，必要时还应进行多种方案的择优选用。

3. 监督物流成本的形成

监督物流成本就是根据物流成本控制的标准，经常检查、评比和监督物流成本形成的各个指标。不仅要检查指标本身的执行情况，而且要检查和监督影响指标的各项条件，如物流设施设备、工具及工人技术水平和工作环境等。物流成本日常控制要结合企业整体作业控制等。物流成本日常控制的主要方面如下：物流相关直接费用的日常控制、物流相关工资费用的日常控制和物流相关间接费用的日常控制。上述与物流关联费用的日常控制不仅要有专人负责和监督，而且要使费用发生的执行者实行自我控制，并在责任制中规定，以调动员工的积极性，使成本的日常控制有群众基础。

4. 及时揭示物流成本差异

揭示物流成本差异是指核算确定实际物流成本脱离标准的差异，分析产生差异的原因，明确责任归属。针对物流成本差异产生的原因，提出改进措施并贯彻执行。

12.2.4 物流成本控制的方法

1. 物流成本综合控制方法

1) 目标成本法

目标成本管理源于美国，是战略成本管理所用的新工具之一。所谓目标成本法是指为了更有效地实现物流成本控制的目标，使客户需求得到最大限度的满足，从战略的高度分析，与战略目标结合，使成本控制与企业经营管理全过程的资源消耗和资源配置协调起来产生的成本控制方法。

物流目标成本是指通过可以实现的预计营业收入扣除物流目标利润得出的成本。它是目标管理思想在成本管理工作中应用的产物，计算公式为

$$物流目标成本=预计营业收入-物流目标利润$$

确定目标成本一般包括制定目标售价、确定目标利润和确定目标成本 3 个步骤。

(1) 制定目标售价。制定目标售价可采用消费者需求研究法和竞争者分析研究法。

(2) 确定目标利润。每种产品可能因市场需求、售价政策、成本结构、所需投入资本、品质等的不同，其利润目标有所不同。

确定目标利润可采用目标利润率法，计算公式为

$$目标利润=预计服务收入×同类企业平均营业利润率 \qquad (12-1)$$

或

$$目标利润=本企业净资产×同类企业平均净资产利润率$$

或

$$目标利润=本企业总资产×同类企业平均资产利润率$$

(3) 确定目标成本。按上述方法计算物流目标成本只是初步设想，提供了一个分析问题的合乎需要的起点，不一定完全符合实际，还需要分析其可行性。

目标成本的可行性分析是指对初步测算得出的目标成本是否切实可行作出分析和判断。分析时，主要根据本企业实际成本的变化趋势和同类企业的成本水平，充分考虑本企业节约成本的潜力，对某时期的成本总水平作出预测，看其与目标成本的水平是否一致。经过测算，如果预计目标成本是可行的，则将其分解，下达有关部门和单位；如果经反复测算、挖潜仍不能达到目标成本，就要考虑放弃该产品并设法安排剩余的生产能力；如果从全局看，不宜停产该产品，则要限定产量，并确定亏损限额。

2) 责任成本法

责任成本是以具体的责任单位为对象，以其承担的责任为范围归集的成本，也就是特定责任中心的全部可控成本。在成本管理上，成本管理业绩单独考核的单位都可以划分为责任单位。可以按照物流作业中心、物流功能等划分物流成本责任单位，责任单位能预测、计量和控制责任成本。按照责任单位之间的关系，可以分为横向责任单位和纵向责任单位。

采用责任成本法，对合理确定与划分各物流部门的责任成本，明确各物流部门的成本控制责任范围，从总体上有效地控制物流成本有重要意义。

(1) 计算责任成本的关键是判别每项成本费用支出的责任归属。假如某责任中心通过自己的行动能有效影响一项成本，那么该中心要为这项成本负责；假如某责任中心有权决定是否使用某种资产或劳务，就应对这些资产和劳务的成本负责；假如某管理人员不直接决定某项成本，但是上级要求他参与有关事项，从而对该项成本的支出会产生影响，则他应对该成本支出也要承担责任。

(2) 责任成本的判别一般按下列 5 个步骤处理：①直接计入责任中心；②按责任基础分配；③按受益基础分配；④归入某个特定的责任中心；⑤不能归属于任何责任中心的固定成本，不进行分摊。

(3) 责任成本的计算方法。为了明确各单位责任的执行情况，需定期对其进行责任成本的计算与考核，以便对各责任单位的工作做出正确的评价。责任成本的计算方法包括直接计算法和间接计算法。

(4) 责任成本对单位业绩的评价与考核。在实际工作中，对责任单位的责任成本评价与考核的依据是责任预算和业绩报告。对责任单位业绩的考核涉及成本控制报告、差异调查和奖惩等。考核的目的是纠正偏差，改进工作。

3) 标准成本法

标准成本法是在泰勒的生产过程标准化思想影响下，于 20 世纪 20 年代在美国产生的，是泰勒科学思想在成本管理中的具体体现。开始它只是一种比较简单的统计分析方法，经过不断发展和完善，成为在理论上较完善、在实际中行之有效的成本控制系统。

标准成本法也称标准成本会计，是指以预先制定的标准成本为基础，比较标准成本与实际成本，核算和分析成本差异的一种产品成本计算方法，也是加强成本控制、评价经济业绩的一种成本控制制度。它的核心是按标准成本记录和反映产品成本的形成过程及结果，以实现对成本的控制。标准成本法通过计算实际成本与标准成本的差额，分析成本变动原因，并作为成本控制的依据。

(1) 制定标准成本。标准成本由产品的直接材料、直接人工和间接费用 3 个部分组成，通常把直接材料、直接人工和间接费用 3 个项目按形态划分为变动成本与固定成本，作为制定标准的基础。尽管 3 个项目的性质不同，但在制定标准成本时，无论哪个成本项目，都需要分别确定用量标准和价格标准，两者相乘后得出成本标准。

用量标准包括单位产品材料消耗量、单位产品直接人工工时等，主要由生产技术部门主持制定，召集执行标准的部门和职工参加。

价格标准包括原材料单价、小时工资率、小时间接费用分配率等，由会计部门和其他相关部门共同研究确定。

① 直接材料的标准成本。在单位产品标准成本中，直接材料的标准成本是生产单位产品所需各种直接材料的标准用量与这些材料在正常情况下价格的乘积之和。直接材料的标准用量是指在现有物流运作条件和经营管理水平下，生产单位产品所需的材料数量，其中包括必不可少的消耗及各种很难避免的损失等。直接材料的标准用量是用统计方法、工业工程法或其他技术分析方法确定的。

价格标准是指事先确定的购买材料、燃料和动力应付的标准价格,包括发票价格、运费、检验和正常损耗等成本,它是取得材料需支付的完全成本。

② 直接人工的标准成本。直接人工的标准成本是单位产品所需消耗的各种人工的标准工时数与相应的标准小时工资率的乘积之和。其中,标准工时数是指在现有物流运作条件和经营管理水平下,生产单位产品所需的工作时间,包括对产品的直接加工所费工时、必要的间歇和停工时间所费工时等。

工资率标准是指每个标准工时应分配的工资。工资率标准应按现行工资制度所规定的工资水平计算确定。如果采用计件工资制,则标准工资率是预定的每件产品支付的工资除以标准工时;如果采用月工资制,则需要根据月工资总额和可用工时总量计算标准工资率。

③ 间接费用的标准成本。间接费用的标准成本是单位产品标准工时数与事先确定的标准分配率的乘积。制定间接费用的标准成本时,单位产品标准工时数是指在现有物流运作条件和经营管理水平下,生产单位产品所需的直接人工小时数(或机器小时数)。

(2) 成本差异分析计算。成本差异是指实际成本与标准成本的差额。实际成本超过标准成本形成的差异叫作不利差异、逆差或超支;实际成本低于标准成本形成的差异叫作有利差异、顺差或节约。在成本控制过程中,应奖励有利差异,惩罚不利差异。

2. 物流成本局部控制方法

1) 运输成本控制

运输成本占物流总成本的比重较大,是影响物流成本的重要因素。运输成本控制的目的是使总的运输成本最低,且不影响运输的可靠性、安全性和快捷性。控制方式通常是加强运输的服务方式与运输价格的权衡,选择最佳的运输服务方式,使运输价格最低、时间最短、费用最低。可通过以下方法控制运输成本。

(1) 合理选择运输方式和运输工具。各种运输方式有各自的使用范围和不同的技术经济特征,选择时应进行比较和综合分析。运输工具的经济性与迅速性、安全性、便利性之间存在着相互制约的关系。在目前多种运输工具并存的情况下,在控制运输成本时,应根据不同商品的性质、数量等,选择不同类型、额定吨位及对温度、湿度等有要求的运输工具。

(2) 提高运输工具的实载率。一是通过合理配载、循环取货等形式尽量减少空车行程,提高行程利用率;二是通过三维模拟软件实现货物装载优化,充分利用运输工具的额定能力。这类软件能以图像方式模拟各种货物在运输工具上的装载方式,通过计算各种货物的最佳装载位置以及运输工具在多次装载前后的重量、重心位置等对系统进行优化,以获得较高的装载率,从而达到增加运量、提高安全系数和节省燃油的目的。

(3) 合理规划运输网络。一是路线选择。路线对运输成本影响很大。通过路线选择或路径选择实现运输成本最小化的运筹学决策算法有许多种,这些算法通常通过计算机软件建模求解,只需输入运输费用、距离、各地需求量等参数,就可以在各种约束条件(如要求时间最短、成本最低等)下,计算出线路设计的最优解,以达到降低运输成本的目的。二是节点规划。通过综合衡量运输量、运输费用等因素,利用一些实用的模型和分析技术(如最优化的线性和非线性规划、仿真技术、遗传算法等),对物流中心等节点进行合理设置,从而达到控制运输成本的目标。

2) 仓储成本控制

在物流活动中，仓储的任务是调整供应和需求之间在时间上的差异。仓储成本控制的目标是实行货物的合理库存，不断提高保管质量，加快货物周转，发挥物流系统的整体功能。仓储成本管理的一个重要方面是研究保管的货物种类和数量是否适当，高价商品长期留在仓库中是否会积压资金。若是资金银行贷款，则要负担利息支出。虽然过分地减小储存量对减少利息负担有利，但对客户的订货来说有脱销的危险，也会失去盈利的机会。

(1) 进行合理的仓库结构与空间布局决策，提高仓库的利用率。对仓库设施进行有效的整合与改造，实行作业标准化，关闭闲置仓库，采用直接从厂家到客户的付运方式，重新规划仓库与选择运输路线，采用效率较高的仓储管理系统、托盘操作或租用托盘等措施提高效率，减少存货量和仓储费用。

(2) 实行分类管理。按不同品种、不同特性、不同价值分成不同等级，对仓库中的物品实行有重点的管理。如果管理者对所有库存物资均匀地使用精力，则会使有限的精力过于分散，只能进行粗放式的库存管理，使管理效率低下。因此，在库存控制中，应遵循重点管理的原则，把管理的重心放在重点物资上，以提高管理的效率。

(3) 合理控制库存水平。企业应该根据历史资料认真分析市场，选择恰当的库存订货模型，决定本企业的库存水平及订货批量与批次，将库存控制在最低限度；尽量与供应商、客户结成战略联盟，形成风险共担、利益平分、信息共享的合作机制；在保证各方利益的前提下，实行供应商管理库存的策略，同时了解客户的需求情况，及时调整库存量及发送货物的品种、数量、时间。日本丰田公司提出的只生产所需的零部件、只收生产所需的数量、只在正好需要的时间送到生产车间的准时生产方式值得借鉴。

(4) 采用仓储管理信息系统。仓储管理信息系统可以对物料的信息进行实时监控，这些信息为管理者提供了有效的分析数据，有利于管理者更精确地实施仓储控制，从而提高仓储效率、降低仓储成本。

3) 物流行政管理成本控制

物流行政管理成本是指进行物流的计算、协调、控制等所发生的费用，既包括作业现场(配送中心、仓库、物流网点等)的管理费用，又包括物流管理部门的管理费用。在物流成本中，管理成本是最难控制和统计的，主要原因是企业物流总成本管理往往只关心直接成本如仓储和运输成本，而不重视间接成本如物流管理成本。

(1) 有效整合物流职能。随着价格竞争的激化，客户不仅对价格提出较高的要求，而且要求企业有效地缩短商品周转时间，真正做到快速、及时、准确、高效的管理。要实现上述目标，仅本企业的物流体制具有效率化是不够的，需要企业协调与其他企业(如上游配套件供应商等)、客户及运输业者(第三方物流公司)之间的关系，实现整个供应链管理的效率化。

(2) 建立现代物流信息系统。借助现代物流信息系统的创建，一方面使各种物流作业或业务处理准确、迅速地进行；另一方面，能由此建立一体化的物流运营管理系统。

(3) 建立物流成本构成模式与物流管理会计制度。从原来财务成本费用中剥离出属于物流成本范畴的内容，准确判断和计算企业现有物流成本及其构成情况。分析和比较物流成本与制造成本、物流费用与其他费用之间的关系,建立科学的物流管理会计制度,使物流成本管理与财务会计在系统上连接起来,切实掌握物流系统的成本。

12.2.5 物流成本管理和控制中应注意的问题

在物流成本管理和控制上,要注意以下问题。

(1) 必须将物流成本明确化,并设置恰当的计算基准,但更重要的是明确计算物流成本的目的,找出最适合物流成本管理目标的计算方式。

(2) 过去大多数日本企业认为物流成本下降就会带来效益,企业领导一味要求降低成本;认为物流是一种没有效益的活动,必须使之合理化以降低成本,这种观点是有问题的。不应该只把物流看作需要支付的费用,而应把它当作资源加以有效利用,也就是将物流成本看作一种生产要素,应当利用物流成本资源促进销售,争取客户。为确保企业的收益,必要时可以考虑增加物流成本,争取实现企业的销售目标。

(3) 应当从与物流服务的关系入手考虑物流成本。不考虑物流成本与物流效益的联动关系,只是一味强调降低物流成本是毫无意义的。因此,应该充分考虑物流服务水平,在一定服务水平的前提下考虑如何降低物流成本。

(4) 在销售和生产之后计算物流成本,有些成本是物流部门无法管理的。也就是说,物流成本包含物流部门能够管理和不能管理的两种成本。物流部门无法管理的成本大多由物流部门负责,这是有问题的。

(5) 物流预算是在生产计划和销售计划的基础上做出的,生产、销售出了问题,一般会直接使物流的预算与实际费用出现差异。当预算出现差异时,应当想办法指明是物流的责任还是生产或销售的责任。

(6) 为降低物流成本,一般建立物流成本委员会,多数企业的物流成本委员会由物流部门成员组成。因为物流大多由销售和生产的结果产生,所以应当有销售和生产部门的人员参加委员会,以便通盘考虑生产和销售方面的因素。无论是在经营、管理还是业务层次设立物流成本委员会,都应当有销售和生产部门的人员参加。

(7) 在基层,销售部门常打乱物流部门的规定,需要紧急运输或例外运输。物流部门应在事前让销售部门清楚地了解这些情况按标准物流服务水平产生的运输费用,否则物流服务水平的规定将成为废纸。物流部门应向各部门、各阶层随时提供与交货条件、商品搭配情况有关的运输费用等准确的物流成本信息。

(8) 在物流管理方面,日本企业已经达到掌握实际情况进行成本核算、成本管理的阶段,但多数企业还未达到评估物流绩效、分析物流盈亏的阶段,企业应积极分析成果和评估物流盈亏。

过去企业把目光放在如何掌握物流成本上,掌握物流成本确实非常重要,但今后应当把重点转移到如何运用物流成本上。

12.3 物流服务收益管理

12.3.1 收益管理概述

收益管理是一种谋求收入最大化的新的经营管理技术,诞生于 20 世纪 80 年代,最早由民航业开发。

1. 收益管理的历史

20 世纪 70 年代末,美国放松了航空管制后,各航空公司在 20 世纪 80 年代展开激烈的价格战,使各航空公司遭受了巨大损失。业界相关人士对价格战进行研究后,运用收益管理的思想开发了软件,进行各种价格水平下的关于航班和待售机票数量的统计工作,根据历史和现时的数据,提前预测出每个航班每个价格水平下的潜在需求,计算每个价格水平下的可售座位数,每日更新整理后传送给全球分销系统,这就是最初的收益管理系统。收益管理系统的出现标志着收益管理作为一种理念和系统的管理方法的形成。

美国西南航空公司较早使用了收益管理系统进行收益管理,成为唯一一家从 1973 年起每年都盈利的美国航空公司。从 1990 年起,在美国航空业出现全行业亏损的情况下,该公司的股票价格上涨了 300%。此后,英国、荷兰、德国、加拿大等国家的航空公司陆续使用收益管理系统,实行收益管理,平均年收入增长 3%~5%。现在,几乎所有欧美国家和地区的航空公司都使用收益管理系统,收益管理已成为航空公司的"制胜法宝"。

2. 收益管理的内涵

收益管理把科学的预测技术和优化技术与现代计算机技术完美地结合在一起,将市场细分、定价等营销理论深入应用到非常精细的水平,形成了一套系统的理念和管理方法。有关收益管理的定义很多,具有代表性的几种如下:收益管理是在合适的时间,合适的地点,以合适的价格将产品销售给合适的客户(Rimes,1989);收益管理是引诱或者强迫客户向企业支付尽可能高的价格(Paul Davis,1994);收益管理与收益最大化相关,通过管理产品的价格,考虑预测的需求模式,实现收益最大化(Jauncey 等,1995);收益管理是一种使收益最大化的工具,目的是通过以最优的价格把产品出售给经过细分的各种不同类型的客户以提高净收益(Donaghy 等,1997)。以上 4 种定义的侧重点不同,Rimes 的定义是广义收益管理的概念,强调收益管理的条件和做法。

综合上述观点可知,收益管理主要是通过需求分析,以最优的价格把产品或服务销售给最合适的客户,从而使收益最大化。其核心是价格细分,即根据客户的不同需求特征和价格弹性向客户执行不同的价格标准,通过价格剥离将愿意且能够消费得起的客户和为了使价格低一点而愿意改变自己消费方式的客户区分开,最大限度地开发市场,提高效益,实现收益最大化。

收益管理的核心观念主要有以下几点。

(1) 在平衡供给和需求时主要考虑的是价格,而不是成本。

(2) 将产品销售定位于微观市场。收益管理对市场进行非常精细的细分,并采用多层次的价格体系,以满足每个细分市场的价格敏感性。

(3) 用以市场为基础定价代替以成本为基础定价。

(4) 为最有价值的客户保留产品。把产品的需求放在不同的微观市场上理解，并将产品销售给最有价值的客户，以获得最大收益。

(5) 在各个细分市场中预测需求，以掌握客户行为的微小变化情况，从而作出决策。

12.3.2 物流服务供应商的收益管理

1. 物流服务供应商收益管理的应用特征

物流服务供应商提供的产品是物流服务，主要是按照客户的要求，实现货物的空间和时间转移及其伴随的服务，具备收益管理的一些特征。

(1) 服务的不可储存性。服务的不可储存性是由服务产品的不可感知性及服务的生产与消费同时不可分割性决定的，服务产品不可能像有形的消费品和工业品一样储存，以备未来出售；而且在大多数情况下，客户不能将服务携带回家安放。当然，提供服务的各种设备可能会提前准备好，但生产出来的服务如果不当时消费，就会造成损失(如车船的空位等)。这种损失不像有形产品损失那样明显，仅表现为机会的丧失和折旧的发生。物流服务提供方一方面向客户提供产品运输、仓储、配送等服务，另一方面向客户提供更重要的增值服务和信息服务等，这些物流服务都具有一定的非实体性和不可储存性的特点。

(2) 服务的高固定成本，低变动成本。在物流服务成本中，固定成本较高，对物流设施设备等初始投资巨大。物流服务的变动成本(如劳动成本、燃料费用和维修保养费等)较低。

(3) 市场的可分性。在物流市场中，客户对物流服务的需求，无论是产品的质量和数量，还是产品的特性和要求都不相同。虽然客户的要求都是为了完成物品从供应地向接收地的实体流动过程，但是在物流活动或物流作业的具体运作活动中，物流服务存在很大的差异，这些为物流市场的细分提供了客观依据。

根据物流市场的特点，物流服务供应商可按照客户行业、地理区域、物品属性、客户规模、时间、服务方式和利润回报等对物流市场进行细分。

(4) 服务的预售性。物流服务供应商的业务往往是通过客户提前预订服务进行的，可以较准确地预知未来物流设备的使用情况和需求，及时调整服务价格，以实现物流设备的高使用率和高收益。

(5) 需求的波动性大。物流业务的需求随季节的不同而不同，需求的波动较明显。物流服务供应商可以通过对历史数据的分析和日常经验的总结，判断、预测每个时段物流业务的需求情况，从而采取不同的价格策略。

(6) 相对固定的服务能力。固定的服务能力或容量是指一旦服务系统建成，系统内部要改变这种能力或容量是极其困难的，只能通过获取外部资源弥补，使企业付出巨大的成本代价。在企业生产或服务能力短期无法变动的情况下，高效地利用现有资源实现收益最大化是提高企业盈利能力的首要条件。物流企业建成后，其运输工具的运载量、仓库的可容纳量等都是相对固定的，在短时期内无法根据供求情况改变生产能力，即短期内提高生产能力是不可能的。

2. 物流服务供应商收益管理的主要措施

(1) 调整以收益为中心的服务结构。在收益管理理念和管理方法的指导下，物流服务供应商应该根据收益管理特征之一的"以收益为中心"调整服务结构。物流服务供应商必须通过市场调查，确定市场需要的服务类型，在市场价格一定的情况下，对本企业能提供的服务逐一进行成本-利润分析(收益分析)，最终确定提供哪些服务来满足市场的需求，以达到收益最大化。

(2) 多层次的价格体系。从收入总量的比较可以看出，多层次价格能带来更多的收益。物流服务供应商应该根据市场供给-需求状况和自身产品的实际市场状况，制订多层次的价格体系，以满足不同需求的客户。从收益管理的角度看，通过对不同时期、不同条件的客户需求进行预测，并在预测的基础上利用价格调节需求，用低价格提高淡季的需求，用高价格抑制旺季的需求。物流服务供应商实行多层次的价格体系能带来如下 3 个好处：①调节市场供给-需求状况；②满足不同层次客户的需求，抢占市场份额；③使企业收益最大化。

(3) 市场细分。收益管理的一个重要特征是对市场的细分极其具体、精确。多层次的价格体系是建立在充分细分市场的基础上的。同时，对市场进行细分是实现收益管理"精确营销"的前提。对于物流服务供应商，收益管理对市场的细分主要有以下几种方式。

① 按客户所属的行业性质，物流市场可分为农业市场、制造业市场、商贸业市场等。以客户所属行业来细分物流市场就是按照客户所在的不同行业来细分市场。由于客户所在行业不同，因此产品构成存在很大差异，客户对物流需求也不相同，但同一行业市场内的客户对物流需求具有一定的相似性。其差异性主要体现在各个行业要根据各自的特点组织物流活动；其相似性主要体现在每个行业实现物流功能的具体操作活动。

② 按地理区域，物流市场可分为区域物流市场、跨区域物流市场和国际物流市场。以地理区域细分物流市场，就是根据客户所需物流的地理区域的不同进行细分。由于物流活动所处的地理区域不同，而不同区域的经济规模、地理环境、需求程度和要求等差异非常大，因此物流活动中的物流成本、物流技术、物流管理、物流信息等存在较大的差异，而且不同区域的客户对物质资料的需求不同，使得物流企业必须根据不同地理区域的物流需求确定不同的营销手段，以取得最佳的经济效益。

③ 按物品属性，物流市场可分为投资品市场和消费品市场。以物品属性细分物流市场，就是根据客户所需物流活动中的物品属性或特征来细分市场。由于物品属性具有差异，物流企业在实施物流活动中，物流作业的差别很大，物品属性差异对物流各功能的要求体现在整个物流活动中，而且物流质量和经济效益与物品属性有很大的联系。

④ 按客户规模，物流市场可分为大客户市场、中等客户市场和小客户市场。以客户规模来细分物流市场，就是按照客户对物流需求规模细分市场。物流需求客户的规模不同，需要提供的服务也存在很大差异。

⑤ 按时间性，客户可分为长期客户、中期客户和短期客户。以时间性细分物流市场，就是根据物流企业与客户之间的合作时间细分物流市场。

⑥ 按服务方式，物流市场可分为单一型物流服务方式和综合型物流服务方式。以服务方式细分物流市场，就是根据客户所需物流各功能的实施和管理的要求不同细分市场。由于客户产生物流功能需求时对物流功能服务的要求不同，而物流功能需求与物流成本及效益等有很大联系，因此物流企业想将最佳服务奉献给物流市场，就必须以不同的服务方式服务于不同物流服务需求的客户，以取得最佳的社会效益。

⑦ 按赚取利润程度，物流市场可分为高利润产品(服务)市场和低利润产品(服务)市场。

物流服务供应商应该综合运用各种市场细分方法，将市场细分得更细微、更精确，以便识别不同细分市场的不同特点和不同需求。根据收益最大化的原则，在各个细分市场采取相应的产品结构策略、价格策略和销售策略。

本 章 小 结

物流成本是指伴随着企业的物流活动而发生的各种费用，是物流活动中所消耗的物化劳动和活劳动的货币表现，产品、物流服务、物流运作方式、核算方式等因素影响物流成本的控制。

物流成本控制分为综合控制和局部控制。综合控制方法主要有目标成本法、责任成本法、标准成本法；局部控制方法主要有运输成本控制、仓储成本控制和物流行政管理成本控制。

物流服务具备收益管理应用的特征，收益管理理念和管理方法使物流服务供应商实现在满足客户需求前提下的收益最大化。

 关键术语

| 物流成本 | 目标成本 | 责任成本 | 冰山现象 |
| 物流成本控制 | | | |

综 合 练 习

一、多选题

1. 影响物流成本的因素有（　　）。
   A．产品　　　　　　　　B．物流服务水平
   C．物流运作方式　　　　D．核算方式

2. 在企业财务会计中，下列（　　）一般是计入制造费用而很难单独反映，该部分的物流费用比人们想象得高很多。
   A．向企业外部支付的物流费用
   B．企业内部消耗的物流费用
   C．委托的物流费用
   D．自家物流费

3. 从所处的领域看，物流成本可分为（　　）。
   A．流通企业物流成本
   B．社会物流成本
   C．制造企业物流成本

D. 物流企业物流成本
   E. 宏观物流成本
4. 物流成本控制包括( )。
   A. 物流成本综合控制
   B. 物流成本事中控制
   C. 物流成本事前控制
   D. 物流成本事后控制
   E. 物流成本局部控制

二、判断题

1．产品密度越大，相同运输单位装载的货物越多，运输成本就越高。（　　）
2．物流成本控制是物流管理的重要内容。（　　）
3．对物流成本的控制不能片面地追求局部要素的优化，而应寻求物流成本的总体最优化。（　　）
4．标准成本法是指根据预计可以实现的物流营业收入扣除目标利润的一种成本计算方法。（　　）
5．物流成本事中控制通常采用目标成本法。（　　）

三、案例分析题

钢铁企业如何降低物流成本

近几年，全球钢铁市场产量与消费量都呈现上升趋势，钢铁原燃料及产品的国际贸易越来越频繁、越来越重要，因而，钢铁物流在世界范围内得到了更多的关注，成为降低成本、保证效益的重要管理手段。钢铁企业产品成本的 50%～70%由原燃料采购费和运输费组成，使得进厂钢铁物流成本大幅提高，利润空间被相关费用占据，降低钢铁物流成本成为钢铁企业亟待解决的关键问题。

钢铁企业的物流一般经过采购、运输、装卸、仓储及配送等步骤，同时为保证原燃料在整个流动过程中数量、质量稳定，增加了相关的计量、质检等管理手段。根据管理权限及物流流程，成本可划分为决策成本、原燃料采购成本、运输成本、仓储成本和企业管理成本。

1. 建立稳定的原燃料供应系统

我国铁矿资源供应严重不足。为了保证企业正常生产，钢铁企业需要从国外进口富矿粉和铁精矿。

近年来，原燃料价格猛涨导致钢铁成本大幅提高，保证原燃料的正常供应且获得合理价格的主要方法如下：①与境内、境外原燃料供应商进行合作或合资，建立长期、牢固的原燃料生产供应基地，同时可取得相对低的价格，有效降低原燃料的采购成本；②与国内其他钢铁企业联合在国外投资矿山，如武汉钢铁(集团)公司、马钢(集团)控股有限公司、江苏沙钢集团、唐山钢铁集团有限责任公司联合与必和必拓(BHP)公司合作开采矿山，使铁矿石的采购价格下降约一半。

2. 改善物流运输管理

在钢铁企业中，降低物流的运输成本一直是各企业要解决的问题。运输成本包括运输费用、装卸费用等。

(1) 与运输公司签订长期运输合同。因为大多数钢铁企业物流的运输过程都是由运输公司承担的，与运输公司合作，签订长期运输合同有利于享受总体上的运输价格优惠。如宝钢与中远结盟为"战略合作伙伴关系"，与日本三井商船签订3～5年的中长期合同，有效地降低了运输费用。

(2) 扩大运输规模。当运输达到一定规模时，可以采取大吨位的运输工具，从整体上降低运输费用。如在国外采购矿石后，若采购数量增大，则可租用10万吨级以上的运矿船，使海运费用比5万吨级运矿船每吨单程运输费用节省4美元以上。

(3) 尽量减少原燃料的周转次数。因为原燃料每周转一次，将增加装卸费用和相关仓储管理费用，目前新建钢铁企业选择海边城市建厂就有这方面的考虑。对于老的钢铁企业，可采取江海联运的方式，将原燃料运输到离企业最近的堆场后转运到厂内。

(4) 提高车辆的利用率，尽量降低车辆的空载率。目前我国钢铁企业在物流运输方面现代化水平较低，若将条码技术、射频技术等运用到运输领域，可以提高车辆的利用率，降低车辆的空载率。

3. 合理安排仓储

必要的仓储能有效保证企业连续生产，但过量的仓储不仅大量占用周转资金，而且还要付出额外的仓储费用。另外，由于配矿结构变化，大量采购原燃料后，部分积压的原燃料长期得不到使用。钢铁企业的最小库存量可用公式$S_{min}=DLH_s$(D为反应时间、L为日消耗量、H_s为安全系数)表达，此时占用资金最少，即原燃料的相关价格较低，使用料场储位较少，可以降低仓储管理费用。

对于由配矿结构发生变化引起的原燃料积压，应采取必要的处理措施。一方面，在停止采购后，将相关原燃料用完；另一方面，可将积压的原燃料低配比地参与生产过程，既保证了原燃料的使用质量，又盘活了企业的周转资金。

4. 加强原燃料的管理，减少不必要的损失

对于钢铁企业来说，原燃料从采购到生产一线要经过长途运输，存在一定的途耗，少数运输企业利用途耗弄虚作假。采取的对策如下：首先，采取必要的检验手段，特别应检测运矿船、火车皮、货车的中下部，因为原燃料造假主要采取"装底卖面"行为；其次，加强计量方面的管理，分析运输造成的途耗，超过合理范围的，应给予惩处；最后，加强钢铁企业职员的技能及思想教育。

5. 开发物流信息网，使企业信息流畅通无阻

由于钢铁企业涉及面广，原燃料的采购、运输、仓储、配比使用环环相扣，如果不能准确地掌握物流信息，就不能很好地进行决策，不能有效、低成本地运用相关资源，造成整个企业的生产成本增加。因此，开发钢铁企业物流信息网，实现信息化管理势在必行。

(资料来源：根据长安大学物流与供应链研究所、中国大物流网等资料提炼)

仔细阅读本案例，详细分析并回答下列问题。

1. 根据案例内容，分析钢铁企业在物流成本方面采取的措施。
2. 结合所学知识，谈谈在物流成本控制方面还有哪些措施。

参 考 文 献

卞桂英，刘金波，2007. 金融支持物流业发展的思考[J]. 物流科技(6): 79-82.

曹烨，郑双双，2007. 基于分类管理的汽车制造业供应商评价与选择方法[J]. 天津汽车(1): 18-20.

董千里，2008. 物流工程学[M]. 2版. 北京：人民交通出版社.

董千里，2012. 物流集成场：国际陆港理论与实践[M]. 北京：社会科学文献出版社.

董千里，2015. 高级物流学[M]. 3版. 北京：人民交通出版社.

董千里，2018. 集成场理论：两业联动发展模式及机制[M]. 北京：中国社会科学出版社.

董千里，2018. 集成场视角：两业联动集成创新机制及网链绿色延伸[J]. 中国流通经济，32(1): 27-37.

董千里，2019. 物流市场营销学[M]. 4版. 北京：电子工业出版社.

董千里，2020. 集成场："一带一路"产能合作网链研究[M]. 北京：中国社会科学出版社.

董千里，2021. 两业联动布局与物流业高质量发展[J]. 中国流通经济，35(4): 3-12.

董千里，等，2007. 物流工程[M]. 大连：东北财经大学出版社.

董千里，等，2009. 供应链管理[M]. 大连：东北财经大学出版社.

董千里，董展，2013. 集成体主导的基核区位分布与两业联动发展关系研究[J]. 物流技术(10): 36-38.

董千里，董展，2013. 制造业与物流业联动集成场中的联接键形成与运行研究[J]. 物流技术(11): 1-4.

董千里，李春花，董展，2021. 基于两业联动的网链深度融合目的及其实现途径[J]. 物流技术，40(6): 1-9.

董千里，鄢飞，2011. 物流集成理论及实现机制[M]. 北京：社会科学文献出版社.

刘萍，2016. 电子商务物流[M]. 3版. 北京：电子工业出版社.

徐晓燕，张雪梅，华中生，2015. 物流服务运作管理[M]. 2版. 北京：清华大学出版社.

杨伟，王康，2020. 供应商与客户价值共创互动过程研究综述[J]. 软科学，34(8): 139-144.